【臺灣現當代作家
研究資料彙編】45

陳若曦

國立台灣文學館
出版

部長序

　　文學既是社會縮影也是靈魂核心，累積研究論述及文獻史料，不僅可厚實文學發展根基，觀照當代人文的思想脈絡，更能指引未來的社會發展。臺灣文學歷經數百年的綿延與沉澱，蓄積豐沛的能量，也呈現生氣盎然的多元創作面貌。近一甲子的臺灣現當代文學發展，就是華文世界人文心靈最溫暖的寫照。

　　緣此，國立臺灣文學館自 2010 年啟動《臺灣現當代作家研究資料彙編》，鉅細靡遺進行珍貴的文學史料蒐集研究，意義深遠。這項計畫歷時三年多，由文學館結合學界、出版社、作家一同參與，組成陣容浩大的編輯群與顧問團隊，梳理臺灣文學長河裡的各方涓流，共匯集 50 位臺灣現當代重要作家的生平、年表與作品評論資料，選錄其代表性的評論文章，彙編成冊，完整呈現作家的人文映記、文學成就及相關研究，成果豐碩。

　　由於內容浩瀚、需多所佐證，本套叢書共分三階段陸續出版，先是 2011 年推出以臺灣新文學之父賴和為首的 15 位作家研究資料彙編，接著於 2012 年完成張我軍、潘人木等 12 位作家的研究資料彙編；及至 2013 年 12 月，適逢國立臺灣文學館十周年館慶之際，更纂輯了姜貴、張秀亞、陳秀喜、艾雯、王鼎鈞、洛夫、余光中、羅門、商禽、瘂弦、司馬中原、林文月、鄭愁予、陳冠學、黃春明、白先勇、白萩、陳若曦、郭松棻、七等生、王文興、王禎和、楊牧共 23 位作家的研究資料，皇皇巨著，為臺灣文學之巍巍巨觀留下具里程碑的文字見證。這套選粹體現了臺灣文學研究總體成果中，極為優質的論述著作，有助於臺灣文學發展的擴展化與深刻化，質量兼具。在此，特別對參與編輯、撰寫、諮詢的文學界朋友們表達謝意，也向全世界愛好文學的讀者，推介此一深具人文啟發且實用的臺灣現當代文學工具書，彼此激勵，為更美好的臺灣人文環境共同努力。

文化部部長　　龍應台

館長序

　　所有一切有關文學的討論，最終都得回歸到創作主體（作家）及其創作文本（作品）。文本以文字書寫，刊載在媒體上（報紙、雜誌、網站等），或以印刷方式形成紙本圖書；從接受端來看，當然以後者為要，原因是經過編輯過程，作者或其代理人以最佳的方式選編，常會考慮讀者的接受狀況，亦以美術方式集中呈現，其形貌也必然會有可觀者。

　　從研究的角度來看，它正是核心文獻。研究生在寫論文的時候，每在緒論中以一節篇幅作「文獻探討」，一般都只探討研究文獻，仍在周邊，而非核心。所以作家之研究資料，包括他這個人和他所寫的作品，如何鉅細靡遺彙編一處，是研究最基礎的工作；其次才是他作品的活動場域以及別人如何看待他的相關資料。前者指的是發表他作品的報刊及其他再傳播的方式或媒介，後者指的是有關作家及其作品的訪問、報導、著作目錄、年表、文評、書評、專論、綜述、專書、選編等，有系統蒐輯、編目，擇其要者結集，從中發現作家及其作品被接受的狀況，清理其發展，這其實是文學經典化真正的過程；也必須在這種情況下，作家研究才有可能進一步開展。

　　針對個別作家所進行的資料工作隨時都在發生，但那是屬於個人的事，做得好或不好，關鍵在他的資料能力；將一群有資料能力的學者組織起來，通過某種有效的制度性運作，想必能完成有關作家研究資料彙編的人文工程，可以全面展示某個歷史時期有關作家研究的集體成就，這是國立臺灣文學館從 2010 年啟動「臺灣現當代

作家研究資料彙編」（50 冊）的一些基本想法，和另外兩個大計畫：「臺灣文學史長編」（33 冊）、「臺灣古典作家精選集」（38 冊），相互呼應，期能將臺灣文學的豐富性展示出來，將「臺灣文學」這個學科挖深識廣；作為文化部的附屬機構，我們在國家文化建設的整體工程中，在「文學」作為一個公共事務的理念之下，我們紮紮實實做了有利文化發展的事，這是我們所能提供給社會大眾的另類服務，也是我們朝向臺灣文學研究中心理想前進的努力。

我們在四年間分三批出版的這 50 本臺灣現當代作家研究資料彙編，從賴和（1894～1943）到楊牧（1940～），從割臺之際出生、活躍於日據下的作家，到日據之末出生、活躍於戰後臺灣文壇的作家；當然也包含 1949 年左右離開大陸，而在臺灣文壇發光發熱的作家。他們只是臺灣作家的一小部分，由承辦單位組成的專業顧問群多次會商議決；這個計畫，我們希望能夠在精細檢討之後，持續推動下去。

顧問群基本上是臺灣文學史專業的組合，每位作家重要評論文章選刊及研究綜述的撰寫者，都是對於該作家有長期研究的專家。這是學界人力的大動員，承辦本計畫的臺灣文學發展基金會長期致力臺灣文學史料的蒐輯整理，具有強大的學術及社會力量，本計畫能夠順利推動且如期完成，必須感謝他們組成的編輯團隊，以及眾多參與其事的學界朋友。

國立臺灣文學館館長　李瑞騰

編序

◎封德屏

緣起

1995 年 10 月 25 日，在臺灣師範大學教育大樓的 201 室，一場以「面對臺灣文學」爲題的座談會，在座諸位學者分別就臺灣文學的定義、發展、研究，以及文學史的寫法等，提出宏文高論，而時任國家圖書館編纂張錦郎的「臺灣文學需要什麼樣的工具書」，輕鬆幽默的言詞，鞭辟入裡的思維，更贏得在座者的共鳴。

張先生以一個圖書館工作人員自謙，認真專業地爲臺灣這幾十年來究竟出版了多少有關臺灣文學的工具書，做地毯式的調查和多方面的訪問。同時條理分明地針對研究者、學生，列出了十項工具書的類型，哪些是現在亟需的，哪些是現在就可以做的，哪些是未來一步一步累積可以達成的，分別做了專業的建議及討論。

當時的文建會二處科長游淑靜，參與了整個座談會，會後她劍及履及的開始了文學工具書的委託工作，從 1996 年的《臺灣文學年鑑》起始，一年一本的編下去，一直到現在，保存延續了臺灣文學發展的基本樣貌。接著是《中華民國作家作品目錄》的新編，《臺灣文壇大事紀要》的續編，補助國家圖書館「當代文學史料影像全文系統」的建置，這些工具書、資料庫的接續完成，至少在當時對臺灣文學的研究，做到一些輔助的功能。

2003 年 10 月，籌備多年的「台灣文學館」正式開幕運轉。同年五月《文訊》改隸「財團法人台灣文學發展基金會」，爲了發揮更大的動能，開

始更積極、更有效率地將過去累積至今持續在做的文學史料整理出來，讓豐厚的文藝資源與更多人共享。

於是再次的請教張錦郎先生，張先生認為文學書目、作家作品目錄、文學年鑑、文學辭典皆已完成或正在進行，現在重點應該放在有關「臺灣現當代作家評論資料目錄」的編輯工作上。

很幸運的，這個計畫的發想得到當時臺灣文學館林瑞明館長的支持，於是緊鑼密鼓的展開一切準備工作：籌組編輯團隊、召開顧問會議、擬定工作手冊、撰寫計畫書等等。

張錦郎先生花了許多時間編訂工作手冊，每一位作家的評論資料目錄分為：

（一）生平資料：可分作者自述，旁人論述及訪談，文學獎的紀錄。

（二）作品評論資料：可分作品綜論，單行本作品評論，其他作品（包括單篇作品）評論，與其他作家比較等。

此外，對重要評論加以摘要解說，譬如專書、專輯、學術會議論文集或學位論文等，凡臺灣以外地區之報刊及出版社，於書名或報刊後加註，如中國大陸、香港、新加坡等。此外，資料蒐集範圍除臺灣外，也兼及中國大陸、香港、新加坡、日本、韓國及歐美等地資料，除利用國內蒐集管道外，同時委託當地學者或研究者，擔任資料蒐集工作。

清楚記得，時任顧問的學者專家們，都十分高興這個專案的啟動，但確定收錄哪些作家名單時，也有不同的思考及看法。經過充分的討論後，終於取得基本的共識：除以一般的「文學成就」為觀察及考量作家的標準外，並以研究的迫切性與資料獲得之難易度為綜合考量。譬如說，在第一階段時，作家的選擇除文學成就外，先考量迫切性及研究性，迫切性是指已故又是日治時期臺籍作家為優先，研究性是指作品已出土或已譯成中文為優先。若是作品不少而評論少，或作品評論皆少，可暫時不考慮。此外，還要稍微顧及文類的均衡等等。基本的共識達成後，顧問群共同挑選出 310 位作家，從鄭坤五、賴和、陳虛谷以降，一直到吳錦發、陳黎、蘇

偉貞，共分三個階段進行。

　　張錦郎先生修訂的編輯體例，從事學術研究的顧問們，一方面讚嘆「此目錄必然能成爲類似文獻工作的範例」，但又深恐「費力耗時，恐拖延了結案時間」，要如何克服「有限時間，高度理想」的編輯方式，對工作團隊確實是一大挑戰。於是顧問們群策群力，除了每人依研究領域、研究專長認領部分作家外（可交叉認領），每個顧問亦推薦或召集研究生襄助，以期能在教學研究工作外，爲此目錄盡一份心力。

　　「臺灣現當代作家評論資料目錄」專案計畫，自 2004 年 4 月開始，至 2009 年 10 月結束，分三個階段歷時五年六個月，共發現、搜尋、記錄了十餘萬筆作家評論資料。共經歷了三位專職研究助理，近三十位兼任研究助理。這些研究助理從開始熟悉體例，到學習如何尋找資料，是一條漫長卻實用的學習過程。

接續

　　「臺灣現當代作家評論資料目錄」的專案完成，當代重要作家的研究，更可以在這個基礎上，開出亮麗的花朵。於是就有了「臺灣現當代作家研究資料彙編暨資料庫建置計畫」的誕生。爲了便於查詢與應用，資料庫的完成勢在必行，而除了資料庫的建置外，這個計畫再從 310 位作家中精選 50 位，每人彙編一本研究資料，內容有作家圖片集，包括生平重要影像、文學活動照片、手稿及文物，小傳、作品目錄及提要、文學年表。另外每本書分別聘請一位最適當的學者或研究者負責編選，除了負責撰寫八千至一萬字的作家研究綜述外，再從龐雜的評論資料中挑選具有代表性的評論文章，平均 12～14 萬字，最後再附該作家的評論資料目錄，以期完整呈現該作家的生平、創作、研究概況，其歷史地位與影響。

　　由於經費及時間因素，除了資料庫的建置，資料彙編方面，50 位作家分三個階段完成。第一階段出版了 15 位作家，第二階段出版了 12 位作家，此次第三階段則出版了 23 位作家資料彙編。雖然已有過前兩階段的實

務經驗，但相較於前兩階段，此次幾乎多出版將近一倍的數量，使工作小組在編輯過程中，仍然面臨了相當大的困難與挑戰。

首先，必須掌握每位編選者進度這件事，就是極大的挑戰。於是編輯小組在等待編選者閱讀選文的同時，開始蒐集整理作家生平照片、手稿，重編作家年表，重寫作家小傳，尋找作家出版品的正確版本、版次，重新撰寫提要。這是一個極其複雜的工程。還好有認真負責的雅嫻、崔婷、欣怡，以及編輯老手秀卿幫忙，讓整個專案延續了一貫的品質及進度。

在智慧權威、老練成熟的學者專家面前，這些初生之犢的年輕助理展現了大無畏的精神，施展了編輯教戰手冊中的第一招——緊迫盯人。看他們如此生吞活剝地貫徹我所傳授的編輯要法，心裡確實七上八下，但礙於工作繁雜，實在無法事必躬親，也只好讓他們各顯身手了。

縱使這些新手使出了全部力氣，無奈工作的難度指數仍然偏高，雖有前兩階段的經驗，但面對不同的編選者，不同的編選風格，進度仍然不很順利，再加上此次同時進行 23 位作家的編纂作業，在與各編選者及各冊傳主往來聯繫的過程中，更是有許多龐雜而繁瑣的細節。此時就得靠意志力及精神鼓舞了。我對著年輕的同仁曉以大義，告訴他們正在光榮地參與一個重要的文學工程，絕對不可輕言放棄。

成果

雖然過程是如此艱辛，如此一言難盡，可是終究看到豐美的成果。每位編選者雖然忙碌，但面對自己負責的作家資料彙編，卻是一貫地認真堅持。他們每人必須面對上千或數百筆作家評論資料，挑選重要或關鍵性的評論文章，全面閱讀，然後依照編選原則，挑選評論文章。助理們此時不僅提供老師們所需要的支援，統計字數，最重要的是得找到各篇選文作者，取得同意轉載的授權。在第一階段進度流程初估時，我們錯估了此項工作的難度，因為許多評論文章，發表至今已有數十年的光景，部分作者行蹤難查，還得輾轉透過出版社、學校、服務單位，尋得蛛絲馬跡，再鍥

而不捨地追蹤。有了第一階段的血淚教訓，第二階段關於授權方面，我們更是如臨深淵、如履薄冰，希望不要重蹈覆轍，第三階段也遵循前兩階段的經驗，在面對授權作業時更是戰戰兢兢，不敢懈怠。

除了挑選評論文章煞費苦心外，每個作家生平重要照片，我們也是採高標準的方式去蒐集，過世作家家屬、友人、研究者或是當初出版著作的出版社，都是我們徵詢的對象。認真誠懇而禮貌的態度，讓我們獲得許多從未出土的資料及照片，也贏得了許多珍貴的友誼。許多作家都協助提供照片手稿等相關資料，如王鼎鈞、洛夫、余光中、羅門、瘂弦、司馬中原、林文月、鄭愁予、黃春明及其子黃國珍、白先勇及與其合作多年的攝影師許培鴻、白萩及其夫人、陳若曦、七等生、王文興、楊牧及其夫人夏盈盈。已不在世的作家，其家屬及友人在編輯過程中，也給予我們許多協助及鼓勵，如姜貴的長子王爲鎌、張秀亞的女兒于德蘭、艾雯的女兒朱恬恬、陳秀喜的女兒張瑛瑛、商禽的女兒羅珊珊、陳冠學的後輩友人陳文銓與郭漢辰、郭松棻的夫人李渝、王禎和的夫人林碧燕，藉由這個機會，與他們一起回憶、欣賞他們親人或父祖、前輩，可敬可愛的文學人生。此外，還有張默、岩上、閣純德、李高雄、丘彥明、朱雙一、吳姍姍、鄭穎、舊香居書店吳雅慧等作家及研究者，熱心地幫忙我們尋找難以聯繫的授權者，辨識因年代久遠而難以記錄年代、地點、事件的作家照片，釐清文學年表資料及作家作品的版本問題，我們從他們身上學習到更多史料研究可貴的精神及經驗。

但如何在規定的時間內，完成第三階段 23 本資料彙編的編輯出版工作，對工作小組來說，確實是一大考驗。每一冊的主編老師，都是目前國內現當代台灣文學教學及研究的重要人物，因此每位主編都十分忙碌。有鑑於前兩階段的經驗，以及現有工作小組的人力，決定分批完稿，每個人負責 2～4 本，三位組長的責任額甚至超過 4～5 本。每一本的責任編輯，必須在這一年多的時間內，與他們所負責資料彙編的主角——傳主及主編老師，共生共榮。從作家作品的收集及整理開始，必須要掌握該作家一生

作品的每一次的出版，以及盡量收集不同的版本；整理作家年表，除了作家、研究者已撰述好的年表外，也必須再從訪談、自傳、評論目錄，從作品出版等線索，再做比對及增刪。再來就是緊盯每位把「研究綜述」放在所有進度最後一關的主編們，每隔一段時間提醒他們，或順便把新增的評論目錄寄給他們（每隔一段時間就有新的相關論文或學位論文出現），讓他們隨時與他們所主編的這本書，產生聯想，希望有助於「研究綜述」撰寫的進度。

以上的工作說起來，好像並不十分困難，身為總策劃的我起初心裡也十分篤定的認為，事情儘管艱困，最後還是應該順利完成。然而，這句雲淡風輕的話，聽在此次身歷其境參與工作的同仁耳中，一定會恨得牙癢癢的。「夜長夢多」這個形容詞拿來形容這件工作，真是太恰當也沒有了。因為整個工作期程超過一年，在這段漫長的歲月中，因等待、因其他人力無法抗拒的因素，衍伸出來的問題，層出不窮，更有許多是始料未及的。譬如，每本書的的選文，主編老師本來已經選好了，也經過授權了，為了抓緊時間，負責編輯的助理們甚至連順序、頁碼都排好了，就等主編老師的大作了，這時主編突然發現有新的文章、新的資料產生：再增加兩三篇選文吧！為了達到更好更完備的目標，工作小組當然全力以赴，聯絡，授權，打字，校對，重編順序等等工作，再度展開。

此次第三階段共需完成 23 位作家研究資料彙編，年齡層較上兩個階段已年輕許多，因此到最後的疑難雜症，還有連主編或研究者都不太清楚的部分，譬如年表中的某一件事、某一個年代、某一篇文章、某一個得獎記錄，作家本人絕對是一個最好的諮詢對象，於是幾乎我們每本書都找到了作家本人，對解決某些問題來說，這是一個好的線索，但既然看了，關心了，參與了，就可能有不同的看法，選文、年表、照片，甚至是我們整本書的體例。於是又是一場翻天覆地的大更動，對整本書的品質來說，應該是好的，但對經過一年多琢磨、修改已近入完稿階段的編輯團隊來說，這不啻是一大挑戰。

1990 年開始，各地縣市文化中心（文化局），對在地作家作品集的整理出版，以及台灣文學館成立後對日治時期作家以迄當代重要作家全集的編纂，對臺灣文學之作家研究，也有了很好的促進作用。如《楊逵全集》、《林亨泰全集》、《鍾肇政全集》、《張文環全集》、《呂赫若日記》、《張秀亞全集》、《葉石濤全集》、《龍瑛宗全集》、《葉笛全集》、《鍾理和全集》、《錦連全集》、《楊雲萍全集》、《鍾鐵民全集》等，如雨後春筍般持續展開。

經過近二十年的努力，臺灣文學的研究與出版，也到了可以驗收或檢討成果的階段。這個說法，當然不是要停下腳步，而是可以從「臺灣現當代作家評論資料目錄」所呈現的 310 位作家、10 萬筆資料中去檢視。檢視的標的，除了從作家作品的質量、時代意義及代表性去衡量外、也可以從作家的世代、性別、文類中，去挖掘還有待開墾及努力之處。因此在這樣的堅實基礎上，這套「臺灣現當代作家研究資料彙編」，每位編選者除了概述作家的研究面向外，均有些觀察與建議。希望就已然的研究成果中，去發現不足與缺憾，研究者可以在這些不足與缺憾之處下功夫，而盡量避免在相同議題上重複。當然這都需要經過一段時間去發現、去彌補、去重建，因此，有關臺灣文學研究的調查與研究，就格外顯得重要了。

期待

感謝臺灣文學館持續支持推動這兩個專案的進行。「臺灣現當代作家評論資料目錄」的完成，呈現的是臺灣文學研究的總體成果；「臺灣現當代作家研究資料彙編」套書的出版，則是呈現成果中最精華最優質的一面，同時對未來的研究面向與路徑，做最好的建議。我們可以很清楚的體會，這是一條綿長優美的臺灣文學接力賽，我們十分榮幸能參與其中，我們更珍惜在傳承接力的過程，與我們相遇的每一個人，每一件讓我們真心感動的事。我們更期待這個接力賽，能有更多人加入。誠如張恆豪所說「從高音獨唱到多元交響」，這是每一個人所期待的。

編輯體例

一、本書編選之目的，爲呈現陳若曦生平、著作及研究成果，以作爲臺灣
　　文學相關研究、教學之參考資料。

二、全書共五輯，各輯內容及體例說明如下：

　　輯一：圖片集。選刊作家各個時期的生活或參與文學活動的照片、著
　　　　　作書影、手稿（包括創作、日記、書信）、文物。

　　輯二：生平及作品，包括三部分：

　　　　　1.小傳：主要內容包括作家本名、重要筆名，生卒年月日，籍
　　　　　　貫，及創作風格、文學成就等。

　　　　　2.作品目錄及提要：依照作品文類（論述、詩、散文、小說、
　　　　　　劇本、報導文學、傳記、日記、書信、兒童文學、合集）及
　　　　　　出版順序，並撰寫提要。不收錄作家翻譯或編選之作品。

　　　　　3.文學年表：考訂作家生平所進行的文學創作、文學活動相關
　　　　　　之記要，依年月順序繫之。

　　輯三：研究綜述。綜論作家作品研究的概況，並展現研究成果與價值
　　　　　的論文。

　　輯四：重要文章選刊。選收國內外具代表性的相關研究論文及報導。

　　輯五：研究評論資料目錄。收錄至 2013 年 6 月底止，有關研究、論述
　　　　　臺灣現當代作家生平和作品評論文獻。語文以中文爲主，兼及
　　　　　日文和英文資料。所收文獻資料，以臺灣出版爲主，酌收中國
　　　　　大陸、香港、日本和歐美國家的出版品。內容包含三部分：

　　　　　1.「作家生平、作品評論專書與學位論文」下分爲專書與學位
　　　　　　論文。

　　　　　2.「作家生平資料篇目」下分爲「自述」、「他述」、「訪談」、
　　　　　　「年表」、「其他」。

　　　　　3.「作品評論篇目」下分爲「綜論」、「分論」、「作品評論目
　　　　　　錄、索引」、「其他」。

目次

【輯五】研究評論資料目錄

輯一◎圖片集

影像◎手稿◎文物

1951年，初中一年級，陳若曦（右）與母親（中）、姨媽（左）合影。（陳若曦提供）

初中時期，陳若曦（右一）與歐陽子（左一）等同學合影。（陳若曦提供）

1954年，陳若曦初中畢業，考取北一女。
（陳若曦提供）

大學時期的陳若曦。（陳若曦提供）

與大學同學共同創立《現代文學》。前排左起：陳若曦、歐陽子、劉紹
銘、白先勇、張先緒；後排左起：戴天、方蔚華、林耀福、李歐梵、葉
維廉、王文興、陳次雲。（文訊文藝資料中心）

與大學同學同遊陽明山。前排左二起：陳若曦、歐陽子、謝道娥、
楊美惠。（陳若曦提供）

與大學同學攝於臺灣大學傅園。左起：王愈靜、謝道娥、楊美惠、
歐陽子、陳若曦。（陳若曦提供）

1959年，與大學同學合影於臺灣大學校園。前排左起：陳若曦、楊美惠、謝道娥、王愈靜、方蔚華；後排左起：戴天、張先緒（後）、林耀福、陳次雲、王文興、白先勇、李歐梵。（陳若曦提供）

1961年秋天，赴花蓮訪問王禎和。左起：王禎和、歐陽子、陳若曦、楊美惠。（陳若曦提供）

1964年，陳若曦與段世堯於美國結婚。（陳若曦提供）

1967年，與文友攝於北京。左起：朱小燕、陳若曦、景新漢。（陳若曦提供）

1971年，陳若曦與兩個兒子、保母合影。（陳若曦提供）

1968年，陳若曦與兒子合影。（陳若曦提供）

1971年，陳若曦攝於江蘇華東水利學院校園。（陳若曦提供）

1974年，陳若曦與段世堯（左）攝於香港。（陳若曦提供）

1979年，與文友合影於西雅圖。左起：楊牧、劉紹銘、白先勇、
陳若曦、張系國、殷張蘭熙、李歐梵。（臺灣大學圖書館提供）

1980年1月，陳若曦與黃春明（左）談論高雄事件。
（陳若曦提供）

1981年，與文友合影。左起：夏志清夫人、夏志
清、陳若曦、叢甦。（陳若曦提供）

1982年2月21日，拜訪《文學界》，攝於高雄鄭炯明宅。左起：葉石濤、陳若曦（文學臺灣基金會提供）

1982年，與文友合影。左起：王渝、馬漢茂、陳若曦。（陳若曦提供）

1984年2月，陳若曦與楊逵（左）攝於桃園鶯歌。（翻攝自《楊逵全集》，國立文化資產保存中心籌備處）

1985年，與文友合影。左起：高行健、陳若曦、吳祖光。（陳若曦提供）

1985年，與文友合影，攝於北京。左起：陳若曦、曹禺、車輻。（陳若曦提供）

1987年，邀請文友訪美。左起：陳省身、陳若曦、劉賓雁。（陳若曦提供）

1987年，陳若曦返臺，與王禎和（右）合影。（陳若曦提供）

1993年11月14日，海外華文女作家協會於馬來西亞舉行會議。前排左起：聶華苓、於梨華、陳若曦；後排中為蔡文怡。（陳若曦提供）

1994年，陳若曦赴香港演
講，與戴天（右）合影。
（陳若曦提供）

1995年1月，參加文藝作家金門之旅。前排左起：楚戈、佚名、劉國松、辛鬱、陳若曦、
李錫奇、古月、朱西甯；後排右二尉天驄；靠門左起：梅新、商禽。（陳若曦提供）

1998年2月17日，與文友合影於日月潭。左起：陳若曦、李潼、李潼兒子。（陳若曦提供）

1999年3月，陳若曦（中）擔任環保義工，參加反核遊行。（陳若曦提供）

2000年7月，陳若曦（右四）獲選為第一屆南投縣駐縣作家。（陳若曦提供）

2001年3月29日,陳若曦(前排左二)參加中華民國專欄作家協會訪問金門。(文訊文藝資料中心)

2001年,陳若曦(右二)獲中山文藝獎,攝於頒獎典禮會場。右一為陳明和。(陳若曦提供)

2003年2月11日，應邀出席於國父紀念館舉辦的「人間漫步——楚戈2003
創作大展」。左起：俞允平、王渝、陳若曦、趙玉明、楚戈、張拓蕪、
張孝惠、辛鬱。（辛鬱提供）

2003年7月12日，應邀出席《文訊》二十週年慶。左起：管管、陳若曦。
（文訊文藝資料中心）

2003年，與大學同學聚餐。左起：陳明和、方蔚華、王文興、
陳若曦、白先勇。（陳若曦提供）

2004年，應邀出席「第三屆桃園全國書展」。左起：張曼娟、
陳若曦、張系國。（文訊文藝資料中心）

2006年9月9日，應邀出席於上海復旦大學舉辦的「海外華文女作家協會雙年大會」。左起：陳若曦、趙淑敏。（文訊文藝資料中心）

2008年9月12日，應邀出席文訊雜誌社舉辦的「瞬間・永恆──資深作家照片巡迴展」。左起：段彩華、陳若曦、吳明月、胡卜凱、李斌、王榮文、方祖燊。（文訊文藝資料中心）

2011年9月27日，獲頒第十五屆國家文藝獎。左起：莊靈、陳若曦、馬英九、張作驥、李小平。（文訊文藝資料中心）

2012年，邀請紀政為銀髮族演講「一天一萬步，健康有保固」。左一紀政、右一陳若曦。（陳若曦提供）

2011年9月27日，陳若曦國家文藝獎得獎感言手稿。
（陳若曦提供）

致賀与鳴謝

賀《紅杉林－美洲華人文藝》創刊 8 周年

2013年4月5日，陳若曦賀詞手跡。（呂紅提供）

陳若曦致姜貴信函。（國立臺灣文學館提供）

陳若曦致林海音信函。（國立臺灣文學館提供）

輯二◎生平及作品

小傳◎作品◎年表

小傳

陳若曦 （1938～）

陳若曦，女，本名陳秀美，籍貫臺灣臺北。1938 年 11 月 15 日生。

臺灣大學外國語文學系畢業、美國馬里蘭州約翰霍普金斯大學文學碩士。1966 年隨丈夫段世堯赴中國大陸，適逢「文化大革命」時期，被派任爲江蘇華東水利學院英文講師，1973 年離開中國大陸前往香港，又於 1974 年移居加拿大溫哥華、1979 年移居美國加州，直至 1995 年返臺定居。曾任香港新法書院英文教師、美國加州柏克萊分校中文中心主任、銀行職員、舊金山《遠東時報》顧問暨總編輯、香港《星期天週刊》編輯、柏克萊加州大學東方語言學系客座講師、中央大學駐校作家、慈濟醫學院兼任教授、第一屆南投縣駐縣作家、中華民國著作權人協會祕書長、中國婦女寫作協會理事長、中華民國專欄作家協會副理事長，並創組「海外華人女作家協會」，擔任首屆會長。現爲晚晴協會、荒野保護協會和銀髮族協會終生義工。曾獲美國圖書館協會書卷獎、中山文藝獎、聯合報文學獎特別獎、吳三連文藝獎、吳濁流文學獎、國家文藝獎等。

陳若曦創作文類以小說、散文爲主，學生時期曾與白先勇、王文興、歐陽子等人創辦《現代文學》。其作品內容與創作風格，大致上可分四階段：一、以鄉土經驗爲題材、臺灣傳統社會爲背景，描寫中下階層的小人物們在生活中所遭遇的貧窮、困頓、掙扎與悲喜，同時受到現代主義思想的啓發，常運用心理、民俗或意識流的觀點處理小說情節，早期作品充滿

寫實神祕的色彩，如〈欽之舅舅〉、〈巴里的旅程〉、〈最後夜戲〉等；二、
1960 年代因回歸中國，歷經文革生活長達七年，此時期的見聞，對其日後
創作影響甚鉅，常以自身經驗敘述在中國的生活歷程，描寫知識分子受到
的壓制及迫害，反映文革時期人民的艱辛與苦難，如《尹縣長》（小說）、
《文革雜憶》（散文）等，白先勇曾說「她以小說家敏銳的觀察，及寫實的
技巧，將『文革』悲慘恐怖的經驗，提煉昇華，化成了藝術。」；三、1980
年代舉家移民美國，創作內容轉為描寫美國華人社會的生活面貌，探討新
舊移民者的心境及中美文化的衝突與融合，如《突圍》（小說）、《紙婚》
（小說）、《柏克萊郵簡》（散文）等；四、1990 年代後期，延續移民小說
題材，加入女性關懷、宗教思想、環保自然等社會議題，如《女兒的家》
（小說）、《慧心蓮》（小說）、《打造桃花源》（散文）等，吳達芸認為「各
種政治、社會等文化背景各異的人物紛紛進入她的視域，她在女性形象的
展現上也越發直接明朗……真可謂繁花異卉、美不勝收。」

　　陳若曦一生追求理想中的烏托邦，因而旅居海外多年，流轉於臺灣、
中國大陸、香港、美國等地，其作品深受此種心境與經歷的影響，題材廣
泛而多元，尤其擅於處理較具爭議性之議題，如政治、社會、宗教及女性
意識等，往往將自身經驗投射至作品中，並堅持寫實主義路線，力求透過
文字，展現出對於社會、人民的深切關懷。誠如陳芳明所言「觀察陳若曦
的文學生涯，似乎不能以抽離的方式來討論她的作品，而必須放在當時的
政治、歷史的脈絡中來檢驗。」

作品目錄及提要

【散文】

文革雜憶第一集
臺北：洪範書店
1978 年 12 月，32 開，251 頁
洪範文學叢書 39

本書敘述 1960 年代作者全家回歸中國，適逢文化大革命，
七年間的生活實錄。全書收錄〈照片〉、〈海關〉、〈紅衛兵〉
等 12 篇。

生活隨筆
臺北：時報文化出版公司
1981 年 9 月，25 開，255 頁
時報書系 338

全書收錄〈騎驛記〉、〈學琴記〉、〈夏令營‧野營〉等 26
篇。正文後附錄〈已知民刊名單〉、〈大學生自辦刊物名
單〉。

無聊才讀書
香港：天地出版社
1983 年 1 月，32 開，275 頁

全書收錄〈騎驛記〉、〈學琴記〉、〈夏令營‧野營〉等 28
篇。正文前有陳若曦照片四張。

天然生出的花枝／夢花編

天津：百花文藝出版社
1987 年 1 月，11.5x16 公分，289 頁
百花散文叢書

全書收錄〈學琴記〉、〈夏令營・野營〉、〈報童〉、〈我兒子
的媽媽（一）〉、〈我兒子的媽媽（二）〉等 24 篇。正文前有
曹禺〈天然生出的花枝（代序）〉，正文後有夢花〈編後
記〉。

草原行

臺北：時報文化出版公司
1988 年 7 月，32 開，244 頁
人間叢書 134

全書收錄〈許芥昱的麻婆豆腐〉、〈啊，臺大〉、〈徵婚廣
告〉等 22 篇。正文前有楚戈〈小說家的素描集——我看陳
若曦的《草原行》〉，正文後有〈陳若曦著作年表〉。

西藏行

香港：香江出版公司
1988 年 12 月，新 25 開，241 頁

全書分「山河戀」、「懷舊篇」、「悼念篇」、「隨想集」、「外
行話」五輯，收錄〈我為楚戈描山水〉、〈做客釣魚臺〉、
〈新疆吃拜拜〉等 27 篇。

聯經出版公司 1989

博益出版公司 1990

青藏高原的誘惑

臺北：聯經出版公司
1989 年 11 月，新 25 開，300 頁
聯經文學 73

香港：博益出版公司
1990 年 1 月，40 開，246 頁
博益文庫

全書收錄〈簡介藏傳佛教〉、〈白教古刹瞿曇寺〉、〈高原門
戶西寧市〉等 17 篇。正文前有陳若曦赴青藏高原相關照片
共 30 張、陳若曦〈前言〉，正文後附錄陳若曦〈悼念班禪
大師〉、〈陳若曦中文著作年表〉。
博益版：內容與聯經版相同。正文後刪去〈陳若曦中文著
作年表〉。

柏克萊傳真

香港：勤＋緣出版社
1992 年 12 月，40 開，250 頁
名家系列 11

本書集結作者發表於《明報月刊》等報刊雜誌之文章。全
書分「今日美國」、「華裔在美、加」、「兩岸人」、「隨想」
四部分，收錄〈美國警察：惡霸或紳士〉、〈美國司法不
公〉、〈加州一分爲二〉、〈柏克萊式的民主〉、〈美國的言論
自由〉等 80 篇。正文前有〈編者話〉、陳若曦〈序〉。

柏克萊郵簡

香港：天地圖書公司
1993 年 1 月，32 開，229 頁

本書記錄作者定居於柏克萊時期的所見所聞，藉以刻劃美
國的生活樣貌、社會環境及風土民情。全書收錄〈照片〉、
〈吾家有男初長成〉、〈海外作家和本土性〉等 29 篇。

我們那一代臺大人

臺北：臺北縣立文化中心
1996 年 1 月，25 開，202 頁
北臺灣文學 27

全書收錄〈張愛玲一瞥〉、〈報童〉、〈我們那個年代的中學
生〉等 25 篇。正文前有尤清〈縣長序〉、劉峰松〈主任
序〉、王昶雄〈縱橫文筆見高情——「北臺灣文學」第四輯
導言〉、陳若曦〈我們那一代臺大人（代序）〉，正文後有
〈陳若曦著作簡表〉。

域外傳真

北京：人民文學出版社
1996 年 4 月，32 開，335 頁

全書分「今日美國」、「華裔在美、加」、「天涯隨筆」三部
分，收錄〈美國警察：惡霸或紳士〉、〈美國〉、〈加州一分
為二〉、〈柏克萊式的民主〉、〈美國的言論自由〉等 131
篇。正文前有陳若曦〈自序——告別千字文〉，正文後有
〈陳若曦文學小傳〉。

慈濟人間味

臺北：遠流出版公司
1996 年 11 月，25 開，234 頁
勵志館 68

本書為作者返臺定居後，採訪多位慈濟人的真實生活經
歷。全書分「歷苦難而淬發」、「改運不如改自己」、「慈濟
眾生相」三部分，收錄〈王曉民和安樂死〉、〈象婆婆的啓
示〉、〈還我溫柔〉等 28 篇。正文前有王榮文《《勵志館》
出版緣起〉、釋證嚴〈真味只是淡〉、陳若曦〈自序——慈
濟人的潛力〉，正文後有附錄〈陳若曦中文著作年表〉。

打造桃花源

臺北：臺明文化出版公司
1998 年 1 月，32 開，178 頁
臺明文庫 005

本書集結作者 1997 年發表於《中國時報》、《自由時報》之
專欄文章，闡述自身對臺灣的期許關懷。全書收錄〈尋找
桃花源〉、〈代溝好消解〉、〈含蓄更加美〉、〈遲來的會晤〉、
〈飲食有文化〉等 57 篇，正文前有陳若曦〈作者序〉、小
民〈若曦和她的文章〉，正文後有〈陳若曦著作簡表〉。

歸去來

臺北：探索文化公司
1999 年 5 月，25 開，237 頁
探索文庫 18

本書內容涵蓋作者於中國大陸、美國、加拿大、臺灣等地
方的生活點滴，以及學生時期的相關回憶。全書收錄〈難
忘的升旗典禮〉、〈我們那個年代的中學生〉、〈啊，臺大〉
等 28 篇，正文前有〈預視新世紀文學視野〉、陳若曦〈生
命的軌迹〉，正文後有〈陳若曦簡歷〉。

生命的軌跡

成都：四川人民出版社
2000 年 8 月，新 25 開，234 頁
紅辣椒女性文叢・海外輯

全書分「歸去來」、「打造桃花源」二輯，收錄〈我們那個
年代的中學生〉、〈啊，臺大〉、〈張愛玲一瞥〉、〈柳綠鵑紅
的年代〉、〈初見夏公〉等 50 篇。正文前有〈出版前言〉、
陳若曦〈自序〉。

我鄉與她鄉

臺北：九歌出版社
2011 年 4 月，25 開，238 頁
九歌文庫 1091

本書內容涵蓋文化、環保等題材。全書分「人物憶往」、
「我鄉素描」、「海天遊蹤」、「她鄉心事」四輯，收錄〈三
見蔣經國〉、〈一代儒士高信疆〉、〈黃友棣・杜鵑花〉、〈永
遠的老紅帽〉、〈雕金更雕心〉等 43 篇。正文前有陳若曦
〈野人獻曝（自序）〉。

【小說】

遠景出版社 1976

黎明文化公司 1978

Indiana University
Press1978

GEORGE ALLEN&UNWIN
LTD1979

Albrecht Knaus
Verlag1979

Editions Denoel
1980

Bokförlaget
Atlantis1980

尹縣長

臺北：遠景出版社
1976 年 3 月，32 開，203 頁
遠景叢刊 30

臺北：黎明文化公司
1978 年 4 月，12.5x18 公分，181 頁

Bloomington：Indiana University Press
1978 年 5 月，新 25 開，220 頁
Simon Leys（西蒙・萊斯）譯

London：GEORGE ALLEN&UNWIN LTD
1979 年，新 25 開，220 頁
Simon Leys（西蒙・萊斯）譯

Humburg：Albrecht Knaus Verlag
1979 年，40 開，255 頁
Simon Leys（西蒙・萊斯）譯

Paris：Editions Denoel
1980 年，新 25 開，272 頁
Simon Leys（西蒙・萊斯）譯

Stockholm：Bokförlaget Atlantis
1980 年，新 25 開，173 頁
Simon Leys（西蒙・萊斯）譯

Bloomington：Indiana University Press
2004 年，新 25 開，202 頁
Howard Goldblatt（葛浩文）譯

臺北：九歌出版社
2005 年 4 月，15x20.5 公分，245 頁
典藏小說 06

短篇小說集。本書記錄作者親歷文革時期的生活見聞。全書
收錄〈晶晶的生日〉、〈值夜〉、〈查戶口〉、〈任秀蘭〉、〈耿爾
在北京〉、〈尹縣長〉共六篇。正文前有陳若曦〈有感〉。
黎明文化版：正文內容與遠景版相同。正文前新增〈良知的
覺醒〉、朱西甯〈陳若曦小說價值和作用〉、〈不自由毋寧
死〉。
Indiana University Press 版：英譯本，新增〈大青魚〉、〈尼克
森的記者團〉兩篇。正文前有"TRANSLATORS'

Indiana University
Press2004

九歌出版社 2005

PREFACE”、“INTRODUCTION BY SIMON LEYS”。

GEORGE ALLEN&UNWIN LTD 版：英譯本，內容與 1978
年 Indiana University Press 版相同。

Albrecht Knaus Verlag 版：德譯本，內容與 1978 年 Indiana
University Press 版相同。正文後附錄“Nachwort von Simon
Leys”、“Anmerkungen”、“Zeittafel”。

Editions Denoel 版：法譯本，刪去〈任秀蘭〉，新增〈尼克
森的記者團〉一文。正文前有“Litterature et politique”。

Bokförlaget Atlantis 版：瑞典譯本，內容與 1978 年 Indiana
University Press 版相同。正文前有“Förteckning över
vissa”、“Pinyin-stavade namn”。

Indiana University Press 版：英譯本，內容與 1978 年 Indiana
University Press 版相同。正文前有“Editor’s Preface to the
Revised Edition”、“Introduction to the Revised Edition by
Perry Link”。

九歌版：以遠景版為基礎，改文章順序重排新版。正文前
有陳若曦照片四頁、〈享受發現與再發現之旅〉、陳雨航
〈生命經歷，小說完成〉、白先勇〈烏托邦的追尋與幻
滅〉、陳若曦〈《尹縣長》新版自序〉，正文後有陳若曦〈有
感──《尹縣長》初版自序〉、陳若曦〈寫在《尹縣長》出
版後〉、葉維廉〈陳若曦的旅程〉、〈《尹縣長》相關評論索
引〉。

聯經出版公司 1976

聯經出版公司 1987

陳若曦自選集
臺北：聯經出版公司
1976 年 5 月，32 開，235 頁

臺北：聯經出版公司
1987 年 7 月，新 25 開，195 頁

短篇小說集。全書收錄〈欽之舅舅〉、〈灰
眼黑貓〉、〈巴里的旅程〉、〈收魂〉、〈辛
莊〉、〈喬琪〉、〈最後夜戲〉、〈婦人桃
花〉、〈燃燒的夜〉、〈晶晶的生日〉、〈大青
魚〉共 11 篇。正文前有夏志清〈陳若曦
的小說〉，正文後有陳若曦〈後記〉。
1987 年聯經版：內容與 1976 年聯經版相
同。

老人

臺北：聯經出版公司
1978 年 4 月，32 開，204 頁
現代小說叢刊

短篇小說集。本書集結發表於《聯合報》副刊之文章。全書收錄〈老人〉、〈尼克森的記者團〉、〈丁雲〉、〈春遲〉、〈地道〉、〈十三號單元〉、〈女友艾芬〉共七篇。正文前有陳若曦〈交代（自序）〉。

歸

臺北：聯經出版公司
1978 年 8 月，32 開，416 頁
聯合報叢書

香港：明報出版社
1979 年 5 月，25 開，343 頁
明報月刊叢書 16

聯經出版公司 1978

長篇小說。本書描述一位臺大畢業生赴國外留學後，滿懷理想抱負隨丈夫回歸中國，卻面臨許多現實生活上的困惑與矛盾。正文前有陳若曦〈說明（代序）〉。
明報版：內容與聯經版相同。原正文前陳若曦〈說明（代序）〉改篇名爲〈序〉。

明報出版社 1979

北京のひとり者／竹內実譯

東京：朝日新聞社
1979 年 2 月，25 開，242 頁

短篇小說集。日譯本。全書收錄〈晶晶の誕生日〉、〈家族調査〉、〈尹県長〉、〈任秀蘭〉、〈北京のひとり者〉共四篇。正文後有竹內実〈訳注〉、竹內実〈訳者あとがき〉。

GENG ER I PEKING
Oslo：Dreyers Forlag
1980 年，新 25 開，221 頁

本書為瑞典譯本，集結作者小說作品。全書收錄"Ordfører Yin"、"Jingjings"、"fødselsdag"、"Nattevakten"、"Husundersøkelse"、"Ren Xiulan"、"Den store svartkarpen"、"Geng Er I Peking"共八篇。正文前有"Innledning ved Simon Leys"。

八方出版社 1981

城裡城外
香港：八方出版社
1981 年 4 月，32 開，296 頁
八方藝文叢書

臺北：時報文化出版公司
1981 年 9 月，25 開，296 頁
時報書系 337

短篇小說集。全書收錄〈杜百合〉、〈城裡城外〉、〈路口〉、〈客自故國來〉、〈副總理的專機〉、〈向著太平洋彼岸〉共六篇。正文前有陳若曦〈《城裡城外》的糾紛（代序）〉。
時報文化版：刪去〈向著太平洋彼岸〉，新增〈綠卡〉一文，並將原正文前陳若曦〈《城裡城外》的糾紛（代序）〉移至正文後，改篇名為〈「城裡城外」的糾紛——後記〉。

時報文化 1981

聯經出版公司 1983　三聯書店 1983

突圍
臺北：聯經出版公司
1983 年 4 月，32 開，239 頁
聯合報叢書

香港：三聯書店
1983 年 7 月，大 32 開，172 頁
海外文叢

北京：中國友誼出版公司
1983 年 9 月，32 開，239 頁

長篇小說。本書描述一位美國大學教授駱翔之對於愛情充滿嚮往，卻歷經兩次不甚

中國友誼 1983

圓滿的婚姻，因而愛上自己的女學生，他一方面希望能夠再次離婚突破困境，一方面卻又感受到妻子對於自己與孩子是不可或缺的存在，因此只能在對婚姻的責任與對愛情的憧憬兩者之間猶豫、徘徊。

三聯版：內容與聯經版相同。正文前有陳若曦照片手稿共四張、陳若曦〈閑話酒膽（代序 1）〉、陳若曦〈從何說起（代序 2）〉、〈陳若曦小傳〉、〈陳若曦的著作〉。

中國友誼版：內容與聯經版相同。

陳若曦小說選／周青編

北京：中國廣播出版社
1983 年 12 月，32 開，112 頁

短篇小說集。全書收錄〈最後夜戲〉、〈燃燒的夜〉、〈收魂〉、〈大青魚〉、〈向著太平洋彼岸〉共五篇。

博益出版公司 1984　　遠景出版公司 1984

中國友誼 1985　　北方文藝 1988

遠見

香港：博益出版公司
1984 年 1 月，42 開，424 頁

臺北：遠景出版公司
1984 年 5 月，32 開，366 頁
遠景叢刊 241

北京：中國友誼出版公司
1985 年 4 月，32 開，327 頁

哈爾濱：北方文藝出版社
1988 年 5 月，32 開，327 頁
臺灣文學叢書
Howard Goldblatt（葛浩文）編

長篇小說。本書敘述臺灣傳統婦女廖淑貞，聽從丈夫的安排，為了申請綠卡而前往美國，在美期間雖受到他人的追求，但她不為所動，經歷兩年辛苦寂寞的幫傭生活後，終於順利取得綠卡，回到臺灣卻發現丈夫外遇生子的事實，於是她選擇再次赴美，尋找並展開自己的新生活。正文前有編者〈你爭、我爭、大家爭看陳若曦〉、陳若曦〈自序〉。

遠景版：內容與博益版相同。正文前刪去編者〈你爭、我爭、大家爭看陳若曦〉、陳若曦〈自序〉。
中國友誼版、北方文藝版：內容與博益版相同。正文後有〈作者中文著作出版年表〉。

陳若曦中短篇小說選／林承璜編

福州：海峽文藝出版社
1985 年 4 月，32 開，251 頁
臺灣文學叢書

中短篇小說集。全書收錄〈欽之舅舅〉、〈灰眼黑貓〉、〈巴里的旅程〉、〈收魂〉、〈辛庄〉、〈喬琪〉、〈最後夜戲〉、〈婦人桃花〉、〈燃燒的夜〉、〈耿爾在北京〉、〈綠卡〉、〈向著太平洋彼岸〉共 12 篇。正文前有陳若曦照片九張、手稿一張，正文後有〈陳若曦作品出版年表〉、林承璜〈試探陳若曦小說創作之得失〉、林承璜〈編後〉。

敦理出版社 1985　　　三聯書店 1986

中國友誼 1987

二胡

高雄：敦理出版社
1985 年 8 月，32 開，295 頁
敦理叢刊 19

香港：三聯書店
1986 年 2 月，大 32 開，251 頁
海外文叢

北京：中國友誼出版公司
1987 年 11 月，32 開，267 頁

長篇小說。本書描述一對居住於美國的叔姪——老華僑胡為恆及胡景漢，因政局變動而長期與中國的妻子、親人分隔兩地，在中國改革開放後，返回家鄉探親的見聞與經歷，及他們在返鄉前後觀念思想上的轉變，展現出中、西文化的衝突、碰撞與融合。正文後有〈陳若曦作品出版年表〉。

三聯版、中國友誼版：內容與敦理版相同。

自立報社 1986　　　中國文聯 1987

三聯書店 1987　　　華夏出版社 1996

江蘇文藝 2010

紙婚

臺北：自立報社
1986 年 9 月，新 25 開，373 頁
自立文庫 25

北京：中國文聯出版社
1987 年 1 月，32 開，278 頁

香港：三聯書店
1987 年 6 月，大 32 開，254 頁
海外文叢

北京：華夏出版社
1996 年 1 月，32 開，277 頁

南京：江蘇文藝出版社
2010 年 11 月，25 開，頁 259
港臺暨海外華人作家經典叢書

長篇小說。本書描寫一位旅居美國的中國
女子尤怡平，為取得綠卡，與一位美國的
同性戀男子項・墨非協議結婚，原本毫無
感情的兩人，在經歷過各種事件後，漸漸
產生如同家人一般的感情，最後項・墨非
感染了愛滋病，尤怡平則默默陪伴他走完
人生的最後一段旅程。
三聯書店版：內容與自立版相同。正文前
有陳若曦照片一張、〈陳若曦小傳〉，正文
後有〈陳若曦的著作〉。
中國文聯版、華夏版：內容與自立版相
同。
江蘇文藝版：內容與自立版相同。正文後
新增湯淑敏〈真善美的激情頌歌──評介
陳若曦的《紙婚》〉。

The old man, and other stories

香港：香港中文大學翻譯研究中心
1986 年，新 25 開，147 頁
Renditions Paperbacks

短篇小說集。英譯本。全書收錄"The Old Man"、"The
Tunnel"、"Ding Yun"、"My Friend Ai Fen"、"Anther Fortress
Besieged"共五篇。正文後附錄"The April 5th Movement"。

貴州女人

臺北：遠流出版公司
1989 年 6 月，新 25 開，188 頁
小說館 19

短篇小說集。全書收錄〈路口〉、〈素月的除夕〉、〈遇見陌生女子的那天上午〉、〈到底錯在哪裡？〉、〈貴州女人〉、〈謀殺爸爸〉共六篇。正文前有陳若曦〈又見路口（代序）〉。

走出細雨濛濛

香港：勤+緣出版社
1993 年 1 月，42 開，196 頁
名家系列 2

短篇小說集。全書收錄〈走出細雨濛濛〉、〈貴州女人〉、〈圓通寺〉、〈我們上雷諾去〉、〈說不定是個男孩〉、〈遇見陌生女子的那天上午〉、〈演戲〉、〈玫瑰和菖蒲〉、〈壽宴〉、〈謀殺爸爸〉、〈到底錯在哪裡〉、〈草地上燒焦的十字架〉、〈長春谷〉共 13 篇。

陳若曦集／林瑞明、陳萬益編

臺北：前衛出版社
1993 年 12 月，25 開，308 頁
臺灣作家全集・短篇小說卷・戰後第二代 7

短篇小說集。全書收錄〈辛莊〉、〈最後夜戲〉、〈邀唔〉、〈百元〉、〈查戶口〉、〈尼克森的記者團〉、〈城裡城外〉、〈路口〉、〈綠卡〉、〈素月的除夕〉、〈謀殺爸爸〉共 11 篇。正文前有陳若曦照片手稿九張、鍾肇政〈緒言〉、張恆豪〈牽懷海峽兩岸——陳若曦集序〉，正文後有葉石濤〈從憧憬、幻滅到徬徨——談陳若曦文學的三個階段〉、吳達芸〈自主與成全——論陳若曦小說中的女性意識〉、〈陳若曦小說評論引得〉、〈陳若曦生平寫作年表〉。

王左的悲哀

臺北：遠流出版公司
1995 年 1 月，25 開，166 頁
小說館 120

短篇小說集。本書透過小說的形式，刻畫移民者在生活中
所面臨的辛酸與真實面貌。全書收錄〈走出細雨濛濛〉、
〈圓通寺〉、〈我們上雷諾去〉、〈說不定是個男孩〉、〈演
戲〉、〈玫瑰和菖浦〉、〈壽宴〉、〈草地上燒焦的十字架〉、
〈長春谷〉、〈為了留下，你要先走〉、〈雖是你的房子，卻
是我的家〉、〈不認輸兩萬元的話〉、〈丈夫自己的空間〉、
〈阿蘭的捐獻〉、〈王左的悲哀〉、〈啊，蕭邦的故鄉〉共 16
篇。正文前有陳若曦〈小說沒用？〉。

貴州女人／古繼堂編

北京：時事出版社
1996 年 1 月，32 開，326 頁
臺灣小說名家代表作叢書

短篇小說集。全書收錄〈走出細雨濛濛〉、〈第三者〉、〈貴
州女人〉、〈說不定是個男孩〉、〈綠卡〉、〈巴里的旅程〉、
〈媽媽寂寞〉、〈欽之舅舅〉、〈圓通寺〉、〈辛庄〉、〈最後夜
戲〉、〈遇見陌生女子的那天上午〉、〈耿爾在北京〉、〈地
道〉、〈演戲〉、〈喬琪〉、〈壽宴〉、〈丈夫自己的空間〉、〈收
魂〉、〈燃燒的夜〉、〈向著太平洋彼岸〉共 21 篇。

女兒的家

臺北：探索文化公司
1999 年 2 月，25 開，206 頁
探索文庫 12

短篇小說集。本書以女性議題為書寫對象，探討女性從傳
統到現代多重角色的轉變，以及兩性互動的消長關係。全
書收錄〈媽媽寂寞〉、〈我的惡夢〉、〈重振雄風〉、〈第三
者〉、〈不理它〉、〈裝傻〉、〈美式離婚〉、〈飛回臺灣〉、〈如
果你愛我〉、〈莽夫的告白〉、〈女兒的家〉、〈父親的畫像〉、
〈越南新娘〉、〈清水嬸回家〉共 14 篇。正文前有〈出版緣
起——預視新世紀文學視野〉、簡瑛瑛〈處處是女兒家〉、
陳若曦〈自序——女人依靠什麼〉。

清水嬸回家／馬森主編

臺北：駱駝出版社
1999 年 5 月，18x11 公分，182 頁
現當代名家作品精選

短篇小說集。全書收錄〈晶晶的生日〉、〈尹縣長〉、〈綠卡〉、〈圓通寺〉、〈雖是你的房子，卻是我的家〉、〈莽夫的告白〉、〈清水嬸回家〉共七篇。正文前有馬森〈總序〉、馬森〈導讀〉，正文後有〈主編簡介〉、〈作者簡介〉。

完美丈夫的祕密

臺北：九歌出版社
2000 年 5 月，32 開，219 頁
九歌文庫 574

短篇小說集。本書透過小說形式探討教育對婦女的影響，及 20 世紀女性面對婚姻的困境與突破。全書分「上」、「下」二輯，收錄〈媽媽的原罪〉、〈碧珠的抉擇〉、〈光榮的離婚〉、〈一根長髮〉、〈晚年依靠誰〉、〈結婚是錯誤，離婚是覺悟〉、〈都是麻將惹的禍〉、〈破鏡不可能重圓〉、〈孩子不是報復工具〉、〈婚姻不是避風港〉、〈是勝利還是作繭自縛〉、〈臺灣男人都這樣？〉、〈她寧可改造丈夫〉、〈婚姻中人要有危機感〉、〈外遇有價〉、〈分手不一定要有理由〉、〈婚姻的最佳保障〉、〈完美丈夫的祕密〉、〈想要兒子的代價〉、〈無奈的選擇〉、〈給他一點空間〉、〈「父不詳」會遺傳？〉、〈都是大陸妹惹的禍？〉、〈旅店關門以後〉、〈他沒有什麼不好，就是好賭〉、〈浪子回頭要不要？〉、〈只怪她有剋夫命〉、〈黃昏的天空也有風景〉、〈婚外情是玩火遊戲〉、〈誰真心要孩子？〉、〈風水輪流轉〉、〈輪到我過幾年好日子〉、〈她的丈夫是孝子〉、〈被孩子綑住的受虐婦〉、〈天公疼憨人〉、〈壓垮她的不是地震〉、〈方晴的愛和死〉共 37 篇。正文前有陳若曦〈走過二十世紀婚姻（代序）〉。

九歌出版社 2001　　新加坡大眾 2001

寧夏少兒 2011

慧心蓮

臺北：九歌出版社
2001 年 2 月，25 開，286 頁
九歌文庫 985

新加坡：新加坡大眾書局
2001 年 3 月，25 開，287 頁

寧夏：寧夏少年兒童出版社
2011 年 4 月，32 開，272 頁

長篇小說。本書以佛教為題材，描述一家
三代的四位女性，因不同的機緣學佛或出
家，漸漸地從原本僅是想逃避人生的想法
轉為自主性的積極入世，藉以顯示臺灣
25 年來的佛教興革及社會變遷。全書分
「杜美慧」、「杜阿春」、「杜美心」、「王慧
蓮」四章。正文前有陳若曦〈前言〉。
新加坡大眾版內容與九歌版相同。
寧夏少年兒童版改開本重排。正文前有
〈總序——眾裡尋「她」千百度〉，正文
後有〈陳若曦創作年表〉、〈從「不幸的夏
娃」到「自覺的信女」〉。

南投縣文化局 2001

草根出版公司 2002

重返桃花源

南投：南投縣文化局
2001 年 10 月，25 開，303 頁
南投縣文化資產叢書 77

臺北：草根出版公司
2002 年 9 月，25 開，278 頁
臺灣文學名著 28

長篇小說。本書以作者擔任南投駐縣作家時期的生活經歷為
背景，敘述一位霧社事件倖存者的後代，從美國返臺參與故
鄉埔里的賑災工作，藉此項契機，進一步重新認識埔里這塊
土地的人文歷史及風土民情。正文前有照片、彭百顯〈南投
行腳，踏尋桃花原鄉〉、陳秀義〈南投風情，純美新世界〉、
陳若曦〈南投要更上層樓〉，正文後附錄〈陳若曦簡歷〉、
〈陳若曦中文著作年表〉、〈第一屆南投縣駐縣作家陳若曦女
士巡迴演講場次表〉、〈第一屆南投縣駐縣作家徵選簡章〉。
草根版內容與南投縣文化局版相同。正文後刪去〈第一屆南
投縣駐縣作家陳若曦女士巡迴演講場次表〉、〈第一屆南投縣
駐縣作家徵選簡章〉。

陳若曦小說精選集

臺北：新地文化藝術公司
2010 年 4 月，25 開，315 頁
世界華文作家精選集叢書

長、短篇小說集。全書收錄短篇小說〈灰眼黑貓〉、〈收魂〉、〈晶晶的生日〉、〈圓通寺〉、〈輪到我過幾年好日子〉五篇及長篇小說〈慧心蓮〉一篇。正文前有照片手稿、〈小傳〉、〈經歷〉、陳若曦〈序〉，正文後有〈寫作年表〉。

【傳記】

堅持・無悔：陳若曦七十自述

臺北：九歌出版社
2008 年 10 月，25 開，340 頁
九歌文庫 960-5

臺北：九歌出版社（增訂版）
2011 年 10 月，25 開，358 頁

九歌出版社 2008　　九歌出版社 2011

本書敘述作者生平經歷。全書分「採菊東籬的童年」、「來來來，來臺大」、「去去去，去美國」、「文革與革文」、「美加二十載」、「婚姻終結者」六章，收錄〈採菊東籬的童年〉、〈臺灣光復〉、〈女兒苦〉、〈搬到臺北市〉、〈二二八事件〉等 60 篇。正文前有照片 17 張，正文後有〈陳若曦中文著作簡表〉。
2011 年九歌版內容與 2008 年九歌版相同。正文後新增陳若曦〈再版感言〉、歐銀釧〈陳若曦向歷史作證〉、丁文玲〈赤足站在土地上的文學家〉。

陳若曦自伝：堅持して悔いなし／澤田隆人譯，吉田重信監譯

東京：西田書局
2012 年 3 月，32 開，243 頁

本書敘述作者生平經歷。全書分「統治下の少女時代」、「文学への目覚め」、「アメリカ留学と結婚」、「『文革』の中国へ」、「作家と政治活動—太平洋を跨いで帰郷」、「再び台湾へ」六章。

文學年表

1938 年 （昭和 13 年）	11 月	15 日，出生於臺北縣中和鄉（今新北市永和區），本名陳珠子。
1946 年	本年	全家遷居至臺北市永康街。 就讀幸安小學二年級。
1947 年	本年	政府爲消除日本文化的影響，加強推動國語運動，強制人民改名，因此將本名改爲陳秀美。
1951 年	9 月	考入臺北第一女子中學初中部。
1954 年	9 月	考入臺北第一女子中學高中部。
1957 年	9 月	考入臺灣大學外國語文學系。
	11 月	發表短篇小說〈週末〉於《文學雜誌》第 3 卷第 3 期。
1958 年	3 月	發表短篇小說〈欽之舅舅〉於《文學雜誌》第 4 卷第 1 期。
1959 年	3 月	發表短篇小說〈灰眼黑貓〉於《文學雜誌》第 6 卷第 1 期。
	5 月	與大學同學組成「南北社」。
1960 年	3 月	與大學同學王文興、白先勇、洪智惠、李歐梵等人共同創辦《現代文學》。
	5 月	發表〈巴里的旅程〉於《現代文學》第 2 期。
	7 月	發表〈收魂〉於《現代文學》第 3 期。
	11 月	發表〈辛莊〉於《現代文學》第 5 期。
1961 年	3 月	發表短篇小說〈喬琪〉於《現代文學》第 7 期。

	6 月	臺灣大學外國語文學系畢業。
	9 月	發表〈最後夜戲〉於《現代文學》第 10 期。
	10 月	25 日,發表短篇小說〈邀晤〉於《聯合報》第 6 版。
	11 月	發表〈張愛玲一瞥〉於《現代文學》第 11 期。
	12 月	19 日,發表短篇小說〈百元〉於《聯合報》第 6 版。
	本年	任職於美國在臺文教機構兼現代文學社編輯。
1962 年	6 月	發表短篇小說〈婦人桃花〉於《現代文學》第 14 期。
	9 月	翻譯莎岡(Sagan)《奇妙的雲》,由臺北學生書局出版。
	秋	赴美國,就讀麻州曼荷蓮學院,主修美國文學;隔年轉讀馬里蘭州約翰霍普金斯大學,主修當代美國小說。
1964 年	本年	與段世堯結婚。
1965 年	本年	獲霍普金斯大學文學碩士學位。
1966 年	9 月	離開美國赴歐洲。
	10 月	18 日,赴中國大陸,暫居北京華僑大廈,適逢文化大革命。
	本年	母親逝世於臺北。
1967 年	8 月	長子段煉出生。
1969 年	3 月	分發至江蘇華東水利學院擔任英文講師。
	5 月	次子陳賡出生。
1973 年	11 月	14 日,全家離開中國大陸,移居香港,任職新法書院英文教師。
1974 年	11 月	發表短篇小說〈尹縣長〉於《明報月刊》第 107 期。
		移民加拿大溫哥華,任職銀行出納員。
1975 年	2 月	短篇小說〈耿爾在北京〉連載於《明報月刊》第 110～112 期。
	8 月	發表短篇小說〈值夜〉於《明報月刊》第 116 期。

1976 年	2 月	9～10 日，短篇小說〈查戶口〉連載於《中國時報》海外版第 7 版。
		11～12 日，短篇小說〈晶晶的生日〉連載於《中國時報》第 12 版。
		13～14 日，短篇小說〈任秀蘭〉連載於《中國時報》第 12 版。
	3 月	5～7 日，短篇小說〈耿爾在北京〉連載於《中國時報》第 12 版。
		30 日，發表〈寫在「尹縣長」出版後〉於《聯合報》第 6 版。
		短篇小說集《尹縣長》由臺北遠景出版社出版。
	4 月	7 日，發表短篇小說〈大青魚〉於《中國時報》第 12 版。
	5 月	短篇小說集《陳若曦自選集》由臺北聯經出版公司出版。
	8 月	4 日，發表短篇小說〈尼克森的記者團〉於《中國時報》第 12 版。
	12 月	22～26 日，短篇小說〈老人〉連載於《聯合報》第 6 版。
1977 年	6 月	11 日，發表短篇小說〈丁雲〉於《中國時報》第 12 版。
	11 月	短篇小說集《尹縣長》獲中山學術文化基金會第 12 屆文藝創作獎。
1978 年	2 月	20 日，發表〈十三號單元〉於《聯合報》第 12 版。
	3 月	9～11 日，〈女友艾芬〉連載於《聯合報》第 12 版。
		18 日，發表〈陳若曦雜憶：海關〉於《中國時報》第 12 版。

4 月　2～3 日，〈紅衛兵〉連載於《聯合報》第 12 版。

　　30 日，發表〈陳若曦雜憶：和尚打傘——談中共的法律〉於《中國時報》第 12 版。

　　短篇小說集《老人》由臺北聯經出版公司出版。

5 月　發表〈和尚打傘——談中共的法律〉於《海外學人》第 70 期。

　　應邀出席臺灣社於西雅圖華盛頓大學舉辦的「現代中國的抗議文學——海外作家五四座談會」，發表論文「天安門事件與李一哲大字報」。

6 月　9 日，發表〈大陸的口頭文學〉於《中國時報》第 12 版。

　　19～21 日，發表〈街頭人頭說起〉於《聯合報》第 12 版。

7 月　12 日，發表〈陳若曦雜憶：經濟主義妖風〉於《中國時報》第 12 版。

8 月　26～28 日，〈陳若曦雜憶：智擒王光美〉連載於《中國時報》第 12 版。

　　長篇小說《歸》由臺北聯經出版公司出版。

9 月　《尹縣長》獲聯合報第三屆特別小說獎。

10 月　2～4 日，〈洋人在文革中〉連載於《聯合報》第 12 版。

11 月　11～14 日，〈寫自傳「向黨交心」〉連載於《中國時報》第 12 版。

　　《尹縣長》獲第一屆吳三連文學獎小說類。

12 月　《文革雜憶》由臺北洪範書店出版。

本年　《尹縣長》英譯版獲美國圖書館協會書卷獎（年度佳作）。

1979 年	2 月	竹內実譯短篇小說集《北京のひとり者》由東京朝日新聞社出版。
	5 月	2～3 日，〈杜百合〉連載於《中國時報》第 12 版。
	6 月	9 日，發表〈久違了，曼荷蓮學院〉於《中國時報》第 12 版。
		應聘擔任聯合報第四屆短篇小說獎評選委員。
	9 月	9～10 日，短篇小說〈城裡城外〉連載於《聯合報》第 8 版。
		10 日，發表〈這一代的心聲——爲短篇小說集「反修樓」而寫〉於《中國時報》第 8 版。
		應聘至柏克萊加州大學中國研究中心研究文革和 1980 年代民運，移居美國。
1980 年	2 月	短篇小說〈路口〉連載於《中報月刊》第 1～2 期。
	4 月	30 日，發表〈求田問舍〉於《中國時報》第 8 版。
	8 月	應邀出席於臺北舉辦的《現代文學》創刊二十週年紀念茶會。
	9 月	8 日，發表〈金門和金門高粱〉於《聯合報》第 8 版。
		9 日，發表〈酒和酒的往事〉於《聯合報》第 8 版。
	10 月	24 日，發表〈外雙溪的故交和新識〉於《中國時報》第 8 版。
	11 月	26～27 日，短篇小說〈客自故鄉來〉連載於《聯合報》第 8 版。
	12 月	20 日，發表〈默默耕耘〉於《中國時報》第 8 版。
		25～26 日，〈綠卡〉連載於《聯合報》第 8 版。
	本年	返臺會見蔣經國，爲「高雄事件」被捕人士說情，並遞交海外知識分子聯名信。
		擔任舊金山《遠東時報》顧問及總編輯，至 1982 年

止。

1981 年	1 月	短篇小說集《城裡城外》由香港八方出版社出版。
	2 月	發表〈談中共的高工資特權措施〉於《海外學人》第103 期。
	3 月	〈路口〉獲第 12 屆吳濁流文學獎小說創作獎。
	4 月	26～27 日，〈中國大陸曇花一現的民主牆和民辦刊物〉連載於《中國時報》第 8 版。
	9 月	14 日，發表〈聯副與我是老朋友〉於《聯合報》第 8 版。
		《生活隨筆》由臺北時報文化出版公司出版。
		短篇小說集《城裡城外》由臺北時報文化出版公司出版。
1982 年	5 月	應新加坡南洋商報之邀前往訪問、演講。
	10 月	26 日，發表〈話說臺大人〉於《聯合報》第 8 版。
	11 月	15 日，長篇小說〈突圍〉連載於《聯合報》第 8 版，至隔年 1 月 12 日刊畢。
1983 年	1 月	13 日，發表〈話酒膽〉於《中國時報》第 8 版。
		《無聊才讀書》由香港天地出版社出版。
	3 月	發表〈從何說起〉於《自立晚報》副刊。
	4 月	長篇小說《突圍》由臺北聯經出版公司出版。
	7 月	長篇小說《突圍》由香港三聯書店出版。
	8 月	3 日，長篇小說〈遠見〉連載於《中國時報》第 8 版，至隔年 1 月 9 日刊畢。
		擔任柏克萊加州大學東方語言學系客座講師。
	9 月	長篇小說《突圍》由北京中國友誼出版公司出版。
	11 月	6 日，發表〈憶魯芹師〉於《中國時報》第 8 版。
	12 月	短篇小說集《陳若曦小說選》由北京中國廣播出版社出

版。

本年　擔任柏克萊加州大學東方語言系客座講師。

1984 年　1 月　長篇小說《遠見》由香港博益出版公司出版。

2 月　應邀出席臺灣文藝雜誌社、自立晚報副刊共同舉辦的「臺灣文學討論會」。

5 月　長篇小說《遠見》由臺北遠景出版公司出版。

6 月　8 日，發表〈中國人不僅是政治動物啊！〉於《中國時報》第 8 版。

8 月　19 日，長篇小說〈二胡〉連載於《中國時報》第 8 版，至隔年 1 月 19 日刊畢。

11 月　發表〈大陸上的女作家〉於《聯合文學》第 1 期。

1985 年　1 月　長篇小說《遠見》由北京中國友誼出版公司出版。

2 月　4 日，發表〈禁錮的江郎〉於《聯合報》第 8 版。

5 日，發表〈我為楚戈描山水〉於《中國時報》第 8 版。

3 月　29 日，發表〈楊逵精神不朽〉於《中國時報》第 8 版。

4 月　中短篇小說集《陳若曦中短篇小說選》由福州海峽出版社出版。

5 月　於北京會見胡耀邦，應邀訪問西藏。

發表短篇小說〈素月的除夕〉於《文學界》第 5 期。

6 月　27 日，發表〈呂正操的午宴〉於《中國時報》第 8 版。

8 月　長篇小說《二胡》由高雄敦理出版社出版。

1986 年　2 月　長篇小說《二胡》由香港三聯書店出版。

5 月　發表〈本土性之外，宜兼容並蓄〉於《臺灣文藝》第 100 期。

9 月　長篇小說《紙婚》由臺北自立報社出版。

本年　獲福州「中篇小說選刊」榮譽獎。

短篇小說集 *The old man,and other stories* 由香港中文大學翻譯研究中心出版。

1987 年	1 月	《天然生出的花枝》由天津百花文藝出版社出版。

長篇小說《二胡》由北京中國友誼出版公司出版。

長篇小說《紙婚》由北京中國文聯出版社出版。

6 月　前往西藏訪問。

於拉薩會見班禪賴嘛。

長篇小說《紙婚》由香港三聯書店出版。

本年　短篇小說〈耿爾在北京〉拍成電影。

1988 年　1 月　30 日，發表〈親民求真——紀念蔣經國先生〉於《中國時報》第 8 版。

長篇小說《遠見》由哈爾濱北方文藝出版社出版。

3 月　1 日，發表〈中國的女鬼真美！我看「活捉」〉於《中國時報》第 8 版。

10～11 日，短篇小說〈遇到陌生女子的那天上午〉連載於《中國時報》第 8 版。

4 月　9 日，發表〈數壇怪傑不怪了〉於《中國時報》第 8 版。

6 月　27 日，發表〈吾家有男初長成〉於《中時晚報》。

7 月　《草原行》由臺北時報文化出版公司出版。

9 月　28 日，發表〈青藏高原行古城西寧換新裝〉於《中國時報》第 8 版。

10 月　15 日，發表〈三老的紅包〉於《自立早報》。

11 月　12 日，發表〈寂寞猶如——月球青藏高原行〉於《中國時報》第 8 版。

12 月　31 日，發表〈張學良的老家〉於《中國時報》第 23 版。

1989 年	1 月	《西藏行》由香港香江出版社出版。
		短篇小說集《貴州女人》由香港香江出版社出版。
	2 月	16 日，發表〈青藏高原行──無中生有的格爾木〉於《中國時報》第 23 版。
	3 月	13 日，發表〈拜訪世界最高的城市〉於《中國時報》第 23 版。
	5 月	7 日，發表短篇小說〈孝感寺的活佛〉於《中國時報》第 23 版。
	6 月	1 日，發表〈胡耀邦──知識分子的朋友〉於《中國時報》第 23 版。
		9 日，發表〈女牧民和女強人〉於《中國時報》第 23 版。
		短篇小說集《貴州女人》由臺北遠流出版公司出版。
	7 月	10 日，發表〈我服用藏藥〉於《中國時報》第 23 版。
	8 月	11 日，發表短篇小說〈坦克履帶下的反思〉於《中國時報》第 23 版。
	9 月	20 日，發表〈富有魅力的詩人？試看當代青年的風貌〉於《中國時報》第 27 版。
		發表短篇小說〈爲了留下，你要先走〉於《明報月刊》第 1089 期。
	10 月	23〜24 日，〈達賴的第一個諾貝爾獎〉連載於《聯合報》第 28 版。
	11 月	19 日，短篇小說〈雖是你的房子，卻是我的家〉連載於《聯合報》第 29 版。
		《青藏高原的誘惑》由臺北聯經出版公司出版。
		開始於《明報月刊》撰寫「豈僅三藩市而已」專欄。
	12 月	2 日，發表〈阿蘭的捐獻〉於《中國時報》第 27 版。

5 日，發表〈生者能無教訓？〉於《中國時報》第 31
版。

本年　創組「海外華文女作家協會」，當選首任會長。

1990 年　1 月　11 日，發表〈養活一批人〉於《中國時報》第 27 版。

28 日，發表〈少些烈士，多些民主〉於《中國時報》第
27 版。

《青藏高原的誘惑》由香港博益出版社出版。

3 月　9 日，發表〈現代、婦女、婚姻〉於《中國時報》第 27
版。

與孔捷生共同創辦《廣場雜誌》，擔任社長。

6 月　赴新加坡、馬來西亞、菲律賓訪問及演講，並督導海外
華文女作家協會創設分會。

9 月　4 日，發表〈花蓮來的靦腆才子〉於《中時晚報》第 15
版。

1991 年　3 月　12 日，發表〈說不定是個男孩〉於《中國時報》第 27
版。

6 月　13 日，發表〈海外華人的「教會」〉於《中國時報》第
31 版。

30 日，發表〈我們那一代臺大人〉於《中國時報》第
31 版。

7 月　3 日，發表〈美國的恐日症〉於《中國時報》第 27 版。

30 日，發表〈東西德的啓示〉於《中國時報》第 17
版。

9 月　7 日，發表〈不做中國人：有選舉嗎？〉於《中國時
報》第 27 版。

12 日，發表〈割六〇年代的盲腸〉於《中國時報》第
31 版。

獲選爲舊金山十大傑出華人。

10 月　20 日，發表〈送書〉於《中國時報》第 31 版。

25 日，發表〈破壞自然？報應不爽〉於《中國時報》第 27 版。

開始於《星島日報》撰寫「山閒筆」專欄。

11 月　6 日，發表〈大陸的紅包〉於《中國時報》第 27 版。

12 月　18 日，發表〈民航的時間概念〉於《中國時報》第 27 版。

28 日，發表〈離婚：何妨復古〉於《中國時報》第 27 版。

1992 年　2 月　3 日，發表〈賭場〉於《中國時報》第 25 版。

15 日，發表〈壽宴〉於《中國時報》第 31 版。

5 月　29 日，發表〈兒子的女友〉於《中國時報》第 35 版。

6 月　4 日，發表〈詩人的今天〉於《中國時報》第 27 版。

7 月　5 日，發表〈老之將至〉於《聯合報》第 25 版。

20 日，發表〈一枝獨秀〉於《中國時報》第 27 版。

29 日，發表〈三峽行〉於《中國時報》第 27 版。

9 月　21 日，發表〈募款餐會〉於《中國時報》第 27 版。

10 月　4 日，發表〈電視神話〉於《中國時報》第 43 版。

11 月　4 日，發表〈美國淪爲第三世界〉於《中國時報》第 27 版。

1993 年　1 月　6 日，發表〈北一女怕什麼？〉於《中國時報》第 27 版。

23 日，發表〈總統夫人〉於《中國時報》第 3 版。

《柏克萊郵簡》由香港天地圖書公司出版。

《柏克萊傳真》由香港勤+緣出版社出版。

短篇小說集《城裡城外》由香港天地圖書公司出版。

		小說《走出細雨濛濛》由香港勤+緣出版社出版。
	4 月	28 日，發表〈劉曉波太悲觀〉於《中國時報》第 27 版。
	5 月	24 日，發表〈特級園丁〉於《中國時報》第 27 版。
	11 月	1 日，發表〈上海半日〉於《中國時報》第 39 版。
	12 月	林瑞明、陳萬益主編短篇小說集《陳若曦集》，由臺北前衛出版社出版。
1994 年	2 月	17 日，發表〈文人下海〉於《中國時報》第 39 版。
	6 月	10 日，發表〈我看金瓶梅〉於《中國時報》第 39 版。
	本年	應《星期天週刊》之聘，赴香港任職。
1995 年	1 月	短篇小說集《王左的悲哀》由臺北遠流出版公司出版。
	9 月	10 日，發表〈講究文字，馬虎自己的張愛玲〉於《中央日報》第 3 版。
	本年	回臺灣定居，擔任中央大學駐校作家。
1996 年	1 月	《我們那一代臺大人》由臺北臺北縣立文化中心出版。
		長篇小說《紙婚》由北京華夏出版社出版。
		短篇小說集《媽媽寂寞》由石家莊河北教育出版社出版。
		中短篇小說集《貴州女人》由北京時事出版社出版。
	2 月	18 日，發表〈煙花、大佛和女人骨〉於《中國時報》第 27 版。
		發表〈書法如何養生？〉於《講義》第 107 期。
	4 月	《域外傳真》由北京人民文學出版社出版。
	5 月	3 日，發表〈叫若曦太沉重〉於《中國時報》第 35 版。
		3 日，發表〈吃飽了別撐著，動動腦筋〉於《中國時報》第 35 版。
		20 日，發表〈桃花源在哪裡〉於《中國時報》第 35

版。

27 日，發表〈兒女的朋友〉於《中國時報》第 35 版。

6 月　3 日，發表〈遲來的會晤〉於《中國時報》第 35 版。

10 日，發表〈臺語寫作要不得〉於《中國時報》第 35 版。

24 日，發表〈怎麼吃的環保〉於《中國時報》第 19 版。

7 月　1 日，發表〈多些宗教家庭〉於《中國時報》第 19 版。

8 日，發表〈電玩惹的禍〉於《中國時報》第 19 版。

15 日，發表〈燭光工程〉於《中國時報》第 19 版。

22 日，發表〈誰替王曉民作主？〉於《中國時報》第 19 版。

29 日，發表〈誰的長江？〉於《中國時報》第 19 版。

發表〈嚼青果的日子〉於《聯合文學》第 141 期。

8 月　5 日，發表〈人類最忠實的朋友〉於《中國時報》第 19 版。

12 日，發表〈摸骨〉於《中國時報》第 19 版。

19 日，發表〈民之所欲〉於《中國時報》第 19 版。

9 月　2 日，發表〈感恩是〉於《中國時報》第 19 版。

9 日，發表〈關渡沼澤〉於《中國時報》第 19 版。

16 日，發表〈出家是樂事才對〉於《中國時報》第 19 版。

23 日，發表〈補助作家〉於《中國時報》第 19 版。

30 日，發表〈醫生也能行善〉於《中國時報》第 19 版。

10 月　7 日，發表〈上天的考驗〉於《中國時報》第 19 版。

14 日，發表〈清淨家園〉於《中國時報》第 19 版。

　　　　　　　　21 日，發表〈誰信宋七力〉於《中國時報》第 19 版。

　　　　　　　　28 日，發表〈有土有權才有臉〉於《中國時報》第 19 版。

　　　11 月　　4 日，發表〈臺灣國語非國語〉於《中國時報》第 19 版。

　　　　　　　　11 日，發表〈無常〉於《中國時報》第 19 版。

　　　　　　　　18 日，發表〈花花草草都是寶〉於《中國時報》第 19 版。

　　　　　　　　25 日，發表〈作家的社會幾色〉於《中國時報》第 19 版。

　　　　　　　《慈濟人間味》由臺北遠流出版公司出版。

　　　12 月　　2 日，發表〈再見阿力〉於《中國時報》第 19 版。

　　　　　　　　9 日，發表〈秋的祭禮〉於《中國時報》第 19 版。

　　　　　　　　16 日，發表〈含蓄更美〉於《中國時報》第 19 版。

　　　　　　　　23 日，發表〈夢幻在臺北〉於《中國時報》第 19 版。

　　　　　　　　30 日，發表〈行路難〉於《中國時報》第 19 版。

　　　本年　　應聘擔任中央大學、慈濟大學醫學院兼任教授。

1997 年　　1 月　　6 日，發表〈冤家親家〉於《中國時報》第 19 版。

　　　　　　　　13 日，發表〈下跪〉於《中國時報》第 31 版。

　　　　　　　　20 日，發表〈副刊的未來〉於《中國時報》第 31 版。

　　　　　　　　27 日，發表〈生死一念〉於《中國時報》第 31 版。

　　　2 月　　3 日，發表〈茶館〉於《中國時報》第 31 版。

　　　　　　　　17 日，發表〈另類的年〉於《中國時報》第 31 版。

　　　　　　　　21 日，發表〈政治貴務實〉於《中國時報》第 31 版。

　　　　　　　　24 日，發表〈郵政人性化？〉於《中國時報》第 31 版。

　　　3 月　　3 日，發表〈另類非異類〉於《中國時報》第 31 版。

6～7 日，〈美式離婚〉連載於《聯合報》第 41 版。

10 日，發表〈達賴求一國兩治〉於《中國時報》第 31 版。

17 日，發表〈東瀛是夢〉於《中國時報》第 31 版。

24 日，發表〈活佛和灌頂〉於《中國時報》第 21 版。

31 日，發表〈淮劇〉於《中國時報》第 27 版。

4 月　7 日，發表〈邪教〉於《中國時報》第 27 版。

14 日，發表〈雲門〉於《中國時報》第 27 版。

21 日，發表〈老人之道〉於《中國時報》第 27 版。

28 日，發表〈符術〉於《中國時報》第 27 版。

5 月　5 日，發表〈上帝也算命〉於《中國時報》第 27 版。

12 日，發表〈大體捐贈〉於《中國時報》第 27 版。

19 日，發表〈臺灣能住〉於《中國時報》第 27 版。

28 日，發表〈裝傻〉於《聯合報》第 41 版。

6 月　18 日，發表〈檳榔和鴉片〉於《中國時報》第 27 版。

22 日，發表〈柳綠鵑紅瑠公圳〉於《中國時報》第 27 版。

7 月　10 日，發表〈親愛臺灣〉於《中國時報》第 26 版。

11 月　23 日，發表〈嫁雞隨雞，娶妻隨不隨妻？〉於《聯合報》第 46 版。

本年　與段世堯離婚。

1998 年　1 月　《打造桃花源》由臺北臺明文化出版公司出版。

2 月　27 口，發表〈高僧和名僧〉於《中國時報》第 27 版。

4 月　28 日，發表〈有貓的角落〉於《中國時報》第 37 版。

29 日，發表〈父親的畫像〉於《中國時報》第 37 版。

5 月　13 日，發表〈浪費別人的生命罪過〉於《中國時報》第 36 版。

發表〈女兒的家〉於《幼獅文藝》第 533 期。

6 月　5 日，發表〈初見夏公〉於《中央日報》第 22 版。

12 月　17 日，發表〈選舉日蹲派出所〉於《中國時報》第 37 版。

1999 年　2 月　短篇小說集《女兒的家》由臺北探索文化公司出版。

3 月　2 日，發表〈離婚的老媽〉於《聯合報》第 33 版。

9 日，發表〈只怪她有剋夫命〉於《聯合報》第 33 版。

16 日，發表〈婚姻不是避風港〉於《聯合報》第 33 版。

23 日，發表〈阿琴和她的孩子〉於《聯合報》第 33 版。

30 日，發表〈都是大陸妹惹的禍〉於《聯合報》第 33 版。

4 月　6 日，發表〈無奈的選擇〉於《聯合報》第 33 版。

13 日，發表〈給他一點空間〉於《聯合報》第 33 版。

5 月　11 日，發表〈她的丈夫是孝子〉於《聯合報》第 33 版。

17～19 日，發表短篇小說〈媽媽的原罪〉於《中國時報》第 37 版。

25 日，發表〈捨與得之間〉於《聯合報》第 33 版。

《歸去來》由臺北探索文化公司出版。

短篇小說集《清水嬸回家》由臺北駱駝出版社出版。

6 月　1 日，發表〈最好的保障〉於《聯合報》第 33 版。

8 日，發表〈破鏡重圓？〉於《聯合報》第 33 版。

29 日，發表〈婚姻中人要有危機感〉於《聯合報》第 33 版。

獲《中國時報》人間副刊選為 12 位跨世紀作家之一。

7月	6日，發表〈良人是同志〉於《聯合報》第33版。
	13日，發表〈被孩子綑住的受虐婦〉於《聯合報》第33版。
	20日，發表〈外遇有價〉於《聯合報》第33版。
	27日，發表〈黃昏的天空也有風景〉於《聯合報》第33版。
8月	3日，發表〈都是麻將惹的禍〉於《聯合報》第33版。

2000年　2月　1日，發表〈救災前鋒，慈濟娘子軍〉於《聯合報》第33版。

　　　　　　　發表〈光榮的離婚〉於《幼獅文藝》第554期。

　　　　　　　發表〈我的海外文學生涯〉於《文訊雜誌》第172期。

　　　　5月　短篇小說集《完美丈夫的祕密》由臺北九歌出版社出版。

　　　　8月　發表〈家書寫的永遠是原鄉〉於《文訊雜誌》第178期。

　　　　　　　《生命的軌跡》由成都四川人民出版社出版。

　　　11月　發表〈慈濟的希望工程〉於《源雜誌》第30期。

　　　本年　獲選擔任第一屆南投縣駐縣作家，赴南投居住一年，於期間內展開巡迴演講共15場。

2001年　1月　發表〈人間有愛，菩提長青〉於《源雜誌》第31期。

　　　　2月　長篇小說《慧心蓮》由臺北九歌出版社出版。

　　　　3月　29日，參加中華民國專欄作家協會，訪問金門。

　　　　　　　長篇小說《慧心蓮》由新加坡大眾書局出版。

　　　10月　長篇小說《重返桃花源》由南投縣文化局出版。

　　　本年　與大學同學再婚。

　　　　　　　《慧心蓮》獲中山文藝獎。

　　　　　　　擔任中華民國著作權人協會祕書長，至2004年止。

2002 年　　5 月　　發表〈綠島——臺灣人權的象徵〉於《源雜誌》第 39
　　　　　　　　　　期。

　　　　　　7 月　　發表〈陳運通的養生之道〉於《客家雜誌》第 168 期。

　　　　　　9 月　　長篇小說《重返桃花源》由臺北草根出版公司出版。

　　　　　 12 月　　23 日，發表〈最溫馨的一段歲月〉於《中國時報》第
　　　　　　　　　　39 版。

2003 年　　9 月　　27 日，發表〈公文橫寫的聯想〉於《中國時報》第 E7
　　　　　　　　　　版。

　　　　　　7 月　　12 日，應邀出席《文訊雜誌》二十週年慶。

　　　　　 11 月　　發表〈齊淑英——環保佈道師〉於《源雜誌》第 43
　　　　　　　　　　期。

2004 年　　1 月　　發表〈烏來的聯外道路〉於《源雜誌》第 44 期。

　　　　　　3 月　　發表〈陳玉峰：臺灣山林守護者〉於《源雜誌》第 45
　　　　　　　　　　期。

　　　　　　5 月　　發表〈為蘇花高向總統呼籲〉於《源雜誌》第 46 期。

　　　　　　7 月　　發表〈青春果真活力無窮〉於《文訊雜誌》第 225 期。

　　　　　　9 月　　發表〈愛臺灣的環保臺商〉於《源雜誌》第 48 期。

　　　　　 11 月　　發表〈郭清江：生態工法的臺灣推手〉於《源雜誌》第
　　　　　　　　　　49 期。

　　　　　　本年　　與大學同學離婚。

2005 年　　1 月　　發表〈賴榮孝：五股濕地起死回生的功臣〉於《源雜
　　　　　　　　　　誌》第 50 期。

　　　　　　3 月　　發表〈丹大林場禁獵：臺灣動物保護成績斐然〉於《源
　　　　　　　　　　雜誌》第 51 期。

　　　　　　4 月　　短篇小說集《尹縣長》由臺北九歌出版社出版。

　　　　　　5 月　　3 日，應邀出席雲林縣政府舉辦的「文學名家講座」，
　　　　　　　　　　演講「生活的文學」。

發表〈生態臺灣——迎接京都議定書時代的來臨〉於《源雜誌》第 52 期。

發表〈可憐的孩子〉於《文訊雜誌》第 235 期。

6 月　發表〈文化祭祖〉於《中華文化雙周報》第 12 期。

7 月　發表〈鳥人鳥事與鳥會〉於《源雜誌》第 53 期。

9 月　發表〈周蓮香：臺灣鯨豚的守護者〉於《源雜誌》第 54 期。

2006 年　1 月　發表〈自然步道，越走越美麗〉於《源雜誌》第 55 期。

4 月　發表〈寫長篇如同炒一盤菜〉於《文訊雜誌》第 246 期。

7 月　發表〈說起那段心靈禁錮的歲月〉於《聯合文學》第 261 期。

9 月　9 日，應邀出席於上海復旦大學舉辦的「海外華文女作家協會雙年大會」。

11 月　發表〈文革荒唐幾時休〉於《明報月刊》第 491 期。

本年　擔任臺北科技大學駐校作家。

2007 年　3 月　5 日，發表〈想想文革，別讓對岸笑話〉於《聯合報》第 A15 版。

9 月　發表〈煞風景〉於《明報月刊》第 501 期。

本年　當選中國婦女寫作協會理事長、中華民國專欄作家協會副理事長、臺灣銀髮族協會「藝文列車」主任委員。

2008 年　9 月　12 口，應邀出席文訊雜誌社舉辦的「瞬間・永恆——資深作家照片巡迴展」，與會者有段彩華、吳明月、王榮文等人。

21 日，應邀出席臺灣大學於國家圖書館國際會議廳舉辦的「白先勇的藝文世界」座談會，與會者有白先勇、王

　　　　　　　　　文興、葉維廉等人。

　　　　　　　　　30 日，於明星咖啡廳舉辦《堅持・無悔》新書發表會，
　　　　　　　　　與會者有蔡文甫、白先勇等人。

　　　　10 月　自傳《堅持・無悔——陳若曦自傳》由臺北九歌出版社
　　　　　　　　　出版。

　　　　11 月　4 日，應邀出席南昌市、現代文學館共同舉辦的「第二
　　　　　　　　　屆國際華人作家滕王閣筆會」。

2009 年　　1 月　發表〈《炎黃春秋》萬歲 〉於《明報月刊》第 517
　　　　　　　　　期。

　　　　　2 月　19 日，發表〈一個甲子，歷史能重演幾回？〉於《聯合
　　　　　　　　　報》第 E3 版。

　　　　　4 月　13 日，發表〈三見蔣經國印象〉於《中國時報》第 E4
　　　　　　　　　版。

　　　　　5 月　發表〈後發先至：海南島的啓示〉於《明報月刊》第
　　　　　　　　　521 期。

　　　　　6 月　10 日，發表〈收藏界的怪咖——建川博物館聚落主人樊
　　　　　　　　　建川〉於《聯合報》第 D3 版。

　　　　　　　　　19 日，發表〈一代儒士高信疆〉於《中國時報》第 E4
　　　　　　　　　版。

　　　　　　　　　發表〈邊塞致富有方〉於《明報月刊》第 522 期。

　　　　　7 月　23 日，發表〈農家樂〉於《中國時報》第 E4 版。

　　　　　9 月　17 日，發表〈中華世紀柏〉於《聯合報》第 D3 版。

　　　　10 月　12 日，發表〈上海講文化〉於《聯合報》第 D3 版。

　　　　　　　　　26 日，發表〈誰瘋 2012？〉於《聯合報》第 D3 版。

　　　　　　　　　28 日，應邀出席臺灣藝術大學人文學院、通識教育中心
　　　　　　　　　與純青基金會共同舉辦的「人文講座系列」，演講「一
　　　　　　　　　甲子的輪迴」。

11 月　9 日，發表〈女人賺到錢了，但不夠快樂？〉於《聯合報》第 D3 版。

10 日，應邀出席司法院舉辦的「人文講座」，演講「兩岸歸去來」。

21 日，應邀出席文建會於花蓮縣鳳林藝文中心舉辦的「好山好水・讀好書」講座，演講「歡喜做，甘願受」。

23 日，發表〈國風：中華精神文化匯演〉於《聯合報》第 D3 版。

12 月　7 日，發表〈九色中國〉於《聯合報》第 D3 版。

21 日，發表〈身歸何處〉於《聯合報》第 D3 版。

本年　擔任臺灣大學駐校作家一年。

應邀出席上海解放日報「文化講壇」演講。

2010 年　1 月　4 日，發表〈中國的危機和轉機〉於《聯合報》第 D3 版。

18 日，發表〈網路相親〉於《聯合報》第 D3 版。

3 月　29 日，發表〈一個不嫌少，生女兒更好〉於《聯合報》第 D3 版。

4 月　12 日，發表〈死亡交叉〉於《聯合報》第 D3 版。

26 日，發表〈文學的高峰會議〉於《聯合報》第 D3 版。

短篇小說集《陳若曦小說精選集》由臺北新地文化藝術公司出版。

5 月　10 日，發表〈斷食與養生〉於《聯合報》第 D3 版。

6 月　7 日，發表〈蔬食救地球〉於《聯合報》第 D3 版。

21 日，發表〈男人時代會結束〉於《聯合報》第 D3 版。

卸任中國婦女寫作協會理事長職務。

7 月　5 日，發表〈世博的臺灣館〉於《聯合報》第 D3 版。

19 日，發表〈救救白海豚〉於《聯合報》第 D3 版。

8 月　2 日，發表〈家庭主婦萬歲〉於《聯合報》第 D3 版。

16 日，發表〈雕金更雕心〉於《聯合報》第 D3 版。

30 日，發表〈走一趟回教國家，才知臺灣女人多幸福〉
於《聯合報》第 D3 版。

9 月　13 日，發表〈老人要自救〉於《聯合報》第 D3 版。

15 日，應邀出席臺灣文學發展基金會、陝西文化名人分
團於張榮發基金會國際會議中心共同舉辦的「臺灣──
陝西文化名人交流聯誼會」。

27 日，發表〈什麼是滄海桑田？太陽島也〉於《聯合
報》第 D3 版。

7 月　24 日，應邀出席臺大校友會、臺大校友文化基金會、趙
麗蓮文教基金會、臺灣銀髮族協會於臺大校友會館共同
舉辦的「提昇生活品質系列講座」，演講「三見蔣經國
印象」。

發表〈臺灣作家用中文寫作最好〉、〈臺灣低水價是自
殺〉於《時代評論》第 2 期。

長篇小說《紙婚》由南京江蘇文藝出版社出版。

2011 年　4 月　赴新加坡南洋女子中學秀梅大會堂「文學四月天」演
講，後轉赴澳洲，21 日，應世界華文作家交流協會之
邀，赴澳洲雪梨訪問，演講「尋找桃花源」。

4 月　《我鄉與她鄉》由臺北九歌出版社出版。

長篇小說《慧心蓮》由寧夏少年兒童出版社出版。

9 月　27 日，獲第 15 屆國家文藝獎。

發表〈華航，快奮起直追吧〉、〈性別教育越早越好〉

於《時代評論》第 3 期。

11 月　2 日，發表〈誰要辦《現代文學》〉於《聯合報》第 D3
版。

發表〈最美麗的生態城市〉於《時代評論》第 4 期。

2012 年　1 月　發表〈開創博客，進入網路世界〉於《文訊雜誌》第
315 期。

澤田隆人譯，吉田重信監譯《陳若曦自伝：堅持して悔
いなし》，由東京西田書局出版。

5 月　9 日，應邀出席國家文化藝術基金會、交通大學藝文中
心於交通大學圖書館浩然國際會議廳共同舉辦的「浩然
講座」，演講「尋找桃花源」。

6 月　27 日，應邀出席於香港城市大學康樂樓六樓中國文化中
心視聽教室舉辦的「世界華文文學前瞻」分組座談，與
會者有余光中、葛浩文、林麗君、王躍文、李觀鼎、龔
剛、　韓麗麗。

29 日，應邀出席於澳門科學館舉辦的「世界華文文學前
瞻」總結座談，與會者有余光中、葛浩文、林麗君、嚴
歌苓、羅多弼、陳思和、李昂、王躍文、林白、潘國
靈、陳國球、姚風、廖子馨、龔剛、韓麗麗。

8 月　18 日，應邀出席於高雄市立圖書館右昌分館舉辦的
「2012 作家撒野‧文學迴鄉」系列講座，演講「自浪濤
間走來──回眸我的時代、我的書寫」。

11 月　25 日，應邀出席金門書院道藝學會舉辦的「金門書院經
史系列講座」，演講「生活與寫作」。

2013 年　4 月　7 日，應庫比蒂諾圖書館之邀，於加州庫比蒂諾市的昆
蘭社區中心演講「尋找桃花源」。

8 月　17 日，應邀出席中華民國筆會於紀州庵文學森林主辦的
　　　「文學新作朗讀會」，朗讀《我鄉與她鄉》。

9 月　18 日，應邀出席四川廣元作家協會舉辦的「中國蜀道文
　　　化大講堂第八期作家講座」，講述文學創作經歷。

參考資料：

‧陳若曦，《堅持‧無悔──陳若曦七十自述》，臺北：九歌出版社，2008 年 10 月。

‧《臺灣文學年鑑》（1996～2010），臺南：國立臺灣文學館。

‧林瑞明、陳萬益主編，《陳若曦集》，臺北：前衛出版社，1993 年 12 月。

‧新聞知識庫網站。

‧國家圖書館──當代文學史料系統網站、臺灣期刊論文索引系統網站。

‧華文文學資訊平臺網站。

輯三◎
研究綜述

從烏托邦的幻滅到桃花源的探尋

陳若曦作品研究綜述

◎陳信元

　　陳若曦以《尹縣長》一書獲得海內外聲譽，當時是大陸「文革」即將結束之際，大陸逃港知青已出版《敢有歌吟動地哀——文化大革命後中國青年詩文集》，裡面收集不少文革經驗的作品。劉紹銘分析陳若曦 1974 年以來受到大眾重視的原因，並非由於客觀因素（譬如說她是臺灣人），而是她確能把「政治性的作品提升成為一種藝術」。[1]

　　劉紹銘是第一個將陳若曦文革題材的小說冠上「政治小說」之名[2]，陳若曦頗不以為然，她解釋自己開始寫，只是出於懷念，「在中國大陸，個人受到極大的壓制，沒有表達的自由。……我既然知道他們心中要說的話，就有責任為他們發言。」她也坦承由於接觸到的以知識分子較多，所以只是替知識分子發言。[3]來自香港的劉紹銘和葉維廉都是陳若曦高一屆的臺大外文系學長，均為「現代文學編輯委員會」的骨幹。透過在美國新聞處工作的吳魯芹老師介紹，陳與劉爭取到「美援」，解決《現代文學》資金短缺的困窘。

　　陳若曦出版的第一本書是翻譯法國女作家莎岡（Sagan）《奇妙的雲》（臺北：臺灣學生書局，1962 年 9 月）。當時，陳若曦在文壇已小有知名度。葉維廉指出陳若曦短篇小說第一個時期作品在 1958 年到 1962 年間寫成，多半在《文學雜誌》和《現代文學》上發表，列出九篇作品。[4]但漏列

---

[1]劉紹銘，〈陳若曦的故事〉，《中國時報》，1976 年 8 月 5～6 日。
[2]劉紹銘，〈潑殘生〉，《中國時報》，1975 年 7 月 17 日。
[3]劉紹銘，〈與陳若曦聊天〉，《聯合報》，1977 年 6 月 28 日。
[4]葉維廉，〈陳若曦的旅程〉，《聯合報》，1977 年 11 月 7～11 日。

〈週末〉（刊登於《文學雜誌》第 3 卷第 3 期，1957 年 11 月）、〈邀唔〉（《聯合報》，1961 年 10 月，第 6 版）、〈百元〉（《聯合報》，1961 年 12 月 19 日，第 6 版）。1961 年 11 月，陳若曦還發表一篇散文〈張愛玲一瞥〉（《現代文學》第 11 期）。1961 年 10 月，定居美國的張愛玲在美國新聞處處長麥加錫安排下來臺一週，由殷張蘭熙和陳若曦陪同，前往花蓮住在王禎和家。麥加錫誇張愛玲能「閉門造車」寫出「好小說」（指《秧歌》），陳若曦佩服她「果然才華過人」，但還是最喜歡她的散文集《流言》。[5]

　　相隔 15 年，陳若曦全家離開中國大陸，短暫移居香港，後移民加拿大溫哥華，並已隔海在臺灣出版《尹縣長》（臺北：遠景出版社，1976 年 3 月）、《陳若曦自選集》（臺北：聯經出版公司，1976 年 5 月），劉紹銘比較了陳若曦的《尹縣長》和張愛玲的《秧歌》，雖然相似的地方不多，但都有共同的特點：「她們筆下的共產黨，都不像我們想像中那麼青面獠牙」，她們「從不對共產主義這種信仰作過任何理論性的批判」。劉紹銘精確地評論陳若曦寫小說時「可能沒有任何政治目標，但她寫出來的作品，任何人讀起來，都會警覺到作者政治覺醒的過程。」陳若曦不同於張愛玲之處在於「舊的思想傳統，套在所謂『新意識形態』的社會中，這是陳若曦小說中種種衝突的因素。」劉紹銘舉出〈晶晶的生日〉裡的安奶奶，〈耿爾在北京〉的老魯，都是「舊社會」人物，在陳若曦小說中有著絕對的象徵作用：在無情冷酷的「新中國」社會中，他們的「舊價值」（不論是好的還是壞的）代表著尚未被摧殘殆盡的人性，給人一種溫暖的感覺。[6]

　　夏濟安是陳若曦臺大外文系的老師，在中文系葉慶炳老師的推薦下，在《文學雜誌》刊登陳若曦第一篇作品〈週末〉，夏志清坦言，這篇小說是夏濟安花兩個鐘點從頭到尾重寫的。「最近重讀，的確筆調近似濟安〈火〉這篇作品。」[7]陳若曦當面向夏志清請教小說結尾修改一事，還在回憶錄

---

[5]陳若曦，《堅持‧無悔──陳若曦七十自述》（臺北：九歌出版社，2008 年 10 月），頁 105～108。
[6]劉紹銘，〈陳若曦的故事〉。
[7]夏志清，〈陳若曦的小說〉，《聯合報》，1976 年 7 月 14～16 日。

《堅持‧無悔》中引述她當時的不服氣：「原來的結尾有什麼不好？起碼讀起來順暢得多」。她還補上一句：「一直到今天，我都以為，好的小說評論家未必是好的小說作家。」她在《陳若曦自選集》，賭氣的不選入〈週末〉，表示無言的抗議。專研陳若曦作品的鄭永孝則指出：〈週末〉這一篇短短的只有三頁，人物都沒有發展的機會，還是個不成熟的作品，連作者也說不喜歡。不過，他也發現，小說裡的小琳性格，很像長大了的喬琪，只想到自己，父母都要讓她三分。「小琳的環境使她漸漸養成蠻橫，自大，不能理智分析事件。她很可能是喬琪小時候的縮影，寂寞和空虛似乎都是她們免不了的命運，而任性成為最突出的一點。」[8]陳若曦則自爆〈喬琪〉是以陳平（筆名三毛）為主角原型。

在美新處麥加錫處長的支持下，1961 年底，殷張蘭熙編譯《New Voices》，收入陳若曦的〈收魂〉及白先勇、王文興、戴天、葉珊（楊牧）等人的作品。1962 年，聶華苓編譯《Eight Stories by Chinese Women》，收入張愛玲、林海音、聶華苓、歐陽子、陳若曦等八位的小說。另外，單獨出版陳若曦自譯的小說集《Sprite Calling（收魂）》。1965 年 10 月，鍾肇政為文壇社編《本省籍作家作品》，也選入陳若曦小說。陳若曦是在麥加錫官邸的文藝派對上認識鍾肇政、聶華苓和畫家席德進。1963 年，陳若曦在美國 Mount Holyoke College 蒙何立克學院，或譯為神橡山學院進修時，受哈佛友人之託，為《中國季刊》（China Quarterly）撰寫「Literature Formosa」（臺灣文壇），夏志清認為用英文詳實報導臺灣文學，當以此篇為最早。1972 年，劉紹銘在香港出版《臺灣本地作家短篇小說選集》，選上陳若曦的〈最後夜戲〉，使當時人在大陸，身陷文革狂亂的陳若曦不致被遺忘。

---

[8]鄭永孝，〈迷信與命運──論陳若曦早期小說的主題〉，《陳若曦的世界》（臺北：書林出版公司，1985 年 5 月），頁 22。

陳若曦第一階段的小說（1957～1962）

　　劉紹銘分析陳若曦臺大時期的作品，大一的〈欽之舅舅〉和〈灰眼黑貓〉（刊登於《文學雜誌》），「充滿幻想，追求神祕」；大二的〈巴里的旅程〉，「作風由神祕轉向象徵」；剛畢業的〈最後夜戲〉是這一階段的代表作，是陳若曦「第一篇重要的寫實作品」、「寫作生命中的重要分水嶺」。

> 在此以前的陳若曦小說人物，是以個人的心態活動為主。他們所接觸到的社會，雖然不盡「友善」，但卻是熟悉的，約定俗成的。這個熟悉的社會，不管怎麼怕人，但因為太熟悉了，很難在陳若曦這個時期的小說中佔了主角性的地位。

　　〈最後夜戲〉仍保留對熟悉社會的描寫，但主要的活動範圍，「已超越了個人內在的心靈而邁入了現實的世界。」劉紹銘指出〈尹縣長〉以後的一系列小說，其寫實的紋理，都是由〈最後夜戲〉淵源出來的。[9]

　　陳若曦第一個階段（1957～1962）的小說，夏志清、葉維廉不約而同指出：不論題材、寫作技巧，都同五四、1930 年代的傳統有關連。有些地方呼應五四初期小說的「反封建」、「反迷信」及對中下層社會受傷害的小人物的同情。但這個時期的小說，「情緒激溢、語言誇張、著重戟刺，小說的進展被強烈的未受節制的主觀意識及偶發而具爆炸性的潛意識活動所左右，而這些文字現象又是由於她缺乏一種熟思的完整觀念的視界，作為她所批判或抗拒存在現實的準據。因而也無法構成強烈的悲劇意識。」

　　葉維廉藉評論陳若曦第一階段的小說，試圖全面了解《尹縣長》傳奇性的蛻變。他認為〈欽之舅舅〉（1958 年）的失敗，是陳若曦「依賴著一種無法與外在現象對證的神祕世界作為她語言的發揮」，敘述者是利用著一

---

[9]劉紹銘，〈陳若曦的故事〉。

種夢幻的感受去建築和美化眼中的世界。陳若曦常常有意地把異乎尋常的怪異行為、意識、現象誇張及神祕化，作為她小說的引力。葉維廉從〈欽之舅舅〉之依賴「異情異境」和語言上主觀的爆發，繼而提出這個傾向在她那時期的小說中繼續的湧現，甚至在她那紮根在現實主義的〈最後夜戲〉中亦未曾脫離。這個傾向在〈巴里的旅程〉裡發展得最為極端。[10]

〈巴里的旅程〉（1960 年），是陳若曦與王文興、白先勇、洪智惠（歐陽子）、李歐梵等人創辦《現代文學》後的作品。陳若曦自述：「剛開始，我還有心模仿世界先賢之作，既然推崇存在主義，於是嘗試寫了篇〈巴里的旅程〉，敘述青年人對現實生活的迷惘和對生命意義的追尋。」[11]葉維廉卻毫不客氣的評論〈巴里的旅程〉是「對存在意義很膚淺的追求，敘述者受著一種失落感的迷惘所左右，反映於表現形式的語言的錯亂。」他指出這篇特別多「後設語」（例如：流動的攤販爭攬生意——抽乾水後的池中無數泥鰍。）「後設語」是作者個人的語言遊戲，和故事的行進完全不發生關係。

葉維廉並未否定含有批判精神的寫實主義的作品，如〈灰眼黑貓〉寫舊社會封建迷信的犧牲者，〈收魂〉寫迷信與死亡之間的同情和反諷，〈辛莊〉寫妻子紅杏出牆，而落得迷惘自傷，和〈最後夜戲〉寫不慎誤入吸毒的女歌仔戲演員的悲憫命運，這些作品足以顯現陳若曦是「熟識血肉可感的客觀現實的」，仍是後來《尹縣長》集中樸實無華之表現的種子。葉維廉也質疑〈灰眼黑貓〉可能受到艾倫·坡神祕小說的影響。

葉維廉以陳若曦小說中異物與象徵的關係做對比。〈灰眼黑貓〉、〈欽之舅舅〉裡的象徵是作者為了使小說藝術而製造的，和平常事務有別。《尹縣長》中的象徵，卻是實際生活事件中的平常事物，其出現自然及合乎事件的需要，它們不必是象徵，但同時出現了強烈象徵意義。卻非作者「專制」，這種象徵最耐人尋味。

---

[10]葉維廉，〈陳若曦的旅程〉，《聯合報》，1977 年 11 月 7～11 日。
[11]陳若曦，《堅持‧無悔——陳若曦七十自述》，頁 82。

陳若曦臺大外文系師長鄭永孝〈迷信與命運——論陳若曦早期小說的主題〉[12]，將陳若曦早期小說的主題分爲兩大類，一是有關迷信的，包括〈灰眼黑貓〉、〈收魂〉、〈婦人桃花〉三篇。另一類是對命運的掙扎或解剖，包括〈巴里的旅程〉、〈辛莊〉、〈喬琪〉、〈最後夜戲〉、〈燃燒的愛〉、〈欽之舅舅〉和〈週末〉。他析論迷信在陳若曦筆下，常牽涉到生死，更是命運的一部分。單獨舉出迷信，可以看出「作者對民間傳統的關懷，進而欣賞作者如何把迷信對一般人的影響訴之於筆墨，而成爲扣人心弦的生命樂章。」（頁 5）

在〈灰眼黑貓〉這個故事裡，作者繪出一個迷信的受害者文姐，進而刻畫出另一個在同樣環境中反抗命運的阿青，由於阿青厭惡故鄉「腐朽的舊制度」，選擇離家出走，使故事不致成爲一個單純的迷信下的悲劇。鄭永孝批評灰眼黑貓出現的次數相當頻繁，「並沒有使故事理應有的神祕性增加，反而使讀者覺得過分的渲染。」（頁 7）他反而欣賞〈收魂〉，認爲不論在氣氛之塑造、結構之嚴謹，並不下於作者十幾年後所寫的大陸小說。「這個故事和作者後來的〈值夜〉在布局上很相近，都是從一小橫斷面把一個事件展開，使讀者見到了最精彩的片段。」（頁 8）陳若曦處理這個故事，寫得雖然不離迷信的愚蠢，但因爲對人性刻畫的成功，情節安排恰當，因而不再是個迷信的故事，而是個「深刻感人的親情之間人性流露的故事」。

鄭永孝對〈婦人桃花〉、〈巴里的旅程〉、〈欽之舅舅〉都有不同程度之批評。如〈婦人桃花〉，桃花是在閭婆仔的法術之下進入另一種精神狀態，因此故事是以全知觀點進行，整個故事就在兩人相互對話的層次上推進，「作者沒有給桃花任何心理活動的描繪（事實上也不可能），因而她就成爲一個宛如機械化的故事敘述者，有問才有答，只有講故事的份，毫無表達自己思想的餘地。」這是小說敗筆之一。陳若曦在〈巴里的旅程〉嘗試以

---

[12]鄭永孝，〈迷信與命運——論陳若曦早期小說的主題〉，原載《中外文學》第 5 卷第 12 期（1977年 5 月）。引自氏著，《陳若曦的世界》，頁 5～25。

意識流手法來描寫人類悲慘可憐的一生，「但是讀者在畫面上所見到的只是幾團凌亂濃豔的顏料，它們之間缺乏明顯的主題。」「主題表現過於膚淺，人物的刻畫幾乎全缺，情節又缺乏足夠的動機，語言也沒有達到表現的目的。」（頁 13）故事的失敗，也就不足為奇。〈欽之舅舅〉的失敗，在於「作者沒有把欽之的信仰與愛情的關係連接妥當。……作者只是表現欽之的異乎常人的怪癖，卻沒有講出一個道理出來，主題如此曖昧，只能說是一篇中下的作品。」鄭永孝批評批的重點在於欽之舅舅對於人生採取的是消極的態度，對命運屈服、對人生毫無掙扎奮鬥之足跡，會讓讀者覺得這是一個軟綿綿的故事。他語重心長指出：

> 每一篇小說，應該以人的奮鬥與掙扎——尤其對命運的反抗——為主旨，才能顯出人的價值與光輝。不論失敗與成功，人如果不能表現出對命運的反抗，那他也就沒什麼意義，作家的任務就是要把這些感人的精彩片段剖析出來。
>
> ——頁 15

　　鄭永孝將〈喬琪〉、〈辛莊〉、〈最後夜戲〉、〈燃燒的愛〉置於同一主題，描寫的都是人與命運之間的掙扎，「純粹人與現實環境的對抗」。〈辛莊〉是陳若曦最喜愛的早期小說，以自己的親人作為原型。鄭永孝顯然不同意陳若曦的「偏愛」，他指出〈辛莊〉純粹是一幕性格上的悲劇，他的遭遇並不可憐，可憐的是他懦弱的性格。他反倒認為〈最後夜戲〉在人物刻畫、情節安排、氣氛控制上要比〈辛莊〉成熟。辛莊、喬琪都是由於性格上的缺憾而遭受命運的捉弄，其實應該說兩人無法突破本身的桎梏，而成為命運的犧牲品。

　　相較之下，〈燃燒的愛〉的子光，〈最後夜戲〉的金喜仔最終都能夠毅然採取正確的選擇，兩人都能夠拒絕命運的擺布，在最後關頭排除眼前重

重障礙，而選擇了正確的道路。陳若曦的〈週末〉在其自選集中並未收入，一來篇幅太短，人物都沒有發展的機會，再加上《文學雜誌》主編夏濟安曾經改過，連陳若曦也表示不喜歡，但女主角小琳的性格，很像長大了的喬琪，可見陳若曦對這個故事仍是喜愛的。

鄭永孝總括這十個故事，有一共同的特徵，「那就是充滿了陰暗、悲慘、可憐，掙扎。作者後來有關大陸小說雖然也是滿布著陰雨愁霧，但不難從字裡行間發現幽默與健康的一面。」（頁24）

葉石濤〈從憧憬、幻滅到徬徨──談陳若曦文學的三個階段〉[13]，首先評論《文學雜誌》在1950年代提供了「跟官方異質的發表作品的園地，也指出了一條有獨立思考的作家發表作品的可行途徑。」這個雜誌並不完全代表第二代作家「無根和被放逐」的意識形態，只是主張文學必須反映現實而已。」（頁242）在陳若曦大學時期的第一階段發表的初期作品裡，包括了未來創作的幾個可能的方向。「她的初期作品跟後來的作品一樣，採用的是反應生活現實的寫實主義寫作技巧。」（頁244）

葉石濤對〈最後夜戲〉的評價較高，也肯定〈收魂〉、〈婦人桃花〉都具有豐富的鄉土色彩。「有時用心理的、民俗的、或意識流觀點來處理小說中的情節，皆有獨樹一幟的表現，其藝術成就之高，使後來者黯然無色。」（頁244）陳若曦在〈最後夜戲〉用正確語言描寫歌仔戲進行中的金喜仔的動作及其意識流的起伏，已經達到寫實的極致。葉石濤還從文學史角度指出：

> 在七十年代鄉土文學爭論中出現的洪醒夫的傑作〈散戲〉，其原型可以在〈最後夜戲〉裏找到。甚至進入八十年代以後的李昂的傑作〈殺夫〉，那小說中的醞釀手法，小說節奏的快速和情節的有機性的前後呼應，描寫

---

[13]原載《自立晚報》，1984年6月11～12日，10版。引自林瑞明、陳萬益主編《陳若曦集》（臺北：前衛出版社，1993年12月），列入《臺灣作家全集‧短篇小說卷／戰後第二代（7）》，頁241～256。

　　人性的深度，都已經在〈婦人桃花〉裏早就形成了。

——頁 244～245

　　葉石濤評論陳若曦在初期小說裡除了確立寫實主義寫作方式之外，也嘗試借鑑應用從西方文學吸收過來的各種現代小說的技巧，但也指出「這些小說群似乎缺少了統合性的觀點：那便是基於思想的、民族的、歷史的某一種世界觀。」（頁 245）他批評陳若曦由於不明白臺灣這一塊被殖民過、欺凌過、受壓迫的這一塊土地的悲哀歷史，所以，「她的小說沒有時代、社會的支架，缺乏有力的控訴和抗議，所以小說只是一個美麗的軀殼，多彩地裝飾的一面窗戶技巧卓越的『抽樣』小說罷了。」（頁 245）

陳若曦第二階段（1976～1978）、第三階段（1979～1984）的小說

　　葉石濤以 1976 年至 1978 年陳若曦出版的《尹縣長》、《陳若曦自選集》、《老人》及自傳性濃厚的長篇小說《歸》作為陳若曦創作的第二個階段。他指出《尹縣長》是這個階段最好的一篇小說。「這篇小說的悲劇張力來自神祇已不存在的現代社會荒謬的、無情的淘汰。」但他也批評《尹縣長》和《老人》兩本小說集裡「反覆不停的，把同一個主題予以改變、變奏，結果奏出來依舊是老調。」這些短篇小說所要傳達的也只有「文化大革命下苦難中國人民的呻吟、痛苦和悲劇。」（頁 249）葉石濤也同劉紹銘一樣注意到〈晶晶的生日〉裡的安奶奶、〈耿爾在北京〉的老魯，葉石濤對這些「舊社會」的人物，認為是陳若曦「很喜歡給這些老人角色賦予溫暖、親切的形象；也許在文革時這些屬於舊社會的老人經歷寒霜，最能了解基本人性，因而是人際關係最美滿的一群人吧？」（頁 250）

　　1976 年 12 月 26 日發表在《聯合報》的〈老人〉，葉石濤認為是描寫臺灣左翼分子於二二八事變後「回歸」祖國的悲劇故事，「是描寫臺灣人的命運最深刻的一篇，可以說是吳濁流《亞細亞的孤兒》以後，把臺灣人被

歷史和命運摧毀的『原罪』，赤裸裸地呈現出來的小說。」（頁 250）在自傳性長篇小說《歸》的某些情節，也可看到一股「亞細亞的孤兒」的黑影塗抹的畫面。

葉石濤將 1980 年中期前列爲陳若曦文學邁進徬徨的第三個階段，這一年，她發表兩篇短篇小說〈路口〉以及〈向著太平洋的彼岸〉，後來收錄在《城裡城外》（臺北：時報文化出版公司，1981 年）。此外，這一階段還有長篇小說《突圍》（臺北：聯合報社，1983 年）、《遠見》（臺北：遠景出版公司，1984 年）、雜文集《文革雜憶》（臺北：洪範書店，1979 年）、《生活隨筆》（臺北：時報文化出版公司，1981 年）。

從〈路口〉開始，陳若曦的創作路線又有一次轉變，「這一次她從流浪海外的中國人身上挖掘故事，把眼光投射在臺灣海峽兩邊中國人如何爲建設統一而民主、自由的新中國所作的掙扎。」葉石濤無不遺憾地說：這一階段的陳若曦文學裡與第二階段一樣仍然缺少勞工與農民，增加了企業家或商人等角色。而這些小說做陪襯的老人角色依然不少，不過這一次來自臺灣的老人增多，「加強了從前在她小說裡很少出現的臺灣景觀、臺灣風俗、以及臺灣掌故。這使得她的小說較有臺灣氣味，也加強了對臺灣社會、政治、經濟、文化等的批判。」看來是讚賞的一段話，卻是批判的引信。葉石濤寫下他對陳若曦這一階段作品的質疑：

> 陳若曦努力做到客觀、公平、公正地對待海峽兩邊中國人予以評估的結果，使她的小說呈現分裂、徬徨、動搖的面貌，讀完她的小說以後常使人覺得迷惘而疲憊，而不得不懷疑，她的讚許，她的抨擊究竟有何意義存在了。…她的小說不但沒有提供解決問題的線索，反倒使人滿頭霧水，疑惑和徬徨由此更加深。

——頁 252

　　陳若曦文學的第三個階段，葉石濤一言以蔽之，稱為「徬徨的文學」，他批判〈路口〉和〈向著太平洋的彼岸〉都有意無意地「醜化和戲劇化了分離主義」，但認為她「應從更高層次的剖析心靈的立場，從歷史的軌跡來指出他們逆流而抗的錯誤行為；否則陳若曦這兩篇小說的真實性和說服力令人存疑。」葉石濤語重心長地提醒陳若曦不要「擺盪於原鄉與故鄉之間，作精疲力竭的表演，這是可怕的文學天才的浪費」（頁 255），他由衷希望陳若曦「紮根於故鄉的大地，再一次親切地把故鄉的歷史變遷、人群的悲歡離合重現於小說世界。」（頁 256）

　　呂正惠〈徘徊回歸線──陳若曦小說中的政治三角關係〉[14]，論述陳若曦以文革為背景的 14 個短篇和一部長篇小說《歸》。他把《尹縣長》以後的大部分作品都稱為「政治小說」，說她「基本上也是在描寫自己獨特的政治經驗，以及她對中國前途的反省」。（頁 114）他指出：做為一個小說家，陳若曦長於短篇而拙於長篇。以自己的回歸經驗為題材的《歸》所以寫不好，可能源於陳若曦在文革期間的困境──她只是被迫成為身歷其境的「旁觀者」而已。

　　呂正惠將陳若曦的 14 個短篇，按敘述觀點分成兩類。第一人稱觀點，有敘述自己的故事，是自傳性質作品，如〈晶晶的生日〉、〈尼克森的記者團〉；另外是陳若曦所看到或聽到的故事，透過敘述者把它敘述出來，整個故事是透過敘述者的眼光和感情敘述出來的，故事中的主角，他們的內心世界，我們是看不到的，如尹縣長、任秀蘭，還是艾芬等。

　　在第二類「第三人稱觀點」的作品裡，陳若曦常要向我們展現這些主角的內心世界，所以，作者對他所描寫的一切一定要非常熟悉，不然，就會「隔了一層」。呂正惠認為只有〈耿爾在北京〉、〈值夜〉寫得好，其它如〈大青魚〉、〈老人〉、〈春遲〉、〈地道〉，怎麼看都像「人造花」，並不具有真實感。這四篇的主角全是大陸的老人，與陳若曦的身分實在相差太遠，

---

[14]原載《文星》第 116 期（1988 年 2 月），頁 88～94。引自呂正惠《小說與社會》（臺北：聯經出版公司，1988 年 5 月），頁 113～132。

陳若曦無法進入他們的內心。不少評論文章都注意了陳若曦筆下的老人形象，但呈現出不同的評價。

由於不同敘述觀點，若是源於陳若曦自己的經驗，不論採取那一種敘述觀點，都可以寫得成功。呂正惠認爲〈耿爾在北京〉是陳若曦最好的作品，而這一篇小說的主題卻正好是，回歸的知識分子與大陸社會「疏離」的痛苦，是陳若曦最適合處理的題材。對其它失敗的小說，呂正惠指出癥結所在：

> 陳若曦在大陸始終是個「外來者」，是個「異鄉客」，她並沒有融入大陸的社會中，跟那社會的人水乳交融過。因此，她不能以大陸人物的觀點寫出令人信服的作品。
>
> ——頁118

呂正惠直接提出他的質疑：陳若曦對文革到底有多少了解？對於文革，「她似乎沒有『整體』的感受，她沒有辦法把文革的『群眾性』與『運動性』表達出來。她看到的是幾個波浪，而不是整個澎湃的『潮流』。」（頁120）

呂正惠舉出鍾阿城的〈棋王〉、〈樹王〉及老右派張賢亮的〈綠化樹〉與陳若曦的小說作比較。在鍾阿城的知青小說中，我們看到的不只是個人，還看到群眾與社會，他們都被捲進一股力量中，被這股力量驅趕著往前走。在陳若曦作品中看不到這股力量，理由很簡單：「阿城身在其中，陳若曦身在其外。」再以陳若曦的〈耿爾在北京〉與張賢亮〈綠化樹〉的章永璘比較，兩部小說在描寫知識分子孤立無援時，其結果有如天壤之別。

> 陳若曦的耿爾是個無根人物，在肉體上他沒有受到什麼折磨，但精神上卻非常孤獨，他的痛苦是一種「無名」的痛苦。張賢亮的章永璘……，

他的肉體備受折磨，他的精神瀕臨崩潰，他是被社會壓迫的少數
人；……對他來說，社會是一個可以感覺到的實實在在的力量，而不像
耿爾那樣無一名之的一團模糊。他們雖然都是邊緣人物，但章永璘仍然
在社會中，而耿爾則是百分之百的游離分子。

——頁 120～121

　　他提醒讀者，與其把陳若曦看作是一場荒謬的革命見證人，不如把她
當成是一個特異的政治歷程的主角，我們所要注意的，不只是她的小說的
敘述者所看到的那個社會，更應該注意那個敘述者，還要辨明她的特殊身
分。

　　基於上述文革的「運動性」與「整體性」的觀點，呂正惠指出陳若曦
的〈歸〉，以零碎的印象沒有辦法完成一個有機體。「在〈歸〉裡，所有這
一些結構和秩序完全看不見，所看到的只是許許多多彼此不相關聯的事
件，透過女主角辛梅的觀點，鬆鬆散散的牽連在一起。」（頁 122）這部小
說的真正重點在於回歸知識分子的幻滅。陳若曦卻對辛梅大婦幻滅過程的
處理犯了幾項錯誤，如陳若曦並沒有把辛梅的經歷組成一條合理的線索；
對於回歸經歷的反省，辛梅夫婦的角色失衡；陳若曦並沒有透過具體生活
的細節，來反映出辛梅夫婦在大陸生活不調適的情形；陳若曦似乎失去了
捕捉感受的耐心，以大篇幅的「談論」來代替，在整體結構又沒有用心思
量過，其結果當然可想而知。（頁 123～125）

　　寫完〈歸〉後，陳若曦不再眷戀「回歸」的經驗，而把焦點轉向兩岸
關係來，她開始以在美國的臺灣人或大陸人來反省兩岸關係，形成了臺
灣、大陸、美國這種複雜的三角關係為題材的作品，共有一個短篇小說和
四部長篇小說，他認為這些作品和文學價值沒有一本可以超過〈歸〉的，
更不用說和《尹縣長》、《老人》兩個集子的短篇相比。

　　呂正惠分析陳若曦用來描寫這個政治三角關係的方法，有一個基本模

式，即是透過男、女關係來加以表現。但在《遠見》和《突圍》裡，當男女三角關係的政治架構被設計出來之後，政治好像就完全被拋置腦後，而男女關係就變成是純粹的浪漫愛情關係。讀者只讀到迷人的愛情故事，而沒有看到真正重要的政治問題。陳若曦這些作品的另一個缺點是概念化，最明顯的表現在，政治問題完全藉著談話的方式來傳播。小說中的人物隨時可以坐下來談論任何問題，甚至不必顧到這些言論跟講這些話的人個性是否配合。呂正惠注意到，陳若曦在寫《尹縣長》時還小心翼翼的捕捉自己的感受，不讓概念過分冒出頭。但此後，她的藝術耐性似乎逐漸遞減，而說教意味則相對增加。

簡政珍《放逐詩學──臺灣放逐文學初探》（臺北：聯合文學出版社，2003 年 11 月）第五章〈陳若曦：回歸與放逐的辯證〉，拈出「家」（家鄉）與「國」的二元對立是陳若曦及當代海外中國人的特殊情境。1964 年，陳若曦答應與段世堯結婚時，兩人已定下投奔「社會主義祖國」的計畫，組讀書會，大量閱讀馬列恩史及毛澤東的著作。簡政珍指出：陳若曦的回歸「似乎以個人的行動，證實這個島嶼和大陸的臍帶關係，但抱持放逐者回歸能讓理想的中國浮現出具體的輪廓，則是一個充滿變數的浪漫悲劇。」[15]

在陳若曦的認知中，他們這一代的臺灣人，生於日治時期，「民族意識特別強烈，感嘆中國百年積弱才備受外侮，知識分子當『以天下為己任』且『先天下之憂而憂』，學成報效祖國是理所當然之事。」[16]這段數十年後的回憶是否是當年回歸的唯一考量，還是另有對美國「新型的帝國主義」的失望，及蓬勃發展的「校園運動」，甚至對社會主義一廂情願的烏托邦式的嚮往，從《堅持‧無悔》中可找到蛛絲馬跡。

但一個臺灣人破天荒回歸大陸，就如同第二代外省子弟回去原鄉，都

---

[15]簡政珍，《放逐的詩學──臺灣放逐詩學初探》（臺北：聯合文學出版社，2003 年 11 月），頁 182。
[16]陳若曦，《堅持‧無悔──陳若曦七十自述》，頁 156。

是自我放逐成爲遊子。簡政珍觀察到：

> 最初回歸的理想動機漸漸被周遭的隔離感所取代。緊接著恐懼被外在的
> 世界隔離更強化自己的放逐意識。當放逐者所歸返的不是家，而是一個
> 抽象的理想化空間，他已將自己陷在一個隨時都會被自我放逐意識侵蝕
> 的領域。
>
> ──頁 182

　　對陳若曦而言，大陸並不是她的「原鄉」或「家鄉」，這種「非家鄉的
返鄉」主要的考慮並非是要在空間裡找回時間，而是簡政珍所說的要化解
家與國的二元對立，所以，她的返鄉是「展望未來──一個是國而非家的
未來。」（頁 183）他指出陳若曦歷經四次放逐：從她出生以來就是在臺灣
的放逐者，在美國是第二度放逐，回歸大陸成爲第三度放逐，「回歸」後，
憧憬幻滅而離開，成爲第四度放逐。「對於一個臺灣人來說，放棄家而尋找
國，或離開家而尋找家，都是放逐繁複而反諷的變奏。」（頁 184）

　　簡政珍在〈陳若曦：回歸與放逐的辯證〉這一章，以「現實世界」、
「敘述和語言」、「再放逐」三節來論述陳若曦的作品。她指出尹飛龍縣長
的悲劇在他「投誠反正」時已捲入一個始料未及的政治風暴。藉由〈尹縣
長〉敘述者對故事敘述的點明：共產黨善變的政策和充滿縫隙（其實，就
是「自相矛盾」）的毛澤東思想有關，因爲任何一邊對毛澤東思想的別有居
心的解釋與誤讀都會導致另一邊被批鬥，甚至人頭落地的悲劇。對於「回
歸的放逐者」陳若曦而言，「她能感受到存有如頸項逼臨刀口的寒光，她能
體驗到理想的色彩只是宣傳喇叭的失真和染色。」（頁 184）

　　簡政珍提醒讀者注意陳若曦「敘述的文字經常在表象的肯定現實時否
定現實。」「有時文字的並置卻沉默地展現豐富飽滿的語意。」（頁 192）
所以，文字表象和讚譽常是潛在的控訴，藉由空間句構的並置產生語意的

聯想，以換喻呈顯隱喻，如〈值夜〉中老傅的「釘洞」和引證毛語錄的並
列，「敘述的聲音隱藏在表象『清白無辜』的文字裡，告訴讀者，真正被鑽
洞的是毛澤東千瘡百孔的思想，每一個空隙都左右了萬千人的生死。」（頁
192）

簡政珍引用布斯（Wayne Booth）對隱藏作者的討論，印證陳若曦「這
種使語言富於修辭和隱喻功能的真正說話者是全能敘述者，隱藏作者的化
身。」從而得出：陳若曦以文革為背景的作品裡，隱藏作者幾乎就是真實
作者的投影。

> 細讀陳若曦以文革為背景的書寫，當生命無助地捲入現實的漩渦，當人
> 生的淚滲進了書寫的紙張，隱藏作者和真實作者似乎融入彼此的疆界，
> 敘述者和特定被敘述者進入深層的「主體互動」。
>
> ──頁 193

傑拉德‧普林斯（Gerald Prince）《敘述學辭典》在「implied author 隱
含作者」詞條中引用布斯的說法：「通過文本重構的作者的第二自我
AUTHOR'S SECOND SELF、面具或者假面 PERSONAL；站在場景的背
後，對文本構思及文本所遵循的價值觀和文化規範負責的隱含作者形
象。」[17]但普林斯也根據 Bal，Bronzwaer，Chatman，Genette 等人的論述，
綜合出「本文的隱含作者須與其真實作者 AUTHOR 相區別」、「敘述文本中
的隱含作者也需與敘述者 NARRATOR 相區別」。（頁 194）簡政珍就陳若曦
的個別作品並未做更細膩的分析，而認為「陳若曦」這三個字承擔的是隱
藏作者的功能。（頁 194）

大部分的評論者都認為陳若曦文革題材的作品和作者個人經驗似乎互
為表裡。陳若曦離開大陸後，小說描寫的重心轉移，似乎喪失了部分的生

---

[17]傑拉德‧普林斯著；喬國強、李孝弟譯，《敘述學辭典》（上海：上海譯文出版社），頁 100。

命力。1980 年以後的作品大都以海外中國人（來自臺灣、大陸爲主）的處境爲著眼點，葉石濤、呂正惠的論文已指出其欠缺。簡政珍也認爲：「隱蔽作者似乎不易將讀者導入敘述的情境。陳若曦對家國及那一片土地的牽繫是她主要的創作泉源，沒有這些泉源的滋潤，敘述和語言欠缺一些生命感。」（頁 208）中國畢竟不是陳若曦的原鄉，在文革期間適時的回歸，讓她的烏托邦幻滅，青春虛耗，但至少留下知識分子見證政治狂亂荒謬的一面，以「觀察者和參與者的身分」，「站在一個似近似遠的恰當位置看去，生命蒼涼而莊嚴的湧動。」簡政珍也難免質疑：在陳若曦近期的作品，「回歸放逐者的身分已不再，文學的姿容也略顯蒼白。作品竟如此仰賴某一階段個人的經驗，這是陳若曦寫作生涯的弔詭。」（頁 208）他的結論是：只要中國未統一，一個心繫中國的臺灣人，家和國辯證總在意識裡糾纏。

吳達芸〈自主與成全──論陳若曦小說中的女性意識〉[18]，主要論述陳若曦小說中的女性自我意識逐漸高昂的歷程。她從陳若曦 1987 年 11 月以前出版的五個長篇與四本短篇小說集（不含早期作品）中統計出，有大多數的作品都採用有限全知觀點，深入女主角的內心來敘事。她認爲這種現象可能意味著陳若曦女性思維意識的重視。相對於陳若曦擅長處理傾向政治寫實的男性或中性觀點的題材，她嘗試採取自覺、不自覺的女性敘事觀點，已出現一條逐漸明顯的女性意識發展的軌跡。

吳達芸承認，與張愛玲、李昂、蕭颯、朱天文等擅長處理女性經驗的作家相比較，陳若曦筆下的任秀蘭、彭玉蓮等人，「頂多只能算是浮光掠影」，「作者本該著力描寫她們的內心世界或行爲動機才是，卻以避重就輕的方法展現，既不深刻，也不多面，更無所謂同情體貼，顯得十分單薄。」（頁 260）正如福斯特所形容的「扁平人物」。在〈老人〉、〈地道〉、〈春遲〉中、陳若曦僅以陪襯的方式經營她小說中的女性，「這一類不必強調其知性能力的女子，她們表現出堅毅卻又不失溫柔的女性氣質，幾乎成爲她

---

[18]原載《文星》雜誌第 116 期（1988 年 2 月），引自林瑞明、陳萬益主編《陳若曦集》，頁 257～279。

後來長篇中正面女性的共通特性。」（頁 267）

　　陳若曦卻不苟同一個「不讓鬚眉」凌駕男人的女性，如〈尼克森的記者團〉中的新老師；也對極端擴張女權而無視夫妻之情的現象大加撻伐，如〈二胡〉中，學習美國女權運動青出於藍的典型人物端木凱。從〈突圍〉中的芳妮、美月的夫婦相處的不同狀況，則顯示陳若曦筆下的女性，「仍是很傳統地必須在婚姻生活中求其安身立命的憑藉。」（頁 271）吳達芸從〈遠見〉中廖淑貞與臺灣丈夫吳道遠、大陸交換教授應見湘之間的三角關係，得到英美女性主義者已經奉爲行爲準則的結論：

> 女性唯有通過其不斷提升其自我意識與批判意識，並且爭取到獨立的機會與能力，她才能獲得真正的自由，尤其是婚姻的自由。缺少這種獨立的精神與能力，女性的處境便無法改善了。
>
> ──頁 273

　　吳達芸分析陳若曦筆下的紅塵世界若是一張網，它是由一種以現實的政治、經濟、社會等種種現象織就的世界；另一種則是散布其間的男女在婚姻、欲望、現實考慮下相互碰撞、吸引、利用，所綉出的種種圖案。這兩種經緯交織而成的網路，塑造出她小說世界的特殊光景。

　　吳達芸也觀察到，陳若曦長篇小說中的男主角多爲負面人物，女主角則多屬正面角色，而且稱職地扮演「家庭天使」的角色。另外，也可發現陳若曦重視守貞、母性、韌性、生活藝術家的特質。陳若曦所塑造的理想女性典型因此被理解爲：

> 女性誠然具有如大地之母般強大而綿綿不絕的愛的能力：心甘情願地守貞，扮演家庭天使的角色，賢淑、能幹、克勤克儉，培養自身的獨立與自立，甚至能以堅強的韌性，妙手回春改善男性闖禍擾亂的世界，復能

　　自求多福，培養自身的獨立與自主，甚至能以堅強的韌性，轉化生活中
的挫折困頓成為藝術創作的泉源，美化人生，擁有更自由開闊的天地。

──頁 278

　　在對陳若曦作品的評論中，從女性視角研究的論文並不多，吳達芸細
心地觀察到陳若曦筆下「家庭天使」的女性模式是在不斷蛻變中，從順理
成章自然和煦的母性形象，到為盡母道，犧牲自我；一心只求個人發展，
置婚姻情意於不顧，再到女性發展自我，不願生育，拒養小孩的觀念，印
證陳若曦小說中的女性自我意識逐漸的高昂。這些論點正是男性評論家所
忽略的隙縫。

　　陳芳明〈陳若曦的回歸與再回歸〉[19]，將陳若曦的文學生涯，放在當時
的政治、歷史的脈絡中來檢驗。他感興趣的議題是：一個現代主義者變成
社會主義者，到底在審美觀念上起了怎樣劇烈的變化？他首先談到《現代
文學》那一世代的作品在引介西方現代小說與思潮時，已經開始在改造現
代主義的風貌了。包括白先勇的〈玉卿嫂〉、陳映真〈鄉村的牧師〉、王禎
和的〈寂寞紅〉、陳若曦的〈灰眼黑貓〉等，都是一方面接受現代主義的洗
禮，一方面卻把小說集中在舊社會的轉型與崩解，這些都是「現代技巧與
傳統社會相互結合之後的一個產物。」（頁 212）

　　陳芳明呼應了大多數評論者對陳若曦早期小說的評價：晦暗的色彩、
無法挽救的命運、看不到救贖的力量。但他精確地掌握了：「悲觀而下降的
世界，事實上是青春時期陳若曦內心的一種反射。死亡、幻滅與噩夢構成
了她早期文學的主調，而這樣的主調與當時苦悶的政治環境確實有相互呼
應之處。」（頁 212～213）

　　即使陳若曦所寫的現代小說並不盡然是成功的，但陳芳明認為收入
《陳若曦自選集》的早期作品非常飽滿地描繪了當時內心的荒涼與空虛。

---

[19]陳芳明，〈陳若曦的回歸與再回歸〉，收入《深山夜讀》（臺北：聯合文學出版社，2008 年 9 月）。

「以意識流動的方式與象徵的技巧來描寫臺灣現實，既屬現代主義，也屬寫實主義。」「恰恰就是因爲注入了現代主義的技巧，才使她能夠直書內心的焦慮與苦悶，從而又是現代社會真實的面貌。」（頁 213）

陳若曦回歸大陸，經歷七年「災難式的流亡」，成就了《尹縣長》等系列小說，向海外及臺灣讀者展示中國社會主義的虛僞與欺罔。《尹縣長》以降的政治小說，陳芳明主張不能再使用現代主義或寫實主義等簡單的名詞來概括。因爲，「那是以生命與鮮血換取的文學作品，其中人格的扭曲與人性的變形，較諸支離破碎的現代主義美學還更使人感到驚心動魄，也比起嘶聲吶喊的寫實主義美學還更使人感到痛心疾首。」（頁 214）

陳芳明將陳若曦作品第一階段以現代主義時期概括，第二階段的政治小說則是再流亡的詮釋。從這兩個階段找不到任何的認同，而是連續不斷的幻滅和死亡。跨越 1980 年代以後，陳若曦繼文革題材後開始出現臺灣人的形象，同時也表現了對臺灣民主運動的關心。1980 年返臺會見蔣經國總統，爲高雄美麗島事件被捕人士說情，並遞交海外知識分子聯名信（由陳若曦發起）。

> 陳若曦以文學家的角色介入臺灣的政治運動中，正好凸顯了知識分子的尷尬處境，她非常熟悉中國歷史，卻對臺灣政治的歷史發展感到陌生異常，每當提到分離主義者時，一個親日的大男人形象就活躍於小說之中，每當臺灣女性遇到中國女性時，姿態身段就顯得格局失常。
>
> ——頁 217

葉石濤在〈從憧憬、幻滅到徬徨——談陳若曦文學的三個階段〉，從另一個高度指出：陳若曦若認爲分離主義是國家的敵人，醜化他們的形象也許是「理所當然的」。但他希望陳若曦從更高層次剖析他們的心靈立場，從歷史軌跡來指出其逆流而抗的錯誤行爲。（葉石濤，頁 255）陳芳明則指出

她會有這樣的書寫策略，應是回歸臺灣，「還未曾理解這塊島嶼曾經受到損害與欺侮的歷史經驗。」（頁 217）

直到陳若曦 1995 年返臺之前，受限於接觸對象，她關注的焦點都始終在海外華人的生活之上，創作較諸 1970 年代的政治小說，「稍呈頹勢」，這也是許多評論家的共識。陳芳明分析：「她的認同在中國與臺灣之間來回擺盪，這可能對她不是重要的問題，否則在〈路口〉之後，她應該還可以寫出更好的作品。國族議題逐漸在文學中淡化，是否意味在她內心得到了合理的解決，這仍有待觀察。」（頁 217）這個合理解決方案就是下一階段佛教小說《慧心蓮》、報導《慈濟人間味》的創作。

1989 年 6 月 4 日清晨，陳若曦在柏克萊可來居寫下〈又見路口〉，作為《貴州女人》（臺北：遠流出版公司，1989 年 6 月 30 日）的代序，文中提到上個短篇小說集《城裡城外》出版時，一篇仿錢鍾書風格的〈城裡城外〉惹了禍，傷了中國人的民族自尊，竟在美國、香港、北京等地被圍剿，這是一向「親中」的陳若曦始料未及的事，她無動於衷地說：「他們攻擊最兇的地方往往是最具真實性的所在。」[20]她並宣告為政治衝動而寫小說的日子也告一個結束。言猶在耳，她又寫了一篇〈路口〉，小說中批評及鄧小平，大陸不敢刊用，誠如她自己所言：「江山易改，本性難移」，她想扮演兩岸政治「俠女」，多次為高雄事件、陳映真、魏京生仗義直言，她以「兩岸和平天使」自居，把複雜的政治簡單化了。

范銘如在〈陳若曦的小蛻變──評最新三篇老人小說〉[21]，誠懇地希望，不會再有政治事件需要陳若曦以小說伸張正義了。她從 1980 年代末，陳若曦的三篇不甚擅長的老人題材作品〈遇見陌生女子的那天上午〉、〈貴州女人〉和〈謀殺爸爸〉（俱收入《貴州女人》），來觀察陳若曦在兩岸政治氣氛日趨和緩的局面下，如何將焦距由「大我」轉向「小我」。

---

[20]陳若曦，〈「城裡城外」的糾紛──後記〉，《城裡城外》（臺北：時報文化出版公司，1981 年 9 月），頁 224。

[21]范銘如，〈陳若曦的小說蛻變──評最新三篇老人小說〉，原載《九州學刊》第 5 卷第 1 期（1992 年 7 月），頁 137～143。

　　老人，一直是陳若曦文革題材中重要的陪襯角色，在《老人》、《突
圍》、《二胡》中對各種社會背景的老人都有特別的關心。范銘如以 1988、
1989 年陳若曦的三篇「以美國爲背景的典型中國倫理大悲劇」作品爲分析
文本，探討老人與親子間的關係。〈遇見陌生女子的那天上午〉，側重中國
老婦對異族通婚的成見；〈貴州女人〉點出鰥居老人再婚的遭遇；〈謀殺爸
爸〉，則是關注老人安樂死的爭議。三個故事中的老人，背景、遭遇各異，
但有一共同點——失偶。由於失偶，導致他們與親人（妻子、兒女）間的
關係更爲重要。

　　范銘如認爲，親子關係是現代化社會中一個棘手的問題，對新移民來
說，忙於謀職、工作，照顧自己妻兒之餘，哪有餘力去照料年邁或多病的
父母。美國社會素有「老人墳墓」之稱，中國老人如何自處，本該是海外
華文文學重視的課題，陳若曦對老人題材的用心與經營，除了爲海外文學
別開新途，也爲自己開闊更廣的視野。

陳若曦的第四階段（1995～2002）的小說

　　1993 年秋，陳若曦應邀赴香港，擔任《星期天周刊》顧問編輯，寫作
專欄，並寫下 14 篇短篇小說。1998 年交由臺北探索文化公司出版。陳若
曦在自序〈女人依靠什麼〉對照兩岸三地女子的權益，爲她們受到歧視的
地位抱屈，提醒女人「真正能依靠的就是自己」，這部小說集記錄了「一些
婦女尋找歸宿的經驗。」[22]

　　潘秀宜〈幸福的彼岸——陳若曦小說的延續與轉變〉[23]，主要以陳若曦
1995 年返臺後的創作爲主要分析文本，一是就婚姻與家庭結構中的兩性意
識；一是探索陳若曦在宗教題材中，藉由性別角度來檢視修行天地的權力
機制。後者探討的文本包括《慧心蓮》（臺北：九歌出版社，2001 年）、
《重返桃花源》（臺北：草根出版公司，2002 年）

[22]陳若曦自序〈女人依靠什麼〉，《女兒的家》（臺北：探索文化公司，1999 年 2 月）。
[23]選自《第七屆青年文學會議論文集》（臺北：文訊雜誌社，2003 年 11 月）。

簡瑛瑛在《女兒的家》序〈處處是女兒家〉指出，陳若曦對婦女問題的思考，不同於歐美社會的全然個人主義式追尋，或東西社會制度對經濟之省思，「在其特殊離散背景及宗教修持下，隱隱然包容揉合了思想、社群、教育及心靈之不同面向成自成其特色。」陳若曦在美國時轉移對家、國的關注，開始關注婦女運動和環保問題，也兼及臺灣的社會運動諸如婦運和消費者權益。《女兒的家》以棲居的香港為背景，探討海外女性的弱勢處境及兩性政治在資源分配上的差異。潘秀宜事實上只探討〈莽夫的告白〉、〈女兒的家〉兩個文本，藉由前者，陳若曦暗示自稱「在哪裏都是當家作主」的專橫男子，漸漸對萌發自主意識的妻子起不了作用，藉由對心理醫生的自我表白，只是合理化自己的行為，與陳若曦其他的小說一樣，書中的女主角從未出現，她內心的想法也就「不見天日」。後者則批判在男權主義下的社會，女性沒有分配父親遺產的權利，甚至也無法在父親的墓碑上留名，女主角只留下一幅父親的畫像高掛案堂之上。為女性伸張權益的正義感，溢於言表。

陳若曦返臺後接觸到臺灣佛教，她以新佛教徒自居，「主張心香供佛，拒絕法會但努力走菩薩道就是，我也希望能重新詮釋教規，求取出家男女眾能平等相待。」「做為新女性主義者，我深以臺灣比丘尼為傲，決心以小說呈現這個風貌。」（《堅持・無悔》，頁 320）臺灣比丘尼制度，馳名國際，對社會貢獻頗多。陳若曦透過一家三代的學佛和出家故事，刻畫了臺灣 30 年的佛教興革和社會變化。探討佛教如何體現現代化和人性化？人性掙扎、佛法淨化和善惡報應。（《慧心蓮》封底評介文字）

周芬伶〈傳統性與假定性——佛化小說的人間理想（節錄）〉選自《聖與魔——臺灣戰後小說的心靈圖像（1945～2006）》（臺北：印刻出版公司，2007 年 3 月）第七章其中關於陳若曦佛教小說的部分評論。周芬伶論析陳若曦的宗教小說是她鄉土小說與回歸小說的延長，「反映現實記錄時代的意圖更強一些，她思索的除了佛教的改革，還是人性的不可捉摸，也許是意圖過於鮮明，文學質素少了一些。」（頁 192）她並比較二本有關佛教

與女性的小說，《慧心蓮》的文學技巧較高，人物刻畫較爲生動，杜美心被寫活了；《重返桃花源》的企圖與批判意義更大，蘊含改革佛教的理念。

　　陳若曦返臺後的經歷，與宗教有可循的線索，先是在慈濟醫學院任課，參加花蓮靜思堂的活動，又投入慈濟功德會的活動。深思體悟「諸法皆空」、「生命無常」的佛教深獲其心。後來又遭逢「九二一大地震」，在2000 年擔任第一屆南投縣駐縣作家時，她與慈濟人有較頻繁的接觸，寫過〈救災前鋒，慈濟娘子軍〉(《源雜誌》第 30 期)等。《重返桃花源》是駐縣作家結束前的成果，陳若曦自述：「寫一位比丘尼參與災區重建中，思索宗教同源並歸一的種種，以還俗來報答家族恩人爲結局。小說要傳達的是我對宗教的看法，即萬教同源，真神唯一，任何宗教都須融入時代潮流，也不宜過分壓抑人性。」(《堅持・無悔》，頁 326)周芬伶稱許陳若曦「在世紀末一片情慾身體書寫中，她另闢蹊徑，書寫宗教女性的困頓，是更爲邊緣的書寫。」(頁 186)

　　周芬伶提到陳若曦宗教小說的特色：《慧心蓮》中不斷穿插政局的演變，尤其是兩岸緊張的對立，造成人心惶惶，而臺灣人的宗教熱也達到高點，但擅長創作政治議題的陳若曦，體認政治無法救人，只有宗教才能拯救苦難。陳若曦的宗教觀是「極樂世界其實存在我們心中」、「桃花源就在我們腳下」，「宗教不能一成不變，只有經過改革，宗教才會越來越人性化，這正是文明和進步的表現。」(頁 191)

　　陳若曦經歷了五味雜陳的人生歷練，重返原鄉後，她透過佛教與人間的連結，引導人在亂世中找到方向，並追尋她的「桃花源」──無限的深情大愛。從政治小說到宗教小說，陳若曦的原鄉由幻滅的中國又轉回到臺灣，在這塊土地，年逾七旬的陳若曦還會有什麼值得她關注的主題？是政治、社會、環保、婦運還是延續宗教議題的探尋，或許就此暫歇，都是大家既關心又期待她能再創撼動人心的作品。

輯四◎
重要評論文章選刊

陳若曦的故事

◎劉紹銘[*]

「我最希望要做的事，是把政治性的作品提昇成為一種藝術。我的動機無非是為了要積極參與，或為了作不平之鳴。每當檢討自己過去的作品時，我總發覺到，凡是寫得了無生氣的東西，必與自己缺乏政治目標有關」。（1947 年）

——喬治・奧契維爾（《一九八四》作者）

「如果文學作品不致力於反映當前的社會氣候，不敢表現出那個社會的恐懼和痛苦，不能對面臨的道德社會危機提出及時的警告，那麼這種文學作品不配稱為文學。那僅是一種裝飾品。」

——索忍尼辛 1967 年致第四屆蘇聯作家會議的公開信

陳若曦的故事，據臺北朋友來信說，已成了「臺北傳奇」。她的小說，不但傳誦一時，而且遍傳中國大陸以外世界各地。一個在大學畢業後停筆十多年的作家，能在不到兩年間，以五個短篇和一個中篇，引起各階層的讀者如此廣泛的注意，實在是近代中國文學史上一個名副其實的傳奇。

陳若曦的寫作生活，以年分來講，可分為三個階段。

第一個階段是在臺大做學生的時期。她大一的國文老師，是葉慶炳教授。葉教授規定每一學期得交一篇作文做作業。

陳若曦上下學期的兩篇「作業」，是〈欽之舅舅〉和〈灰眼黑貓〉，均先後發表在夏濟安先生主編的《文學雜誌》上。

發表文章時為美國威斯康辛大學中國文學及比較文學副教授，現為香港嶺南大學榮休教授。

那個時期的陳若曦，「充滿幻想，追求神祕」。

大二那年，《現代文學》創刊，她只是編委之一，自認思想非常「洋框框」，很迷卡夫卡和喬哀思。這個時候的作品有〈巴里的旅程〉，作風由神祕轉到象徵。

大三那年對陳若曦說來是一個非常重要的階段。因為在這個時期，他開始體驗到，「文學是有使命的，因此必要屬於廣大的群眾才能有生命力」。

如果陳若曦出身於「小資產階級」家庭，那麼即使她想改變作風，要寫反映工人或下層社會生活的作品，非先要親身經歷一番不可。（在大陸，這叫「下放」。）但陳女士本來就出身工人階級，是木匠的女兒。寫〈欽之舅舅〉和〈巴里的旅程〉，她的文學和想像力，顯而易見的是受了西方作家的影響。〈欽之舅舅〉那個世界，不是陳若曦所熟悉的世界。巴里的語言，不是陳若曦所熟悉的語言。

有許多作家，摸索了一輩子也摸索不出自己的門路，認識不到自己的長短，弄不清楚自己的寫作動機和目標。

陳若曦在大學當了兩年的寫作學徒，居然能「認同」了自己的出身和肯定了自己的使命感，真正算得是難能可貴了。

這個階段的代表作是〈最後夜戲〉──一個歌仔戲女演員吸毒的故事。

值得注意的不單是在題材的選擇上，因此故事與一年前的作品迥異其趣。最重要的轉變是風格的轉變。〈最後夜戲〉雖然在文字上仍然夾雜了不少仿意識流的片斷和句子，整體而論，這是陳若曦第一篇重要的寫實作品。

如果用共產黨教條的文學批評眼光看，金喜仔的悲劇，全是資本主義社會的產品。因為只有在資本主義的社會中才有明星制度。而只有生活在這種制度下的女藝員才會感到「一朝春盡紅顏老」的可怕壓力。為了應付這種壓力，金喜仔不惜借助於毒品來透支精力。

　　共產黨一面倒的文學批評與自然主義小說家對人生看法一樣狹窄。因為兩者都肯定人是社會環境的產品，做人的尊嚴（他對自己命運的選擇自由）也就因此全盤否定了。資本主義有明星制度，但生活在資本主義下的人，有拒絕做明星的自由。十多年前有一部由李察・哈利士主演的英國片，叫《The Loneliness of a Long Distance Ruuner》，主角在賽跑到近終點時，忽然停下來。在我們看來，他選擇了失敗，正是他成功的地方。他證明了他是自己命運的主宰。

　　既然〈最後夜戲〉並沒有任何線索肯定金喜仔如果不打嗎啡針，就會餓死，我們可以說，作者陳若曦並沒有剝奪金喜仔不做金喜仔的基本人權與自由。

　　以上有關〈最後夜戲〉的簡短文字，用意並不在評論這個短篇小說的成就，而是點出陳若曦寫作生命中的重要分水嶺。在此以前的陳若曦小說人物，是以個人的心態活動為主。他們所接觸到的社會，雖然不盡「友善」，但卻是熟悉的，約定俗成的。這個熟悉的社會，不管怎麼怕人，但正因為太熟悉了，很難在陳若曦這個時期的小說中占了主角性的地位。

　　〈最後夜戲〉與以前小說相同的地方，是作者對這熟悉社會的描寫。不同的地方，是主角的活動範圍，已超過了個人內在的心態而邁入了現實的世界。

　　〈尹縣長〉以後的一系列小說，來得雖然石破天驚，但其寫實的紋理，卻是由〈最後夜戲〉淵源出來的。

　　不過這是後話。

　　第二個階段是留美時期。陳若曦是 1962 年赴美的（1961 年臺大畢業）。讀的是貴族學校，東部有名的 Mount Holyoke 學院。翌年轉讀約翰斯・霍金斯大學（以前也是貴族學校），在那裡的「寫作班」（"Writing Seminars"）念了一年。

　　這一個階段，陳若曦的中文寫作，可說交了白卷。1965 年，她的老師夏濟安先生在美逝世，為了紀念夏先生，她譯了一篇他的論文。此外就是

她在「寫作班」時寫的幾篇英文小說。

第三個階段的作品（〈尹縣長〉以後），臺北讀者，已耳熟能詳。

陳若曦的故事，在臺北如此哄動，自有其主客二觀的原因。

如果說她的小說在臺北受歡迎只因爲她「反共」。那太小覷臺灣現有的反共小說作家。

如果說她的小說用的是第一手的觀察資料，因此特別容易取信於人，這論點也站不住，因爲自文革後逃出來（或得到了特別批准，被共幹送出來）的知識分子，不只陳若曦一人。而離開了大陸後把自己的經驗用文字報導出來的，也不止她一個。手頭上有一本香港出版的《敢有歌吟動地哀——文化大革命後中國青年詩文選》（1974 年版，共 317 頁），裡面就收集了不少與陳若曦經驗大同小異的年輕人的作品，有詩歌、書簡、日記和小說。

但這些青年的詩文小說，在出版方面，可沒有陳若曦那麼熱鬧。「他們出版這部書，爲了籌集印刷費就已費盡心力而不得解決。」

由此可知，陳若曦受大家重視的理由，並非由於客觀因素（譬如說她是臺灣人），而是她主觀的條件。她 1974 年以來的小說，確能把「政治性的作品提升成爲一種藝術」，這是陳若曦跟《敢有歌吟動地哀》那一群年青作者最大分別的地方。像〈耿爾在北京〉、〈晶晶的生日〉這樣的作品，若作者本身沒有文學修養，單憑切身經驗和想像力來處理，不會有如此感人的效果。

而陳若曦是個天分奇高的小說家。

據說〈查戶口〉在臺北刊出後，有讀者覺得奇怪，怎麼在大陸的居民居然買到雞吃？〈耿爾在北京〉吃涮羊肉，〈晶晶的生日〉中的安奶奶在自由市場買到新鮮瓜果蔬菜和一兩條黃花魚。難怪至今爲止，在臺灣看到的有關陳若曦的評論性文章，提到重心的，還沒看過幾篇。

陳若曦雖然工人階級出身，可是她小說的敘事觀點，卻是知識分子的，而且還是相當的小資產階級的。〈晶晶的生日〉有幾句非常重要的話：

「安奶奶的爽直和憨厚給了我些安慰，但是我無法使她明白，知識分子和農民的政治待遇是多麼不同。」

陳若曦離開大陸，是知識上的選擇，絕非「有雞吃沒雞吃」的物質享受問題。事實上，1966 年至 1973 年的中國大陸，算不上「荒年」。《坦白集》(*The God that Failed*，齊文瑜先生——即夏濟安先生——譯本）的編者 Richard Crossman 說得好：「一個普通政黨對黨員的吸引力，是它能給予黨員的種種好處。共產主義恰好相反。它不但不給你好處，而且還要你奉獻一切，包括精神上的自由。」

陳若曦在臺灣生長，在臺灣受小中大學教育，到美國念的兩間大學，恰巧又是私立的貴族學校。她 1966 年對臺灣大學和美國研究所代表的教育傳統和社會制度，拂袖而去，可見她是抱著寧可食無肉出無車那種近乎宗教犧牲的情操而去的。

這一點認識非常重要，否則我們很容易把她的小說讀「歪」了。

陳若曦所反映的大陸，窮是窮了（晶晶爸爸穿的，是「洗成灰白色，補釘上又補釘的藍布衣褲」）卻不是民不聊生的社會。大陸上有過民不聊生的時期和地區，但要不是她沒有碰上就是沒有看到。但即使他碰上了，看到了，她所關懷的，還是一個外來的中國知識分子，或推而廣之，不是喝共產黨奶長大的「舊知識分子」，對在這個制度生活下的人所受的苦難和折磨。

她小說裡的人物，雖不盡是知識分子，但作者的敘事觀點，正如前面所說的一樣，是拖了包袱的「舊知識分子」的觀點。她離開美國而「回歸」，乾脆如抽刀斷水，可惜二十多年來所受的小資產階級教育，太根深柢固了，拔都拔不掉。作者提到晶晶的爸，用的是「外子」，既非同志亦非愛人。

舊的思想傳統，套在所謂「新的意識形態」的社會中，是陳若曦小說中種種衝突的因素。

本文開始時說過，陳若曦大一大二時的作品，人物所注視的，是內心

的世界。到了大三時的〈最後夜戲〉，內心的世界開始向上伸展，個人與社會發生相應的關係。

她的小說，發展到〈尹縣長〉時，與人對立的不再是她熟悉的社會，容許她走向內心世界的社會。而這個陌生的社會和制度，在她第三個階段的小說中，占了一個主角的地位。

〈耿爾在北京〉的經驗，相信比他在美國做留學生時，還要寂寞，還要感到孤立。事實上，除了他的血統、母語和飲食習慣，與他要認同的祖國同胞有共同點外，耿爾在那裡是個外國人。封建社會時的中國，兒女婚姻常受封建的父母作梗。中國的封建制度，據說已推翻多年了，想不到耿爾這個受盡現代與西洋文明洗禮的青年人，兩番好事，都被黨的上頭銷磨掉。黨方面的指示真像封建時代的父母，「我兒，這都是為了你的好！」

在陳若曦的小說中，共黨的頭頭或高級幹部沒有出現過，但他們所代表的一切，卻處處「音容宛在」。只要一提「毛主席」的「聖名」，晶晶就忘了自己的生日。陳若曦在大陸七年，大概沒有機會看到 007 那一系列電影，但在〈晶晶的生日〉中所用的某些手法，使人想到 Dr. No 中那位背著我們，不斷用黑色的義手撫弄著一頭白貓的瘋狂科學家。

陳若曦的小說，與張愛玲的〈秧歌〉相似的地方不多，但卻有這個共同點：她們筆下的共產黨，都不像我們想像中那麼青面獠牙。

她認清了罪惡的根源：共產主義不仁，以萬物為芻狗。刀俎是共產黨，魚肉是老百姓和奉命行事的共幹。陳若曦大概覺得他們跟耿爾一樣，都是怪可憐的。

在共區生活，除了偶爾有雞吃外，還有非常濃厚的「舊社會的人情味」。派號的服務員老魯一看到耿爾擠在人叢中排隊，一看到他，就叫「耿先生」，招呼他上樓，塞給他一個要是他規規矩矩排隊還要等十個人才輪到他的位子。

耿爾雖然心裡暗叫慚愧，卻坐下來了。他記得「今天早上政治學習時，結合批林批孔，討論如何杜絕開後門的歪風邪氣，自己最後發言，還

慷慨激昂地說了一通，使得當記錄的小趙奮筆疾書都來不及呢！」

張愛玲的〈秧歌〉中，共產黨訓練得連文盲的鄉下老太婆都會喊規規矩矩的口號。

〈晶晶的生日〉的安奶奶，蘇北人，六十多歲了，雖然沒有喊過口號，但罵起小孩子時，一樣會用名詞嚇人。「可再不許說了。」她教訓晶晶道：「反革命才說這種話……再說，準打爛你嘴！瞧把你媽弄成這樣子！」

可是對大人講話時，她卻不是這副嘴臉。在安奶奶身上，我們看到中國舊小說中義僕的形象。她安慰晶晶的媽媽說：「我瞧你也別這麼擔心事，這點大小的孩子說一句話，能把他宰了不成？在我們淮安縣，農民賭咒發誓都要抬出毛主席來的，罵起來才厲害呢！罵的人都是三代老貧農，也沒有人把他們怎麼樣！」

安奶奶警告晶晶不要說反革命話，自己卻說了這些「爽直憨厚」的語言。不但說話如此，行動也如此。晶晶爸爸回來的當天早上，她清晨四點鐘就到市場排隊買菜。

像老魯和安奶奶這種「舊社會」的人物，在陳若曦的小說中有著絕對的象徵作用：在無情冷酷的「新中國」社會中，他們的「舊價值」（不論是好的還是壞的），代表著尚未被摧殘殆盡的人性，給人一絲絲溫暖的感覺。

Abraham Rothberg 論索忍尼辛的小說時，說過這樣的話：

「可是，即使是在邪惡……的淵藪中，基本的人性仍然存在，同情心仍然存在，快樂的可能性仍然存在。大多數人只求活著就滿足了，但仍有不少人想超越僅求活著的範圍：他們要求在情感上和理智上的清醒。由於這種需要，共產主義這種制度的殘酷和一般老百姓的勇氣就更容易看出來了。」

——*Aleksandr Solzhenitsyn: The Major Novels*, Ithics, 1971

人性和同情心不僅存在於安奶奶這一個階層中，而且還存在於某些被

鬥掉了的高級知識分子中。像〈值夜〉中那位敲打煤油爐子來保持自己腦筋清醒的老傅。他過的日子雖然淒慘，可是在柳向東走「五七道路，功德圓滿回南京去」的前夕，卻沒忘記以雞蛋掛麵替他餞行。

他對那位青年農民衛東半夜到菜園來偷東西的反應——「來伙房的小偷，無非弄些吃的」——是 Rothberg 所說的同舟共濟（comradeship）精神的一種表現吧？

衛東是一條農民的枯魚，老傅是知識分子的枯魚，正應相濡以沫。

除了上述幾點外，陳若曦的小說還有這一特色：她從不對共產主義這種信仰作過任何理論性的批判。（〈秧歌〉也具有這一特色。）這和西方作家所寫的「反共」小說在表現手法上截然不同。Arthur Koestler 的《黑暗的正午》是個很好的例子。嚴格來說，這不能算是一本小說，因爲由始至終 Koestler 所感興趣的，不是人物和情節的發展，而是共產主義理論的辯正。

背景的不同可能是其中一個主要的原因。照 Koestler 的自述，在參加共產黨前，他是花過相當的功夫去研究過馬克思、恩格斯和列寧的著作的。雖然他說過「信仰不是由推理得來，正如愛上一個女人不是由於推理的結果」的話，他之後來參加德國的共產黨，最少在這一方面說來，不能說是完全的感情衝動。

《黑暗的正午》中之對白充滿了「行話」，就是這個原因。

Koestler 成爲共產黨員時，是個共產主義的學生。

陳若曦不是。她是在怎樣的情形下決定否定了以前的一切而返大陸定居，除非將來她有自傳性的文字出現，否則我們無從知道。不過，陳若曦本人有沒有積極研習過馬列主義，對她已寫了的和快要寫的小說，都無關係。（〈值夜〉中的柳向東，倒像 Koestler：「那時，支持著他的不單單是一腔愛國熱血，還有美好的理想。爲了這個理想，他熬夜攻讀列寧和毛澤東的著作，做了多少筆記。」）因爲她所感興趣的是小說的藝術和在共產制度下生活的中國人的遭遇。她寫的不是政治論文。如果她花了寶貴的篇幅以「學究」的口吻來證明共產主義是一種「時代錯誤」（"anachronism"），她

的小說就可能沒有這麼多人要讀了。

而我們能從她小說得到的知識，因此也僅限於她在大陸七年中所能看到的和反映的現實。關於紅衛兵在文革時的種種暴行，我們在報章雜誌看到的，有比尹縣長更悲慘的。可是那僅是零零碎碎的記憶。看完了〈尹縣長〉，我們不但多認識了一個現代中國文學史上的難忘人物，而且對紅衛兵那種意氣風發的行為，覺得既是可恨，又復可憐。

看完了〈晶晶的生日〉，我們知道，「童言無忌」這句話，在大陸上已經完全失去了原來的意義了。一個政府能夠使一個不到四歲的孩子，因喊了一句「反動口號」而「整個臉立刻僵住」──其統治手段之恐怖，由此可想而知。（這句話，對回去觀光一兩個月又回到美國的人是聽不進去的。）

〈晶晶的生日〉是少見的描寫恐懼描寫得最成功的作品。這種題材，這種恐怖的複雜心理，報導文學寫不出來，理論文章更寫不出來。

據最近一份在美國發行的中文報紙報導，陳若曦 1973 年到香港時，沒有打算要寫小說。後來在香港覺得寂寞，不禁懷念起在大陸時交到的朋友，因此才動起筆來。

如果這篇報導正確，那麼陳若曦的意思是，她寫小說，無非懷舊，並無奧維爾所說的政治目標，雖然我們在前面說過她已做了《一九八四》作者要做的事：把政治性的作品提升成一種藝術。

我們不難猜測陳若曦目前的矛盾心境。她寫小說時可能沒有任何政治目標，但她寫出來的作品，任何人讀起來，都會察覺到作者政治覺醒的過程：

不愛毛主席？真是從何說起呀！孩子爸爸為了怕他生在異國，特地兼程趕回中國；還沒有出娘胎，便取了「衛東」的學名在等待；才幾個月大，便舉在頭上認毛主席的像；媽媽還不會喊，便學會「毛」呀「毛」地叫了。……我們大人不愛毛主席嗎？就為了追隨他，我們拋棄了親

人，投身到舉目無親的中國大陸。多少回，孩子爸爸對他說：毛主席是
我們家唯一的親人了……。

〈晶晶的生日〉中的文老師，當然不是陳若曦。但寫這篇小說的作
者，如果沒有文老師的相同感受，決不會寫出這種懺悔性的文字來的。陳
若曦的小說雖然沒有對共產黨提出正面的控訴，但是她文字上所散發出來
的那種特殊的哀傷、失望和迷惘，打個不恰當的譬喻，真是「中人欲倒」。
這一點，相信陳若曦本人也不能否認。對共產中國的理想破滅以後，文老
師眼前「唯一的親人」變成了什麼樣子？

我歎了口氣，仰頭望著貼在牆上的毛澤東半身像。牆上的人似笑非笑的
表情，好像對適才發生的事全無動於衷，沉靜、冷漠得令人望而生畏。
這時，冷不防地，肚子又被胎兒踢了一腳，我驚得渾身發麻，接著便感
到一陣隱隱的鈍痛。我抱緊了肚子，默默地說：你不要著急吧，等你出
世，我一定要找個藉口把這張像拿走……。

文老師的作者做得更徹底。認清了共產主義的真面目後，一有機會就
重投她七年前背棄過的資本主義的懷抱。
這可能就是陳若曦不願意人家把她的作品看成「政治小說」或「反共
小說」的原因。
她跟共產黨雖然絕了交，但從「舊社會」學來的美德卻沒有改。那就
是「君子絕交不出惡聲」。
她離開了一度熱中認同過的「新中國」，在心理上難免有做逃兵的感
覺。
她在大陸七年，認識了像老魯、老傅和安奶奶這類善良的中國老百
姓，使她原來背了的小資產階級特有的情感包袱更加重了，「狠」不起心來
說自己的作品是「反共」──反對中國共產黨的切倒行逆施──的，雖然

她的小說，在某一意識上說來，與田漢的《關漢卿》差不多，是「為民請命」的。不同的是，田漢的「毒草」在大陸散播，而陳若曦要到離開大陸後才有機會懷舊。

其實，說某某人寫的是「政治小說」，本身並不包含褒貶之意。政治文學不是宣傳文學。「政治小說」這題目相當大，要好好的談起來，得另做文章。手頭剛好有一本研究這題目的英文書，是 Irving Howe 寫的《政治與小說》（*Politics and the Novel*），雖然是舊文章（1950 年代中後期寫的），卻是這類書的經典之作。我不打算把 Howe 對政治小說的定義翻譯過來，一來太長，二來外國人對政治小說的看法，我們不必就拿來作準。

我只想把 Howe 此書內，以專題來研究的西方小說家名字寫出來，以證明我的話，戴上「政治小說家」的帽子，並不見得是壞事。

Howe 以一章的篇幅來討論的作家，俄國有屠格涅夫和杜思妥也夫斯基；英語派系的有康納德（原籍波蘭）、亨利・詹姆斯（美國）和喬治・奧維爾（英國）；法國的有史當達爾。

我相信任何作家能與以上各大家相提並論，都是值得驕人的事。

Howe 給史當達爾和亨利・詹姆斯這類作家也拉上政治關係，顯然是他對 Politics 這個字的解釋，非常廣泛，不像我們習慣上對「政治」二字的反應。不過，中國人也常說，「政治是眾人的事」。而研究在共產黨主義制度下做人的處境，也該是屬於眾人的事。因此，雖然陳若曦本人並不同意，我個人仍是把她的小說看作政治小說。

陳若曦的作品反映了大陸共產政權的社會氣候，表達了那個社會的恐懼和痛苦，也就等於對中共政權面臨的道德和社會危機提出了警告——她的作品，因此夠資格稱為索忍尼辛式的文學。

——原載《中國時報》，1976 年 8 月 5～6 日

——選自劉紹銘《小說與戲劇》

臺北：洪範書店，1977 年 2 月

陳若曦的旅程

◎葉維廉[*]

> 經過了那熱烈的內心的激盪的時期……漸漸在凝定，在擺脫誇張的辭
> 藻，走進一種克臘西克（即古典）的節制，這幾乎是每一個天才者必經
> 的路程，從情感的過剩到情感的結束。偉大的作品產生於靈魂的平靜，
> 不是產生於一時的激昂。後者是一種戟刺，不是一種持久的力量。
>
> ——劉西渭，《咀華集》，文化生活版，1936 年，頁 130

一、

　　陳若曦的短篇小說分爲兩個時期。第一個時期的作品在 1958 年到
1962 年間寫成，多半在《文學雜誌》和《現代文學》上發表，作品有〈欽
之舅舅〉、〈灰眼黑貓〉、〈巴里的旅程〉、〈收魂〉、〈辛莊〉、〈喬琪〉、〈最後
夜戲〉、〈婦人桃花〉和〈燃燒的夜〉。第二個時期是她在中國大陸住了七年
回到香港以後所寫的一系列短篇，現收入《尹縣長》集中。（1974 年～
1976 年）

　　當陳若曦發表她第一時期的小說時，我怎樣也不會想起上面劉西渭那
段話。坦白的說，現在回顧起來，她那個時期的小說，雖然在題材上，有
些地方呼應著五四初期的小說，如「反封建」、「反迷信」及對中下層社會
受逼害的小人物的同情，但在表現上，幾乎與劉西渭的「凝定」、「節制」、

*詩人，發表文章時爲美國加州大學聖地牙哥校區比較文學系教授，現爲美國加州大學聖地牙哥校
區比較文學系卓越教授。

「靈魂的平靜」背道而馳。

　　她那個時期的小說，情緒激溢，語言誇張，著重戟刺，小說的進展被強烈的未受節制的主觀意識及偶發而具爆炸性的潛意識活動所左右，而這些文字現象又是由於她缺乏一種熟思的完整觀念的視界，做為她所批判或抗拒存在現實的準據。因而也無法構成強烈的悲劇意識。這和她第二時期的作品形成鮮明的對比。

　　這個蛻變幾乎是傳奇性的，我們彷彿突然面對兩個截然不同的世界，兩個不同的作者。我們如何去抓住這個蛻變的演化痕跡？中間的一段沉默做了何種催化作用？這不一定是我們能夠完全追蹤出來的。但我們如果細心的去讀，也會發現到有些早期的技巧，到了《尹》集的時候，收到了極有效的發揮，譬如〈灰眼黑貓〉裡用外在氣候逐步的變化來反映事件的嚴重的層次，到了〈尹縣長〉裡便做到某種極具感染力的心理深度。這一點我們在後面有較詳細的審視。

　　因此，我們認為，要取得陳若曦《尹》集全面的了解，我們必須從她早期的作品出發，光是說她「客觀」、「寫實主義」，說她「反共」是不夠的，她小說中的戲劇與她意識形態的蛻變與成長是有著密切的關係的，我們必須在她世界觀的蛻變中，尋出她小說中最基本的生命靜靜的呼喊。

　　讓我們從她最早的小說〈欽之舅舅〉談起。我們認為這篇小說是失敗的作品，倒不是因為它缺乏新詞新境，也不是因為它充斥著陳腔濫調，在任何人的早期作品中，這都是無可避免的。卻是因為她依賴著一種無法與外在現象對證的神祕世界做為她語言的發揮。欽之舅舅是一個傳聞中定型的神經質而沒有識見的詩人——哲學家——沉思者——瘋子——無故自我懲罰的人。敘述者所見的世界完全被浸在欽之舅舅和自然之間一種隱祕而極其情緒化的氣氛中，欽之舅舅與自然神祕的交往（如拜月）本身沒有任何深度的靈魂的探索，只有表面的怪異，而敘述者則用著一種夢幻的感受去渲染和美化眼中的世界：「日子過得像一篇散文詩，流暢、淋漓而美麗。」把文藝裡建立的語言世界去塑造風景與人物：「花香樹影」、「一聲細

碎的鳥語」、「月光像水似的瀉滿了一室」，完全不是由於事件發展的需要而
描寫，它們既不反映主角的觀物態度，亦不映照事件內在行進的旋律，它
們完全是作者未加靜濾的一種主觀愛好的意象硬加在故事之上。人物的描
寫亦如是。「欽之舅舅的文學和藝術非常好」，敘述者如此說，至於如何
好，完全沒有讓主角的言行中流露出來，因而我們無法從欽之舅舅客觀的
表現中感到他是一個真的知識分子，有思想，有識見，因而他在小說中的
苦痛，不深刻，不實在，而是外在的情緒化。作者在迷惑於神祕引力（如
本篇中的月亮）及神祕的破壞力（如〈灰眼黑貓〉）之餘，常常有意地把異
乎尋常的怪異行為、意識、現象誇張及神祕化，做為她小說中的引力，在
這個誇張及神祕化的過程中，她依賴著一個近乎「暴風雨」的狂亂的語言
和律動：

> 月亮停在山谷的上空，兩個山峰之間，好像伸手即能摘得到。我滿心喜
> 悅……正想呼叫著向空地跑去。突然，我提起的腳懸在空中，歡呼的音
> 符停留在舌尖。一個移動的人影！我咬住手指，睜圓了眼睛仔細一瞧，
> 這下子我張大了嘴巴也闔不攏來。這高瘦的身材，抓著手杖，竟是我的
> 舅舅欽之！他張出雙臂向著天空，手杖正指著山谷上的月亮——這月亮
> 似乎比我在湖邊所見的增大了一倍——好像在默禱……他不知何時已放
> 下手杖，把兩手交叉在胸前，半跪在地上，呢呢喃喃地唸著……呢喃的
> 音調隨著逐漸變了，由輕緩而急促，從祈求轉為哀訴。他的聲音越來越
> 大，顯得非常激動，兩隻手輪著伸向空中，急促地搖晃，嘴脣抽搐得更
> 厲害。他迸出來的奇異音符像冰天雪地中餓狼的嗥叫，又像野牛奔跑時
> 的咆哮；那麼淒厲，像犯人受絞刑前掙扎的叫喊；那麼悲慘，又像奴工
> 營囚犯低沉的呼號。聲調越來越高亢，幾近乎失叫，接著一聲劃破空谷
> 的長鳴，他霍地跳起向岩石仆倒。我覺得一陣眼花腳軟……。

我們必須承認這一段文字中的戲劇性，作者對於動速的層次有相當的掌

握，但這個律動是她主觀世界爲了小說而建立的一種意識與情緒的跳動，是一個和實在生活經驗切斷而只能屬於藝術的世界，利用誇張的文字的跳躍推動我們進入，主角的行徑及敘述者的感知程序，是依賴著作者所選擇的「異情異境」的極端變化。我們並非說「異情異境」、「絕境」、「狂暴面」不可成爲小說的題材，而是我們移入這種境象，及這種境象的顯露都應該有著適切的進展，語言越平常，發展越若無其事，該境象的打擊力越強烈，越能激人回味、思索。語言表面的強烈，主觀情緒世界的表面戲劇化傾於刺激性的發作，不易持久。

　　〈欽之舅舅〉是陳若曦最早的小說，當然不能代表她第一時期的全部作品的面貌，我們只想拈出該小說中之依賴「異情異境」和語言上主觀的爆發。這個傾向在她那時期的小說中繼續的湧現，甚至在她那紮根在現實主義的〈最後夜戲〉中亦未曾脫離。這個傾向在〈巴里的旅程〉裡發展得最爲極端。

　　〈巴里的旅程〉完全是一段主觀意識的旅程，那五光十色的、切斷的、支離破碎而缺乏完整意義的、各不相關的場景，雖然是取自充滿著問題的現代城市的片段，卻完全是主觀活動意識的象徵場景，和外在世界幾乎無法相認。〈巴里的旅程〉是對存在意義很膚淺的追求，敘述者受著一種失落感的迷惘所左右，反映於表現形式的是語言的錯亂，這篇特別多「後設語」（例：流動的攤販爭攬生意——抽乾水後的池中無數泥鰍。）「後設語」是作者個人的語言遊戲，和故事的行進完全不發生關係，但它們卻堵塞在中間。〈巴里的旅程〉完全依賴著每一個片段的偏異突發的奇情，而利用著類似〈欽之舅舅〉的誇張狂亂的律動去推進：

　　　霎時，尖叫、呼嘯、咒罵、嘩笑……排山倒海而來。豬仔的眼睛巴眨，
　　　狼犬的黃牙齜咧，吐沫星墜，頓足雷鳴，（按：竟似虛飾的四六文！）人
　　　們前仰後合，既驚嚇復憤怒……那膨脹、洶湧、憤怒的徒眾淹沒了他，
　　　漲潮般陣陣加高的喧嘩奪去了他的聽覺，千千萬萬鑽動的人頭分散了他

視線的焦點。在搖晃不定的人潮中，他只瞧到「神」、「人」、「罪」不絕的，反覆的映現。天地也跟著旋轉、搖盪，人聲終成響雷。暴風雨挾著閃電，拔地而臨。一陣狂濤浪捲，巴里迷失了知覺。

再比較那不正常的患了自戀症的〈喬琪〉裡情緒洶湧澎湃的語言：

血液在血管裡逆流，衝激起浪花，心要跳出胸腔，而全身軟如爛泥。幾乎就在這一剎那，我覺得一道冰河橫衝掃下，急如雷電，立刻渾身冰冷得僵硬起來。我推開他，喘著氣，大聲喊著：不要！

我在房裡走來走去，四壁的畫像對我嘲弄，譏諷。為什麼今夜兩個我要敵對呢？呵，我覺得脣乾舌焦，腰肢痠痛，我的頭化成千斤閘，壓得我喘不過氣來，我的心像一片古戰場，滿受槍戮刀宰。啊，疲乏，我零碎，疲乏……。

作者讓神經質的情緒擴大，膨脹，淹沒了血肉可感的客觀的現實。

但陳若曦是熟識血肉可感的客觀現實的，如〈灰眼黑貓〉寫在封建迷信舊社會裡犧牲的文姐，如〈收魂〉中寫環繞著迷信與死亡之間的同情與反諷，如為了生活的重擔而〈陰陽顛倒〉、勞累入院、妻子紅杏出牆，而落得迷惘自傷的辛莊，如〈最後夜戲〉中歌仔戲女角金喜仔遇人不淑誤入吸毒之途的悲憫命運，無一不是含有批判精神的寫實主義的作品，我們或者可以說，這些作品仍是後來《尹》集中樸實無華之表現的種子。但事實上，這些作品有許多地方是受著上述的傾向所左右的。如我們提的「奇情」、「絕境」，人都主宰著這些作品。我們手上沒有資料證明陳若曦曾否細讀「陰森大師」艾嘉‧愛倫‧坡的象徵作品，但她迷惑類似的神祕氣氛，如〈灰眼黑貓〉在氣氛的層次上幾乎像愛倫坡的〈大黑鴉〉那樣，一層一層把黑的氣氛加深，把出場的人物都做了「可怕的扭曲」，把死亡的必然性——甚至可以說粘性緊握不放，如影隨形，而使其他在此氣氛中出現的

事物人物都帶上表現主義的可解不可解之間的象徵。小說中的黑貓是顯著的死亡的化身了,但田中突現的老太婆,「額上纏了一塊黑紗」,在小說中出現的時候,可以說是一種氣氛的元素放射著暗示死亡的可能。

這種在〈欽之舅舅〉裡便湧現的神祕力量——包括欽之舅舅超乎常人的心電感應——一再以別的形式流露或隱藏在〈收魂〉與〈婦人桃花〉裡。換言之,即在作者寫客觀現實的時候,仍然將之置於一個獨特的主觀意識活動裡。在陳若曦第一時期的小說裡,〈辛莊〉和〈最後夜戲〉可以說最紮根在客觀的世界裡,但兩篇都不斷的讓潛意識的洶湧取代、占有。辛莊是一個日夜為生活而奔波的工人,但由勞累入院後,他的神經質竟似一個過於敏感的詩人:「看完戲的人蜂擁地趕過他,呼叫喧鬧著,像一派海潮捲向他。天地忽然被拉向兩個極端,他似乎被扔在當中,搖盪,滾翻,抓不到什麼。一忽兒在漩渦中,浮沉,打轉,越轉越深,終於撞到海底。」同樣地,在臺上唱歌仔戲的金喜仔,幾乎在每句臺詞之間便被記憶和昏亂的潛意識所淹沒,沉入另一個世界裡。一般來說,〈最後夜戲〉在客觀世界和主觀意識世界之間來往無間配合有致,其最大的原因是語言的逐漸凝定與控制:「現在,她覺得四肢無力,渾身開始軟綿綿起來,只想蹲下來或躺在地上,捉住一樣什麼東西,捏得緊緊的,咬它一口。她感到胃開始收縮,翻騰;眼睛越來越迷離;腳微微顫抖,盡了最大的努力,也只能讓它們暫時不脫離地面。」

「不脫離地面」好像無意間為陳若曦暗藏了一句諾言。11 年後的陳若曦的文字每一個字都依附著現實生活的客觀經驗,《尹》集裡把以上所列的一切意識形態完全切割乾淨,不給它們做任何主觀發揮的特權,要它們做生活經驗的服務員,這個蛻變在現代中國小說史上可以說是一個奇異的現象。

二、

當陳若曦離開美國「回歸」中國大陸的時候,我竟然想起了法國象徵

詩人藍波（Rimbaud），這並非因為她的作品似藍波，而於藍波寫了幾年令人眩目驚異的詩以後，便完全放棄寫作，隨探險隊和商旅消失在亞卑仙尼亞（雖然他最後是病死法國領土上），陳若曦也認為寫作不能擁抱生命，必須投入行動與生命的本身？她要把五四給她的批判精神和年輕的生命力發揮？有一點是肯定的：如果〈灰眼黑貓〉裡的阿青說：「阿蒂來信要我回家，我卻厭惡再看到或嗅到那山村的一切。我想著：有一天我的腳步站穩了，我要把她接來。讓年輕的遠離那偏僻而窒人的鄉村，讓那年老的隨著腐朽的舊制度──帶著它所造成的罪惡──在地的一角沉淪下去吧！」但巴里（如阿青）離開了鄉村走向支離破碎的神經質的城市不但沒有「站穩」了，而且無法將碎片拼合為完整的意義。陳若曦離臺赴美到「回顧」中國本土的旅程，第一步先發現了資本主義及工業社會下用「貨物價值」的觀念來衡量人的價值所產生的強烈的互相隔離與個人主義；要獲得完整的意義，首先要割棄她的「巴里」，她「爆發性、情緒化」的自我。她最後的「回歸」大陸彷彿是輔助了她破釜沉舟地把殘餘的過去完全切斷，為的是追求真質與生命、意義與事件的凝一不分，也許她第一次了解到完整的視界，完整的國家觀念及社會組織無法在夢幻與美麗的語言中獲得，更無法在缺乏對完整的認識情況下，從徬徨與吶喊裡求取，必須把思想──冷靜熟慮地摒除私慾擁抱大我的思想投入實際的行動。

我們在本文之先，說陳若曦第一時期的小說缺乏了一種完整觀念的視界做為她批判或抗拒存在現實的準據，因而也無法構成強烈的悲劇意識。悲劇的產生是：當真質與生命分離，當主角不斷從破碎的經驗中徒然的要求意義而被毀滅了。但有人或許會問：巴里所看見的不是破碎的世界嗎？不是真質與生命的分離嗎？喬琪的失落不也是生命與意義的分割嗎？文姐、辛莊、金喜仔不是被一個不完整的社會制度毀滅了嗎？巴里的旅程不是對意義的追求而迷失了嗎？這些當然是構成悲劇的素材，但真正的悲劇意味必須產生在一個完整的視界與其支離破碎的現象之間的對峙與牽持。在〈巴里的旅程〉和同期的其他小說的背後並沒有一個作者冷靜思慮過、

而她堅信不移的完整世界觀或社會制度。〈巴里的旅程〉投出了無數的人生的問題，但沒有一個是有深刻的答案的，其他小說裡所暗藏的對社會制度的抗議只是一種抗議，至於抗議後面所應該流露（但並非說明）的某種完整的信念是完全缺乏的，這或許可以解釋爲什麼她要依賴神祕不可解的異境做爲她小說下碇之處吧！

俗語說，愛之越深痛之越切，光是一個純理性衍化出來的完整觀念仍然是不夠的，作者必須由信到愛，始可以顯出小說裡所呈露的幻滅破碎的強烈悲劇意味。《尹縣長》集中小說的感動力便是來自一個作者強烈地信仰的完整世界觀（但被作者完全冷靜地隱藏著的視界）突然地（但她不願意相信會發生的）解體。

我們必須在這裡對所謂「完整的世界觀」的問題加以解釋。所謂「完整的世界觀」，往往因人而異，因重點而異。我們可以如道家或近期現象哲學派從存在現象的本樣出發，認定人只是全現象界的一個構成元素之一而已；我們可以如宗教家肯定世界的主宰爲上帝（這一點在 20 世紀中恐無法再現）⋯⋯但對一個關心社會的小說家來說，所謂「完整的世界觀」，呈現在社會組織上的，首要的應該是文化、經濟、政治成爲一個完全不可分割的整體，三者互爲表裡。這原是最基本的社會組織的條件，在原始社會裡，歌者、獵人、部落分子是同一個人，所有的文化活動（儀式劇）是他們經濟、政治的骨幹，如狩獵是爲了全族人的生活，全族人共同參與的儀式劇是爲達成狩獵的目的，因而也是爲達成穩定部族的目的而演出的——沒有個人靈魂自我爆發的呼喊，生命、意義是一體的。其實我們傳統裡理想的（我要強調「理想」二字）儒家思想也是要三者互爲表裡的，只是到了政治家的手裡才分了家。在西方的社會組織裡，由於強調貨物交換的價值，強調弱肉強食的競爭，文化完全是經濟和政治的副產品，甚至是多餘的累贅，詩人和小說家要不斷的站出來用種種的方式來肯定他們的存在意義與價值，統治者是任你去說，但不會把文化視爲精神的領導，甚至不會視爲政治經濟發展的助手。社會主義向陳若曦所提供的正是剔除了個人主

義而可以達成文化、經濟、政治三者互為表裡的希望（至於到了大陸後目睹制度化所引起的分裂、甚至破產卻是後話，也是構成她小說裡強烈悲劇意味的關鍵），在當時，她的信念是強烈的，她要為這個完整的世界觀服膺，要把她微薄的學識投入偉大的建設裡。「那時，支持著他的不單單是一腔愛國的熱血，還有美好的理想，為了這個理想，他熬夜攻讀列寧和毛澤東的著作，做了多少筆記」（〈值夜〉）為了「為別人活著，為中國老百姓做事」（〈尹縣長〉）而頓覺自己的渺小，個人主義之骯髒。我們說，她的信念是強烈的，我們還可以從反面的事件看出來，《尹》集中的回歸知識分子常常有忍辱負重的感覺，晶晶的爸爸，「他迢迢千里而來，如今鬱鬱不得志，只希望寄託在下一代，看他生在紅旗下，長在紅旗下，盼望著將來能成為八億眾生中的普通分子，不背任何思想包袱，平安無事地生活下去。」（〈晶晶的生日〉）他寧願把個人的要求退到最謙卑的願望，可見其原始信念之深。同樣地，耿爾認識了小晴以後，他想「如果能和血統工人的小晴結合，不但自己的思想改造有脫胎換骨的可能，就是子女身上也將流著工人階級的貴族血液——有比這個更有意義嗎？」（〈耿爾在北京〉），雖然「貴族」兩字帶有反諷的意味，但作者曾經深信脫胎換骨的需要及意義。我們說過：愛之越深痛之越切，我們必須要從這個完整的信念及其挫折之間的互相牽持中去認識《尹》集的根本表現力。但在討論這個之前，我們還須指出這個信念對陳若曦的正面影響。

　　完整視界的追求，需要冷靜、專心一志的思辨，一旦作了決定，便是信念的開始。這個思辨過程的分析力，使得陳若曦成為一個成熟的知識分子，對事物的觀察，有了清明的掌握，不讓情緒湧溢所左右。另一方面，社會主義的思想方法，強調科學精神與邏輯思維的辯證。這種思維的習慣在沉默了 11 年的陳若曦的小說裡產生了極其健康的結果：凝定與節制，乾淨樸實，只說經驗或事件需要她說的，有時只點到而止，讓人去感到背後的戰慄。如果我們想在《尹》集中找出如第一個時期小說裡一些美麗、機智或富有詩意的文句，我們幾乎找不到。她的風格，尤其是在〈尹縣長〉

裡幾乎是報導文學的風格，不參與任何個人的主觀的意見。她任事件演出我們的眼前，由我們去感覺到其他令人不寒而慄的情境。

〈尹縣長〉是陳若曦離開大陸以後的第一篇小說，也是她寫得最好的一篇，幾乎做到完全的客觀。這篇小說是描寫敘述者在偶然的一次機會裡看見一個紅衛兵小張，清算一個對共產黨忠心耿耿的縣長（小張的一個遠親）。這篇小說最獨特的地方是敘述者的身分與立場的不確定；我們知道他不是黨員，雖然他來自北京，他好像有點同情尹縣長的遭遇，但他不形於色，而且當事情轉急尹縣長來請教這位「北京來的同志」時，他卻沒有表示他對文化大革命的看法，他只「背誦如流」地報告從報紙上得來而不甚了解的說法，一方面他又好像站在黨的方面，因為他開始好心勸尹縣長「要相信黨的政策，相信群眾，更相信『批判從嚴』，但『處置從寬』……」這樣一個敘述者的好處是：如果他原是已經反黨的，他眼中看到尹縣長之死於權力亂變亂用，便不一定使人驚駭。現在敘述者既無反黨情緒的流露，對事情只看而不評，我們通過他眼中所見，便沒有「右派人士扭曲誇張事實」的懷疑。換言之，敘述者幾乎就是一個電影機，帶著我們去看這事件的一些細節而已。這個敘述者與〈值夜〉的便大大的不同，〈值夜〉中已嫌增加了太多作者借他人的嘴巴說出的批判。柳向東和老傅的對話裡說大學教授在農場工作是浪費，說文化大革命把所有的書都革除了。這些對話已經無法視為故事中人物純然因某事件而發出的意見。作者一心要安插這些話做為她的抗議。

〈尹縣長〉裡的敘述者，不但只細心呈露而不做刻意的批判，作者還安排他不親見「公審」不親見「處決」。他只是一個過客──想想，過客所見已經令人寒顫，生活在其中長期受朝三暮四的政策的愚弄又是如何，這，作者留給讀者去思索。作者在〈尹縣長〉中起碼用了兩個「省略法」是很有效的。尹縣長被鬥的前夕，敘述者「第二天就出發到漢中去。」去了一個星期回來，景象變了。至於那一個星期發生了什麼事，作者不敘述（因為如果她全寫出來便是完全報導文學了），作者用了平淡無奇的文字敘

述回來所見去反映這次的變異，他在汽車站看到琳瑯滿目的大字報，「只溜眼一下那些標題，便知道尹縣長已成眾矢之的了」，如此的不動情感，不激動，也不敘述任何感想，好像是一個陌路人一樣，敘述者寄住在和尹縣長很親近的尹老頭家裡，已和尹縣長見過兩次面，而且第二次還問過他很多話，現在敘述者的態度不露形色，其一，是保持純粹的「鏡子作用」，第二卻說明了另一個可怕的事實：這種事時常發生，不足為奇，無從關心起，關心也沒有用，而且可能會引起麻煩。再看下去：「這街上兩旁的鋪子，原來都換上了新的名稱：『工農』百貨公司，『戰鬥』飯館，『紅衛兵』照相館，『衛東』小吃鋪，『東方紅』戲院，『為民』農具修理廠。」敘述者也沒有說什麼繼續看下去，有三個紅衛兵在爭辯，其一便是小張，談的當然是尹縣長的事，但敘述者沒有看下去，「也許旅途勞累」，便「迎著微弱的夕陽向尹老的家。」

　　首先，那些新的招牌說了什麼，作者不說，但我們知道，這是看風轉舵的表面政治，可以天天變，天天貼，其意義自是不言而喻。同樣地，兩個老太婆拿著《語錄》去質問尹老，喃喃的唸下去，也是一種表面的口頭的遵從權威而已。敘述者看到一場好戲而不看下去，如果是以前的陳若曦，這正是可以大大的發揮她那時的誇張與狂亂的語言去捕捉這場爭辯和到後來公審鬥爭的整個律動，但她沒有，不但沒有，而且沒有正面去描寫。

　　新社會裡的狂暴面也許比前期的陳若曦看見得更多，但都被完全壓制在語言與事件，讓它們在後面做著無聲的吶喊。敘述者沒有看鬥爭便走了，我們可以解釋為，他是過客，我們也可以說，這種事太多了，天天都發生，他上了飛機，一下子連興安城也不見了，「機窗外，除了山，還是山，是連綿不斷，萬古千秋，偉大的秦嶺。」好比大宇宙中這事件渺小無比，很快就會消失，很快就為人忘記。敘述者看不見的可能更多、比這更殘酷、比這更不合理的事都被淹沒了。敘述者在後來聽到尹縣長的死時，也沒有說什麼，只想起一句「平日誦熟的毛澤東的話：死人的事是經常發

生的……」不足爲奇。〈尹縣長〉裡有許多話沒有說，但我們卻微微的感著多方的戰慄，由心的深處開始。

我在第一節裡提到〈灰眼黑貓〉中用了外在氣候逐步的變化反映事件的嚴重的層次，在〈尹縣長〉中這手法有了非常有效的發揮。風是她常用的氣象，尹縣長來請教敘述者之前：「自從日頭沒入了山峰後，便颳起了風，入黑以後，更是呼呼作吼，一陣緊似一陣。」尹縣長話問完了，沒有找到變通之法，那時「山風顯著的減弱了，相伴而來是沙沙的雨聲，細細碎碎的，像春蠶啃桑葉一般。」自然現象有意無意間襯托著這場變化的波動。在敘述者回到北京二年後一天遇見小張的堂弟，在敘述尹縣長被公審與行刑之前：「正說著，一陣風颳來，泥沙紙屑都捲起，在空中翻騰，太陽早不知被驅趕到何方去了，滿天昏昏慘慘，一片黃濛濛。我瞇緊眼，頭順著風勢躲，臉皮被風沙刷得麻癢癢的……。」類同的，以外在氣候映照內心的氣候的手法，也出現在〈值夜〉與〈耿爾在北京〉。

我們不妨在這裡進一步看景物與象徵的關係，在〈灰眼黑貓〉裡，黑貓象徵了死亡的神祕力，在〈欽之舅舅〉裡，月亮也代表了一種神祕的引力。這類象徵是作者爲了小說藝術而製造的，和平常事物有別。《尹》集中的象徵，卻是實際生活事件中的平常事物，其出現自然及合乎事件的需要，它們不必是象徵，但同時做了強烈的象徵意義，卻非作者「專製」，這種象徵最耐人尋味。正如氣候的跡象反映了內心情感的波動，在〈值夜〉裡原是教授的老傅經過了無故的政治檢舉下放後，「千方百計地找來空罐頭（改做煤油爐），一有空就敲打起來，而一敲打起鐵皮來，他便全神貫注，身旁的事物都視若無睹了。」那種凝注，簡直是藝術家的專一，但我們卻知道，老傅已被迫放棄了他平常的表現方式（教書），而轉向內心，像詩人一樣，沉默地用唯一被容許的方式敲出他的生命和表現！「嘟！嘟！老傅一錐一錐地，敲打在鐵皮上，枯燥而單調。向東竭力不去看他，也不聽那空洞的聲響。他把頭朝上看，數著頭上架著的橫樑：一根、兩根、三根，一根、兩根、三根……」這裡是很明顯的象徵著生命的單調和空白（柳向

東曾數次倒剪了手，在桌旁來回踱步）。但這裡柳向東總是在欲語不言的邊緣，有許多我們彷彿聽得見的話在那裡顫抖，這是「明顯象徵」以外的餘弦，陳若曦把握得最好。其他的象徵大都藏在事件裡，都有相當適切的流露。譬如〈耿爾在北京〉裡這一段：「這兩間房的公寓，十年前他剛搬進來時，覺得很狹小擁擠，後來卻越住越感到空曠起來。」空間沒有變大，而心裡的空間反而大起來了，那不是「心遠地自偏」，啊，不是，而是心裡越來越空虛寂寞了。同樣地，〈查戶口〉中的彭玉蓮「敢穿得這麼色彩鮮明，我心裡想，膽子不小呀！」正反映了一般人生活的灰色。一般來說，陳若曦的象徵在我們不知不覺間偷入來，使人有瞿然的驚覺，甚至那較為刻意的任秀蘭的死狀，也是先以事件處理，然後才使人想起象徵。任秀蘭是一個忠心的黨員，由於宗派鬥爭及五日一小、十日一大，變化無常的整風運動而浮屍於廁坑裡，其死狀使到敘述者一陣噁心而昏了過去：

> 我整整病了一星期。每天就是躺在床上，茶飯無思；閉了眼睛後，一件黑乎乎脹鼓鼓的物體便湧上腦海，使胃泛酸作嘔，想一吐為快，偏又吐不出來。慢慢的，我也習慣了，知道這不是生理的反應，而是根深柢固地盤據在我心頭的一種感覺，像鉸鏈一般，今生怕是解不開了。

那不堪入目的「黑乎乎脹鼓鼓的物體」便是新社會的系統吧。多少話吐也吐不出來，因為這是一個「結」，它是一個「結」，是因為多少愛多少恨全在其中，如果只是恨，便也沒有「結」了，「解不開」、「說不出」是因為「愛」啊，正如兒子對一個罪惡重重的母親能說什麼呢！

　　所以我們討論陳若曦的《尹》集，不能拋棄她對於完整社會可行性的信念與愛。我們如果細心的讀《尹》集，會驚異的發現到，新社會裡也有不少的「切斷」與「隔離」（如每一家庭都不敢向另一家庭訴出心事），也有不少的「瘋狂」和「暴亂」，甚至有一種新的迷信（如「毛主席」之不可侵犯——見〈晶晶的生日〉），甚至有一種「顛倒的封建制度」（如〈任秀

蘭〉中顧醫生不按情理的受牽連，如動不動調查人過去牽連的人物，做種種「抄家」的威脅——見〈晶晶的生日〉,〈耿爾在北京〉等。）但陳若曦沒有用誇張的文字去處理「切斷」與「隔離」，沒有用強烈的辭藻專為「反新迷信」而寫一篇抗議的小說，一切進展是有節制的平靜，這一方面當然是冷靜思維的習慣所給與她的成熟的技巧，但另一方面，我們也可以說她對於完整社會可行性的信念未移。

　　當她接受了社會主義的呼召的時候，她當然了解到「為理想社會主義制度而犧牲」的基本要求。為了世界大同的未來遠景，她是決心犧牲一般個人的需要，所以她到了南京後，並未為沒有表現的自由而苦惱，胡風當年要爭取這份自由（並非違反社會主義理想的要求），認為作家要認識及體現社會主義的理想，必須像志賀一樣由他自己的藝術出發去完成。胡風因此被打了下去。陳若曦是一個作家，但她為了這未來的遠景，沒有要求保持她做作家的權利，她放棄了寫作，切切實實的獻出她的一份力量（教英文），企圖成為這未來遠景的一個小小的建設者，她甚至了解到，為了完成這個遠景，不惜容忍許多目前制度的錯誤與幼稚，包括其中的新迷信，〈晶晶的生日〉中描寫他們剛到南京時依樣畫葫蘆的大貼「毛主席」的像和擺滿了毛選集，她自然也了解到這是一種表面政治，她容忍著，是希望這是一種過渡情況，她甚至想過，讓下一代有純粹的無產階級的血液與思想，可以參與未來遠景的偉大的建設（俱見〈晶晶的生日〉,〈耿爾在北京〉）。

　　我們認為陳若曦是相當了解「個人犧牲」是進入社會主義的先決條件的，所以她在小說裡的抗議，不是那簡單而含糊的「反共」二字可以說明的，我們或可如此說，她基本上是相信社會主義的可行性的，她反對的是現行制度硬化後的形式（或可稱為毛式共產制度）。

　　所謂「個人犧牲」究竟要犧牲到什麼程度，他們是沒有說明的，接受這先決條件的人，每人都有某程度的假定，即是犧牲到做為一個人的最根本的、天性的、本能的存在便無法再犧牲（為一個使命而死的不在這個假定之內。）理想的政治組織應該是：個人為制度所要求的犧牲容忍，但政

治組織本身也應容忍個人在未來遠景完成前一些未臻理想的地方。現行制度要做到完全的「無產階級專政」，忽略了兩個事實：1.這個理想是由知識分子本身構思出來的，他們對無產階級的本能要求是什麼往往還是想當然而已。2.如果真的由完全沒有知識基礎的無產階級執政（實際上他們不會容許這個現象發生），情況可能不堪設想。但我們認為無產階級確是最接近生命原始粗陋的本義，因為他們過的是最基本的生活，是生命的根源。但他們基本的人性的要求，並非如黨所塑造那樣理想化。知識分子下放原是向貧下中農學習，「既生活在貧下中農的包圍中，還守更巡邏什麼呢？」（〈值夜〉），顯然，一廂情願的去理想化「貧下中農」是缺乏對基本人性及欲望的認識，這群知識分子統治者將他們理想化，是為了達成一種政治目的，他們完全了解，貧下中農和知識分子和一群住在城市的人一樣，基本上有某些相同的欲望、相同的缺點，我們只可以說他們比較純樸而已，所以知識分子統治者一面說他們是「模範」，另一方面對他們做種種的防範。

　　陳若曦所感到的悲劇，她的近乎無聲的抗議，是當個人退到本能的要求時還無法被硬化了、但又變化無常的制度所容忍。她的呼求不是資本主義下生活可以高枕無憂的知識分子所說的自由，這，在她接受社會主義的召喚時早已放棄，她的是本能生命、基本生命的靜靜的呼喊。

　　本能生命、基本生命是完全無瑕的，如〈晶晶的生日〉裡的四歲的施紅、晶晶和多多，原是沒有「政治錯誤」的枷鎖的，她們真樸自然，不料在一個遊戲中完全出於無心的語言的玩耍喊了一句「毛主席壞蛋」，而受到了「調查、錄音、入檔案！」應該是童言無忌的，現在竟成了「自小一貫反動」，而父母恐懼、憂心如犯了天條！制度硬化到連「天真」（「天真」當然是整個視界中最根本的構成元素）都扼殺死了，小孩子因此被重重地受責，因為：「一個小孩可以偷，可以搶，但萬萬不能犯政治錯誤！」小孩子——還未受任何文明浸洗或污染的小孩子——犯了「政治錯誤」？！這把退讓到最原始最根本的人性完全扭曲了。「那模樣嚴肅得像個老頭子！」

　　施紅、晶晶、多多，他們的父母雖然有「出身好、很早就入黨」的，

有帶著「美帝思想包袱」回國的，也有屬於「紅五類」的，但其「天真無瑕」是一致的，是最基本的人性，無法再削減的個人的核心，是一切完整視界、完整社會組織無法缺少的元素，連這最後的尊嚴都去掉，便是把我們的根拔起了。這，才是令作者最悲傷的。

在這個強制分化和以猜忌來隔離的組織裡，作者仍然發現不少的「本能完整性」的可愛人物，如晶晶的保母安奶奶，性子爽直憨厚，完全不帶政治的陰影和居心，如「東來順」館子裡人情味很濃的老魯（〈耿爾在北京〉），甚至那出身「紅五類」的王阿姨，「在家務上，她常替我出主意。譬如僱請保母的事，不是她替我張羅，我人地生疏，便一籌莫展了。」（〈晶晶的生日〉）最令人感動的是，這「本能的完整性」呈現在國棉三廠工人小晴兒的身上：

> 耿爾再不曾遇到比她襟懷更坦白的女子，沒有絲毫的矯揉造作，總是那麼純樸，那麼自然……自從遇到了她，自己幾十年漂泊異鄉所積累的那份落落無歸的感覺，便消失無蹤了，與她在一起……好像解除了一切壓抑，無需矯飾掙扎，一如回到了童年時代。她喜歡笑，笑得那麼爽朗，那麼明亮，又那麼溫暖，好像大地回春，陽光普照……小晴曉得他的留學生身分，也絕無絲毫歧視──不像很多同事背後喊他「美國佬」，使他感到像隻烙了火印的牛仔，終身洗刷不掉。
>
> ──〈耿爾在北京〉

小晴兒不但是社會主義中最典型的無產階級，但也是作者理想的完整視界中的骨幹，最根本的純樸自然無邪，但這一個理想的形象卻犧牲在反自然的硬化了的制度。她和耿爾原是理想的結合，竟因為耿爾（一個決心把在外國所學獻身給社會主義偉大的建設的知識分子）的「烙印」而被黨阻撓了。如果我們要為未來的遠景的實現要求個人在過渡時期的犧牲與容忍，執政者就不能容忍一個已經摒除其過去、出心以誠、又未犯政治錯誤的回

歸者嗎？所謂「思想包袱」，往者往矣，所謂「出身」，不但屬於已死的過去，有時是屬於上一代的，爲什麼會成爲一個洗不清的烙印呢？是一個真的劣根嗎？還是某些人利用來做政治遊戲的籌碼？籌碼是一個籌碼，籌碼是沒有生命的，存棄要看賭局的進展如何？這是否還可以使生命與意義凝一而不分呢？如果文化、經濟、政治可以如店名的招牌天天換天天貼，它們凝一的元形在何處可以覓得？

晶晶的媽媽在聽到晶晶也喊了「毛主席壞蛋」所闖出的「政治錯誤」的「嚴重性」時：

> 肚子裡的胎兒這時突然動起來，那本來會給我一種神祕、幸福的感覺，現在卻轉爲一次意外的、痛楚的刺激。我忘了淚水，雙手趕緊捧住肚子。

他們原是要小生命長於紅旗之下，做一個「純紅」血液的建設者，他們知道自己的烙印和包袱無法去掉，覺得他們下　代可以繼承他們的志向，但現在一層陰影重重的壓下，他們想，或許他們應該忘記那「解不開」、「說不出」的「結」，捧住還未生下的「純樸」和「完整」走上另一條現在無法認知的旅程去。

——1977 年 10 月 21 日加拿大

——原載《聯合報》，1977 年 11 月 7～11 日

——選自陳若曦《尹縣長》

臺北：九歌出版社，2005 年 4 月

烏托邦的追尋與幻滅

◎白先勇*

一、

　　陳若曦原名陳秀美，是臺灣臺北市人，1938 年出生。祖父、父親世代木匠，可以說是真正「無產階級」的女兒。1961 年在臺灣大學外文系畢業後，1962 年赴美，曾就讀於 Mount Holyoke College 及 Johns Hopkins University，主修英國文學，獲得碩士。1966 年取道歐洲，去到大陸。前兩年留居北平，等待分發工作，時值「文化大革命」高潮，目擊紅衛兵在北平大串聯，觸目驚心的場面。後五年分發到南京華東水利學院教英文，其間曾派往農場，參加勞動。1973 年，陳若曦離開大陸，在香港做短時期逗留，全家抵達加拿大，在溫哥華居住至今。

　　陳若曦跟我在臺大外文系是同班同學，跟其他幾位級友一同創辦《現代文學》雜誌。1964 年在美國東岸我們相聚後，其間有 12 年未曾見面。1976 年我邀請陳若曦到加州大學聖・芭芭拉分部來演講，我們首次重晤暢談。今天夏天，陳若曦全家到加州旅行，我們又有機會見面，互相交換意見，抒發感想。

　　有一天，在我家後院，我跟陳若曦談天，問起她大陸風景如何，她曾去過杭州西安橫越黃土高原，我原期望陳若曦將故國山河，大加渲染，描述一番杭州西湖、西安古蹟，但出我意料之外，她應道：

　　「大陸風景不如我想像的那麼美好。」

*發表文章時爲美國加州大學聖塔芭芭拉分校教授，現爲美國加州大學聖塔芭芭拉分校榮退教授。

在我的記憶中，故國風光，山川雄壯，沒有一處不是好的。當然，我看到的三峽西湖，京滬線上的江南風景，是抗日剛勝利，舉國騰歡的時候。陳若曦遊西安，正當文革，時機不同，心情自然各異。如果陝西那邊發生過〈尹縣長〉那樣可悲可怖的事情，陳若曦還有心情遊山玩水嗎？其實人世滄桑，江山依舊，只是陳若曦未到大陸前，滿懷著追求烏托邦的理想，到了大陸，卻目擊到「文化大革命」那一場人類史上驚天動地的大悲劇，無怪乎日月無光，江山變色了。

我的學生問陳若曦離開大陸的原因，她回答：

「像一種宗教一樣，我對馬克思主義失去了信仰。」

對一種宗教或政治信仰的幻滅，有時候反而是一種解脫，一種新生的開始。然而對陳若曦，恐怕沒有那般輕鬆。大陸上還有那麼多的耿爾、任秀蘭、尹飛龍，他們受難的陰影，像一副十字架，會永遠壓在她的背上。那種眼看著自己同胞親人歷劫，而又愛莫能助的罪疚感，如同〈任秀蘭〉中陳老師所說那樣：「根深柢固地盤據在我心頭的一種感覺，像鉸鏈一般，今生怕是解不開了。」

人類自古至今，不停的在追尋烏托邦，在製造烏托邦。基督教的伊甸園，佛教的西天極樂世界，儒家的禮運大同，道家的世外桃源，還有無數政治家、革命家擬繪的烏托邦藍圖。使得人類如癡如狂，永遠不斷的在追逐這些美麗的遠景。

第一次大戰，加上世界經濟恐慌，1930 年代，西方知識分子，對資本主義工業社會普遍失望，當時有不少首要西方知識分子，醉心馬克思主義，對蘇聯標榜的無產階級烏托邦，抱有美麗的幻想。當時如英國名詩人奧登（W. H. Auden），史班德（Stephen Spender），名小說家以修伍（Christophen Isherwood），莫不左傾，史班德還加入共黨，參與西班牙內戰。隔海的法國文豪紀德，也以左傾聞名。這幾位大作家，當然都是極有思想見解，觀察極敏銳的。他們左傾，一方面固然由於知識分子對社會改革及人道主義浪漫式的嚮往，但另一方面還是由於蘇聯宣傳厲害，把俄國

描畫成無產階級的天堂。

　　曾幾何時，俄國農業失敗，農民大飢餓，史達林屠戮異己，實行恐怖政治的消息暴露，至 1939 年史達林與希特勒密約瓜分東歐，俄共的真面目乃畢露無遺。於是西方知識分子紛紛覺醒，有的脫離黨籍，如史班德，有的反身抨擊蘇聯政府，如紀德，他在〈蘇俄歸來〉中，對俄共做了毫不留情的批判。那是西方知識分子對馬克思社會主義烏托邦的第一次大幻滅。

　　陳若曦追尋烏托邦的心路歷程大概也跟紀德、奧登等人相類似，然而她幻滅後的痛苦，恐怕要比他們深得多。因為紀德等人看到的悲劇，到底發生在別人的國家裡，不免隔岸觀火。陳若曦卻身經煉獄，更有切膚之痛。幸虧陳若曦會寫作，可以把目擊到文革這場大劫難，做一個紀錄，向歷史作證。索忍尼辛離開俄國後，在法國召開的一個座談會中，預言二、三十年後，也會有中共越南的「古拉格群島」問世。不必二、三十年，中共的古拉格群島中的第一座島嶼──〈尹縣長〉──已經出現了。

二、

　　遠在大學時代，陳若曦便開始小說創作，早期小說多發表於《文學雜誌》及《現代文學》。當時她還在嘗試階段，曾經實驗過多種風格，但其中如〈辛莊〉、〈最後夜戲〉，已經顯露了她日後質樸寫實的筆調，以及對下層社會人物苦難的同情。陳若曦在大陸七年，身歷「文革」，視野突然變得廣闊，對人生的看法也就深刻了許多。出來後，重新執筆，以平實的手法，從〈尹縣長〉開始，一個又一個的故事，描繪出中國人民，在共產極權專政的控制下，人性人倫受到最嚴重考驗的一幕大悲劇。

　　《尹縣長》是陳若曦出大陸後的第一本小說集，其中共收六篇。這些小說在報章雜誌上發表時，引起海內外中國讀者廣泛注意及熱烈爭辯。海外一些左派人士，曾經為文攻擊陳若曦，指控她誣衊中共，立場不正確。據陳若曦說，這些小說中的人物事件，倒都是真實的，任秀蘭連名字也沒有改。其實「文革」期間，大陸人民悲慘故事，多不勝數，陳若曦不必虛

擬，已經取材不盡。至於立場，不平則鳴，是知識分子的天職，陳若曦在大陸上，看到「文革」時許多顛倒是非，公理不明的事情，她對中共制度的批判，理所當然。

然而《尹縣長》之所以產生如許震撼，最重要的，還是因為陳若曦是一位優秀的小說家，她以小說家敏銳的觀察，及寫實的技巧，將「文革」悲慘恐怖的經驗，提煉昇華，化成了藝術。《尹縣長》集中最成功的幾篇如〈尹縣長〉、〈耿爾在北京〉，已經超越了政治報導的範圍，變成闡釋普遍人性的文學作品，其說服力，當然比一般反共文學要高得多。

《尹縣長》集中六篇小說的主角，大致可分兩類：老幹部及知識分子。陳若曦以這兩種人為主角，因為文革期間，這兩個階級所受的災害最大。老幹部上至劉少奇、彭真，一直下來，株連萬眾，紛紛遭遇到兔死狗烹的悲慘命運，而知識分子，牽連更廣，著名的如老舍、傅雷、吳晗，皆死於非命，許多不死的也鬥成了廢人。

文革，恐怕是有史以來中國知識分子，空前的浩劫。陳若曦對此自然會賦與較大的同情。

〈尹縣長〉是集子中最早的一篇，也是最有力量的一篇。陳若曦以經濟手法，將一個相當複雜的故事，交代得一清二楚。故事的基調，從頭至尾，是客觀的，冷靜的，甚至最後悲劇高潮，作者也予以有效的控制，達到了預期的效果。幾筆素描，便將尹飛龍這個角色，勾畫得稜角崢嶸，他「手臂上的傷痕，像一條吃淨的葡萄枝梗，映著燈光，紅得發亮」。

尹飛龍的悲劇在於他死得不明所以。他投靠共產黨後，曾經積極表現，一心一意想做一個忠於黨的好幹部。但文革一來，尹飛龍也未能逃脫厄運，他並不了解文革的含義，也不明瞭他的罪名。臨刑時，他唯有高叫「毛主席萬歲」，以抗訴他的愚忠。最後一場，當然是小說的高潮，尹飛龍無告的悲憤，我覺得可以媲美關漢卿〈竇娥冤〉中搶天呼地的冤訴：

「沒來由犯王法，不提防遭刑憲，叫聲屈動地驚天。頃刻間遊魂先赴森

羅殿，怎不將天地也生埋怨。」

尹飛龍和竇娥的哀號，都是對統治階級罔顧王法公理的抗議。〈任秀蘭〉中曾經參加游擊戰的老幹部任秀蘭也遭到尹飛龍同樣的命運：給打成了「五一六」，背上莫須有的罪名。任秀蘭抗議的方式，殘酷到令人難以想像，自溺於糞坑。

　　在這兩則故事中，陳若曦以尹飛龍及任秀蘭的悲劇，對「文革」做了嚴正的批判：在一場是非不明，法紀蕩敗的政治鬥爭中，大陸人民，人命草菅，生靈塗炭。文革如同一場黑死病，好人壞人，一齊遭殃。紅衛兵小張殺害尹飛龍，自己也終於被鬥。任秀蘭文革初期打擊別人，最後不得善終。這場鬥爭，沒有一個人是勝利者。

　　〈尹縣長〉中的幾個次要角色，也富有社會意義。尹老是一個相當凸出的次要人物。他不肯做偽證，陷害尹飛龍，他代表了一股正義，一股人性本善的力量。在陳若曦這幾篇小說中，常常有老人的角色出現，他們雖非主要人物，但他們卻能在文革愁雲慘霧的生死場上，給人間帶來一絲冬日的溫煦。〈晶晶的生日〉中的保母老奶奶，〈耿爾在北京〉中的老夥計老魯，甚至看管任秀蘭的馬師傅，這些老人，當然都是舊社會的遺跡，他們沒有受過教育，也無法接受新社會的思想改造，然而在陳若曦筆下，這些老人，這些封建社會遺留下的人物，似乎都有一份基本的人性，一種人之所以為人的尊嚴，因為他們都保有舊社會中，中國人千古以來的所謂人情味，也就是共產社會所極力排斥的「小資產階級溫情主義」的包袱。陳若曦未必贊成舊社會制度，但她對舊社會中人與人之間那種義氣人情，顯然有一種鄉愁式的懷念。因為她看到新社會中拋棄了溫情主義包袱的新生一代，並不十分可愛。大義滅親的紅衛兵小張：「臂上套著五寸長的紅綢袖章，倒是非常耀眼，見了人喜歡把右手插在腰上，迫得別人不得不正視這紅袖章所代表的權威。」〈晶晶的生日〉中「左出奇」卓先生的兩個孩子，「幾條皮帶掄得呼天價響，個個殺氣騰騰的」。甚至於連〈值夜〉中的年輕

貧農，〈耿爾在北京〉中的年輕夥計，這些新生的一代，在陳若曦的筆下，反而顯得囂張，輕浮，缺乏人味。陳若曦似乎對文革的新生事物，沒有太大的好感。

〈尹縣長〉這篇小說中的氣氛釀造，也占有十分重要的地位。全篇是一股黃土高原，秋盡冬來的肅殺之氣，「滿天昏昏慘慘，一片黃濛濛」、「鐮刀似的月亮掛在山巔，聳入雲霄的群峰，在朦朧的月色裡，顯得陰森森的，宛如窺視著的猛獸，伺機要圍撲過來。」「到處都是觸目的紅色，紅字標語，紅色大字報紙，紅色招牌，一片觸目驚心的景象。」，紅色象徵血，文革當然是一場殺機四伏，血腥滿布的生死鬥爭了。

〈耿爾在北京〉是全集中最長的一篇，也是藝術成就最高的一篇。陳若曦以細膩的筆觸，非常成功的塑造了耿爾及小金這兩個人物。尹飛龍到底不是一個很複雜的角色，故事中他的遭遇比他的性格重要，陳若曦選擇了第一人稱旁觀者的敘述觀點，使讀者與尹飛龍保持了一段距離，達到客觀冷靜的效果。然而耿爾是一個留學高級知識分子，內心的感觸當然要曲折複雜得多，因此陳若曦運用了第三人稱主觀的敘述觀點，耿爾內心的所思所感，讀者歷歷在耳。

小說的調子是遲緩的，憂鬱的，一股壓抑的感傷，從頭貫穿到尾——這股憂鬱感傷的調子，正是耿爾的心聲，也就是這篇小說的第一主題：大陸知識分子理想幻滅後，心灰意懶，早衰麻木的心態。「很快的他便發現自己容易疲倦，渴望著休息，但又失眠，工作時思路滯塞，一向引以自傲的記憶力也出現了衰退。他不用找醫生，便知道這是典型的神經衰弱症，無藥可施的。」這種無藥可醫的「心病」，陳若曦筆下其他幾個知識分子也患有。〈值夜〉中把書全部燒掉，專做煤油爐的老師傅，〈查戶口〉中太太與人有染，不聞不問，「暮氣沉沉」，「整個人像化石一般」的冷子宣。這些知識分子在中共專制鐵輪的滾壓下，鬥爭勞改，早已變成了槁木死灰。耿爾一有機會便去吃涮羊肉，與朋友「對酒當歌，人生幾何」。老傅做煤油爐，在寒夜裡煮幾根麵條充飢，算是唯一的享受。1940 年代名詩人北大教授吳

興華 1953 年曾從大陸寫信給林以亮先生，抄錄王安石詩，以做辭別：

　　願為五陵輕薄兒　　生當開元天寶時
　　鬥雞走狗過一生　　天地興亡兩不知[1]

吳興華於 1966 年文革時果然被紅衛兵鬥死。他這種悲痛消沉的懷抱，亦正是大陸知識分子普遍的心情。知識分子最痛心的是什麼？學不能致用，才不能盡展，建國的理想，改革社會的熱情，無由企達。耿爾回去後，早已經改了行，老傅常年在集體農場上，教書的熱忱，消磨殆盡，冷子宣，被鬥成了麻木不仁的「老運動員」。文革期間，學校關門四年多，文革前的書籍統統禁掉，無疑的，文革前後十年，是中國文化史上的黑暗時期，秦始皇焚書坑儒，莫與倫比。剛回大陸的知識分子柳向東，還會義憤填膺的自問：文化革命把文化革到哪裡去了？那些老知識分子，連這種問題也提不起興致了。在陳若曦的筆下，我們看到大陸知識分子，都在遭受一種精神的凌遲、精神的死亡。

　　古代中國，危邦亂世，道家的遁世哲學，往往是傳統知識分子的避難所，隱避山林，縱情詩酒，其實是一種消極的抗議。現在大陸知識分子無處可遁，他們抗議的方式是什麼？是不是像耿爾所說的，「處處是依樣畫葫蘆」大家心照不宣的說假話，玩世不恭？

　　其實耿爾只是一個相當平凡的中國知識分子。因是理工人才，覺得自己學問可以建國，便回到大陸獻身去了。中共對他還算照顧，科學院的薪水比較起來大概是不壞的，文革也沒受到折磨，然而耿爾非常抑鬱，文革一來，科學研究停頓，建國的理想落了空，抱負既不能展，如果婚姻愛情順利完成，也還足可彌補——他到底不是特別具有革命狂熱的人，回去時已是不惑之年了——但就在婚姻愛情這一點人性最基本的要求上，耿爾才

---

[1] 見夏志清教授的《林以亮詩話》序。

發覺，原來在無產階級專政的社會中，黨的機器，對個人人性的控制，具有何等的威力，又是多麼的冷酷無情，耿爾的第一戀人小晴，因是工人階級，高攀不上，因而告吹。第二個小金出生地主家庭，成分太壞，「黨」不批准。於是耿爾在大陸虛度了十年，仍舊孑然一身，就是因為他本身的階級與小晴、小金的不相配，一個高不成，一個低不就。共產社會，只承認階級性，否定普遍人性。工人、地主、知識分子——這些抽象的階級符號，一旦烙印在背，個人的命運從此決定。忠奸立辨，黑白分明。階級性，立刻取代了人性。工人是好人，地主是壞人——這種簡化人性的二分法在馬列主義的邏輯裡，天經地義。

但是，超階級的人性真的那麼容易泯滅，那麼容易閹割嗎？——這才是陳若曦在〈耿爾在北京〉中真正要討論的問題。小說最後耿爾聞悉小金已嫁的一場，是全篇寫得最好的一段：

> 「你愛人……他現在在哪裡？」他故作輕鬆地問，雖然「愛人」兩字引起一份酸溜溜的感覺。「你瞧，我雖然失去了愛人卻多得到一個朋友。」
>
> 小金感激地瞥了他一眼，這才開口：「他是個老幹部，身體不好，年紀也大了……反正是，一直在吃老本。十多年來，一直在家裡養病。兩個孩子早成家了，都在東北工作，所以也不在乎別人批評。領導知道他需要人照料，自然，就不叫我下鄉了。」
>
> 可憐的女人……耿爾覺得從來沒有像眼前這一刻這樣憐愛著她。

他不過是一個失意的小資產階級知識分子，她，一個出生地主家庭的薄命女子，這一對在共產社會被目為落後分子的平凡男女，互相同情諒解相濡似沫的那一刻，他們那被極權專制壓抑得奄奄一息的人性，突地昂昂然抬起頭來，恢復了人性本有的尊嚴。這就是〈耿爾在北京〉的作者真正要闡釋的最終主題：在一個階級分明的專制社會裡，人與人之間，超階級片刻的同情與憐憫，才是人類唯一的救贖之道。

　　這個集子中其他四篇，小說藝術，成就不如前兩篇高。主要因爲陳若曦在這幾篇中，急於要探究一些社會問題，而未能創造出完整的小說人物，但每篇所提出的問題，卻啓人深思，替共產社會，畫下了幾幅色調灰暗的速寫。

　　〈晶晶的生日〉，當然最叫人難以置信的是向一個四歲大的幼稚生逼供，但我們感覺到的，卻是文老師懷孕沉重的壓力。陳若曦似乎在說，在一個人人自危的社會裡，生命的本身就是一種不堪負荷的累贅。因爲生了小孩下來，多了一張嘴，講錯話，大人又要遭殃。

　　〈值夜〉這個題目就富有反諷，既然知識分子下放是向貧農學習，又何必值夜，互相防範呢？原來貧農也會偷東西的，這恐怕是陳若曦最容易受攻擊的一點，她顯然不相信階級性很可靠，貧農不一定就是完人。

　　〈值夜〉中的柳向東代表了海外左派知識分子的一種典型，他們對馬列主義的了解，都是從書本上得來的。一回到大陸，在五七幹校的農場上，柳向東才發覺自己馬列主義的知識，是多麼的不切實際，都是書生之見。

　　〈查戶口〉雖然表面寫彭玉蓮不規矩的生活，但字裡行間，作者卻也似乎在暗羨她叛逆的勇氣。街坊鄰里好管閒事，互相偵查，其實是我們中國封建社會的傳統，在新社會中，這個傳統，反而變本加厲。人性的老毛病，有時候革命不一定革得掉。

　　《尹縣長》集中這六篇小說，對中共制度，做了各種角度的批判。陳若曦在大陸，顯然並沒有找到她理想中的烏托邦。從古至今書本中描寫得美侖美奐的烏托邦真是不少，然而在歷史上，人類的烏托邦真正存在過嗎？

　　有一天下午，在海濱，我們談話，陳若曦突然提到佛家哲學，有一切皆空的感覺。我說一個人經過大變動容易生這種念頭。她黯然道：「我現在才了悟，佛家的大慈大悲，實在是很有道理的。」大陸人民經過文革這場浩劫，大概只有我佛慈悲才能渡化吧。

　　　　　　　　——1977 年秋於美國加州

　　　——原載《中國時報》，1997 年 11 月 1 日

　　　　　　——選自陳若曦《尹縣長》

　　　　　　臺北：九歌出版社，2005 年 4 月

迷信與命運
論陳若曦早期小說的主題

◎鄭永孝*

　　陳若曦早期發表的小說裡，往往以臺灣中下階層的大眾爲主要人物，寫實的氣氛很濃厚。尤其是一些民間的迷信做法，在她筆下，表達得很透徹。由於作者從小在臺灣長大，對於一般人迷信的根深柢固，以及信鬼神在生活中的影響，了解得很清楚。所以她的描寫，更是動人。本文所要討論的是她的十篇早期小說[1]，發表的時間是在民國 46 年到 51 年之間。

　　就主題而言，這些作品可以分爲兩大類：一是有關迷信的，包括〈灰眼黑貓〉、〈收魂〉、〈婦人桃花〉三篇。另一類可以說是對命運的掙扎或解剖，〈巴里的旅程〉、〈辛莊〉、〈喬琪〉、〈最後夜戲〉、〈燃燒的愛〉、〈欽之舅舅〉，和〈週末〉都是。如此劃分，主要是爲了討論方便，因爲文學作品最終之目的都是在反映人生；命運是人生的大題，和人生的喜怒哀樂是分不開的。迷信，在陳若曦筆下，常牽涉到生死，更是命運的一部分。在此把迷信單獨舉出，可以看出作者對民間傳統的關懷，進而欣賞作者如何把迷信對一般人的影響訴之於筆墨，而成爲扣人心弦的生命樂章。迷信把人的命運拉得團團轉，但人竟然欣喜接受；由此來看人之可悲可憐與可笑，和對命運的投降，將更爲深刻。

　　李亦園先生在一篇有關臺灣民間的宗教信仰和迷信盛行的文章裡[2]，就曾經指出來本省不但廟宇眾多，做法術的到處可見，而且一般知識水準較

*發表文章時爲臺灣大學外國語文學系教授，現爲臺灣大學外國語文學系退休教授。
[1]除〈週末〉一篇外，其餘見《陳若曦自選集》（臺北：聯經出版公司，1976 年）。〈週末〉刊於《文學雜誌》第 3 卷第 3 期，1957 年 11 月，頁 63～65。
[2]李亦園，〈宗教與迷信〉，《聯合報》副刊，1977 年 10 月 18～21 日。

低的民眾，燒香問神的風氣很盛。更令人吃驚的是絕大部分被訪問調查的人，有 91.99％認為這麼做是靈驗的。迷信大多與鬼神時令動物有關。在此，我們可以把鬼神分開來講；鬼在一般的迷信中，所指的大都是已故的親屬好友或鄰居。與我們不相識的鬼魅在迷信中並不重要。神大都是指附近廟宇的神祇，是故事裡迷信的人經常供奉膜拜的。換句話說，是我們尊敬的神，也就是李亦園先生所提的一些普通被奉祀的，例如王爺、觀音、媽祖、土地公、釋迦牟尼、玄天上帝、關公、保生大帝、三山國王等。因此迷信裡的鬼神，大都是我們所熟悉的，而非茫無所知的陰府人物。有關時令或動物的迷信，例如農曆七月份不適嫁娶或出殯，懷孕婦女不能隨意搬動桌椅，或者見到灰眼黑貓不祥等。這一類迷信當然並沒有任何根據，只是代代相傳，久而久之，一般人也就認非為是了。

　　陳若曦的故事〈灰眼黑貓〉就是一個嚴重的迷信習俗所發生的大悲劇。一開始，作者就說：「在我們鄉下有一個古老的傳說：灰眼的黑貓是厄運的化身，常與死亡同時降臨。」整個故事是從一個女孩子，阿青的眼中展開的。雖然分成五節，其實只有三大部分。第一節是阿蒂寫給阿青的信，把故事的女主角文姐慘死的樣子描繪出來。第二節就回到 14 年前小時候在田間放風箏，灰眼黑貓被帶上去而跌死的經過。第三節到最後第五節講的是文姐嫁到朱家後，因黑貓而引起的一連串悲劇，以及阿青離家出走。如果照時間秩序安排，只要把第一節放到第五節後面就對了。在這個故事裡，作者不但繪出了一個迷信的受害者，進而刻畫出另一個在同樣環境中反抗命運的女子，使故事不至於成為一個單純的迷信下的悲劇，而是具有教訓性的反傳統故事。因為在第五節，敘述者阿青也要被嫁到朱家做二房。她知道朱大年不是好東西，朱家更不是好去處；文姐所受的虐待尚在眼前，所以她死也不願意，因此就離家出走了。故事也就以阿青厭惡故鄉「腐朽的舊制度」為結束。可以說，阿青這種叛逆的作風和灰眼黑貓並沒有直接的關聯；她只是討厭朱大年和朱家迷信的愚昧。故事中，文姐似乎成了迷信的犧牲品，但是她並沒有白白的死。因為她的遭遇啟發了阿青

離家出走的動機。所以整個故事儘管在其他方面有缺點，主題並不黯淡，而是有相當的向上性。

　　灰眼黑貓既然如作者所說是不祥之物，並且「常與死亡同時降臨」，因此應該具有某種神祕性與恐怖性；並且在運用這個象徵動物時，應該略用偵探恐怖故事手法，不使牠經常出現，而減低神祕氣氛。但是在故事裡，黑貓出現的時間與次數之多，僅次於主角阿文，因此牠在人們的心目中似乎沒有傳說裡的可怕。阿文出生時，她母親就見到了一隻黑貓；後來在田野放風箏時，小貓被拉往空中，接著就摔死了；文姐嫁過去時，衣櫥抽斗裡也發現了一隻灰眼黑貓，緊接著這隻黑貓不時出現，「……那隻灰眼的小黑貓到處跟著她，不管她走到那裡，牠總是亦步亦趨地跟住她。她停下來，牠就蹲在地上瞇著一雙灰眼睛盯她……想盡方法要躲開牠，然而總不能。」（頁 66～67）。文姐後來摔死在危巖時，黑貓也死在她下面。黑貓出現次數如此頻繁，並沒有使故事裡應有的神祕性增加，反而使讀者覺得作者過分的渲染。例如第二節裡，文姐和其他小孩一起放風箏時，小貓被縛在風箏上，隨風飄起。最後不料風箏斷了線，小貓跌死。黑貓的所有人老太婆就當場詛罵：「誰害死你呀，你就跟住他吧！」（頁 56）這一幕前後就顯得太戲劇化。使黑貓隨風箏而起已經不可思議；並且迷信並非是某人害死了黑貓，牠才會跟住你。不祥的象徵是附著在貓身上，並不需要你去引發牠，而是牠無緣無故的找上了你，如此才符合迷信的形式。作者的目的如果是要描寫迷信的可笑，那這一段伏筆並不需要。

　　〈灰眼黑貓〉成功之處，要算是第三、四節文姐在朱家所受折磨的悽慘情形。這一部分說的雖然是文姐婚後一連串的不幸；結婚後第二天就發高熱，生下的兒子六個月就夭折，接下去就像發瘋一般時常哭號慘叫，同時也勾出了相反的一面，朱家人的無情與冷酷，誤信迷信可笑的傳說，把一個人活活弄死。作者著力描寫文姐的受難經過，主要動機，在於指出迷信於一些家庭裡的根深柢固，而他們竟然毫不自覺。文姐的死因，雖然並不複雜，作者還是在最後藉阿青的口中，表達了她的迷惑：

> 文姐是死了。她還是死了的好。我常常思索她悲慘而短暫的一生，歸究
> 不出何以她要受到這樣的遭遇。那古老的關於黑貓的傳說，時常閃過我
> 的腦海，我茫然了。她究竟是黑貓還是舊家庭制度的犧牲者呢？我不能
> 回答。

──頁70

並非每個舊家庭都迷信，唯有被傳說束縛的人，才會如此。雖然這個故事裡有阿青的離家做爲反抗傳統的對照，使故事的旨意似乎往前邁了一步，但是迷信的根深柢固與危害還是整個小說的重點。正如阿青說的，「那年老的隨著腐朽的舊制度──帶著它所造成的罪惡──。」文姐正是死於不幸這兩者合於一處的家庭裡。

　　陳若曦的〈收魂〉，在結構上就要比〈灰眼黑貓〉好得多。〈收魂〉在氣氛之塑造、結構之謹嚴，並不下於作者十幾年後所寫的大陸小說。同樣是描寫迷信對人的影響，它不像〈灰眼黑貓〉把受害者寫成像是在地獄裡。相反的，作者把受害者的痛苦以含蓄的語言和沉默的動作表達出來，使讀者一開始就感受到一股無形的壓力籠罩著，一直到最後才獲得解脫。這個故事和作者後來的〈值夜〉在布局上很相近，都是從一小橫斷面把一個事件展開，使讀者見到了最精采的片斷。兩故事中的主要人物都姓柳，也是巧合。

　　〈收魂〉講的是一個身患腸疾的小孩柳萱，已經開過了六次刀。故事發生這一天，他躺在臺大醫院，等著第七次手術，因此父母親和姊姊阿蓮，自然都很擔心，希望這一次開刀能夠成功。作者在故事裡，安排了三個人對迷信懷著三種不同的態度。柳母是個迷信的人，希望這天在開刀前，在家替他收魂，以盡父母可能的最大心力。柳父身爲西醫，自然不相信收魂對兒子的病有任何好處。但是他不忍在這個最需要心理慰藉的時刻，違背太太的一番心意；並且就如阿蓮說的：「人是要依附環境，適應環境的。」（頁 93）所以他也就同意請道士到家裡來收魂。阿蓮年紀只有二

十左右，聽說要在家收魂，就「微微皺起眉頭……有點難過。」（頁 93）
她是徹頭徹尾反對這種做法。因此這一家三個人，可以說是母女站在兩個
極端，而父親則居中，略偏向女兒，恰好收魂採取了三種不同的立場。

　　收魂也稱做收驚，是臺灣民間最普遍的一種迷信做法。根據李亦園先
生的報導，在一次對 77 個人的調查訪問中，有 67％的人做過收驚，是七
種常見的迷信裡最普遍的一種（其他六種是：命卜相、蓋運、安太歲、安
斗、安土、安胎神）。[3]甚至比看相、卜卦的人（占 50％）還要多，可以看
出收魂的普遍程度。收魂可以說是和疾病有關的法術；更正確的說，應該
算是最基本的一種心理治療方式，絕大部分用之於小孩子，尤其是父母親
發覺到他們受到驚嚇、精神不振、食慾不正常時，往往請法士到家裡或是
到受驚嚇的地點替小孩收驚。

　　陳若曦早期對迷信所抱的態度，從這個故事裡，也可以看出來。作者
在此以客觀的筆調，對收魂的細節與進行程序，寫得非常詳細，而且對於
三個主要人物，給予均衡的比重。因此讀者宛如被一個精彩的說書人迷住
了，一直到最後，才發覺作者運用迷信做為框子，來敘述一場人間悲劇。
從起初柳父同意去請黃道士，柳母和阿蓮立刻開始準備香爐、白米、三牲
等必備用品。接著道士來了以後，又要了清水、筆墨、花心等，作者不厭
其煩的把每一項小物品都不遺漏。道士開始唸唸有詞，然後收魂，祭煞。
到高潮時，道士「一再催促諸神靈放其魂歸，他不斷高呼：『速放柳萱歸
來。』」大家也就跟著他呼喊：「阿萱歸來，阿萱歸來。」這是最動人的一
幕。為了孩子，三個人忘卻了自我的信仰，讓迷信暫時占據了他們的身
心。儀式完了後不久，阿生伯也剛好從醫院回來，告訴大家柳萱因為緊急
開刀，在手術臺上去世，使一場收魂，竟成為對柳萱的道別儀式一般。但
是柳父母卻因為做了收魂，身心俱感清爽，對愛子的過世，能處之泰然。

　　陳若曦處理這個故事，寫的雖然是迷信的愚蠢，但因為對人性刻畫的

---

[3]同前註。

成功，情節安排恰當，因而已不再是個迷信的故事，而是個深刻感人的親情之間人性流露的故事，同樣是以迷信為主幹，作者的另一小說〈婦人桃花〉就差了一大截。因為作者過分注重情節，沒有給予人物性格適當的描繪。而在〈灰眼黑貓〉裡，作者沒有在迷信與人物之間（即黑貓與文姐之間），給予某些客觀的距離，過分強調黑貓為死亡象徵。再者，敘述阿青又沒有像〈收魂〉裡的阿蓮，能深入又客觀的道出文姐的心情；因此讀者對文姐的印象，只覺得她很可憐。至於對她遭受這麼巨大迫害的心理，則一無所知。〈收魂〉就不同。我們雖然也看到了非常詳細的收魂細節，但是故事裡的幾個人物給我們的印象極為深刻。柳母的焦急、盼望、呼叫，和最後的欣慰之情，表現得很徹底。柳父因為是一家之長，舉足輕重；但更重要的是作者刻畫出他的良知與信仰的衝突。身為醫生，而去請道士到家中收魂做法，他心中的難受可想而知。怪不得阿蓮心裡想著：「他終於被說服了，他還是去了……啊，爸爸，可憐的爸爸……」（頁 86）。醫生請道士，這是多麼刺人的反諷。但是柳父態度的轉變是緩慢的，並非黃道士到家以後，他就相信一切。在收魂的整個過程中，他只說了幾句話，反而對道士的一舉一動，非常注意。漸漸地，阿蓮發覺「父親竟有相信的神情」（頁 93），早先「那種漠然的神情已經消失了，代之而來的是一種近乎期待關切，冀求的表情。」（頁 95）柳父這種轉變是否表示他也祈求神明能夠挽回兒子的生命，所以最後他也跟著柳母和阿蓮同叫「阿萱歸來」。這種真情的盼望與呼喊，應是至愛的表現，是否迷信已經不重要。

〈收魂〉裡的阿蓮，是個徹頭徹尾反迷信者。由她做為故事的敘述者，自然不免對柳父母的看法帶著她本身的有色眼鏡。到最後一幕，雖然她也跟著母親呼叫，但是她心中有另一個聲音在對她說：「這是沒有用的，因為是迷信，所以是沒有用的，即使有用，那也不過是一點點，暫時的自我安慰而已。」（頁 98）阿蓮這一股反迷信的力量，使故事產生平衡，對整個一面倒的收魂過程，給予一份相對的阻力。但是很明顯的，這已經不再是個迷信或愚蠢的小說。成功的人物刻畫使〈收魂〉超越了本身的素

材，而成為一個愛的故事。悲劇結尾雖然使收魂產生可笑的感覺，但我們已看到了更多人性的光輝。那些愚蠢滑稽的儀式只不過是作者的橋樑而已。

〈婦人桃花〉這個故事，作者透過所謂有鬼附身的迷信說法，使病人桃花到陰府會見死去的情人，請求鬼魂不要再攪擾生者，並答應按時供奉金銀，使之安居冥府。陳若曦在此所描寫的，並非如李亦園先生所說的替神說話的童乩，而是尋找亡魂的尪姨，但是他們做法時所產生的特徵，與「是精神恍惚的狀態，也就是認為是神附在他身體上了，」則是一樣的。生者能到陰府去見死去的親友，在如今科學昌明之際，自然是無稽之談。據李亦園的解釋：

> 童乩做法時的精神現象是一種習慣性的「人格解離」，而非有神附體，在這一精神狀態下，童乩本人平常的「自我」暫時解離或處於壓制的狀態而不活動，並為另一個「他我」（"other self"）所代替；這個「他我」就是他熟識的神，在這種精神狀態下他模仿別人的話語，甚至可以說出他平常不懂的話……[4]。

故事裡的桃花，就是在尪婆仔的法術之下，進入這種精神狀態，然後由尪婆仔一步步的，把她的過去套出來。因此故事是以全知觀點進行；但如此一來，整個故事就在桃花與尪婆仔相互對話的層次上推進，作者沒有給桃花任何心理活動的描繪（事實上也不可能），因而她就成為一個宛如機械化的故事敘述者，有問才有答，只有講故事的份，毫無表達自己思想的餘地。這是這個小說失敗的原因之一。桃花是故事裡最主要的人物，但卻沒有思想或情感，只有重述她往日的一段情，並且她的敘述因為是在催眠狀態之下，總是斷斷續續，更無法表達她的心理，讀者看到的只是片斷乾枯

---

[4]李亦園，〈宗教與迷信〉，《聯合報》副刊。

的情節，而作者對情節的安排更使讀者眼花撩亂，主要在於一段戀愛的故事被分成兩部分。前半部從 156 頁到 160 頁，說的是死去的情人梁在禾，因爲當時桃花別嫁，誤了到日本的船期，因而自殺的經過。重心在於梁在禾一邊的故事。接著第二部分從 161 頁至 163 頁，描寫桃花設法阻止梁在禾到日本去，引誘別人，被阿母發現，因此被迫出嫁。這一段主要是桃花一邊的經過。作者如此安排，分爲兩截，並沒有照時間程序分開，而是交錯著，使一個本來並不複雜的故事，顯得零亂，實在不必要。如果依照故事發生時間進行，對兩人情感變化多下筆墨，讓桃花的出嫁做爲故事的高潮，相信在結構上會更嚴密得多。

桃花和梁在禾的一段情，雖然是構成〈婦人桃花〉的主要情節，但並非故事的重點。作者在開頭一段告訴我們：

> 婦人輾轉床褥有半年，她丈夫四出延醫，始終未見起色。鄰人見她終日昏昏沉沉，時而喃喃自語，懷疑是鬼魂來惑，紛紛勸她丈夫向閭婆仔求助，探求病因。

——頁 155

顯然桃花患的不是任何易見的病症，只是精神恍惚，語無倫次。照現代人的說法，應該是精神或心理一方面的毛病。故事結束時，桃花經兩日的催眠，醒來以後，竟然「婦人的病無藥而癒」。（頁 165）更可見她的病是屬於心理的。但是如此結局卻引出一個問題，那就是這種尋找亡魂的迷信作法，具有醫療作用。換句話說，這種迷信是有效的。李亦園先生的大文中，曾提到童乩盛行的原因，「最主要的是童乩在某一程度內確能醫好若干病症……90％來找童乩的病人都屬於輕微疾病，慢性精神疾病或生理心理病症。」[5]這種醫療的效果當然有限，因爲香灰、符咒或草藥的效果可以說

---

[5]同前註。

是等於零，最重要的還要那些迷信的儀式對病人心理所產生的精神作用。
李亦園先生說這種治療在「醫學上稱為社會文化的治療或民俗精神醫術，
在醫學人類學的領域中目前是十分熱門的研究項目」[6]。在探討這個故事的
主題時，我們不能不對陳若曦在 17 年前寫的這個故事（〈婦人桃花〉出版
於民國 51 年 6 月）和李亦園在 15 年後所做的純科學研究加以比較，兩人
途徑雖殊，結論卻大致相同：迷信做法在某些程度內，在某種情況下，是
會產生一些效果。陳若曦在這篇小說裡，不像〈收魂〉能跳越迷信素材的
圍牆；人物與結構均失敗，因而主題也就不可避免被圈在純迷信的範疇。

　　〈婦人桃花〉與〈收魂〉在結構上有許多相似之處。例如兩故事都在
講述迷信做法，並且故事絕大部分也都是在詳述做法術的過程中展開，結
束時當事人也都獲得了精神上的安慰。當然，結構上雖有這些雷同之處，
可是故事的成就卻相差極大。〈收魂〉我們不但看到了故事，也看到了
「人」的真相；而在〈婦人桃花〉裡，我們只看了一場不完整的演出，對
其中人物，模糊不清。由此，更可以說明了文學應該以人為中心，所說故
事再好，沒有活生生的人物，正如一棵沒有綠葉的枯樹，雖是活著，怎麼
也引不起讀者興趣。

　　情節明朗，不見得就是一篇好的小說，但是總要比情節朦朧不清要好
得多。陳若曦在〈巴里的旅程〉裡，嘗試以意識流手法來描寫人類悲慘可
憐的一生。故事以巴里在一日間所見人生各種遭遇來象徵人之孤獨與痛
苦：喧囂的市場、被追逐的乞丐、無人領養的私生子、失望的哲學家、盲
目的教徒等，巴里最終還見到代表死亡的燐火。作者在此要以巴里的所見
來構成一幅悲觀的人生畫面。但是讀者在畫面上所見到的只是幾團零亂濃
豔的顏料，它們之間缺乏顯明的主題。再者，巴里在一場人間巡禮過程
中，似乎對他們保持著一個客觀的距離，好像這些人間痛楚與他無關，而
只為了要演給他觀賞而已。對於這些跳動式的細節，讀者雖然也感興趣，

---

[6]李亦園，〈宗教與迷信〉，《聯合報》副刊。

可是畫面一閃即逝，無法抓住每一情節的重點。因此讀者只能模糊的覺察到作者所要表達的旨意；人生的命運，悲慘的生活，智慧的摸索，愛的冷漠，死亡的不可避免，卻無法獲得一個較為確切的主題。葉維廉先生曾說過下面一段話指出這個故事的缺失：

> 〈巴里的旅程〉完全是一段主觀意識的旅程，那五光十色的、切斷的、支離破碎而缺乏完整意義的，各不相關的場景，雖然是取自充滿著問題的現代城市的片斷，卻完全是主觀活動意識的象徵場景，和外在世界幾乎無法相認。〈巴里的旅程〉是對存在意義很膚淺的追求，敘述者受著一種失落感的迷惘所左右，反映於表現形式的語言的錯亂。[7]

主題表現過於膚淺，人物的刻畫幾乎全缺，情節又缺乏足夠的動機，語言也沒達到表現的目的。——這個故事的失敗，也就不足為奇了。

陳若曦的另一個短篇〈欽之舅舅〉，和〈巴里的旅程〉一樣，也是敘述一個人想要探討人生真諦，而最後卻不免墮入人不可逃的誘惑——愛情——終而自殺。故事是從一個 17、8 歲的女孩愛蓮眼中進行的。她和母親到故居平湖去拜訪母親的弟弟欽之。平湖是個幾乎與世隔絕的地點，更容易把欽之的怪僻呈現出來。神祕的氣氛自然也免不了出現在這個 39 歲未婚的人身上。客廳裡放著從印度帶回來的香爐，愛蓮也見到他在半夜裡對月亮膜拜祈禱，他右眼的跳動能「感應」出一個以前見到的小姐正在做什麼。作者把這些略帶神祕的細節摻雜著一些無甚緊要的情節，例如長工落在湖中死亡，愛蓮父親到日本開會，以及欽之幼時被收養的經過，使得故事進行顯得不暢順，情節無重點，缺乏那種緊密一氣呵成的效果。並且故事過了一大半以後（頁 28），才把欽之的愛情之謎揭開。揭開以後，又隱藏起來，使讀者對欽之的心戀只有一頁的日記（頁 39）可尋，對於戀愛（或獨

---

[7]葉維廉，〈陳若曦的旅程〉，《聯合報》副刊，1977 年 11 月 7～11 日。

戀）的過程一直到最後還是隱暗不清，而最令讀者模糊的莫過於欽之最終到底是爲了愛或信仰而自殺。這篇小說給人的印象就如一張眼花撩亂的包裝紙，上面滿是誘人的圖畫與色彩，細看又覺得粗俗，更別提有什麼成就了。

　　欽之一生所受的最大影響，是到印度以後，見到苦行僧的作爲，因而改變了他的人生觀。他摹仿並且吸收這些人的思想和行爲，做爲自己的信仰基礎。正如他對愛蓮所說的：「這些人拚命虐待自己，認爲非這麼做無以跟神直接交通。」（頁 36）嘴裡雖然這麼說，他在平湖的起居並不像個苦行僧，而更像個生活優裕性情乖僻的人。只有那麼一次對月亮膜拜，才看出一些他信仰的表現。愛蓮曾問過他世界上有沒有神時，他說：「當然有，愛蓮，信就有，虔誠的信仰會產生某種力量，這種力量你永遠不能低估！……」（頁 23）欽之信仰的是什麼，他沒有講出來，讀者也無法從他的其他言行中猜測出。我們唯一的線索是他膜拜月亮那一幕。開始時，「他張出雙臂向著天空，手杖正指著山谷上的月亮……」（頁 13）接著他「把兩手交叉在胸前，半跪在地上，呢呢喃喃地念著……眼睛低垂著，嘴微微地顫動，蒼白的臉上表現了無限的虔誠與對某種權威五體投地的崇拜。」（頁 14）後來他的聲音變了，急促如餓狼的叫聲，野牛的咆哮，犯人的淒叫，奴工的呼號，最後長鳴一聲才仆倒在地上。欽之的這一場瘋狂的喊叫，到底是一種宗教儀式，或是他情感的發作，並不清楚。如果這是他的信仰，作者應該在談話中透露一些苦行者信仰的神，以及欽之所受的影響。對他的性格與思想，才能有進一步的認識。光是這一幕，並不足以解釋他的信仰。

　　作者也沒有把欽之的信仰與愛情的關係連接妥當。結束時，愛蓮到平鎮打聽欽之所愛的那個女孩——冷豔——才知道她也到過印度。這是作者給予我們的唯一線索。他倆是否因爲在印度認識，回來後又住在附近，因而相戀；或者只是因爲鄰居而相戀，作者都無提示。但是很明顯的，欽之的信仰和自殺並沒關係。因爲冷豔失足落水而死，他才跟著自殺，所以他

前面大半部以上那些神祕怪異行徑，對故事的終場，沒什麼大關係。我們可以說，作者對素材的處理，異常隨便零亂，把不少應該刪除的情節也放進去。作者只是表現欽之的異乎常人的怪僻，卻沒有講出一個道理出來。主題如此曖昧，只能說是一篇中下的作品。葉維廉也認為這是一篇失敗的作品，主要原因，「倒不是因為它缺乏新詞新境，倒不是因為它充斥著陳腔濫調……卻是因為她依賴著一種無法與外在現象對證的神祕世界做為她語言的發揮。」[8]也就是說，作者沒有把欽之神祕的內涵表現出來，讀者只見到他神祕古怪的樣子，而不知其所以然。葉先生又說：「欽之舅舅與自然神祕的交往（如拜月）本身沒有任何深度的靈魂探索，只有表面的怪異。」[9]葉先生說得客氣，應該說是作者沒有做到任何深度的靈魂探索。我們所見的只是一個自己也不知道自己在追尋什麼的神祕怪人而已。

欽之舅舅的死，對讀者引不起太大的刺激或感觸，因為在本質上，他對於人生採取的是消極的態度，對自己的命運並不感興趣。跳水死雖然像是對人生表示失望，對命運屈服，可是因為他對人生毫無掙扎奮鬥的跡象，令讀者覺得這是個軟綿綿的故事。每一篇小說的重心，應該以人的奮鬥與掙扎——尤其對命運的反抗——為主旨，才能顯出人的價值與光輝。不論失敗與成功，人如果不能表現出對命運的反抗，那麼他也就沒什麼意義，作家的任務就是要把這些感人的精采片段剖析出來。

陳若曦在〈喬琪〉、〈辛莊〉、〈最後夜戲〉、〈燃燒的夜〉四個短篇裡，描寫的都是人與命運之間的掙扎。前面兩篇裡的主角失敗了；後面兩篇，都暗示成功。這四個故事沒有信仰或迷信的問題，只是純粹人與現實環境的對抗。〈辛莊〉寫的是一個懦弱的男人，眼看著太太紅杏出牆，而毫無辦法；使我們想起作者後來一個有關大陸的短篇〈查戶口〉，也是關於不守婦道的故事。〈辛莊〉開始時，主角辛莊自己不好，為了還清債務，每天日夜拼命工作，把太太放在家裡守門戶。更糟的是，又引狼入室，把家裡一個

---

[8]同前註。
[9]葉維廉，〈陳若曦的旅程〉，《聯合報》副刊。

房間租給賣豬肉的長腳高，因而讓他和太太雲英有染。等自己因為過分勞累而生了一場大病，才由別人口中得知太太不忠實，欲挽救已經來不及了。不過，要是辛莊的性格一向是堅強的，雲英也不敢如此。問題在於他一向就是個懦弱的人，生命和他的性格並沒有關係，倒是病後給他更多了解自己的機會。下面這一段中，他一邊洗澡，一邊自憐，很能夠表示他的性格：

> 毛巾擦過一根根凸起的肋骨上，一陣強烈的自憫湧上心頭。只不過一剎那間，整個人便屈服在這種情感中；淒涼，被遺棄的感覺像蠶兒啃桑葉一般啃著他的腑臟。他覺得自己缺乏機智，竟是低能而懦弱，不禁太息起來。然而他生性善於自足，一環顧四周，灶頭、水缸、熱水瓶等熟悉的事物便賦給他一種安全感。

——頁 116～117

這是一幅道地的弱者畫像。他太過於安於現狀，因此就漸漸養成不積極的態度，結果性格軟化，導致了管不了雲英的後果。最後當雲英化好妝要出門時，他心中有一股強烈的慾望要叫出來：「雲英不要去同我在一起不要去……」（頁 120）但是他並沒有叫出來，因為他的「嘴唇封得緊緊的，他只一味瞪著她開叉的旗袍裙，她豐滿渾圓的腿。心聲終是心聲。」（頁 120）只有看著她拿起皮包，傲慢的出門而去，而他自己只能「……仰天躺著兩手痛苦地抓住床沿，嘴唇痙攣地抽動，但沒有聲音。」（頁 120）

〈辛莊〉這個故事純粹是一幕性格上的悲劇。他無法擺脫自己懦弱的態度，因此命中注定要戴綠帽子。他的掙扎也是微不足道，可以說毫無反抗。這和〈查戶口〉裡的冷子宣不同。至少冷子宣是受盡了共產黨的折磨，三番兩次送去勞改，長年不在家，使他心灰意懶，對太太的所作所為，鞭長莫及，也就懶得管了。所以冷子宣的不聞不問是受了激烈的外在影響所致。辛莊的遭遇起於自己的忙碌疏忽，而重點還是缺乏堅決果斷的

性格。他的遭遇並不可憐，可憐的倒是他的性格。陳若曦曾在一次訪問中說，在她的早期小說裡，比較喜歡〈辛莊〉這篇[10]。又在給逯耀東先生的信中，說「辛莊是舍親。」[11]這種坦率是少見的。作者偏愛有關自己親人的作品是很正常的現象。〈辛莊〉並非陳若曦早期最好的一篇，〈最後夜戲〉在人物刻畫、情節安排、氣氛控制上要比〈辛莊〉成熟。就命運是一場悲劇而言，在此我們確實能夠見到故事交織下的命運，但是構成這場悲劇應具備的全部因素，作者表現得不夠完整。因此讀者沒有受到任何震撼心靈的激動，而只是有點哀傷感歎而已。

　　〈喬琪〉這篇小說的女主角喬琪是個 25 歲的女孩子，故事就發生在她要出國的前一夜。如果和辛莊相比，喬琪的情況要複雜很多。她有一個待不下去的家，溺愛的母親，冷漠的繼父，時續時斷的男朋友陸成一，另在日本的生父仍然在影響著她。喬琪的問題不在於缺乏愛，而是有了太多的溺愛。原本是正常健康的愛心到她身上，卻成了負擔，產生相反的效果。她的性格由於從小就孤獨，懷著恐懼被遺棄的感覺，正如她說的：「還是九歲的小女孩，獨個兒蹲在門口，望著天空，好久，好久，沒有人理睬。孤另另的，覺得天空越來越大越低，害怕卻叫不出來，又不敢移動一下，只眼淚大顆顆落下，孤獨得彷彿被遺棄在曠野裡。」（頁 131）這種孤零零的心理所產生的一個自然後果就是憂鬱症，有點神經質。喬琪的另一個特徵也和寂寞有關——愛自己，尤其是偏愛自己的肉體。她說：「我對自己身體的每一部分都熟悉。」（頁 127）這種變態的心理，她並不覺得不對。她理直氣壯的說：「我寧願是變態。我喜歡自己外在的構成，從髮梢直到足趾。」（頁 127）她的口氣像是天經地義。憂鬱和神經質使她處世極不穩定；偏愛自己產生強烈的排斥性。偏偏是圍繞她身邊的人，又都想要占有她。喬琪的母親對她真是無微不至，要她每天吃維他命丸，每天寫信，對

---

[10]連甫，〈越洋電話訪問陳若曦〉，《聯合報》，1977 年 11 月 4 日，3 版。
[11]逯耀東，〈永不熄滅的火種——陳若曦筆下的大陸知識分子〉，《中華文化復興月刊》第 10 卷第 9 期（1977 年 9 月號），頁 65。

她的要求百依百順。可是一看到前夫電報中希望女兒在日本下機見一面，她就驚慌起來，生怕愛女被奪去，一直要喬琪發誓不見他，才肯罷休。如此強烈的占有慾，從 15 年前離婚後，就一直存在。正如喬琪心裡想：「愛了爲什麼就要占有呢？媽咪愛我嗎？我懷疑，她只想完完全全占有我罷了，從占有中她獲得了對父親的勝利。」（頁 138）

另一個想占有喬琪的是陸成一。他喜歡喬琪自然就想占有她。陸成一對於她「同時有許多異性的朋友幾乎嫉妒得要瘋狂，他不能忍耐我同他人坦誠的相談或親密的交遊。」（頁 131）情人眼中容不下一根頭髮是很正常的現象，陸成一的自私是正常的，問題還是在於喬琪本身的恐懼憂鬱症。她受不了別人對她占有慾，一直想要逃避受人圍繞的命運，因而就糊裡糊塗又任性的和一個不喜歡的人訂婚，「差一點爲自己帶上婚姻的枷鎖。」（頁 133）但是她無法逃避被人占有的命運。起初她不了解這一點，所以才有出國一走了之的打算，以爲如此就可以擺脫一切。但正如她任性的和人訂婚一樣，出國只不過是她的另一次掙扎而已，並不能解決她心裡的問題。這一點她到這天晚上才真正的了解：

> 枷鎖是天生的，而我又是弱者。呵，我怎能完整，怎能得到解脫，既然我總是被占有；即使能逃到另一個陌生的國度，我又怎能逃脫這些人性的枷鎖呢？不是他人的錯，我覺悟了，是我自己恐懼被人占有，我厭惡屬於任何人。

——頁 139

喬琪的性格也因此決定了她的命運。她永遠也逃不了自身的命運之網。所以最後拿起安眠藥，多吃幾片，讓床頭的日光燈替她繼續把夜晚燃燒下去。

喬琪和辛莊兩人雖然家庭背景和教育相差很多，但是由於性格上的缺憾而遭受命運的捉弄卻是一樣，喬琪甚至因此而輕生。他們的經歷嚴格的

說並非嚴重的一類，更不是不可克服。但是兩人因為無法突破本身的桎
梏，也就成為命運的犧牲品。其實命運並非不可由我們控制或扭轉。〈燃燒
的夜〉講的就是一個衝破自己懦弱性格男人的故事。主角子光當他太太到
東京開會離家一個月時，和一個有夫之婦發生關係。雖然這並非全是他的
錯，因為那女人本來就是水性楊花，「是她挑撥我」，「她勾引了我」（頁
170），但是他太太小曼回來以後發覺了，就故意對他疏遠，報復他，甚至
不時輕視他。小曼的手段最簡單也殘酷。她不吵不鬧，不哭，也不威脅離
婚，「她變得深沉、憂鬱而易怒……沉默寡言，冷若冰霜。最可怕的是她對
他的極度輕蔑，特別是在公共場合，當著大庭廣眾之前，她利用了每一個
機會來表示她對自己丈夫的輕視和忽略。她當著朋友對他冷淡，當著上司
對他嘲笑，使他難堪到無以復加。」（頁 172）他倆進而分房睡，表面上是
夫妻，實際上和兩個陌生人無異。小曼這樣報復使子光無計可施，因為錯
在於他，他內疚，不能大吵。可是小曼的方式使他受不了。下面這一段可
以看出來子光的可憐相：

> 沒有比被人輕視，尤其是被自己妻子輕視更可怕的了！她使他覺得自己
> 懦弱、可笑，使他顯得萎縮、愚蠢。常常，她越輕視他，他更表現出一
> 種阿諛、討好的神態，近乎搖尾乞憐的模樣。連他也輕視自己了。他痛
> 恨那麼做，然而總忍不住懷著一種她或能憐憫轉而原諒他的心理，下意
> 識地逢迎她。結果完全失敗，他真成了鬥牛群中遍體鱗傷的公牛，他發
> 現了自己懦弱、苟且的性格，這使他真的輕視自己了。
>
> ——頁 173

由於小曼對他的輕蔑態度，子光竟而發現自己是個什麼樣性格的人。往昔
太太對他總是溫柔可親，他從不知道本身是個懦弱苟且的人。這一發現，
使他震驚。他這才了解，需要鼓起勇氣來向小曼認錯，像一個堂堂正正的
男人，不能再遲疑龜縮。正如他自己說的，不可以再「……做懦夫了……

面對現實一次，坦白承認吧，一經承認，便再不恐懼。」（頁 178）如此簡單的事，他竟然做不到。兩個多月以來，怯懦兩個字把他嚇呆了，使他不知怎麼辦。不錯，他是個懦夫；這一發現並不可恥，繼續下去才可恥。他不能因為自己性格上這一缺點而犧牲八年的婚姻。錯誤是他一時造成的，如今就算是個弱者，也要站起來上前認錯，不能使「『怯懦』把他兩腳釘在地上，絲毫動彈不得。」（頁 179）而且也使小曼處於幽怨哀歎之中。他終於下了決心，喝下了一大口金門高粱壯膽，鼓起了勇氣，走向小曼。

　　子光最後的表現，自然是對自己性格的一大挑戰，如果和〈辛莊〉裡的主角阿莊相比較，那他確是勇敢一些。因為阿莊也只不過了是犯了一點小錯，可是就缺乏勇氣來挽回自己的命運，而使天生怯弱的性格戰勝了他。這兩個人的遭遇很相近，但卻有全然不同的後果。兩人的背景雖然不同，一個是教師，一個是出賣勞力的人，不過性格並不是決定一個人性格的主要因素。例如前面所提到的喬琪，雖然也受過很好的教育，養尊處優，到頭來還是不能解決純是情感上的問題，而以自殺了其一身。陳若曦的〈最後夜戲〉裡的女主角金喜仔所承受的身心痛楚和壓力，要比喬琪大得多，可是她最終卻能夠毅然採取正確的選擇，為自己的前途不顧一切擔負起眼前最大的犧牲；可見教育或職業和一個人的性格並無絕對關係。

　　金喜仔是個唱戲班的女伶，戲班到那裡，她也就唱到那裡。十年前，她的唱作俱佳，到處轟動，人人爭看，戲票經常被搶購一空，還賣「站票」，班主當然樂不可支。漸漸的，她走下坡了，一方面是她聲音沙啞，嗓門乾枯，更主要的是戲班開始沒落，一般人都要去看電影，觀眾減少。她嗓子沙啞的原因之一是她這幾年來不幸學上吸毒，不打針就支持不了，身邊又帶著一個要吃奶的幼兒阿寶，使班主對她很不滿。往昔他對金喜仔百依百順，但是如今觀眾減少，收入大大減低，她的吸引力已經降至最低程度，何況因為嗓子不好，更沒觀眾上門。因此他威脅她要自己立刻設法，不然「合同下個月滿」（頁 152），她就得自找生路。金喜仔吸毒不但影響到她的唱工，也傳給了正在吃奶的小孩。由於吃慣了她身上有毒性的奶

水，往往奶水不夠時，要用牛奶補充，但是牛奶裡若不加白粉，他就不喝。可見金喜仔的處境已經到了不得不揮刀斬亂麻的時刻；為了職業，為了孩子，她只有戒毒一途。但是戒毒談何容易！不但要暫時停止唱戲，也要離開阿寶才行。「她嘗試戒毒的，為了阿寶，在坐月子的時候痛苦了好幾次，但從不曾成功過。」（頁 150）孩子並非沒有人來收養，她已經和一個叫荷花的婦人談妥來抱走阿寶。但是親生子，她實在捨不得。她曾經為了阿寶，「放棄了一次嫁人做續弦的機會。」（頁 149）如今已經到了非得決定不可的時刻。為了阿寶的將來，也為了自己的生存，她得下最痛苦的決定，戒毒才有再次出頭的日子。[12]

　　金喜仔最後毅然的決定和前一個故事中的子光很相似，雖然她的情況較為複雜，身心的負擔也遠為沉重；但是兩人拒絕命運的擺布卻是一致的。他們都能夠在最後關頭排除眼前重重障礙，而選擇了應該追尋的道路。這種勇氣是值得欽佩的。同時他倆的選擇也反映了兩人的性格：往往怯弱並且得過且過，但必要時卻勇於認錯，了解人的生存需要不斷的往前衝。一時犯了錯，並非表示人生已經絕望；稍微的挫折更應該堅強自己的信心與勇氣。喬琪和辛莊就是缺乏這種爬起來的性格；喬琪只因為發覺自己將永遠被人占有，而本身又不情願，因此就輕生，是非常可惜的。辛莊更是不可原諒，睜著眼看太太盛妝出門而無能為力，的確是一個沒性格沒勇氣的人最好的寫照。

　　陳若曦的〈週末〉，短短的只有三頁，敘述一個 15、6 歲在學的女孩子小琳，母親已逝，如今和父親相依為命。家中由一個佣人，秦媽，照顧著。故事是從小琳的眼中展開的。自從她母親去世後，家中便經常有一個父親大學時的女同學，梅阿姨，來拜訪。很顯然的她很喜歡小琳的父親，而他也有意續弦，連秦媽也覺得梅阿姨不錯。問題就在小琳不喜歡她。

---

[12] 《聯合報》67 年度第三屆小說獎的第二獎作品，洪醒夫先生的大作〈散戲〉，和陳若曦的這一篇〈最後夜戲〉，內容與主題很相似。後者在 20 年前就看到了歌仔戲的沒落，如今還是在各地方演出，也可見地方戲劇生命力之強。見《聯合報》1978 年 9 月 16 日，11 版。

我不喜歡梅阿姨。爸爸大學時候的同學——同學也沒有同一輩子的呀！那一股冷若冰霜的勁兒，我看了就不順眼。看見我，她就裝一副假笑。看到爸爸，她的沒有神的大眼睛裡也會發出饞嘴的光。

——頁 63

小琳如此厭惡梅阿姨，使她父親騎虎難下；對小琳，他疼得無微不至。他甚至對她說過：「小琳，沒有你，我不知道我的日子該怎麼過。」（頁 63）為了她，他情願犧牲一切，甚至於再婚的可能。梅阿姨雖然百般討好籠絡小琳，設法改變她的敵視態度，但顯然不成功，因為小琳還是老樣子。故事結束時，梅阿姨發現沒有結婚的希望，就到日本一個親戚家幫忙做生意。上飛機這天早上，父親要去機場送行，小琳就是不肯去。秦媽看了，只好歎氣。小琳還罵了她一句：「秦媽，你怎麼了？人家高興，你就歎氣？」（頁 65）小琳這時候的性格，很像長大了的喬琪，嬌生慣養，只想到自己，父母親都要讓她三分。他對父親的愛是建立在「占有」的觀念上，排斥任何可能的外來爭奪。她在這一次對抗中，暫時是勝利了，但是她的性格已經逐漸彎曲。從下面這一段話，可以看出一點端倪：

「我說呀，小琳，你真不孝順，從來就不知道爸爸的苦。你從來沒替他想過，你看他多疼你，你真是糊塗！」

「我怎麼不孝順？還用得著你管？」

「唉，要是梅阿姨能夠搬來住，你爸爸要快樂多了。」

「什麼梅阿姨不梅阿姨！這家裡除了爸爸，就是我作主！」

小琳的環境使她漸漸養成蠻橫，自大，不能理智分析事件。她很可能是喬琪小時候的縮影，寂寞和空虛似乎都是她們免不了的命運，而任性成為最凸出的一點。〈週末〉這一篇因為過於短，人物都沒有發展的機會，情節也

很勉強簡略。據夏志清先生說，這個故事夏濟安先生曾經改過。[13]雖然如此，還是個不成熟的作品，連作者自己也說不喜歡，「感覺有點不知所云，簡直不像是我寫的。」[14]當然這是民國 46 年時的作品，作者剛剛開始她漫長的創作生涯。

費滋傑羅（Scott Fitzgerald）在看過海明威的精采短篇小說〈在異國〉（"In Another Country"）以後，曾經大爲稱讚這故事的開頭一句：

> In the fall the war was always there, but we did not go to it any more.（秋來時戰事尚在進行，但是我們不再去了。）

費滋傑羅說這是最美的英文散文句子之一。除了文字美，它同時也把一個受傷軍人的心理寫活了。那種落寞，不能算是勇敢的遭遇卻要在故事中去尋找才能感覺出來。這句話同時還有一個更大的作用，就是把故事的主題暗示出來。讀者在這短短幾個字裡，就覺察到了秋天、戰爭和受傷三點很含蓄又有力的呈現在眼前。陳若曦的早期小說裡，也有幾個精采的開頭句。〈最後夜戲〉這一篇，就是個好例子：

> 一陣急驟的擂鼓，之後，銅鑼孤單地呼響。

—— 頁 141

就這幾個字，把一個往日廣受愛戴的藝人，如今孤獨冷落的境遇表達恰到好處。鼓聲雄壯優雅，鑼聲尖而刺耳，也道出了金喜仔的嗓子所經歷的路程。同時不可否認的，這個句子也是很好的散文。她的另一個故事〈燃燒的夜〉開始的一句，也充滿了象徵的意味：

---

[13]夏志清，〈陳若曦的小說〉，見《陳若曦自選集》，頁 11。
[14]同註 10。

他們坐在三輪車上，默默地。

——頁 167

作者一開始就把兩個不合的夫妻安排在一輛三輪車上，的確令人叫絕。他們外表上是夫妻，其實已經有幾個月不說話，用只能坐兩個人的三輪車來比喻，最恰當不過。「默默地」的三個字把整個故事的氣氛從頭就描繪出來。如此簡單的 11 個字，道盡了兩人當前的狀況與故事的題意：一個沒有勇氣認錯的丈夫，心中掙扎的過程。〈喬琪〉的開頭一句也值得我們玩味：「我開始感到些微的迷惑。」（頁 21）使她在故事裡對於所有人與事所抱的懷疑態度，給予讀者很深的印象。而她最後也是由於迷惑不定，因此才輕生。當然，好故事不一定要有好的開頭句。但是毫無疑問的，這幾個精彩的開頭句，對於故事的主題、氣氛和人物，都有畫龍點睛的功用。

　　綜觀陳若曦這十個故事，有一共同的特徵，那就是充滿的陰暗、悲慘、可憐、掙扎。作者後來有關大陸的小說雖然也是滿布著陰雲愁霧，但不難從字裡行間發現幽默與健康的一面，例如〈晶晶的生日〉、〈查戶口〉、〈老人〉等。可是在前期小說裡，我們見不到像〈老人〉中的老人打掃廁所，或任玉蘭對人反嘴那些幽默的細節。作者似乎只想把心中所見所聞的各種人間悲劇，一股腦兒呈現在紙上，令人感到作者有激烈的不滿與憤世嫉俗的反傳統態度。最明顯的例子就是〈灰眼黑貓〉和〈收魂〉兩篇。故事中的敘述者對於眼前的事物，其偏見之深，使人震驚。迷信自然是有害的，可是迷信與人性是分不開的。可以說，迷信就是人性的一部分。我們也許應該可憐或惋惜受迷信之毒的人，可是世界上害人的——僅從作者這十篇故事就可以證明——豈僅是迷信而已。

　　在陳若曦早期陰暗慘淡的世界裡，命運正如一張永遠蓋住人身上的巨網，意志力稍微薄弱的，就永遠也跳不出去；欽之、喬琪、文姐、辛莊、巴里等人，都被纏住了，有的還賠上了自己寶貴的生命；其餘的，一輩子大約都要在命運的影響與支配之下苟延餘生。在這些故事中，勇敢的人並

不多，金喜仔是個例外，她的選擇是痛苦的，卻也是最勇敢的；子光比不上金喜仔，因爲他的難題要單純的多，而他卻需要那麼大的勇氣才能做到，只能說是有中等意志力的人。〈灰眼黑貓〉裡離家出走的阿青，她的勇氣值得佩服，但是她在故事中不居於最重要的地位，因此作者對她的性格沒有足夠的描寫，雖然她的行爲也顯示了一顆不屈服的心。這三個勇於與命運之網掙扎的人，他們並不知道奮鬥後會有什麼樣的結果。命運雖然對他們無情，但是他們的本能激發了潛在的奮鬥之心，因而促使他們作出痛苦但正確的決定，跳脫了命運的束縛。

——原載《中外文學》第 7 卷第 9 期，1979 年 2 月

——選自鄭永孝《陳若曦的世界》
臺北：書林出版公司，1985 年 5 月

從憧憬、幻滅到徬徨
談陳若曦文學的三個階段

◎葉石濤[*]

　　1950 年秋，曾經在北京大學教過書的夏濟安來到臺灣，任教於臺灣大學文學院外文系。他是一個通曉西方文學的業餘底藝術愛好者（dilettante），雖然有極高的作家天分，但是始終鼓不起勇氣來實際從事文學作品的創造。因此除去幾篇犀利的評論和他的弟弟夏志清所校註的〈夏濟安日記〉以外，很少寫過小說。這樣一個心態保守的人在 1956 年創刊了《文學雜誌》，直到 1957 年 3 月離開臺灣前往西雅圖為止，前後苦苦維持了兩年多《文學雜誌》的刊行，實在不能不說是一種奇蹟。

　　1950 年代的臺灣文學是大陸來臺第一代作家的天下。以 1950 年 5 月 4 日成立於臺北的、張道藩所領導的中國文藝協會為核心。在「堅持自由民主與正義真理的反共復國戰線上」，提倡了反共與戰鬥的文藝。大陸來臺第一代作家還沒有從大陸淪陷的赤裸裸的惡夢中醒過來，驚惶未定，腦裡常縈繞著故鄉的回憶，未暇認知臺灣這一塊土地的現實，因此他們的文學游離臺灣社會的實際狀況，墮為某種神話，是自然的結局吧！由於他們龐大的力量控制了幾乎所有報紙副刊和出版物，因此，大陸來臺第二代作家的心聲和願望得不著表現的地方。夏濟安《文學雜誌》適時出現，提供了跟官方異質的作家發表作品的園地，也指出了一條有獨立思考的作家發表作品的可行途徑。

　　嚴密講起來，《文學雜誌》並不完全代表第二代作家「無根和被放逐」

[*]葉石濤（1925～2008），散文家、小說家、翻譯家、文學評論家。臺南人。發表文章時為高雄縣甲圍國小退休教師。

的意識形態，它比較有濃厚的 1930 年代文學的傾向，只是主張文學必須反映現實而已。

　　陳若曦當時在臺灣大學外文系念一年級，得到夏濟安的鼓勵和賞識，在《文學雜誌》屢次發表作品。這時期陳若曦的作品是一個雛型，還談不到任何風格的樹立。

　　1960 年 4 月，臺灣大學外文系在學中的白先勇創刊了《現代文學》。他的夥伴主要有王文興、李歐梵、陳若曦、歐陽子、王禎和等人。如果藉水晶所形容的話，他們都是夏濟安一手培養的「大學才子」（"College Wits"）吧！這一群作家採以「橫的移植」來代替「縱的繼承」，連續介紹西方作家如卡繆、喬哀思、福克納、托瑪斯・曼以至於貝克特。同時把存在主義、意識流和虛無主義等西方現代文學思潮引進國內。第二代作家跟第一代作家不同，他們並沒有被大陸故鄉的回憶所束縛，所以被「客觀事情和自我意識所強烈的驅使，指向內在心靈」的探索，正如白先勇在 1976 年 1 月發表的〈流浪的中國人──臺灣小說的放逐主題〉一文中剖析一樣，「同樣是流亡作家。對放逐生涯所持的態度，第一代和第二代之間有很大的不同」。第一代作家懷著滿腔的鄉愁，活在回憶裡，無法採取新行動。除了過自我欺瞞的生活之外別無他法。而第二代作家以滿腔的勇氣前進，毫不忌憚地從正面暴露歷史事實的真相。但是這些第二代作家明白當時嚴厲的檢閱制度，避免做當前社會、政治問題的批判，走向個人內心的探索。

　　大陸來臺第二代作家作品的主題既然是繞著「放逐與無根」不放，那麼陳若曦和王禎和在這個集團裡顯然是異質的存在；因為他們都是土生土長的本地人。以陳若曦而言，她 1938 年生於臺北，至少在日據時代過了七年多的幼孩時代。剛好她是受完整中國教育的本地人第一代。以這樣的經歷而言，她實在不可能屬於被「放逐」且「無根」的一群。然而事實上她也是不折不扣的「無根」的人。跟大陸來臺第二代作家一樣，她無法承繼 1930 年代大陸文學的傳統，更不知臺灣被異族侵占的三百多年苦難的歷

史，及日據時代臺灣新文學運動的輝煌歷史。這種跟民族與歷史的脫節和隔膜，使得她跟大陸來臺第二代作家具有共同的特徵，呼吸著同樣的時代空氣，極力避免介入臺灣社會政治的、經濟的、文化的現實。然而陳若曦跟《現代文學》的同仁們有鮮明的不同，那是由她的出身背景與個性所決定的。如眾所知，她出身於祖父、父親兩代都是木匠的家庭，是不折不扣的「無產階級」。所屬於《現代文學》的第二代作家若不是生於顯赫的世家，就是同來臺的大部分大陸人一樣，依附在特殊權力機構生存的中產階級，這也適用於本省籍的作家歐陽子身上。唯有陳若曦，她必須突破各種障礙，一面工作，一面完成學業。我們在後來的陳若曦生活裡看到的，堅定的意志，至高的道德勇氣，百折不撓的奮鬥，孜孜不倦的創造，勤勞而不退縮的各種美德，大約是她的出身背景所規範的，同時也是與生俱來的個性——健全的精神發揮。當然這些美德從反面來看，也是這充沛的精力與鋒芒畢露的雄心吧？

　　陳若曦在這個階段裡發表的初期作品裡，包括了未來創作的幾個可能發展的方向。大致而言，她的初期作品跟後來的作品一樣，採用的是反映生活現實的寫實主義寫作技巧。〈巴里的旅程〉一作裡可以看出陳若曦對 1950 年代到 1960 年代初期的臺灣社會制度的不滿與抗議。但是由於此時期的陳若曦還沒有確立世界觀，也缺乏對完美社會的憧憬，所以〈巴里的旅程〉的追尋與探索並沒有說服力。另外一篇作品，1961 年 9 月發表於《現代文學》的〈最後夜戲〉是描寫在鄉下巡迴演出的歌仔戲花旦金喜仔的落魄潦倒的生活以及可憐的母愛。陳若曦用正確的語言描寫歌仔戲進行中的金喜仔的動作及其意識流的起伏，已經達到寫實的極限。其實陳若曦初期的十多篇短篇小說如〈最後夜戲〉、〈收魂〉、〈婦人桃花〉等都具有豐富的鄉土色彩。有時用心理的、民俗的，或意識流的觀點來處理小說中的情節，皆有獨樹一幟的表現；其藝術成就之高，使後來者黯然失色。在 1970 年代鄉土文學論爭中出現的洪醒夫的傑作〈散戲〉，其原型可以在〈最後夜戲〉裡找到。甚至進入 1980 年代以後的李昂的傑作〈殺夫〉，那

小說中氣氛的醞釀手法，小說節奏的快速和情節的有機性的前後呼應，描寫人性的深度，都已經在〈婦人桃花〉裡早就成形了。

　　陳若曦在初期小說裡所顯出的豐饒的作家天分足夠暗示她在中、後期的小說裡所表現描寫悲劇角色的重厚能力。她在這初期階段裡，除了確立寫實主義寫作方式之外，也嘗試應用從西方文學吸收過來各種現代小說的技巧；「獨白」、「意識流」、「疏離」、「精神的畸型」等剖析皆有可觀的成就。但是這些小說群似乎缺少了統合性的觀點；那便是基於思想的、民族的、歷史的某一種世界觀。她的這些初期的鄉土文學，跟 1970 年代的鄉土文學作品有很多的不同；那便是陳若曦還不明白她是被欺凌的、受壓迫的、背負歷史性包袱的人群後代。她的族人在被殖民的土地上已經度過了漫長三百多年的艱辛歲月，所有人間不幸的遭遇和挫折其一部分應歸咎於歷史性摧殘。由於不明白這一塊土地的悲哀歷史，所以她的小說沒有時代、社會的支架，缺乏有力的控訴和抗議，所以小說只是一個美麗的軀殼，多彩地裝飾的一面窗戶技巧卓越的「抽樣」小說罷了。由於缺少歷史觀和世界觀，所以她跟《現代文學》的一群作家生活在一起，也並不覺得有什麼「異樣」和「格格不入」。這也是爲什麼她後來變成新的「亞細亞的孤兒」，註定要過被放逐、被漂泊的生涯的緣由吧？

　　1962 年陳若曦出國，到馬利蘭州約翰霍普金斯大學讀文學碩士，攻當代英美小說。1966 年她跟他的先生段世堯氏去到文化大革命前的中國大陸。大約在這留美四年間除去一些英文的著作以外，她沒有任何作品發表。脫離封閉的社會，來到這自由的新大陸，陳若曦一面要適應新生活，一面又要忙著念書，還得吸收在故鄉未曾看過的各種新資料；包括一些在國內被認爲禁忌的理論性著作。這些固然是她之所以輟筆的原因之一，但更重要的是她墮入情網，正在享受青春時期的浪漫和甜美。這是她生涯中最幸福的時代，她憧憬著愛情，憧憬著更廣大開朗的思想領域；那些社會主義的理論，對當時的陳若曦來說，似乎不但不是空幻的，而且還「業已成功」地建立在所謂「祖國」大陸上。這和往年的安德烈・紀德的夢想一

樣，而這也正是屬於 20 世紀知識分子的嚮往和憧憬之一。在這樣充滿鮮花與光明中，文學算得了什麼？我可以想像逐漸地鑄造嶄新的世界觀中，獲得愛情果實的陳若曦，那意氣煥發、如酩酊般歡愉的日子。然而陳若曦跟別人不同的地方，在於她是個起而付之實踐的知識分子，這種爲真理而不顧一切地勇往邁前的氣質是陳若曦的註冊商標。後來她在 1980 年 1 月 7 日到 16 日一個人應「吳三連文學基金會」的邀請回到臺灣兩次，蒙蔣總統召見，爲高雄事件被捕的作家王拓和楊青矗的釋放盡力，已是眾所皆知的事情。按在第二次的「致蔣經國先生的公開信」上署名的留美文化界人士共有 26 人；除陳若曦之外，莊因、杜維明、阮大年、李歐梵、張系國、許文雄、鄭愁予、鄭樹森、楊牧、許芥昱、歐陽子、葉維廉、田弘茂、張富美、白先勇、陳文雄、張灝、劉紹銘、石清正、林毓生、水晶、許倬雲、洪銘水、余英時、謝鐐璋等人。陳若曦列名於首，可能是她要把負起這責任和擔子的事實布告天下的意思吧？不過，這並非她絕無僅有的一次，似乎在魏京生或陳映真被捕時她也有所反應；至少我們所看到的她寫的小說〈路口〉，正是以這兩者被捕的情形爲小說的重要背景。

總之，她毅然決然地跟段世堯在一起，1966 年回到了中國大陸，在北京住了兩年，在南京住了五年之後，1973 年 11 月脫離大陸回到香港，前後在文化大革命中的大陸生活了七年。不過，她能夠從大陸出來也是「走後門」的結果。竹內實所翻譯的《耿爾在北京》短篇小說集的後記裡有這麼一段話，說到陳若曦如何獲得逃離大陸的機會：「尼克遜訪問中國以後，海外中國學者也常去訪問大陸。周恩來常接見這些學者談話，周恩來聲明，歡迎回來參加祖國建設，隨時可以來隨時可以回去。」

「於是一個學者回答說，事實不是如此。驚訝的周恩來發問，那學者就舉出陳若曦夫妻爲一個例子。周恩來立刻允許出國，陳若曦一家得到正式的許可，便出來香港。」

懷著「烏托邦的追尋與幻滅」（白先勇語）的心情，陳若曦在一個封閉的孤立社會將近生活了七年。而陳若曦離開大陸時，文化大革命已如火如

茶地進行了整整八年。這八年中，中國大陸呈現著在悠久歷史中也很少出現過的混亂：政治和社會的狀況複雜怪奇，大陸人民過著水深火熱的苦日子，權力階層的衝突和殘殺史無前例；從劉少奇、鄧小平到林彪直到江青等四人幫；從紅衛兵的串連、武鬥到管訓以至於知識青年下放；從「人民公社」到軍、幹、群三結合的「革命委員會」，到封建法西斯的「禮治」批孔批林；統治權力機構到基層間的共同現象是人際關係、人與群關係、團體和團體之間的關係全破碎而瓦解；猜疑、疏離、仇視、拮抗和爭鬥變成常態。這是一個封閉的孤立社會做最後的獸性掙扎的末世現象。

這樣破裂的社會情況，無可避免地使陳若曦的追尋完美社會的烏托邦思想瓦解而支離破碎。雖然烏托邦思想碎裂，但是陳若曦對整個民族追求自由與民主的歷史傳統並沒有失望。她在一片廢墟和悲劇之中看到正在萌芽的新生力量；她的追尋重新從幻滅中起步，她相信受過文化大革命血腥洗禮之後，更加成熟更加穩定的新生代，會帶著體驗所獲得的民主果實，走向建設新中國的道路上去。當然，在這七年中陳若曦只能在學習和恐懼中注視現實。實際上，在這樣一個封閉而殘酷的社會裡創造是多餘的事情，文學也就不得不死亡了。

1974 年 11 月，以大陸生活經驗爲主題，陳若曦發表了短篇小說〈尹縣長〉；從她在 1962 年上梓了譯本《奇妙的雲》（莎崗原作）算起，整整流逝 12 年的歲月。之後，她陸續出版了《尹縣長》（1976 年，遠景），《陳若曦自選集》（1976 年，聯經），《老人》（1978 年，聯經）等短篇小說集以及自傳性質濃厚的長篇小說《歸》（1978 年，聯經）。

這是陳若曦文學的第二個階段。她主要以大陸的封閉而停滯的社會爲背景，描寫了文化大革命給良善的大陸人民帶來的傷害。傷害和悲劇的面貌可能各不相同，但是其來源則一；那是在一個神話，幾條瘋狂教條桎梏下的統治階級的爭鬥所導致的。這是世界歷史中從來不曾有過的一場大浪費和一場浩劫。陳若曦在《尹縣長》和《老人》兩本短篇小說集裡反覆不停的、把同一個主題予以改變、變奏，結果奏出來的旋律依舊是老調。她

藉這些短篇小說所要傳達的訊息只有一個：那便是文化大革命下苦難中國人民的呻吟、痛苦和悲劇。在這些短篇小說裡，我們所看到的人物卻沒有包括大陸人民各階層，只限於幾個階層，以她和她底同事為主的知識分子，以及參加過長征或者國內戰爭的老幹部；裡面還包括了像「尹縣長」此類的靠攏分子。也許這兩個階層在文革期間是受創最深的一群，也許這一群人最容易代表文革時期社會結構的動搖。這樣狹隘的人物群，直到她寫了〈歸〉以後，把寫作目標貫注在海外流浪的中國人時仍然一樣，老幹部雖然很少出現，知識分子卻依舊。她底文學發展到第三階段的代表作，短篇小說集《城裡城外》，她反覆不停地描寫的是來自大陸或臺灣而久居美國的中國知識分子。偶爾也有一些例外，這些逃離大陸的小說中人物，雖不完全是知識分子，但卻是跟大陸的統治機構或多或少扯得上關係的準知識分子，卻缺少庶民。陳若曦小說裡的人物如此固定不變，屬於某一種類型，這給她的小說帶來呆板又停滯的面貌；而這種面貌也正是反映了大陸整個社會景觀所擁有的那種特殊的孤立而封閉的訊息。〈尹縣長〉是這個階段裡最好的一篇小說，她正確地抓住了「尹縣長」是個新社會裡的封建餘孽這一個觀點，而尹縣長之死正代表了整個大陸舊社會的毀滅。這與尹縣長做人的好歹、進取或奉獻都無關，時代的巨輪轉動時，必須把人輾斃做燔祭。這篇小說的悲劇張力來自神祇已不存在的現代社會荒謬的、無情的淘汰。這幕戲已經扮演很久了，特別在納粹法西斯時代和蘇俄史大林的肅清時代。人會毫無理由地失蹤，人好比餓斃的野狗無緣無故地從人生舞臺黯然消失。〈晶晶的生日〉描寫文革時期的恐懼感如何折磨人的故事。在這篇小說裡，跟〈尹縣長〉裡的「尹老」這個老人一樣，陳若曦也描寫了「安奶奶」這個老人。

在〈耿爾在北京〉她也安排了東來順館子那夥計「老魯」。陳若曦很喜歡給這些老人角色賦予溫暖、親切的形象；也許在文革時這些屬於舊社會的老人歷盡寒霜，最能了解基本人性，因而是人際關係最美滿的一群人吧？在 1976 年 12 月 26 日發表於《聯合報》的小說〈老人〉是描寫臺灣人

的命運最深刻的一篇，可以說是吳濁流《亞細亞的孤兒》以後，把臺灣人被歷史和命運摧毀的「原罪」，赤裸裸地呈現出來的小說。「老人」在日據時代日本留學中參加了臺共，回到臺灣被總督府逮捕，光復後參加二二八事變後回歸「祖國」。他一生懷著熱烈的夢想；不但要光復臺灣，還要解放中國，更進一步地要把「整個人類解放」。可是在大陸退休以後，他一直被折磨著，他所擔負的罪名簡直不勝枚舉；從「漏網的右派」、「革命隊伍裡的投機分子」直到「叛徒」等。這起因於他是地主的兒子以及「百花齊放、百家爭鳴」時期所做的言論。她的自傳性長篇小說《歸》的主角辛梅，起初到大陸，被年老的工人和年輕的紅衛兵問到籍貫時，總是意氣軒昂地回答「臺灣」，這常弄得對方十分尷尬。在 1968 年中共政權「清隊」時期，「臺灣」被認為是國民黨和潛伏的特務的代名詞。後來，辛梅不得不改稱為「福建」，同時在內心裡不得不安慰自己，因為她的祖先的確是幾百年前從大陸福建渡海來到臺灣的。我們在這段描寫裡看到一股「亞細亞的孤兒」的黑影塗抹的畫面。

《尹縣長》一書經西蒙・列斯的介紹，在國際文壇上占了一席之地。曾被翻譯為法、德、日、荷、挪威、丹麥與瑞典文。

1980 年是陳若曦文學邁進徬徨的第三個階段。此年她發表了重要的兩篇小說〈路口〉以及〈向著太平洋的彼岸〉。後來這些短篇小說被收錄在《城裡城外》（1981 年，時報出版社）。1983 年她由聯經出版了長篇小說《突圍》，1984 年另外有一篇長篇小說〈遠見〉在中國時報「人間」副刊連載。此外，還有兩本雜文集；出版別是《文革雜憶》（1979 年，洪範出版社），以及《生活隨筆》（1981 年，時報出版社）。

從 1980 年發表的短篇小說〈路口〉開始，陳若曦的創作路線又有一次轉變；然而她追求完美社會的心願未曾有所改變，這一次她從流浪海外的中國人身上挖掘故事，把眼光投射在臺灣海峽兩邊中國人如何為建設統一而民主、自由的新中國所做的掙扎。當然，既然能離開海峽兩邊祖國而來到新大陸的人都是知識分子或者是知識分子的親屬，因此，在這第三階段

的陳若曦文學裡，仍然缺少了勞工與農民，增加了企業家或商人等角色。
而在這些小說裡做陪襯的老人角色依然不少，不過這一次倒是來自臺灣的
老人增多，加強了從前在她的小說裡很少出現的臺灣景觀、臺灣風俗，以
及臺灣掌故。這使她的小說較有臺灣氣味，也加強了對臺灣社會、政治、
經濟、文化等的批判。陳若曦努力做到客觀、公平、公正地對待海峽兩邊
中國人予以評估的結果，使她的小說呈現分裂、徬徨、動搖的面貌，讀完
她的小說以後常使人覺得迷惘而疲倦，而不得不懷疑，她的讚許、她的抨
擊究竟有何意義存在了。她的小說裡的人物大多數吊在半空裡，像但丁描
寫的那些灰色的人們一樣，而且她力求遵守中庸之道，想成爲公正的裁判
者，這使得她的小說不但沒有提供解決問題的線索，反倒使人滿頭霧水，
疑惑和徬徨由此更加深。這也許是她追尋完整性與烏托邦社會所帶來的結
果，但須知這是個疏離和畸型精神所統治的 20 世紀現代社會，這是個多元
化思考橫行跋扈的社會，理想雖不能揚棄，但評估的基準必須正確；唯有
自己生存的土地和人民的幸福，才是唯一評估客觀情勢的基準，唯有國
家、民族的生存和發展才是通往烏托邦唯一可行的途徑。這樣批評下來對
陳若曦是一件殘酷的事，究竟她的生活環境和她的生活樣式，已經沒有紮
根於原鄉及故鄉，她只好暗地裡捏了一把汗，遙遠地注視原鄉和故鄉瞬息
萬變的流程之外別無他法，但是我不以爲她把小說的主題限圍於海外的中
國人，透過這些人群的眼光和遭遇來描述她的原鄉和故鄉，而且忽略了人
爲生活而奮鬥的細節，反覆不停地描寫人底偏向於政治生活的一面是對
的。這越來越使她的小說陷於機械性的千變一律的故事。這又暴露了她昧
於認知自己故鄉被蹂躪的三百多年歷史的事實，並且又流露出她對原鄉有
過分的執著和迷戀。故鄉既然包括在原鄉表面，是它的一環，那麼努力於
刻畫故鄉的一木一草，也等於寫出了整個原鄉的史詩，不是嗎？正如蕭洛
霍夫由描寫俄羅斯大地上屬於很小一小部分的頓河哥薩克的生活，成功地
反映了整個俄羅斯的時代社會一樣。再說，儘管陳若曦在 24 歲的弱年就離
開了故鄉，但我並不以爲她不熟悉故鄉的土地和人民。她的十多篇早期短

篇小說，證明她對自己所屬的大地和族人的了解，超越了常人，已經抓住了這個土地上所有人群的靈魂。如果跟屠格涅夫比較，我們更加哀歎，爲什麼陳若曦沒能寫出像〈獵人日記〉、〈父與子〉、〈煙〉一樣，紮根於大地，充分表現俄羅斯民族風格的作品？像陳若曦一樣，離開了故鄉已達到二十多年的旅加作家東方白在描寫臺灣的長篇小說《浪淘沙》裡，細膩地重現了清末日據初期的臺灣北部人群的過去生活。同樣，旅居美國的許達然博士也透過他的隨筆，帶有深厚的情感描寫他的故鄉臺南府城的風物，溫馨而親切。那麼陳若曦爲什麼不能避開令人厭倦的政治問題，回到她文學的第一階段，再度捕捉故鄉悸動的心靈？

〈路口〉和〈向著太平洋的彼岸〉都是以旅居美國的臺灣人爲主題的小說。

〈路口〉的女主角余文秀是東港人，她的父親因二二八而死，小學教員的母親和她相依爲命，發展了規模相當大的養鰻事業。余文秀很怕介入政治，可是她偏嫁給搞臺獨的一個丈夫。來到美國之後，她跟丈夫分手；由於丈夫放棄了政治和理想汲汲賺錢的緣故。余文秀空虛的心靈，不知什麼時候被原鄉來的教授方豪所魅住；這可能是方豪在要求陳映真釋放的活動裡奔走疾呼的真摯感動了她。後來她知道方豪不肯爲釋放魏京生而盡力，顯然也有「西瓜取大片」之嫌，因此，離開方豪回到臺灣來幫助母親經營魚塭。

這是一篇陳若曦的正義感滲透的政治小說。她抵制了海外中國人自私自利的政治姿勢。大致而言，她很正確地捕捉了今日海外中國知識分子的的牆頭草似的機會主義。然而像余文秀這樣有強烈政治意義的女性，回到臺灣只是爲了養鰻嗎？爲什麼不會參加黨外的人權運動？而且在離開美國之際，余文秀給鄧小平爲什麼又寫了抗議信！這篇小說的結局非常不實在，這也許反映了陳若曦的政治意識，但並不反映真實的人的行爲。

〈向著太平洋的彼岸〉的女主角林以貞丈夫已死，帶著兩個大男孩旅居美國。她和丈夫都是熱烈的愛國者，曾經從日本回歸「祖國」大陸爲人

民服務。來到美國以後，她依靠丈夫的兄長過活，而她的弟弟卻是一個主張臺獨的人，她的哥哥曾經因叛亂罪坐牢八年。

這篇小說同〈路口〉一樣，海外中國人的出生地和行動範圍非常大。小說的舞臺，從臺灣和大陸延伸到日本、美國和歐洲，而且小說中人物的政治立場互異，令人覺得今日海外中國人好像正在形成一個寄於國際性的「新中國族」的種族。在這兩篇小說裡她都有意無意地醜化或戲劇化了分離主義，流露出她對分離主義深惡痛絕的表情。同時她也描畫令人厭惡的親日傾向；這在〈路口〉裡描寫余文秀的丈夫的大男人主義時一併有清楚的交代。分離主義既是國家的敵人，陳若曦描寫他們並不美麗的嘴臉，充分凸出他們的 Ugly 形象也許是理所當然的。但從一個作家的天職而言，是否應從更高層次的剖析心靈的立場，從歷史的軌跡來指出他們逆流而抗的錯誤行為；否則陳若曦的這兩篇小說的真實性和說服力令人存疑。

陳若曦文學的第三個階段，一言以蔽之，乃是徬徨的文學。陳若曦猶如掛鐘的擺，擺蕩於原鄉和故鄉之間，做精疲力竭的表演。這是可怕的文學天才的浪費。從早期小說的〈巴里的旅程〉開始，她對完整性的追尋皆顯得徒勞而無功，同時她的道德勇氣又容易驅使她走進文學世界之外的政治陷阱。從憧憬到幻滅到徬徨，她越來越離開我們的大地、我們的心靈、我們的願望越遠。我們只好像一個馬戲團裡的觀眾一樣，手裡捏了一把冷汗，目瞪口呆地看著她像走繩子的空中飛人，一會兒匆匆忙忙地走那吊在半空裡的繩子，一會兒推動著秋千，在半空裡盪來盪去。

這該是時候了，我們熱烈地、由衷地希望她能從半空裡的繩子走下下界，像一棵堅實、雄壯的植物，紮根於故鄉的大地，再一次親切地把故鄉的歷史變遷、人群的悲歡離合重現於小說世界。我希望她不但是代表人類良心的國際性作家，同時也是歌唱中華民族史詩的偉大作家，更是一個紮根於臺灣這一塊土地的首席作家。

她具備了這些天資、氣質和條件，我們期待陳若曦文學第四階段的美麗的起步。

——原載《自立晚報》，1984 年 6 月 11～12 日

——選自林瑞明、陳萬益編《臺灣作家全集：陳若曦集》
臺北：前衛出版社，1993 年 12 月

徘徊回歸線

陳若曦小說中的政治三角關係

◎呂正惠[*]

　　到目前為止，陳若曦總共出版了四本短篇小說集和五本長篇小說。我們可以根據葉石濤先生的說法，把這些作品分成三個時期：寫於留美之前的《陳若曦自選集》（〈大青魚〉一篇除外），是陳若曦的「少作」；發表於 1974 年至 1978 年間的《尹縣長》、《老人》和《歸》（長篇），是有關文革和「回歸」的小說；1979 年以後，陳若曦把焦點轉移到美國，描寫在美國形形色色的華人的命運，作品包括《城裡城外》（短篇）、《突圍》、《遠見》、《二胡》和《紙婚》。

　　陳若曦的小說所以受到人們的重視，除了本身的文學價值之外，基本上是由於政治的原因。以她的「回歸」經驗為基礎，陳若曦把文革的部分「真相」暴露於世人之前。在「四人幫」掌權的末期，像〈尹縣長〉、〈耿爾在北京〉、〈晶晶的生日〉一類的作品，可說絕無僅有。無怪乎發表之後即風靡全球，而藉藉無名的陳若曦也一躍而成為備受矚目的小說家。

　　就陳若曦本人的立場來說，政治也是她真正的關懷點。她曾經「回歸」過，也曾經在高雄事件發生後，代表海外的知識分子「上書」給臺灣的政治當局。在她的小說裡，她基本上也是在描寫自己獨特的政治經歷，以及她對中國前途的反省。從較廣泛的角度來說，《尹縣長》以後的大部分作品都可以稱為「政治小說」。

　　相比之下，陳若曦早期的作品就顯得特殊而孤立。這些小說和《尹縣

---

[*]發表文章時為清華大學中國文學系副教授，現為淡江大學中國文學系教授。

長》相隔至少 12 年，從內容來看，也無法和《尹縣長》以後的一系列作品
連繫起來。因此，在本文裡，我想把陳若曦留美以前的這些小說放置一
邊，而集中討論她在 1970 年代復出之後所寫的作品，並且特別注意這些作
品的政治內涵。

一、

　　陳若曦於 1966 年 10 月「回歸」大陸，1973 年 11 月離開，在大陸整
整七年。正是在她回歸的那一年，文化大革命如火如荼的展開。這一政治
運動延續了十年之久，陳若曦在其間度過了三分之二以上的時間，幾乎要
跟它同始同終了。這樣的巧合不知道是幸還是不幸，不過，就陳若曦的寫
作生涯來講，文革倒成了她再度執筆的原動力；而且，無可諱言的，也是
她所寫過的最好的作品的源泉。

　　陳若曦以文革為背景的小說，總共有 14 個短篇（《尹縣長》六篇、《老
人》七篇、另加《陳若曦自選集》裡的〈大青魚〉）和一個長篇（〈歸〉）。
很明顯的，短篇的價值遠勝過長篇。也許我們可以說，做為一個小說家，
陳若曦長於短篇而拙於長篇。但我卻覺得，以自己的回歸經歷為題材的
〈歸〉所以寫不好，可能源於陳若曦在文革期間所面臨的困境。

　　我們可以想像，即使不發生文化大革命，陳若曦在大陸的經歷也必然
是充滿荊棘的。大陸的「現實」和陳若曦幻想中的「祖國」，必然有距離，
而且距離一定不小。調適的過程本來就沒有那麼簡單。不幸的是，大陸又
恰好發生天翻地覆的文化大革命，這就使得原本會經歷矛盾與衝突的陳若
曦驚訝得瞠目結舌，不知如何是好。一下子就被捲進亂流之中的陳若曦，
可能始終無法了解這一場大革命的性質，也無法掌握整個運動的脈搏，而
只在波濤洶湧中載浮載沉。

　　再進一步而論，做為一個回歸的知識分子，不管怎麼樣的身處亂流，
陳若曦也只是在岸邊浮沉而已，不可能被捲到波濤的高處。因此，就整個
文化大革命來說，陳若曦只是緣於偶然的因素，被迫成為身歷其境的「旁

觀者」而已。

我相信，〈歸〉的失敗，主要就在於陳若曦文革中所扮演的這種「旁觀者」的角色。假如反過來講，那麼就可以說，正是由於這種角色，陳若曦才只能以短篇的形式來反映文化大革命；而且就是在這一反映中，也存在著極大的限制。

在本節裡，我想先從陳若曦的短篇入手，從這個角度來分析這些作品對於文革的反映。我們可以看到，這些反映所展現的幅度相當的窄小，我們幾乎無法了解，文革到底是什麼。由此我們就可以體會到，陳若曦終究只是個茫然不知所措的旁觀者而已。以此作基礎，我們將在下一節裡仔細的分析〈歸〉，具體的指出這個長篇所以失敗的原因。

陳若曦以文革為背景的 14 個短篇，可以按敘述觀點分成兩類，每一類再細分為兩小類：

1.第一人稱觀點

　　a〈晶晶的生日〉、〈尼克森的記者團〉。

　　b〈尹縣長〉、〈查戶口〉、〈任秀蘭〉、〈丁雲〉、〈十三號單元〉、〈女友艾芬〉。

2.第三人稱觀點

　　a〈耿爾在北京〉、〈值夜〉。

　　b〈大青魚〉、〈老人〉、〈春遲〉、〈地道〉。

第一類 a、b 兩小類的區別是，敘述者所敘述的是自己的故事，還是別人的故事。我們可以想像，1a 是自傳性質的作品，取材於陳若曦自己的經歷；而 1b 則是陳若曦所看到或聽到的故事，透過敘述者把它敘述出來，而這個敘述者的觀點，基本上是和陳若曦相當接近的。1b 的特色是在於，整個故事是透過敘述者的眼光和感情敘述出來的，至於故事中的主角，不論是尹縣長、任秀蘭、還有艾芬，他們的內心世界，我們是看不到的。

但是，在第二類（第三人稱觀點）的作品裡，情形就完全不一樣了。在這裡，故事的進行主要是以主角的觀點為基準，在每一個階段裡，小說

家都要告訴我們，小說中的主角（不論是耿爾，還是〈地道〉中的洪師傅）是怎麼想、怎麼看的。也就是說，小說家常常要向我們展現這些主角的內心世界。因此，在這一類作品裡，小說家對他所描寫的人物一定要非常熟悉，不然，就會「隔了一層」，無法把這些人物的真切感受具體的呈現出來。

在我看來，第二類的六篇小說裡，只有 2a 兩篇寫得好，至於 2b 的四篇，怎麼看都像「人造花」，並不具有真實感。事實上這並不難了解。2a 的主角，不論是耿爾還是柳向東，都是回歸的知識分子，是陳若曦的同類，陳若曦對他們當然「熟悉」。甚至我們還可以說，在某種程度上，陳若曦還把自己的心境延伸到他們身上。至於 2b 的四個主角，全部是大陸的老人，跟陳若曦的身分實在相差太遠，陳若曦無法進入他們的內心，是很容易可以想像的。陳若曦選擇第三人稱觀點來寫他們的故事，基本上就錯了，失敗當然是無法避免的。

在 1b 的六篇裡，陳若曦在技巧上的安排就明智得多了。對於她所感到興趣的大陸人物，她並不正面去描寫，而只透過敘述去敘述。事實上，那些人物的真面目是什麼，嚴格說起來，我們並不知道；我們所看到的，其實只是敘述者對他們的「印象」而已。這裡的敘述者，可以說就是陳若曦的化身。經由這種敘述結構的設計，陳若曦可以安心的去寫她所知道的，至於她所不知道的，她就省略了。「君子於其所不知，蓋闕如也。」緣於這種藝術的「真誠」，1b 裡的六篇，在我看來，只有〈丁雲〉一篇是真正的失敗之作，其他五篇都具有相當的可讀性。

我們可以說，1a 與 2a 的作品，都是源於陳若曦自己的經驗，所以不論採取那一種敘述觀點，都可以寫得成功。至於 1b 與 2b 所要描寫的大陸人物，如果陳若曦謹守她所得的印象，以敘述者的觀點來說故事，基本上可以寫得不錯。但她如果改變策略，想進入這些人物的行動跟內心之中，那麼，她就勉強的造出一些「塑膠花」了。

從這裡我們不難了解，陳若曦在大陸始終是個「外來者」，是個「異鄉

客」，她並沒有溶入大陸的社會中，沒有跟那社會的人水乳交融過，因此，她不能以大陸人物的觀點寫出令人信服的小說。相反的，如果她以回歸的知識分子爲主角，她有意無意總會把這些人物那種游離於大陸社會之外的痛苦表現出來。我想任何人都會同意，〈耿爾在北京〉，是陳若曦最好的作品，而這一篇小說的主題卻正好是，回歸的知識分子與大陸社會「疏離」的痛苦。這絕對不是巧合，以她自己的回歸經驗爲基礎，這可以說是陳若曦最適合處理的題材。

從這個角度出發，我們可以進一步分析陳若曦那些較成功的「大陸人物印象記」。在這些作品中，直接涉及到文革的，是〈尹縣長〉和〈任秀蘭〉。讀過這兩篇小說，我們一定會有奇異的感覺，因爲主角尹縣長只在小說中短暫出現兩次，而任秀蘭根本就沒有出現過。這樣的人物竟然能夠讓我們留下印象，我們實在不能不佩服陳若曦高明的技巧。然而我們也不得不考慮這樣的問題：陳若曦對文革到底有多少了解。

尹縣長是「解放」時期「起義」來歸的國民黨軍官，任秀蘭從小就是共產黨員，他們兩人對共產黨的「忠心」是不容置疑的。然而，在文化大革命時代，他們都慘遭鬥爭，一個被殺，一個自殺。這種不可想像的「慘劇」，也許是陳若曦深受震撼的原因。這種「震撼」的強烈，竟然使得陳若曦能夠以最精簡的寫實筆法把它傳達出來。然而，我們可以問：這就是文革嗎？我們不是要否認，尹縣長和任秀蘭的死不是文革造成的。我們要說的是，陳若曦只是看到什麼就說什麼，印象越強烈的她越想說，也越說得好。然而，對於文革，她似乎沒有「整體」的感受，她沒有辦法把文革的「群眾性」與「運動性」表達出來。她看到的是幾個波浪，而不是整個澎湃的「潮流」。她是個零碎的觀察者，而不是整個政治運動中的人。

談到文革的「運動性」和「群眾性」，我想讀過鍾阿城的《棋王》跟《樹王》的人都會有深刻的印象。那裡的知青，都是一群一群行動的。我們看到的不只是個人，還看到群眾與社會，而且看到群眾與社會都被捲進一股力量中，被這股力量驅趕著往前走。在鍾阿城的作品中，我們感受到

這股力量，但在陳若曦的小說裡我們卻看不到。理由很簡單：鍾阿城身在其中，陳若曦身在其外。

拿陳若曦和鍾阿城來比也許是不公平的，因此我們可以再談到情況跟陳若曦有些類似的張賢亮。張賢亮是個老右派，陳若曦是回歸的知識分子，同樣都是大陸社會的邊緣人物。但是，在描寫知識分子的孤立無援時，其結果卻有如天壤之別。陳若曦的耿爾是個無根的人物，在肉體上他沒有受到什麼折磨，但精神上卻非常孤獨，他的痛苦是一種「無名」的痛苦。張賢亮的章永璘就不是這樣了：他的肉體備受折磨，他的精神瀕臨崩潰，他是被社會壓迫的少數人；他對社會的「運動」非常敏感，因為每一次的運動都會增加他的痛苦。對他來說，社會是一個可以感覺到的實實在在的力量，而不像耿爾那樣的是無以名之的一團模糊。他們雖然都是邊緣人物，但章永璘仍然在社會之中，而耿爾則是百分之百的游離分子。

我並不是要貶抑陳若曦作品的文學價值。陳若曦最好的短篇小說，以樸實無華的文字，精確的掌握了人物的形象，並且還進一步的反映了社會的某種面貌。看了這些作品，我們可以知道，最好的寫實小說真是既簡單、又動人，完全不需要什麼花巧。相比之下，我們會覺得，臺灣的許多小說只是在那邊搔首弄姿，卻強名之為象徵、為現代，說穿了，只是一些沒有內容的文字遊戲而已。

我所要指出的是，就反映文革來講，我們必須正確的看待陳若曦小說的價值。我們應該記得，陳若曦是個回歸的知識分子。我們與其把她看作是一場荒謬的革命的見證人，不如把她當成是一個特異的政治歷程的主角。我們所要注意的，不只是她的小說的敘述者所看到的那個社會，我們更要注意那個敘述者，要辨明他的特殊身分。

二、

根據上面的分析，我覺得，陳若曦可以有兩種處理大陸經驗的方法。她或者謹守自己的見聞，以旁觀者的身分敘述她的「大陸人物印象」；或者

取材於自己的經歷，描寫她在大陸的所見所感，藉以呈現回歸知識分子與大陸社會格格不入的情形。

　　從第一種方法來說，陳若曦可能不適合以長篇的方式來描寫大陸社會的整體。就一個「外來者」而言，以她自己不同於大陸的價值觀點，對於她所見聞的大陸人物，她會有強烈的感受，並以這種感受為基礎，為尹縣長、任秀蘭、彭玉蓮（〈查戶口〉）、老傅（〈值夜〉）、艾芬、宋阿姨（〈十三號單元〉）做了生動的素描。但是，正如前面所分析，她並沒有具體的感受到文革的「運動性」與「社會性」，因此，她的零碎的印象沒有辦法組成一個完整的有機體。在這種情形下，如果她以長篇的方式來寫她在大陸的所見所感，很可能就流於支離破碎，毫無組織可言。事實上，這正是我們讀〈歸〉的感覺。在短篇小說中，我們看到陳若曦以精簡的結構，生動的描寫一些大陸人物，並且還能反映出大陸社會的部分面貌。但是在〈歸〉裡，所有這一些組織與秩序完全看不見，所看到的只是許許多多彼此不相關聯的事件，透過女主角辛梅的觀點，鬆鬆散散的牽連在一起。長、短篇之間這種截然的對比，也許會讓我們大感驚訝。不過，了解了陳若曦大陸經驗的本質之後，我們也就不會覺得意外了

　　就陳若曦個人的回歸經驗來說，只有一個方法可以把她的大陸見聞統合起來，寫成一個有組織的長篇，那就是：她的奇特的政治歷程的幻滅。陳若曦在大陸停留了七年，這是非常不平凡的經驗。這個經驗所以有價值，主要是在於：它可以告訴我們，由於具體的歷史因素的影響，經過幾十年的隔離之後，「回歸」並不是容易的事。這並不是誰的錯，要負責任的絕對不是陳若曦經驗中或小說中的人物。但是這個經驗仍然有價值，因為它是 20 世紀中國人的悲劇性的一種見證，也因為它對這一悲劇性的克服可以略盡棉薄之力──透過藝術的呈現，這一經驗也許可以傳遞下去，可以讓各個角落的中國人都學習到一點東西。

　　從這個角度來看，〈歸〉並沒有盡到它應盡的責任。首先，就寫作意圖而言，陳若曦似乎不想把它寫成是一本純粹有關「幻滅」的書，這從李永

忠這個人物的設計就可以看得出來。李永忠在文革初期是個標準的造反派，但是，隨著時勢的推移，他逐漸感到幻滅。最諷刺的是，像他這樣一個出身純正、行爲無疵的人，最後竟然也成爲被批鬥的對象。但是，李永忠並沒有因此喪失信心，並且還影響了辛梅，使她終於沒有離開大陸。

就技巧層面而言，這種設計犯了兩個錯誤。首先，李永忠在小說中極少出現，就小說的情節發展而言，是個「干擾」因素。我們可以看得出來，這是陳若曦爲了達到她所預期的結局的一種「策略」應用。順著小說的發展看下來，這種結局明顯是不合理的。陳若曦在序裡曾經提到，有一個朋友對這本小說的結局表示抗議。我們不知道這個抗議的具體內容，但可以肯定的是，現有的結局並不能令人滿意。

要達到這樣的結局明顯只有一個方法，那就是：大幅度增加李永忠的分量，使李永忠成爲小說的主要人物之一。這樣，勢必要以李永忠爲中心，呈現出文革的連續發展，並使李永忠在這一發展中經歷一些變化，但在最後仍然堅持他對中國的信心。但是，正如我們前面已經分析過的，這種寫法完全超出陳若曦的能力範圍。陳若曦如果勉強處理，一定不能寫得令人信服。

所以，李永忠的情節實際上造成了陳若曦藝術上非此即彼的錯誤。但是，陳若曦終究是把它寫進小說中了。陳若曦也許認爲，如果沒有留下這個「光明的尾巴」，她就要被迫成爲人們心目中的「反共作家」了。而她對中國的複雜情結，是絕對不願意讓自己在無意中發揮這種作用的。假如陳若曦真是這種用心，我想任何人都可以同情。但是，從另一種角度來看，這就喪失了藝術家的立場了。

整個看起來，這部小說的真正重點還是在於，回歸的知識分子的幻滅。陳若曦應該扣緊這個主題，嚴肅而認真的把它表現出來。只要這本小說寫得好，我想沒有人會把罪過歸於中國大陸，或辛梅夫婦。重要的不是，這件事到底錯在那裡；重要的是：我們由此知道，所有中國人的復合並不是一件簡單的事，即使有滿腔熱血也不能輕易克服客觀的困難。這是

一個有價值的經驗，值得一個嚴肅的藝術家全力以赴，而不必在任何顧慮之下有所退縮，有所保留。

就現有的描寫來看，陳若曦對辛梅夫婦的幻滅過程的處理，可能犯了三項錯誤。首先，這本小說的情節發展是隨著辛梅的觀點而轉移的，但是，陳若曦並沒有把辛梅的經歷組成一條合理的線索，從這條線索我們可以了解到，辛梅的心理轉變跟最後的行為抉擇是合理的。也就是說，這是一本零碎的記事錄，沒有發展可言。

其次，對於回歸的經歷的反省，辛梅夫婦的角色應該同等重要。就戲劇性的觀點來考慮，如果讓夫婦之間產生歧見，對於情節的發展就更加有利。陳若曦不是沒有這樣處理過，但顯然相當隨意，沒有用心安排過。最糟糕的是，在小說中辛梅的丈夫一直很少出現，但一出現就有決定性的影響。辛梅的丈夫，正如李永忠，都是描寫的太少，但對情節的發展影響太大。這可以看出，陳若曦對於這部小說的結構的安排相當粗疏。

最後，陳若曦並沒有透過具體生活的細節，來反映出辛梅夫婦在大陸生活不調適的情形，她所用的方法可以說是最粗糙的一種。她讓辛梅夫婦和另一對回歸的方正夫婦見面，讓他們在一百多頁（第二章）之中，藉著多次的長談發洩他們對大陸的種種不滿，這實在是以最簡易的方式來逃避藝術家的天職。

事實上，生動的細節並不難找到。譬如，辛梅絞盡腦汁，想出最活潑的方法來教導學生，頗受學生歡迎，結果卻引來一場政治掛帥的批判。又如，那個看守電話的萬嫂，竟然對辛梅長期僱用奶奶表示「關切」，而要橫加干涉。從這些最小的細節，我們可以體會到，大陸文革時代的「民情」和辛梅夫婦一向的觀念與習慣是如何的格格不入。假如能夠把這些細節增加，並在一個合理的大架構中加以發展，那麼任何人都會了解，辛梅夫婦在大陸永遠是「外來者」，很難跟大陸社會水乳交融，最合理的結局是：他們離開大陸，重返美國。因為這不是觀念問題，而是事實問題。這應該是「回歸」（甚至也是「統一」）問題的真正重點，但陳若曦卻沒有好好加以

把握。

　　如果要對陳若曦以文革和回歸爲背景的長、短篇小說下個結論，我們可以說：在較成功的短篇裡，陳若曦相當忠實於自己的感受，謹守住這個範圍，再以簡潔樸實的筆法來加以表現。但是，在長篇小說〈歸〉裡，這些感受並沒有發揮作用。陳若曦失去了捕捉感受的耐心，以大篇幅的「談論」來代替，在整體結構又沒有用心思量過，其結果當然就可想而知了。

三、

　　陳若曦是戰後完全在新的政治體制之下教育長大的第一代臺灣人，大學畢業後到美國留學，早在 1966 年（民國 55 年）就「回歸」大陸，所以又是中國分裂後最早促使兩邊的中國人產生接觸的臺灣人民（廣義的，包括在臺灣的所有中國人。）在那個時候，像陳若曦這樣的人無疑是少數中的少數，但我們不能否認，他們的「回歸」是一種接觸，雖然這是極特殊的一種接觸。陳若曦作品所描寫的大陸經驗的意義就在這裡，它讓我們看到，經過一段時間的分裂，這種「回歸」所造成的兩邊人民的第一次接觸會是什麼樣子。我們前面兩節的分析，就是要指出，這一早期的「回歸」所形成的經驗的特質，並進一步說明，這一特殊經驗跟陳若曦的文學反映的關係。

　　陳若曦從大陸出來以後，不久就定居於美國。隨著政治局勢的轉變，海峽兩岸的接觸也逐漸的頻繁起來。以陳若曦對中國前途的關切，她不可能不留意這種前所未有的新局面。因此寫完〈歸〉以後，她就不再眷戀於自己的「回歸」經驗，而把焦點轉到新的兩岸關係來。

　　跟早期的回歸經驗比起來，陳若曦近期作品中所表現的新中國局勢有兩個明顯的特色。首先，她開始注意到臺灣，花了相當多的精力來描寫臺灣的問題，這跟前一階段以大陸爲重點的傾向完全不同。其次，由於陳若曦定居於美國，只偶然回臺灣或大陸看一看，這種生活經驗上的限制，使她不得不透過在美國的臺灣或大陸人來反省兩岸關係。這一來，就使得原

本只是兩岸的問題，立刻變成較複雜的三角關係了。

　　事實上，我們可以說，三角關係是兩岸關係的「本質」。試想一想，不透過第三者，現在兩岸的人民可能產生直接的接觸嗎？而且，從政治上來考慮，美國正是影響兩岸關係的最大的變數。所以，臺灣、大陸、美國的這種三角關係，可說是兩岸關係最合理、最真實的表現。即以陳若曦的回歸來講，如果沒有「留美」這個中途過程，根本就很難發生的。而且，陳若曦在大陸的「不適應」，「美國經驗」也是一個主要的因素。因此，可以說，「回歸」本身就隱藏了一個三角關係。隨著局勢的演變，這個隱藏因素逐漸的明朗化，三角關係就正式形成了。

　　到現在為止，陳若曦以這個明朗化的三角關係為題材的作品，共有一個短篇小說集和四部長篇小說。以我個人的看法，這些作品的文學價值沒有一本是可以超過《歸》的，當然更不用說和《尹縣長》和《老人》兩個集子裡的短篇相比了。不過，這些作品新牽涉到的文學技巧和意識形態都有提出來談一談的價值，因此下面我們就簡單的加以分析。

　　整個看起來，陳若曦用來描寫這個政治三角關係的方法，是有一個基本模式的，那就是，透過男、女關係來加以表現。譬如，在《突圍》裡，外省籍的留美學人駱翔之周旋於臺灣籍的太太林美月和大陸來的女子李欣之間，不知如何突破困境；《遠見》的女主角本省籍的廖淑貞，嫁的是外省籍的丈夫吳道遠，但在美國求取綠卡的過程中，卻與大陸學人應見湘互相傾慕，並為華裔美人李大偉所追求；《二胡》裡的胡景漢，在面對大陸的太太柯綺華和臺灣的情人楊力行時，有一種難以抉擇的痛苦。

　　就我所知，在臺灣小說家裡，首先「發明」以男女關係來象徵或暗示兩群人的關係的，可能是陳映真。其後，這種方法被一些小說家視為「方便法門」，而樂於採用。事實上，不論從寫實主義的觀點還是從象徵主義的觀點來說，這種方法都沒有表面上看起來那麼容易。文學不像數學，不能輕易的以 A 代表臺灣、B 代表大陸的方式來解決問題。我常常覺得，當小說家這麼做的時候，似乎都有避難就易的傾向。我又覺得，一個藝術家如

果有意無意的想逃避問題，他基本上就已失敗了一半。

　　就陳若曦的例子來說，在《遠見》與《突圍》裡，當男女三角關係的政治架構被設計出來以後，政治好像就完全被拋置腦後，而男女關係就變成是純粹的浪漫愛情關係。結果是，我們只讀到迷人的愛情故事，而完全沒有看到真正重要的政治問題。這種「買櫝還珠」的處理方式，使得那個設計出來的三角架構變得極為勉強，而完全不能令人信服。

　　在《二胡》裡，胡景漢的「悲劇」好像不是人為的設計，而是自然就有的現象，因為海峽兩岸各有一個家庭畢竟是太普遍了。但是，陳若曦也並沒有處理好，最後還是落入浪漫愛情的俗套（尤其是有關楊力行的部分）。政治（廣義的）如果沒有融入愛情之中，成為愛情的血肉中的一個成分，就會變成政治的觀念和浪漫的愛情很不協調的混在一個架構中，尷尬的並列在一起，這就是藝術的失敗。

　　由此就可以談到陳若曦這些作品的第二個缺點，就是概念化。是明顯的表現是，政治問題完全藉著談話的方式來傳達。前面已經指出，《歸》已有這種傾向，在《遠見》與《二胡》裡，這一缺陷更加明顯。最嚴重的是《二胡》：小說中的人物隨時可以坐下來談論任何問題，甚至不必顧到這些言論跟講這些話的人的個性是否配合。看到後來，簡直不知道胡為恆跟鈕先立到底是怎樣的一種人。在寫《尹縣長》的時候，陳若曦還小心翼翼的捕捉自己的感受，不讓概念過分的冒出頭來。但此後，她的藝術耐性似乎逐漸遞減，而說教意味則相對增加。讀到《二胡》時，回想起《尹縣長》，判然如出兩人之手，真是令人浩歎。

　　以上談的是藝術問題，其次要說到這些作品背後的意識形態了。在這些作品裡，絕大部分的臺灣人（廣義的）和大陸人，似乎都想盡辦法要留在美國。這可能是真的。問題是，在陳若曦的筆下，這些人好像就成為臺灣人跟大陸人的代表，而美國好像就成為所有中國人（包括大陸和臺灣）的天堂。陳若曦似乎離開大陸和臺灣太久了，沒有跟長期留在本土（不管是那一種本土）的人接觸過，因此沒有辦法體會他們的感受，也沒有辦法

描寫他們。這也沒有關係，只要她把那些在美國的臺灣人跟大陸人加以「限定」，不使他們具有代表性也就可以了。但我的感覺卻是，像應見湘那樣堅持要回大陸的似乎是例外。

當然，陳若曦對於這些人的心態是加以批判的（對於臺灣去的人較嚴苛，對於大陸去的較同情），但是這些批判實際上並不具備「批判性」，因為陳若曦不自覺的也流露出「嚮往美國是應該的」這種心態。這種情形就好像是，在美國的華人對臺灣人和大陸人說，你們應該回去為自己的土地奮鬥，美國雖然好，終究不是你們的家鄉。坐在牛上數牛的數目的人竟然忘記了數自己，這是陳若曦意識形態上的盲點。

我相信所有關心臺灣前途和中國前途的留美華人，或多或少都跟陳若曦犯了同樣的錯誤。我們不能苛責他們，畢竟他們對祖國的關心是真心的，必要時，他們也肯為祖國出錢出力。他們最大的錯誤是，原本只是他們本身的問題，他們卻看成是臺灣或大陸的問題。臺灣或大陸誠然有許多問題，但跟他們的問題並不一樣。

簡單的講，已經留在美國的，跟還沒留下來卻一心想留下來的中國人（不論來自臺灣或大陸），是一群人，他們跟一心一意要待在臺灣或大陸的人並不一樣。這不是在責備他們，這只是在指出事實，正如堅持要回大陸的應見湘可以接受路曉雲的留居美國一樣。但是，我們要坦白的承認，美國華人雖然跟祖國有千絲萬縷的關聯，他們仍然有屬於他們自己的問題。關心祖國之餘，也要想想自己的問題，這樣，才不會把問題擺錯位置。

我覺得，陳若曦多多少少已意識到這一點，因為她曾藉著李大偉（《遠見》）和蘇莉娜（〈向著太平洋彼岸〉，見香港版《城裡城外》）之口，宣布一種美國華人的政治觀，這是想要在美國生根的華人的看法。但是，陳若曦的自覺還不夠，她應該明確的告訴自己，她是以美華的身分（不管她自己願不願意）在談論中國問題。她應該了解，她的政治三角關係的三個點是：美華、臺灣和大陸，而美華則是她的「原點」，必須「殘酷」而真實的面對這個問題，陳若曦以及一切留美作家才可能有真正的藝術上的突破。

——原載《文星》第 116 期，1988 年 12 月

——選自呂正惠《小説與社會》

臺北：聯經出版公司，1988 年 5 月

陳若曦：回歸與放逐的辯證

◎簡政珍*

　　1960、1970 年代，思鄉和放逐是當年文學裡忽隱忽現的幽靈。但是思鄉而不返鄉也是大部分離鄉遊子的感知。當時像余光中、葉維廉和張系國作品裡的人物或詩中人，雖然深受思鄉之苦，從未真正的返「鄉」，因為他們大概朦朧中已意識到主觀感覺和客體現實的差距。在那個年代，竹幕深鎖，但微風輕揚，竹簾的縫隙總會透露出黑暗世界的血光。余光中的詩裡，斑鳩引發思鄉的叫聲，伴隨著難民奔離家鄉錯亂的腳步。張系國已將臺灣定義為「家」，雖然他是大陸人。大體上，從大陸來臺的中國人已漸漸將臺灣視為家，而像余光中仍然猶豫把臺灣的居住地當作永久地址的人，也漸漸體認到忽視臺灣眼前的現實而一味地思鄉，是一種無可救藥的濫情。

一、回歸和放逐

　　在 1980 年代之前，臺灣已累積了 30 年傲人的經濟成就。但對於放逐者來說，經濟的成就並不能取代家國的地位。有些人冒險回大陸，將後果交給不可知的未來。當越來越多的大陸人，開始將臺灣視為自己的家鄉，陳若曦這樣的臺灣人，卻決定「回歸」大陸。她的「回歸」使「家鄉」和「祖國」陷入反諷的二元對立，但反過來說，也許就是意味到兩個相似詞語的弔詭，她決定去大陸消解二元對立。陳若曦的《歸》裡的辛梅道出了她當年回歸的豪邁：「國而忘家」（頁 119）。「家」和「國」的二元對立是

*發表文章時為中興大學外文系教授，現為亞洲大學外國語文學系講座教授。

當代海外中國人的特殊情境。

　　做爲一個臺灣人，陳若曦的回歸似乎以個人的行動，證實這個島嶼和大陸的臍帶關係，但抱持放逐者回歸能讓理想的中國浮現出具體的輪廓，則是一個充滿變數的浪漫悲劇。再其次，一個臺灣人去大陸，與其說是遊子回歸，不如說是自我放逐成爲遊子。事實上，最初回歸的理想動機，漸漸被周遭的隔離感所取代。緊接著，恐懼被外在的世界隔離更強化自己的放逐意識。當放逐者所歸返的不是家，而是一個抽象的理想化空間，他已將自己陷在一個隨時都會被自我放逐意識侵蝕的領域。在陳若曦的作品中，回歸的「我」幾乎無法和外在的現實站在共同的立足點。做爲觀察者或實際參與者的自我，發現回歸前所構築的理想殿堂，在「祖國」的現實裡崩垮。放逐者至此爲當時非理性的決定感到苦澀辛酸，但時間已難以反覆。也許回歸的非理性的程度甚至超越喬哀思在《尤里西斯》裡所說的：「在經由可以反覆的空間裡，時間性的離鄉和返鄉，以及在經由難以反覆的時間裡，空間性的離鄉和返鄉，兩者難以劃上等號」（Joyce, Ulysses，頁728）。

　　放逐者的回歸非理性，因爲他們意識中的時間和空間裡的變化並非同一步調。對於古今中外的一切放逐者來說，如余光中的詩中人，葉維廉詩中的自我，白先勇的臺北人和紐約客，張系國的小說中的部分角色，亨利・詹姆斯的黛西・米勒（Daisy Miller）及伊莎・雅裘（Isabel Archer），海明威的佛得列（Frederick），巴斯特那克，索忍尼辛，喬哀思的史蒂芬・第德勒斯（Stephen Dedalus），自我意識裡的空間和實際空間的非同步，使返鄉發出誘人的魅力，但真正的返鄉少之又少，可能是放逐者感知到其非理性，因爲意識的時空和實際時空有相當大的差距。但對於陳若曦來說，這些時空的不相稱僅屬次要。「非家鄉的返鄉」主要的考慮並非是要在空間裡找回時間，而是要化解家與國的二元對立。家和國的歧異使得她的回歸迥異於一般返鄉的典型。一般的返鄉是試圖追回過去，但她的返鄉是展望未來──一個是國而非家的未來。

　　另一方面，一個臺灣人以大陸為家也並非不尋常。這個理念伴隨著自我主體性的滋養而成長，在歷史記憶中得以確認。卡勒（David Carroll）在論述美學超越和國族認同時說：「在表象的持續和不持續的事件中，底層裡的土地、人民、和國族都一直持續地存在。歷史蘊藏認同或是可能的認同，土地更是實質的支撐」（頁 115）。卡勒繼續說：人的出生會追溯到更早的出生，人的身分會追憶到身分前的身分（頁 120）。一個臺灣人和大陸認同是把家鄉做為久遠前的記憶。當歷史感一直在意識裡穿流，家鄉是一個不必身歷其中的土地（Tabori, *Anatomy of Exile*，頁 31）。維特林（Joseph Wittlin）甚至說，家的原型是除了亞當和夏娃人類從未涉足的樂園。這個理念是返鄉原型的擴充和展延[1]。

　　但在《尤里西斯》和一些有關放逐的文學遺產裡，返鄉的原型是從離家到回家一個循環，而陳若曦的家則是在這個循環的圓周之外。「家」和「國」兩個詞彙的分野充分顯露出當代臺灣人對家鄉理念感受的複雜性。因此，有些臺灣人認為身居臺灣有如放逐。這種放逐意識也許是因為「家」沒有「國」的支撐所顯現的欠缺和不穩定感。

　　因此，家和國的分野只有在家的重新定義中尋求平衡。在第一個層次上，自我在兩個客體世界裡擺盪。在第二個層次上，一個從臺灣前往大陸的「回歸放逐者」歷經了多重放逐——他或她生出來就是在臺灣的放逐者，在美國是第二度放逐，前往大陸自認為是回歸，而成為第三度放逐，「回歸」後，憧憬幻滅而離開，成為第四度放逐。對於一個臺灣人來說，放棄家而尋找國，或離開家而尋找家，都是放逐繁複而反諷的變奏。

　　當陳若曦整理行裝前往大陸時，她心中所想的可能既不是回歸也不是離家，而是感染浪漫的理念，自認為回歸有利於所有中國人的前景。這也和一般的放逐者藉由返鄉而重溫過去不同。但浪漫的思維總容易墜入自掘的陷阱。共黨所粉飾的未來發出炫人的光影，所謂的遠景可能只能遠觀，

---

[1] 這是 Tabori 在 *Anatomy of Exile* 裡的引述，頁 31。

不能近看，正如方正在《歸》裡所說的：「就像共產主義的遠景一樣，可望不可即才迷人！」（頁 161）。近鄉情怯，目睹「祖國」的那一刹那可能是興奮的最高點。可是那也是永難重複的瞬間，之後，將隨著時間從高潮中滑落。飛機降落前，看到一排紅衛兵揮動《毛語錄》，陳若曦和一些外國人對著這「新一代」給予無限的肯定。但這個瞬間即將成爲不可追的記憶。走入海關，她即一腳踏入了噩夢的世界。

　　在密爾敦的《失樂園》裡，撒旦墜入地獄時說：他能「使心靈不被時間和地域改變。／心靈就是自己的地域，自身／能使地獄變成天堂，天堂變成地獄」（Milton I.，頁 252～255）。陳若曦走進文革時代的大陸，也正如墜入人間地獄，但她是脆弱的血肉之軀，不是墜落的天使。她無法像撒旦一樣能以如此的詩行自我安慰：「寧願在地獄統治，而不願在天堂臣服」（Milton I.，頁 263）。一個「回歸的放逐者」面對同胞的受苦受難，想像的天堂已變成地獄，但很快，地獄的火焰即將把自己吞噬。當客體的噩夢式世界逼著人們去挖掘過去，「回歸的放逐者」對未來構築的理想變成如何謙卑地活在當下。

　　當過去被挖掘出土而重見天日，對未來的憧憬也逐次陷入泥土而被掩埋。也許這是對回歸的放逐者最大的反諷。挖掘過去的政治運動，對返鄉的放逐者來說，也許只是意味自己和「他者」的認同問題，但對於無以數計的「他者」則是生死交關的場景。陳若曦在大陸所經歷的恐怖和夢魘，別的作家也有觸及，如今共產黨也公開譴責，而將其歸之於「四人幫」。本文的重點不是要列舉這些滔天罪行，而是要審視一個「回歸的放逐者」如何在作品裡看待外在的現實和自我。陳若曦在文字的大地裡揭開了一個令人無奈而反諷的世界[2]。人爲了求生存必須要對著自己的人性奮戰；回歸的放逐者面對一個難以置信的新家，開始對著出生地思鄉。回歸和放逐變成存在的弔詭。

---

[2]本文的重點是，陳若曦回歸這段時間如何透過敘述觀照「祖國」，因此討論的焦點以 1980 年以前發表的作品爲主。

二、現實世界

在陳若曦的作品裡，最恐怖的是政策的朝令夕改。對於統治者來說，政策的善變是對付政敵的最佳武器，但伴隨著政敵的消滅，無數無辜的蒼生也跟著消失。一些陳若曦的角色歷經善變的政治運動後，對人生唯一能確定的就是其不確定性——每一天都可能是生命的最後一天。生命是用絲線綁著的木偶，等著毛澤東幕後無所不在的手指，隨著情緒拉上拉下或丟棄。人可瞬間從人民英雄變成反革命分子。任秀蘭就是典型的例子。小說中，沒有任何證據可顯示她是「五一六」的成員[3]。學生問敘述者任秀蘭是否為「五一六」時，敘述者的倒敘暴顯了所謂犯罪起訴的可議性。敘述者陳老師自問：「任秀蘭是這種『五一六』分子嗎？我確實不知道——也許只有天知道吧。」（《尹縣長》，頁 118）。

對於外在難以置信的世界，敘述者有無數類似無法作答的問題。尹飛龍（或尹縣長）一度是國民黨的上校，在共黨迷人的口號下投誠，但政治的狂風一吹，仍舊難免一死。行刑前，他高喊：「毛主席萬歲」。一個農民問鬥爭會的轉述者張小弟說：「他這麼喊『毛主席萬歲』，怎麼還槍斃他？」（《尹縣長》，頁 213）。張小弟只能回答：「少管閒事」（同上）。尹飛龍的悲劇在於：他無法預料「投誠反正」的剎那已捲入一個善變的政治風暴。

尹飛龍的呼喊「毛主席萬歲」和英國 16 世紀伊利莎白女王時代百姓喊「上帝拯救女王」（"God save the Queen"）有異曲同工之妙，一個百姓膽敢臆測女王的婚配被砍掉一隻手，他舉起血淋淋的殘肢高喊「上帝拯救女王」，以語言遮掩控訴。這不僅是當事人的控訴，也是隱藏作者藉由文字敘述的對政治體制的控訴。尹老頭追述尹飛龍過去的功績，但這些功績已被詮釋成罪過。政治運動總從一個極端擺向另一個極端。一切都是未定性，

---

[3]「五一六」據 Dennis J. Doolin and Charles P. Ridley 所編的 *A Chinese-English Dictionary of Communist Chinese Terminology* 所說，是一個極左派組織，據說極力反對周恩來。文化大革命的時候，江青被認為是真正的領導者。但「五一六」被整肅時，她的手下和無辜的人民遭殃，江青當然是安然無恙。

一切不可臆測。尹老也只能如此自嘲：「我當真老了，跟不上形勢了」（《尹縣長》，頁191）。

　　「尹飛龍」敘述者藉由故事的敘述點明：共產黨善變的政策和充滿縫隙的毛澤東「思想」有關。所謂毛思想內含自相矛盾的兩極，任何一邊的詮釋可以輕易地使另一邊人頭落地。一個領導者輕率的想法被視為是政策，而任何這些想法的小小修正都布滿了血光。因此所謂的政策是一個致命的把戲。一個少年為尹飛龍辯護說：「我們要本著黨的政策，是『起義』就既往不究，這才合乎『毛主席』教導……。」尹飛龍自己的姪兒小張駁斥說：「你還沒有學通『毛主席』的教導哪！『毛主席』還說過：有冤報冤，有仇報仇，不是不報，時候未到！怎麼樣？現在是給階級兄弟報仇的時候了！」（《尹縣長》，頁203）。小張的「大義滅親」也大抵決定了尹飛龍的命運。但政策是失序的鐘擺，整肅是一個隨時不變的定律。尹飛龍死後，小張也被通緝而失蹤了。

　　前述〈任秀蘭〉的故事更是充滿反諷。任秀蘭被批鬥，最後自己在糞坑淹死，所有最污穢的字眼都吐瀉在她身上。但是

> 那年秋天，林彪事件發生了，不久就忙於「批林」、「反極右」。一年不到，所有上臺坦白過的「五一六」分子都紛紛推翻口供，叫嚷是屈打成招；而當年整他們的人，很多又作為林彪的嫌疑被關進了學習班。本院的準「五一六」也陸續放出來了；最後一位，在關滿了三年後，也見了天日，什麼罪名也沒有。
>
> ——《尹縣長》，頁130

撒依（Edward Said）在論述到以色列和巴勒斯坦相互的報復行為時說：「犧牲者變成使他人成為犧牲者是歷史可怕的反轉。」（said，頁12）在陳若曦的小說裡，隨著政策的改變，犧牲者和被犧牲者的主客體也跟著變動。角色的改變是為了自保。這和撒依在強調為了自我的主體性而犧牲「他者」

畢竟不同。在文革那樣的世界裡，主體性必是一個奢侈的課題，如此的論述也勢必被整肅。

外國人或是觀光客很難如此體認這樣的世界。一個放逐者和一個返鄉的放逐者最大的差異，就是置之度外和身在其中的不同。陳若曦不是過路的觀光客，因此她能感受到存有如頸項逼臨刀口的寒光，她能體驗到理想的色彩只是宣傳喇叭的失真和染色。小說中的隱藏作者就是以這種眼光觀照人生。

「回歸的放逐者」看到政治左右艾芬的婚姻（〈女友艾芬〉）。政策如常地持續變動。政策帶動生活的改變，反之，任何生活的變動可能也意味政策的變動。艾芬爲了「活著」和一個京劇樣板戲的演員再婚，但當敘述者離開大陸後不久，所謂的京劇樣板戲已經被批判。艾芬的第二任丈夫已籠罩在另一個暗影裡。縈繞在敘述者心中的問題是：「艾芬的婚姻是否無恙？」（《老人》，頁193）。

平常百姓的婚姻捲入政治的旋風，返鄉的放逐者一個卑微的結婚願望也不可得。耿爾兩次結婚的願望都落空。不僅結婚不成，情侶幾乎反目成仇。莎士比亞的《羅密歐和茱莉葉》也是情侶的小世界被外在仇恨的大世界所切割。但兩人都致力於護衛這個小世界的完整。耿爾則因爲有在外國念書的經驗，文化大革命一來，他在女友小晴的心目中幾乎已淪爲社會的公敵。

他和小晴的婚姻是因爲自己無法「高攀」而失敗，和小金則是不容許屈就也沒有成功。在表象口號遮掩的共黨制度下，階級意識是對自身最大的反諷，但這也意味著人事的不可預知。「紅五類」或「黑五類」是烙在身心的標籤。黨部認定小金黑五類的身分會「污染」了耿爾，所以耿爾不准和她結婚。

正如張愛玲的《赤地之戀》，共黨幹部占女人便宜的例子不勝枚舉。艾芬要給她的上司一些「甜頭」（《老人》，頁180）。人爲了活下去，必須對抗自己的本性，對抗自己的朋友、親戚和家人。但正如陳若曦在《文革雜

憶》裡所說，這些對抗或戰爭只是一種姿態。離婚也可能是一種姿態。和
「愛人」劃分界線是以自己的可變性對付政策的善變性。離婚是為了讓愛
繼續展延。和人性的戰爭也許是共產黨唯一失敗的戰爭。

　　要活著，人要會演戲。〈十三號單元〉的敘述者說：「人要活下去，哪
能不逢場作戲呢？」（《老人》，頁 141）。在〈任秀蘭〉裡，「『五一六』一
個個被押上高臺，當眾揭發控訴，沒有一個不是聲淚俱下的，有的還泣不
成言，當場暈倒」（《尹縣長》，頁 118）。演戲是因為劇情純然虛構。但虛
構的劇情下是血淋淋的監禁、槍斃、家破人亡。

　　因此，表象的狂熱和內在的清醒成對比。既然每一個即來的瞬間都充
滿未定性，掌握當下的每一瞬間變成存有唯一的依據。小張舉著酒杯對耿
爾說：「來，老耿，還是這個好！有酒當歌，人生幾何呵！」（《尹縣長》，
頁 173）。小張引用曹操的詩文是一個無可奈何的反諷。曹操原詩的情境是
顯現英雄豪氣，小張的文字卻是反襯自己和耿爾的困境。

　　也許應對政治的善變只有務實，雖然這種務實有時是以人性為代價。
當下瞬間所掌握的最真實。因此，丁雲掌握機會和高幹結婚。在小說和真
實世界裡，高幹享盡「革命」的好處。當上百萬的人民在餓死邊緣，王洪
文花費 500 萬美元蓋別墅（《文革雜憶》，頁 83）。平常百姓岌岌可危地度
日，無力去在乎官員的腐化，但「回歸的放逐者」卻在這口號宣稱平等的
社會裡，看到所謂平等的荒謬。

　　陳若曦是個作家，文人是他最敏銳的觀照重點。文化大革命是文化的
浩劫。文人被視為「大毒草」。老傅把 900 本的藏書當廢紙賣掉。從此，
「除了《毛選》，我沒買過書」（〈值夜〉，《尹縣長》，頁 83）。文學批評是
政治操縱的傀儡戲。冷子宣像無數的知識分子那樣掉入「百花齊放，百家
爭鳴」的陷阱，批評黨的教育和文學政策，被戴上右派的帽子。他的詩
〈雪〉在政治凹凸鏡的審視下，被判定是在諷刺毛澤東（〈查戶口〉，《尹縣
長》，頁 102～103）。

　　文學批評在陳若曦的大陸裡經由政策的導向所控制。政策導向和出版

管制不同。詹姆斯（Storm James）如是說：

> 政策導向比出版管制精確。管制令人激怒。但它的障礙作家終究能夠超
> 越或欺騙。政策導向，尤其是靈巧的政策導向，藉由外力則是另一回
> 事。作家要以道德自殺為代價。以外力迫使就範，以特別的承諾誘使沉
> 淪。
>
> ——*The Pen in Exile*，頁 9

　　詹姆斯說政策導向「會麻痺人心，影響全民的生活」，最後「導致人心靈的疾病和怠倦感」（*The Pen in Exile*，頁 10）。心靈的麻痺讓文學的創作停滯。詩檢驗想像力。大約 30 年中，相對於臺灣的人才輩出，大陸以十億人口所襯托的詩壇卻幾乎一片空白[4]。文學的空白能試圖讓政治的凹凸鏡找不到焦距。即使如此，成千上萬的文人和作家已被宣布為大毒草。

三、敘述和語言

　　但文人或文字在現實的間隙裡展現想像力。這也是陳若曦小說最值得注意的焦點。敘述的文字經常在表象的肯定現實時否定現實。在陳若曦的作品裡，人們學會應對表象和真實的歧異。人們以「毛主席教導我們」的文字來保護自己，但文字表象的讚譽是潛在的控訴。滿屋的毛主席畫像（〈晶晶的生日〉，《尹縣長》，頁 44）暗示毛主席的不存在。無所不在的喇叭宣揚黨的政策，侵入個人的思維領域，但人們漸漸在狂囂的喇叭前「鼾然入睡」（〈值夜〉，《尹縣長》，頁 66）。陳若曦所描繪的這些景象有如卡通，因為客體世界的荒謬是如此真實。

　　有時文字的並置卻沉默地展現豐富飽滿的語意。雖然小孩在毛澤東的畫像上塗鴉（〈晶晶的生日〉），或是不小心坐在毛的畫像上都可能是被整肅

---

[4]這是從 1949 年到 1979 年大致狀況。

的理由（《歸》），經由文字的巧妙並置，敘述竟可以暗諷不可碰觸的禁地。〈值夜〉的「老傅不疾不徐地引證了一句『毛主席』的語錄後，又拿起錐子釘洞了」（《尹縣長》，頁 80）。「釘洞」和《毛語錄》的並列，藉由空間句構的並置產生語意的聯想，以換喻呈顯隱喻[5]。敘述的聲音隱藏在表象「清白無辜」的文字裡[6]。告訴讀者：真正被鑽洞的是毛澤東思想，毛思想本來就千瘡百孔，每一個孔隙卻左右了萬千人的生死。

〈春遲〉裡曉春爲父親辯護時，也暗藏弦外之音。她說：「罪大惡極的毛主席還說『要給出路』，不能一棍子打死」（《老人》，頁 105）。藉由口語和書寫表現上的不同，敘述者在表象「清白」的文字裡，暗藏譏諷。口語著重時間前後的串接，書寫則除了時間性外，還有空間的展現。由於逗點的省略，「罪大惡極的」變成「毛主席」的修飾語。曉春的言語是口語，在「罪大惡極的」和「毛主席」中有一個小小的停頓。由於停頓純然屬於時間性，一旦文字將其空間化，停頓必須轉化成逗點。但隱藏作者將逗點省略，而讓前後兩個詞語比鄰，來透露出潛藏的真正的聲音。另一方面，詞語的比鄰也可能是曉春「說溜嘴」的現象——心急而言語快速滑溜滾動的串接狀況。這是說話者的焦慮和積壓情緒的爆發狀態。這種串接在時間的催促下，聽話者並不在意，也無從在意，但讀者閱讀時，在文字空間化的排列裡卻發現另有乾坤。文法功能的轉移變成修辭的擴充。語意的轉向和逸軌，使文法和修辭兩種結構得以共生並存[7]。

這種使語言富於修辭和隱喻功能的真正說話者是全能敘述者，隱藏作者的化身。陳若曦以文革爲背景的作品裡，隱藏作者幾乎就是真實作者的投影。布斯（Wayne Booth）對隱藏作者的討論，間接說明了文學和現實虛實相濟，彼此若即若離。能體會到隱藏作者和真實作者兩者的分野，也意

---

[5] 很多隱喻來之於換喻。請參考：Roman Jakobson and Morris Halle, Chapter 5. Gérard Genette, pp.42-58. Paul de Man, pp.65-67.簡政珍，《語言與文學空間》，頁 133～148
[6] 德西達認爲書寫文字不可能不染上色彩，巴特也說語言不可能是「清白無辜」，作品絕非「白色寫作」，請參見：Derrida, "The White Mythology: Metaphor in the Text of Philosophy." Roland Barthes, *Writing Degree Zero.*
[7] 有關文法和修辭的共生現象，請參考 Paul de Man, p.9.

味了讀者能進入了小說美學的更高層次。但細讀陳若曦以文革為背景的書寫，當生命無助地捲入現實的漩渦，當人生的血淚滲進了書寫的紙張，隱藏作者和真實作者似乎融入彼此的疆界，敘述者和特定的被敘述者進入深層的「主體互動」。對生命有感覺是一種美學，但反過來說，美學的功能正是培養對生命的感受。在生命的投入狀態中，也是文學和人生幾近渾然一體的狀態。這也就是為什麼張系國的小說富於技巧，但他卻說他不注重技巧，他只想專注描寫人生。

但以下的討論仍然以隱藏作者為著眼點，雖然我們感知「他／她」和真實作者渾圓交融。畢竟，放逐文學的論述，不僅是人生裡的文學，而更是文學裡的人生。文學和現實不是意符和意旨的全然對應。為了賦予文學較寬廣、較獨立的美學天地，在個別作品的討論裡，「陳若曦」三個字承擔的是隱藏作者的功能[8]。

陳若曦的作品裡，不論敘述者是女性或男性，敘述的語調和隱藏作者觀點趨近一致。個別作品裡的觀點的多樣性，事實上是一個返鄉放逐者的整體觀點的變奏。返鄉的放逐者的眼睛偷偷地凝視各個黑暗陰森的角落，來勾勒出這個「新」世界的輪廓。曉春並不知道文本裡的修辭策略，隱藏作者透過全能敘述者造就成文字的逸軌，使文意跨越了原來既有的指涉。在〈尹縣長〉裡，看到自然景色的變化映襯人事的變化的是隱藏作者。在〈任秀蘭〉裡，任秀蘭的死「像一塊鐵投進了我的心海，重重的，越沉越深」（《尹縣長》，頁 130）。說話者的「我」既是隱藏作者，也是返鄉的放逐者，陳若曦。《歸》裡的主角辛梅幾乎是陳若曦的影像，雖然這是部小說，而不是自傳。假如作者的聲音無所不在，個別敘述者的討論變得比較次要，重要的是返鄉的放逐者的觀照角度和位置。

返鄉的放逐者大部分是現實的觀察者或是參與者。以觀察者來說，〈值夜〉的柳向東嘗試客觀地描繪一個傷感的世界，但最後發覺自己身陷其

---

[8] 反過來說，綜合所有作品的討論，這三個字則意味真實作者。

中。以參與者來說，《歸》裡的辛梅和陶新生藉著融入群眾來了解外在世界，最後發現自己是人群中的放逐者。在故事敘述中，觀察者和參與者的差別是苦痛和不幸的歸屬對象。若是他人的苦痛，敘述者是觀察者，反之，則是參與者。以觀察角度來說，類似張系國和白先勇小說裡的「我─他」和「我─你」所顯現的差異[9]。但陳若曦的觀察者是放逐者，被觀察的對象是一個代表大眾的個人；而張系國和白先勇的觀察者，則是以一個代表大眾的個人來觀察放逐者。

雖然有時敘述者不是返鄉的放逐者，但敘述的語調仍然是隱藏作者持續的聲音。〈地道〉裡，洪師傅和李妹在地道約會，卻走上死亡的不歸路，作者讓讀者感受到地道是個隱喻，暗示一個表象美好卻邁向死亡的體制。〈尹縣長〉裡，張小弟敘述尹飛龍被公審槍決時，天地變色暗示人事的紛擾（《尹縣長》，頁 211），以及描述月亮如鐮刀，有如窺視的猛獸（同上，頁 207）。自然反映人事，也是人事的審判。這些都是陳若曦的觀點。

自然在陳若曦的作品裡有雙重對立的功能。一種是以不變對比人事的變，另一種是以改變映照人事的善變。鐮刀型的月亮和突起的狂風是自然之變，「萬古千秋，偉大的秦嶺」（同上，頁 209）和〈耿爾在北京〉裡秀麗的桂林山水（《尹縣長》，頁 175）以及《歸》裡枝葉茂密、枝幹厚實的松樹（頁 16～17）則是以自然的互古不變見證人事的善變。一方面，正如19 世紀末 20 世紀初的自然主義，自然似乎對人事苦痛漠然無知，另一方面，它似乎又以歷久長存的姿態，默默包容過眼雲煙式的人事苦痛。但不論是以反映或以審判來見證人事，殘缺的自然景象會讓「回歸的放逐者」想到遙遠完整的景致，而本能地追憶回歸以前的日子。回歸至此已在意識裡變成放逐。

但，當辛梅在《歸》裡對著漠然的松樹默默地祈求，以人的觀點看自然和自然本身生序的變或是不變，總是有本質上的差異。當人在人世裡浮

---

[9]請參見前面兩章我有關兩位小說家的探討。

沉，鳥、食物、空間、光線、音樂和氣味已無關緊要。有人盡量發揮才智折磨他人，有人隨時要封住自己的嘴唇。鄰居可能是告密者，朋友可能變成敵人。自己的母語——出生地的語言——也面臨類似的命運，被曲解，被詮釋成叛逆。要多少人的血才能在湖裡浮起滿載這樣語言的小舟：「死人的事是經常發生的？」

〈尹縣長〉的敘述者，正是以引用毛語錄表象的真理顯現其潛在的詭異。尹飛龍的死，敘述者用毛澤東說的「死人的事是經常發生的」來做爲敘述的總結。但在這一句話的後面是「……。」的符號（《尹縣長》，頁213），對這樣的政體已「無話可說」，但所謂無話可說，卻是千言萬語所濃縮的沉默，一切盡在不言中。這些沒有文字，只有默默的標點敘述，正是「回歸的放逐者」思維的間隙。在這個間隙裡，意識對現實沉重地反彈，離鄉和思鄉糾葛的情愫閃閃發光。同樣，任秀蘭在糞坑裡的屍體讓敘述者嘔吐。嘔吐的動作也是雙重指向，不僅是眼前的景象噁心，也是體制的令人作嘔。這是「一段恐怖中帶著荒唐意味的回憶」，沉澱成心中的一塊鐵（《尹縣長》，頁 130）。堅硬的鐵不能在意識裡銷融，它可能會一再提醒自己在「祖國」放逐。

〈值夜〉裡，回歸的柳向東和其他一些老教授一樣，在農場勞動。當他聽到老傅把 900 本書當作廢紙賣掉，他無言以對，但「腦海裡立即閃現一個新聞簡報裡常見到的鏡頭：毛澤東在書房裡接見外賓，身後書籍羅列，琳瑯滿目」（同上，頁 83）。這個意象有點像赫胥黎的《美麗新世界》裡的「掌控者」，他收集了一堆像《聖經》那樣的禁書。全能的敘述者在此再度暴顯在這個體制下，事物經過扭曲後所顯現的雙重特質。書可以襯托出統治者的博學，但它所傳達的知識被視爲大毒草，只能當廢紙賣掉。文化大革命革掉文化，一個回歸的知識分子怎能不對回歸以前的日子鄉愁？

知識分子在「祖國」的放逐意識是〈耿爾在北京〉敘述焦點。耿爾本來以爲和小晴相處可以結束流浪的日子。和小晴在一起讓他重溫童年。但假如他和小晴的關係是流浪日子的終結，由政治造成兩人關係的終結，即

意味他另一個流浪歲月的開始。文革敲響他快樂日子的喪鐘（《尹縣長》，頁 146）。鐘敲響了人們的肉體之死以及回歸放逐者的精神之死。

事實上，耿爾在北京就是在放逐。他在「祖國」的土地上遊晃，他被稱爲「老美」。一個放棄美國舒適生活而以「祖國」爲依歸的回歸者，再度在「他者」的標籤下，成爲新世界的放逐者。回歸是一種精神和肉體的活動，這個活動正如麥盧龐第說：「移動是和客體進入具體關係的方式，……移動不只是有關移動的想像，肉體的空間也不只是想像或是再現的空間」（Merleau-Ponty，頁 137）。回歸是以軀體真實的移動突破想像，跨越空間，以行動追尋認同。但回歸後，卻被外在現實排斥在外，成爲「他者」。海德格說，人在「日日的存在」（"everydayness"）總深陷在「他們」之中，而在「他們」之中，存有會變成「他者」，因爲「每一個人都是他者，沒有一個是自己」（Heidegger，頁 165）。海德格所思維的是在人群中，存有所必須面對的「不得不」的命運。不僅和別人有別，自己也不是自己。耿爾在美國可能被視爲外國人，但回歸「祖國」後卻被視爲「老美」。在這個新世界中，耿爾的身分在人海的湧動中喪失。回歸是爲了尋求肯定自我，但回歸後卻身分錯亂顛置。回歸是放逐者類似海德格 Being-in-the-world 的本體認知，但結果卻墜入 Being-among-one-other 無可奈何的存在。

但陳若曦的小說就是展現人生的辯證反諷。一個懷抱理想的回歸放逐者終於看到自己理想的幻影，和自我身分的分裂崩離，但一個身居國外偶爾訪問大陸的中國人，會歌頌「祖國」的理想，雖然他不願意回歸「祖國」，不願以肉體真實的移動落實想像的理想。耿爾從美國來訪的老朋友，言談和大陸真實世界的背離，在全能敘述者的描述下有如卡通人物。他的一句：文革使得一切都「面貌一新」在耿爾的心湖中會激起多少漣漪？當數百萬的人不知魂歸何處，如此表象輝煌的字眼無異在對文字做自我褻瀆。隱藏作者的敘述就是撥開語言的縫隙。敘述者以文字展現文字的弔詭。一個背離真相的偉大字眼充滿了淫穢。正如文字背離語境，一個「觀光客」式的訪問者怎能閱讀「文化大革命」這樣怪異的文本？

　　假如一個外來的觀光客以凹凸鏡來看世界，這個觀光客正在小說的敘述裡顯現一個凹凸鏡裡怪誕的面貌和舉止。《歸》裡的魏明竟然把大陸對知識分子的強迫勞動比喻成美國的休假旅行（頁 332）。當然小說的敘述讓讀者體會到魏明會繼續在美國休假旅行，而不會到「祖國」強迫勞動。語言暴顯的就是在這個世界裡層層疊疊的弔詭和背論。假如共黨的政策戴著面具，這些外來的觀光客也戴著面具，一方面爲著「祖國」演戲，一方面不敢以真面目面對外面的真實世界。

　　陳若曦在展現投機的觀光客和回歸的放逐者的對比時，語言又有另一個層次的反諷。回歸的放逐者當年爲了理想回歸，如今理想幻滅而反共產黨，而外來的投機者卻在這個時候歌頌共黨的理想。投機者歌頌的當下，也是回歸放逐者感受理想崩塌的瞬間。陳若曦在敘述中很小心讓讀者感受到這個悲劇反諷的戲劇性縱深。

　　小說藉由外來的投機客來攪動回歸放逐者的心境，但表面心情的平靜有如死水，語言趨於沉默。但沉默並不是啞巴式的無言，而是語言趨於飽滿的狀態。海德格認爲沉默是真言，是存有逼視自我的刹那（Heidegger，頁 208）。一個人能保持沉默是因爲他真的有話說，但對於一個返鄉的放逐者來說，他又不能說，因爲他感受到生存的焦慮。海德格在論述到「焦慮」時說：

　　　當威嚇性的東西接近時，焦慮「看」不到任何明確的「這裡」或是「那裡」。面對焦慮，不知威嚇之所在。……但不知所在並不意味它不存在，而是任何地域都是，這是存有敞露出空間性的本質，而身陷其中。因此，威嚇的東西不是以明確的方向逼近，它已經在「那裡」，而又不知其所在。它是那麼逼人，讓人窒息，但又不知其所在。

　　　　　　　　　　　　　　　　　　　　——*Being and Time*，頁 231

不知所在是因爲它無所不在。空間無處不是瀰漫著它的存在，雖然並沒有

「任何明確的『這裡』或是『那裡』」。回歸的放逐者的沉默正是感知這種生存的威嚇。當理想幻滅，回歸的放逐者從現有時空所學習的就是這種生活的威嚇。理想不再，但人仍然要面對威嚇活下去。

伴隨著這種生活方式的是極度的疲倦感。〈耿爾在北京〉的最後一句是：「只是他太疲乏了，只好推著車子徐徐步行回去」（《尹縣長》，頁184）。回去哪裡呢？一個遠離真正是家的空蕩蕩的公寓。柳向東在〈值夜〉痛苦地感受到自己在「祖國」浪費一生。〈老人〉裡的主角拒絕毫無來由的自我批評，將面臨更嚴厲的批判。《歸》裡的陶新生以「技術性」的自殺，想讓妻子和小孩能在「祖國」過較好的日子。回歸的放逐者不是精神之死，就是肉體犧牲。當然，陶新生的自殺也是因為對生活極度無助的疲倦感。

四、再放逐

當一些大陸人，如耿爾和陶新生懷抱理想回歸而終至理想幻滅，來自臺灣的回歸放逐者則墜入無助的思鄉。敘述以換喻來描繪外在威嚇的世界。「尼克森的記者團」裡老刁跛扈的腳步（《老人》，頁 53），高嫂的倒三角形臉（《老人》，頁 64），居委主任兩片快速移動的嘴唇（《老人》，頁16），是外在世界的具體而微。面對這樣的世界，回歸的放逐者時常在時間和空間的間隙裡思鄉。

「觸景生情」幾乎是思鄉的樣板，但對回歸的放逐者來說，它暗藏另一種反諷。思鄉是一種隱喻的活動。隱喻是以眼前的存在指涉另一空間的不存在（Jakobson，頁 5）。回歸放逐者的悲劇就是，眼前的空間總有缺憾，理想的空間總在眼前缺無。「回歸」前的空間被理想化的空間取代，而如今以前的空間又取代了先前認定的理想化空間。因此，所謂取代並不是讓被取代者消失，後者只是隱退，而暫存於記憶，等待意識再度將其提攜為主體。想像基於缺無（Iser，頁 283）。由於缺無，它反而在意識裡滋長。

〈值夜〉裡，柳向東從蘇北的夜色想到花蓮港的夜晚（《尹縣長》，頁74）。空間的聯想總伴隨著時間的錯失和現實的錯落。《歸》裡的辛梅經由揚子江上的汽艇經歷不同時空的穿梭。記憶裡不同的河流代表人生不同的階段。但是最後鼓動心靈波動的是臺灣的大肚河。敘述的文字似乎是著眼揚子江的壯麗，但思鄉的情境淡入，揚子江淡出。河水匯入大海，而海的那一邊正是自己的出生地，回歸前的家。

正如敘述挖掘出文字的間隙，使語境充滿弔詭，自然景象的描述也布滿了鄉愁介入的縫隙。假如一個政治體制試圖以語言掌制思想，一個文字工作者，如詩人或小說家，會讓敘述暴顯這思想隱藏的裂縫。但反諷的是，語言對現實投射，也對自己投射。假如現實被敘述暗暗翻轉，敘述也將回歸者的自我置放在弔詭的兩端。進一步說，假如創作者善用弔詭這個利器，一個回歸的放逐者的一生即充滿弔詭。

思鄉的類型是：在空間 B 裡時，思念不在現場的空間 A；而當置身在空間 A 時，又想回到空間 B。這幾乎是放逐者公式化的思維困境，也是放逐者生活的弔詭。但正如上述，一般思鄉僅止於意念，真正將意念化成行動的不多。1960、1970 年代，「想」回去大陸的不勝其數，但都是像余光中僅將思念化成文字。藉由報導或閱讀可知「祖國」之不可行。藉由實際的「歸」來證實「祖國」之歸之不得，是陳若曦額外的悲劇，也是回歸放逐者額外的弔詭。

這額外的弔詭使空間的轉換變得更複雜。〈老人〉這個短篇是個具體例子。空間是一連串的改變，老人在空間 A 裡想到空間 B，而空間 B 最後又融入空間 C。空間 A 是眼前自己即將面臨整肅的場所，空間 B 一度是流放地。A 和 B 都是「祖國」的中國大陸，在這兩個空間的處境，使家鄉的景象進入記憶。但家鄉的思憶也經由辯證。從空間 A 導入空間 B 的是兩者的相似性——冷風襯托無助的現實。空間 B 的導入是進一步反襯 C 的溫暖和明亮。A 和 B 的改變是因為兩者的相似，B 和 C 的改變是因為彼此的相異和對比。C 的導入是對 A 和 B 的否定：

天一黑就颳起了風，緊一陣，慢一陣的。呼嘯聲叫他想起黑龍江和北大荒，想起那裡淒清的黃昏和冰冷的黑夜。而那冷漠的傍晚往往引起對比，叫他無數次地懷念起嘉南平原的落日和晚霞，尤其是那融化一切的光和熱。

——《老人》，頁 33

普魯斯特的馬歇爾在《史萬之途》（*Swann's Way*）裡說：「我能夠聽到過往空間的回音」（頁 35）。陳若曦的老人在空間的回音裡看到陽光。各種經歷過的空間在記憶裡重疊出現，由聲音所牽引。風，正是記憶裡的回音。苦澀的現在和充滿未定性的未來，在過去的時光中找到避蔭所。回憶過去的瞬間也是心靈歸屬的瞬間。

在瞬間閃現的是一種驚覺。不僅是驚覺自己耗費一生，更覺得外面的現實對自己已無關緊要。前面所述的焦慮至此經由心靈的掙扎過程而轉型。因此，焦慮顯現兩種狀態，一方面，正如拉岡所說：「焦慮，是經由突然的出現，從內心升起」（Lacan，頁 68）。瞬間是驚覺和焦慮突起的時間性因素（Guha，頁 491）。在這個瞬間，驚覺產生的動作是意識的外在化。它是情緒和思維的出口，非常明確，不再猶豫。陶新生以死和外在的現實斷絕，另一方面，長久的焦慮會讓意識認定外在的現實和自己無關。海德格延伸焦慮的討論說：「不僅這種未定性讓人覺得不能確定何者在威嚇我們，它更告訴我們在這個世界的個體已無關緊要……這個世界具有的特色已全然沒有意義」（Heidegger，頁 231）。

從理想的崩解到理想和外在現實的毫無意義，回歸的放逐者只有在思鄉的瞬間裡放逐。在浩瀚的時間之流裡，擷取點滴的瞬間，再將這個瞬間想像成永恆。將自己的生命從軀體解放是邁向永恆的一種方式，如陶新生。無視外在的現實而將自己託付給瞬間是另一種方式，如〈老人〉裡的老人。面臨第二天的整肅，老人必須在夜裡寫自白書交代。外面的風聲，配合鐘擺的滴答聲，催促著時間的節奏。但

老人傾聽著，逐漸體會到一種時日無多的緊湊感覺。這種幽靜的夜，他想，不能用來製造無聊的政治廢話。這樣的夜最適合回憶，最宜於懷念遠方的親友，重溫童年的舊夢；最適合閉上了眼睛，讓思想飛得遠遠的，飄洋過海，與家人重聚……。

——《老人》，頁 50

思鄉的行為在當代有時被賦予負面的詮釋。有的女性主義將其視為應該解構的對象，因為它暗藏男性思維的表徵（Greene，頁 305）。有的女性主義藉由「思鄉」尋求過去的黃金時代（Doane & Hodges，頁 3）。有的批評家將其視為「無可救藥的濫情」（Lasch，頁 65）。但威廉士（Raymond Williams）認為它是一種「情感結構」，以正面重估過去來面對殘缺的現在。戴衛士也肯定思鄉能「在斷裂危機中尋求持續」（Davis，頁 35）。譚諾克綜合威廉士和戴衛士的觀點進一步說明：

思鄉是對斷裂經驗的反應。由於和想像的過去、家鄉、家庭和社會隔離，自覺傳輸媒介或是自我被阻礙被威嚇。藉由文字或是視野的歸返，重溫這些遺失的過去、地域和人們，一個思鄉的作者在隔離中找到持續感。

——Tannock，頁 456

老人所感受不只是和過去的隔離，還必須時時刻刻接受當今現實的切割。反過來說，現在的切割更加強和過去的隔離感。所謂的斷裂是和現在及過去的雙重斷裂。但藉由思鄉，他的心靈跨越隔離而回到過去；而和過去的持續也淡化了眼前的斷裂現實。在這之前，全能敘述者曾經寫道：「自從他把生死想通後，世事便淡如煙塵了」（頁 43）。從無所不在的焦慮到全然不在乎所謂世事生死不僅是短暫的驚覺，瞬間已展延成一種不在乎生命的生命意識。從思鄉找到的持續感也似乎找到自我（Tannock，頁 456）。在這個

瞬間，外在現實不再，焦慮不再。老人「回歸」後從來沒有這麼自由過。那是精神穿越肉體所處的時空所享有的自由。

更大的自由則是讓肉體也跨越現有的時空，再從回歸的「祖國」放逐。陳若曦的作品已間接或是直接點明回歸大陸將步入死胡同。假如可能的話，從思鄉邁向再放逐是一條不得不走的路。張系國曾說：「回家和離家是兩者不可或缺的母題」（Faurot，頁 38）。陳若曦作品裡的回歸放逐者早就蘊含這個辯證的兩極。〈女友艾芬〉裡的敘述者最後離開大陸，方正和柳亞男回歸後不久就離開，而陳若曦本人和其作品的角色一樣和它的「祖國」和理想再見，而再度放逐。

但《歸》裡的辛梅，在先生陶新生自殺後，並沒有離開大陸。這部小說的結局似乎另藏陳若曦的另一種變奏的理想。正如張愛玲《赤地之戀》裡的劉荃，辛梅決定留下，要見證或促成這些恐怖的政策在未來終結[10]。陳若曦以這樣的理念來結束小說，也許可以彌補自己離開大陸的不安。這也許也是一種自我安慰。離開或是再放逐怎能面對當年回歸的自我？再放逐也許不是理想的終結，而是理想的延續。事實上，若是以終結恐怖政權做為最終理想，離開可能更有效，雖然自我必須承認那是一種不得不的無奈。離開後，將自己噩夢式的經驗化成文學的形式，將書寫空間變成過去這段時間的見證。這不只是彰顯恐怖政權微笑面具下的明確的五官，也讓那些無數的冤魂在書寫空間裡找到自我的標記。事實上，有什麼能比〈晶晶的生日〉所描繪的世界更令人不寒而慄？一個小孩可以偷，可以搶，但他不可以無心地說錯一句話，他將被貼上「反動」的標籤而永世不能翻身。〈任秀蘭〉和〈尹縣長〉裡令人髮指的鬥爭和死亡讓人想到喬哀思所說的：「老母豬吃掉她生的小豬」（Joyce, *A Portrait of the Artist as a Young Man*，頁 203）。但映照陳若曦筆下的中國大陸所發生的悲慘，喬哀思以這樣措辭描述愛爾蘭似乎顯得有點「無病呻吟」。

---

[10]鄭永孝也提到這兩部小說結局的相似，不過他的著眼點是比較兩者情節安排的優劣。（鄭永孝，頁 123～153）。

　　回歸放逐者的離開「祖國」終止了所有再度回歸的希望[11]。陳若曦的回歸和再離開爲一般放逐者的思鄉夢做了一個沉默而肯定的答案。思鄉絕不能付之行動，否則回歸只是促成再放逐的悲劇。思鄉注定成爲一個永遠無法滿足的渴望。陳若曦和她的角色「不得不」成爲放逐者。

　　但正如張系國在小說裡展現對未來兩岸統一的希望（〈張系國〉，頁39），陳若曦也憧憬未來：大陸人能坦然返鄉，而臺灣人能從「家」和「國」的矛盾中解脫。陳若曦離開大陸後，漸漸從噩夢中復原，但不論她的足跡是在美國或是加拿大，「祖國」的意象，和家鄉的意象在意識裡交疊出現。也就是在這個瞬間，家和國兩者融爲一體。假如有另一個返鄉，這個「家國」已化解了彼此的二元對立。但在那個日子到來之間，「回歸」的對象到底在海峽的哪一岸？唐朝的韓愈在走上放逐之路時寫下如此的詩句：「雲橫秦嶺家何在，雪湧藍關馬不前」。一個現代心懷中國的臺灣人也在理念的混淆中迷失方向。當一個放逐者繼續懷鄉度日，「家國」不是明確地在島嶼也不在大陸，而是混合成「太平洋的彼岸」。

　　「彼岸」的這一岸是美國或是加拿大。這意味陳若曦在寫〈向著太平洋的彼岸〉這個短篇小說時，仍然流落他鄉異國[12]。當家和國成爲失措的理念時，人的方向猶如置身於十字路口。離開大陸後，她的作品裡路口的意象一再出現。路口也變成她短篇小說的標題。在小說裡，余文秀面對海外中國人人性的扭曲，和道德及政治的雙重標準，而走到十字路口。在這一瞬間，各種的空間重疊的壓力讓一個困惑的放逐者難以負荷[13]。文秀最後選擇臺灣並不意味她揚棄大陸。所謂選擇只是一條權宜的出口，身爲中國人

---

[11]這指的是 1980 年之前的可能狀況。1980 年之後，大陸逐漸開放，整肅清算的政治運動漸漸消失，陳若曦又去了大陸。當然，大陸的來去，她不是純然的觀光客，但也絕不是像當年的「回歸放逐者」。

[12]陳若曦離開大陸後，居住國外多年，本文撰寫時（1999 年 5 月），她已定居臺灣。離開大陸後，除了本文以文革爲背景討論的作品外，較重要的小說集有《突圍》，《遠見》，《二胡》，《貴州女人》等。本文的討論以 1980 年爲時代的分界線，所以只提到〈向著太平洋的彼岸〉和〈路口〉兩個短篇。

[13]詹志宏認爲在這篇小說中文秀面臨文化認同、角色中拆和政治地理三種衝突。本篇後來收集於《城裡城外》和《貴州女人》。

的意念都隨時隨地伴隨在意識裡穿梭。

但，對陳若曦來說，作品和作者的個人經驗似乎互映表裡。陳若曦離開大陸後，撤離大陸為描寫重心的作品，似乎喪失了部分的生命力。1980年後的作品大都以海外中國人的處境當著眼點，但隱藏作者似乎不易將讀者導入敘述的情境。陳若曦對家國及那一片土地的牽繫是她主要的創作泉源，沒有這些泉源的滋潤，敘述和語言欠缺一些生命感。以文革為體材的作品裡，回歸和放逐的辯證牽引陳若曦寫作意識的流程，敘述的弔詭使語言在迂迴中轉進。在夢魘式的世界裡，回歸者既是觀察者和參與者的身分，使她站在一個似近似遠的恰當位置[14]。從這個位置看去，生命蒼涼而莊嚴地湧動。陳若曦近期作品似乎找不到這樣的敘述位置。回歸放逐者的身分已不再，文學的姿容也略顯蒼白。作品竟然如此仰賴作者某一階段的個人經驗，這是陳若曦寫作生涯的弔詭。

假如寫作是心神投入的生命狀態，即使遠離「故國山河夢裡尋」的江山，想像也可能使作品富於生命感。雖然敘述者既不在「家」也不在「國」，回歸和放逐的辯證可能已沉澱成生存意識。在「祖國」思念家鄉，而在家鄉渴望「祖國」已經是存有的存在本質。只要中國未統一，一個心懷中國的臺灣人，家和國辯證總在意識裡糾纏。書寫正是意識和現實辯證的空間化。

結語

陳若曦的回歸大陸不言而喻：回歸只是再放逐的起點。正如赫曼聶斯（Max Hermann-Neisse）所說：「返家的人再也回不了家」[15]，或是正如劉

---

[14]到目前為止，批評家也大都比較重視和肯定她以文革為背景的作品。較重要討論有：劉紹銘認為陳若曦的作品是「作者政治覺醒的過程」（頁 95）；白先勇認為陳若曦「顯然並沒有找到她理想中的烏托邦」；葉維廉肯定〈尹縣長〉敘述的客觀性；李歐梵（Leo Ou-fan Lee）也肯定陳若曦描寫的含蓄客觀；Light 認為陳若曦以文革為背景的小說是嚴肅的文學作品，不是對中共的謾罵。
[15]正如前文所述，陳若曦又去大陸，但不是回歸。赫曼聶斯這段話是艾克諾的引文（Exner，頁 290）。

紹銘在訪問大陸 20 天後說：土地是他的土地，人民是他的人民，但政黨不是他的政黨，政權不是他的政權。(〈因甲蟲花紋引起的聯想〉) 事實上，1960、1970 年代的中國人也大都感知大陸並不值得回歸。陳若曦對那個製造夢魘的政權並非全然無知，但正如前一章所述，她心中抱持理想可以重整現實的信念。她的回歸印證理想必然的幻滅，但大多數人還沒回歸已經預覺理想終將幻滅。

對大陸現實的幻滅可以來之於實際經驗，也可來之於本能的了解。回歸是悲劇性英雄式的錯覺，對如此的情境思鄉只是墜入自我編織的鬱結。但 30 年來（1980 年之前），自共黨接手大陸，多少遊子在失眠的尾音中度日？望鄉的母題占據了文學無數的扉頁，思鄉成為一個時代在大街小巷流轉的氛圍。陳若曦的親身體驗總結了思鄉和回歸只能停留在想像的層次，只能以書寫空間替代真實的空間。書寫無疑變成一個現實的隱喻。文人只能在隱喻的世界裡懷鄉，使放逐變成反放逐。

因此，「放逐」這個具有深度社會意義的課題，在那個年代並不能以社會問題的方式解決。書寫是現實的逸軌，顯現隱喻的功能。放逐文學的重點是放逐文學（參見本書的緒論）。放逐詩學不是社會問題的診斷書。它經由美學呈現社會的現象，透過個別代表性作家不同的風格，檢驗文學對社會現象的思維活動。社會提供文學的課題，但文學不是社會問題的附庸。

在以上所討論的五位代表性作家中，書寫使他們變成反放逐，雖然在字裡行間，他們的詩中人或角色深受放逐之苦。余光中的放逐詩作所凸顯的美學在於，詩人如何在瞬間以意象將放逐情境戲劇化。思鄉隨著時空變化，在變化中，余光中的詩中人陷於不同現實的拉扯。離開某一現實反而使心靈趨向該現實。思鄉就是如此辯證反諷的產物。鳥叫或是鷓鴣的叫聲刺激時空的變易，但鳥叫的瞬間也是引發懷鄉的瞬間。最戲劇性也是最辯證反諷的是在槍砲的準心中望故國。在凝視的過程中，凝視者也變成部分被凝視的對象。

葉維廉的放逐情境也是一連串的時空轉化。大陸淪陷，他到香港，隨

後在臺灣讀書,在美國普林斯頓拿到博士學位,最後在聖地牙哥加州大學
教書。除外,葉氏的放逐心境伴隨他旅遊的嗜好。一個空間緊鄰另一個空
間,正如他詩中意象重疊意象。放逐是心中沉積的鬱結,但他的意象並不
是直接承載訊息。意象似乎自我而足,放逐的感受不落於言詮。意象的展
現如電影的映象,盡量去除說明性的文字。葉維廉有些詩以文字力追圖
象,有些詩行甚至像是象形文字的再現。當一切的訊息盡在不言中,詩的
焦點變成被釋放出來的意符,雖然縈繞意識的是沉重的放逐意旨。余光中
的詩點明意旨,而葉維廉詩的意符,浮動如放逐。

　　身為名門之後,白先勇的小說猶如為榮華已去的權貴所寫的墓誌銘。
臺北和紐約是書中人的放逐空間。敘述是白先勇的美學焦點。敘述者和被
敘述者的關係造成「我─你」,「我─他」「我─你─他」的變化。不論主體
互動或是在表象的客觀敘述中參雜「同情」的自我,書寫所構築的是一個
時不我予的放逐世界。但白先勇最值得注目的是他的全能敘述。小說中,
時間無可挽回,角色力圖抓住時間飄然而逝的裙角時,更暴顯今非昔比的
窘態。讀者透過全能敘述,感受角色在瞬間遺忘自我而不自知的反諷。敘
述有時讓角色在瞬間驚覺中逼視自我的放逐處境。也是在這個瞬間,白先
勇展現了敘述的力度和放逐美學。

　　張系國以科學家的身分「介入」文學。他大部分的生活空間在美國,
中國人在美國社會中的浮沉起落,是他小說的主要放逐情境。以表現時代
為當急之務,張系國在論述小說創作時,刻意淡化寫作技巧的重要性。但
敘述「技巧」[16]卻是他最重要的放逐美學。他的作品似乎是不必論技巧的技
巧。張系國以小說的各種風格顯現繁複的放逐現象。不論敘述的場景是美
國,或是臺灣,或是外太空,不論各個小說的風格變化,書中人總陷入無
止境的存在探問。但所有知識性的追尋和疑問終究是沒有本體性的答案。

---

[16]我個人認為:文學的技巧不是修車手冊式的技藝,而是文字和生命融合的狀態。若是沒有前後文
的鋪陳,單獨「技巧」兩個字可能引起誤導。因此,我個人盡量「不強調」技巧。請繼續參見下
面的討論。

放逐者在失措的時空中，變成海德格在《存有與時間》的哲學論證中最好的註腳。

　　白先勇和張系國的小說勾勒出各種放逐處境，彼此相似且相異。但他們的小說也意味：有時放逐是一種心境和意識狀態。有人身居國外並不覺得自己是放逐。張系國的施平和葛日新，白先勇的依萍是放逐者，但《昨日之怒》裡的洪顯祖以身居美國爲樂，從不認爲自己是放逐者。因此，放逐並不定是實際空間的錯失，而是心靈空間的失落。

　　在本書討論的作家中，陳若曦是唯一的臺灣人，而她也是唯一的回歸放逐者。放逐者心存家和國的二元對立，回歸是爲了化解二元對立。但一個臺灣人的回歸，以另一個眼光看待，反而是一種放逐。在放逐者的意識裡，回歸與放逐的辯證已經是生活中真實的情景。生存狀態是弔詭，自我處於現實的拉扯。在敘述和語言的縫隙裡，陳若曦敞開了現實一體的兩面。也在縫隙裡，放逐美學藉由書寫空間呵護了人性的尊嚴。

　　以放逐這個課題來說，余光中的詩和葉維廉的詩，在風格上呈現極大的對比。前者明言告訴（Tell），後者隱約顯示（Show）。余光中的詩在戲劇性的瞬間體認到放逐的自我，葉維廉的詩中人則在連綿輾轉的空間裡遺失自我。兩人如此的對比，也因此畫出了詩這個文類可能的疆界。在這疆界的兩端，兩人完成各自的放逐美學。

　　以小說來說，反諷似乎是三個作家的共同觀照。放逐者陷於存在困境，在現實中進退失據，在時空中不能反覆。遮掩困境總在縫隙裡暴顯生活的缺口和不足。語言更是觸及缺口的探針，丈量生命的虛實。反諷或是弔詭不一定是附加的技巧，而放逐生涯必然存在的要素。以放逐爲著眼點，有關形式和內容慣性的分類，是一種僵化的理念。當存有在他鄉異國飄忽度日，當生命在分秒點滴的接續中殘存，站在一個適切的觀照點，技巧和內容已自然相扣融合。正如張系國的小說，表面上不強調技巧，技巧卻已成爲他作品的圖騰。這也許是對語言不自覺的自覺，也許是高度生命力穿透文字的敘述。別離文革的題材，陳若曦的作品似乎缺少了一些力度

和躍動感，因爲那是一種文字和生命間隔的狀態。放逐的課題進一步闡明：書寫的語言是一種生命，寫作不是技巧演練。這是放逐現象敞開的空間，讓文學正視應有的美學。

海德格的名言：「語言是存有的屋宇。」最適宜襯顯放逐情境和書寫的本質。放逐者的存有隨風飄浮，但存有必須在真實世界中界定。放逐者存在困境是，所謂真實世界也在意識裡經歷虛實的辯證。放逐者在不穩定中確立存有，但存有總在問題和答案的牽扯中留下朦朧的間隙，正如一株岩石縫隙裡的小草，仰望一、兩滴不穩定的露水。但這些放逐現象只有在語言的屋宇裡才能滋長成形。語言的放逐世界包容了兩種現象：

1.當現實的放逐情境灼灼逼人，書寫的紙張變成清涼的庇蔭所。反諷的是，書寫空間不是阻絕放逐，而是放逐意識的延續。換句話說，作家不僅要從現實裡放逐，還要在書寫裡體驗另一層的放逐。

2.另一方面，作家在語言裡再度經歷放逐，但語言也使放逐者進行反放逐。寫作是作家和時間的爭戰。當時間已不在，空間已退失，語言賦予創作者書寫的空間。現實的空間因而轉型變成文字的標記，過往的時間在書寫的扉頁裡留下痕跡。假如作家在現實裡無以面對放逐嚇人的身姿，作家的筆以書寫使放逐變成反放逐。作家以書寫銘記存有。

於是，不論遠離大陸的放逐者繼續漂泊，或是面對新世紀的門檻，放逐者舉腳返鄉甚至回歸大陸，回頭重新逼視放逐的年代，歲月已在褪色的山川之後。一方面，即使今天能夠在大陸找到家，海峽的那一岸的家又再介入意識，望鄉的眼神也許又再回看這邊的島嶼。另一方面，海的兩岸在表象的平靜中湧動著不安的暗流。「不安」無法給家穩定的定位。有些作家如張系國和陳若曦憧憬未來統一的中國，但浮出海平面的是什麼暗影？不論未來的遠景是否已在地平線的那一端浮現，1960、1970 年代在臺灣文學的記憶裡已經留下難於磨滅的身影：一個放逐作家在紙張上一面延續肉體的放逐經驗，一面在書寫的領域裡成爲反放逐。

引用書目：

- Barthes, Roland. *Writing Degree Zero*. Trans. Annette Lavers and Colin Smith. London: Cape, 1967.

- Boym, Svetlana. "On Diasporic Intimacy: Ilya Kabakov's Installations and Immigrant Homes," *Critical Inquiry*. 24 (2) (Winter 1998), pp.498-524.

- Carroll, David. "The Art of the People: Aesthetic Transcendence and National Identity in Jules Michelet" *Boundary* 2.25 (1) (Spring 1998), pp.111-137.

- David, Fred. *Yearning for yesterday: A Sociology of Nostalgia*. New York: Free Press, 1979.

- de Man, Paul. *Allegories of Reading*. New Haven: Yale University Press, 1979.

- Derrida, Jacques. "The White Mythology: Metaphor in the Text of Philosophy." Trans. F. C. T. Moore. *New Literary History*. 5 (1) (1974), pp.7-74.

- Doane, Janice and Hodges, Devon. *Nostalgia and Sexual Difference*. New York: Methuen, 1987.

- Doolin, Dennis J. and Ridley, Charles P. A *Chinese - English Dictionary of Communist Chinese Terminology*. Stanford: Stanford University Press, 1973.

- Exner, Richard. "Exul Poeta," *Books Abroad*, L. No.2 (Spring, 1976), pp.286-296.

- Faurot, Jeannette, ed. *Chinese Fiction from Taiwan*. Bloomington: Indiana University Press, 1980.

- Genette, Gérard. *Figures III*. Paris: Seuil, 1972.

- Greene, Gayle. "Feminist Fiction and the Uses of Memory," Signs. 16 (2) (1991), pp.290-321.

- Guha, Ranajit. "Not at Home in Empire," *Critical Inquiry*. 23 (3) (Spring 1977), pp.482-493.

- Heidegger, Martin. *Being and Time*. Trans. John Macquarrie and Edward Robinson. New York: Harper & Row, Publishers, 1962.

- Huxley, Aldous. *Brave New World*. Harmondsworth: Penguin Books, 1956.

- Iser, Wolfgang. *The Implied Reader*, Baltimore and London: The Johns Hopkins University Press, 1974.

- Jakobson, Roman and Halle, Morris. *Fundamentals of Language*. The Hague: Mouton, 1956.

- Joyes, James. *A Portrait of the Artist as a Young Man*. New York: The Viking Press, 1964.

- Joyes, James. *Ulysses*. New York: Vintage Books, 1961.

- Lacan, Jacques. *Freud's Papers on Technique 1953～1954*. Vol. of *The Seminar of Jacques Lacan. Trans*. John Forrester. Ed. Jacques-Alain Miller. New York.. 1988.

- Lasch, Christopher. "The Politics of Nostalgia," Harper's (Novemer 1984), pp.65-70.

- Lee, Leo Ou-fan. "Dissent Literature from the Cultural Revolution," CLEAR.1 (1979), pp.59-79.

- Light, Timothy. Review of "*The execution of Mayor Yin and Other Stories from the Great Proletarian Cultural Revolution*," CLEAR.1 (1979), pp.131-134.

- Merleau-Ponty, M. *Phenomenology of Perception*. Trans. Colin Smith. London and Henley: Routledge & Kegan Paul, 1962.

- Milton, John. *Paradise Lost in Complete Poems and Major Prose*. Ed. Merritt Y. Hughes. New York: The Odyssey Press, 1957.

- Proust, Marcel. *Swann's Way*. Trans. C. K. Scott Moncrieff. New York: Vintage Books, 1970.

- Said, Edward W. "Identity, Authority, and Freedom: The Potentate and the Traveler," *Boundary* 2. 21 (3) (Fall 1994), pp.1-18.

- Tabori, Paul. *The Anatomy of Exile*. London: Harrap, 1972.

Tabori, Paul, ed. *The Pen in Exile*, I & II. The International P. E. N. Club, 1954 & 1956.

- Tannock, Stuart. "Nostalgia Critique," *Cultural Studies*. 9 (3) (October 1995), pp.453-464.

- Williams, Raymond. *Marxism and Literature*. Oxford: Oxford University Press, 1977.

- 白先勇,〈烏托邦的追尋與幻滅〉,《中國時報》副刊,1977 年 11 月 1 日。

- 陳若曦,《二胡》(高雄:敦理出版社,1985 年)。

- 陳若曦,《文革雜憶》(臺北:洪範書店,1978 年)。

・陳若曦，《尹縣長》（臺北：遠景出版公司，1976 年）。

・陳若曦，《老人》（臺北：聯經出版公司，1978 年）。

・陳若曦，〈向著太平洋的彼岸〉，《明報月刊》，1980 年 9 月～12 月，頁 393～397；頁
　109～115；100～104。

・陳若曦，《突圍》（臺北：聯經出版公司，1983 年）。

・陳若曦，《城裡城外》（臺北：時報出版公司，1981 年）。

・陳若曦，《貴州女人》（臺北：遠流出版公司，1989 年）。

・陳若曦，《遠見》（臺北：遠景出版公司，1984 年）。

・張愛玲，《赤地之戀》（臺北：慧龍文化公司，1978 年）。

・詹志宏，〈原則與利益——評介陳若曦的〈路口〉〉，《書評書目》，（1980 年 7 月），頁
　11～21。

・劉紹銘，〈陳若曦的故事〉，《小說與戲劇》（臺北：洪範書店，1977 年 2 月），頁 83～
　98。

・劉紹銘，〈因甲蟲花紋所引起的影響〉，《聯合報》，1981 年 6 月 1 日。

・葉維廉，〈陳若曦的旅程〉，《聯合報》，1977 年 11 月 7～11 日。

・簡政珍，《語言與文學空間》（臺北：漢光文化公司，1989 年）。

——選自簡政珍《放逐詩學——臺灣放逐文學初探》
臺北：聯合文學出版社，2003 年 11 月

自主與成全
論陳若曦小說中的女性意識

◎吳達芸*

> 維金尼亞‧吳爾芙曾說：「要成為女性主義者，她得先爭獨立，將女性靈魂深處的『家庭天使』意象消滅。」可是陳若曦似乎並不作此想，她的正面女性大都能相當稱職地扮演「家庭天使」的角色。自主與成全，正是陳若曦小說中女性意識的兩面。

一、

　　陳若曦至今（1987 年 11 月）已出五本長篇與四本短篇小說集，如不計早期作品[1]，在三本短篇《尹縣長》、《老人》、《城裡城外》所收 19 個故事中，共有七篇以女性第一人稱「我」的角度，三篇以女性第三人稱「她」的視野作為敘事觀點，而五部長篇，除《二胡》外，《歸》、《遠見》、《紙婚》的全部以及《突圍》的三分之二都採用有限全知觀點，深入女主角的內心來敘事，這種現象可能意味著陳若曦對女性思維意識的重視。身為女性作家，這種敘述手法似乎理所當然，然而陳若曦早先是以作品〈尹縣長〉、〈耿爾在北京〉、〈地道〉等男性或中性觀點的處理蜚聲文壇，她所擅長處理的題材又是傾向政治寫實之類較為「剛硬」的人間世，因此嘗試採取女性敘事觀點，除了「方便」之外，應該也具有更重要的意

---

*發表文章時為成功大學中國文學系教授，現已自臺南應用科技大學幼兒保育系教授職退休。
[1]她的早期作品收入《陳若曦自選集》（臺北：聯經出版公司，1976 年），所收多為赴美留學前之少作，坊間已不易購得，只好暫置不論。

義吧！這種手法不僅貫徹她獨樹一幟的寫實風格，同時也令人注意到，在她筆下，生活於政治社會風尚迥異的環境下的諸多女性，經由各種不同的主觀與客觀因素的因緣和合，業已呈現出一條逐漸明顯的女性意識發展的軌跡。循著這條軌跡探索，或者可以更完整地把握住陳若曦小說的另一種精神特色。

二、

　　陳若曦的小說向來亦步亦趨地隨著整個現實政治社會局勢而發展（可以說她走過哪裡，故事就發生到哪裡），反映出身處每一個特殊階段的各種人物正在醞釀或已展現的生命形態。她的女性意識當然也不例外。在《尹縣長》及《老人》部分作品中對女性意識的掌握原是渾然不覺的，她只是藉著小說中女性人物的眼去「運鏡」，偶有心靈的反應，也是不具色彩，不顯身分個性的。在這些作品中，雖然可以看到她在題材上的極端寫實成分，譬如事件發生的時地背景及政治情況，甚至敘事者的身分也雷同作者之由美回歸，但是這些目擊事件的敘事者，面對事件的反應都缺少獨特性，以致往往不能令人滿意。我們只看到任何一個普通的女性處在險惡環境中的普遍反應，例如〈晶晶的生日〉中的文老師，由於有人提起聽過她孩子喊了一聲「毛主席壞蛋」，便惶惶然不可終日，甚至有風聲鶴唳的恐怖。另外，在〈任秀蘭〉中鳥盡弓藏的極權鬥爭下，絕望自殺的任秀蘭，或〈值夜〉中，由於不忍其夫被批鬥，自殺獲救的婦人，這些表現了女性懾服於強權，以致自我放棄的弱者本質。至於〈耿爾在北京〉中，由於政治運動突發，一夕之間視戀人如陌路的前進女工小晴兒，以及為了免於下鄉勞改而無奈地嫁給老病幹部的小金，只能看作在惡質的環境壓力中，隨風飄轉的求生本能，作者並未給予她們太多表現內心掙扎及自我反省的機會。

　　然而〈查戶口〉中彭玉蓮的生命則值得進一步注意。本篇的情節是：鄰居懷疑丈夫下放勞改的彭有偷漢子之嫌，在共產社會，這是眾人都管得

著的事，於是乃集會設計，假藉「查戶口」之名，時常突擊檢查她的住
處，以便捉姦。小說結尾處，彭的苟且行為果然暴露，哄傳鄰里，而其夫
無意追究的寬宏大量頗令識者稱奇。細考全篇的行文，似可發覺彭玉蓮每
次紅杏出牆都是有為而發的，而且也都獲得具體的成果：下放的丈夫果然
都能立即釋回。此外，當同情他處境的下放單位主管表示願意成全他離婚
時，他毫無表情地說：「如果彭玉蓮要離婚，我隨時答應，我自己絕不提
出」，以及回家後，夫妻平靜如恆，太太還滿面春風殺雞慶賀，這似乎暗示
彭的所作所為全是為了挽救丈夫的厄運。女性在艱困環境中掙扎圖存，為
所愛的人犧牲成全的韌性至此已露端倪。然而陳若曦在此篇中所使用的是
似隱若現的側筆，對彭玉蓮的動機到底是否如前所述，或她真是一枝有出
牆之癖的紅杏更隱約其詞，以致有些論者對本篇人物的行為甚感不解，而
謂此篇結尾實為敗筆，對主題亦採有待商榷之議[2]。事實上陳若曦可能自己
都還拿捏不定她將如何為彭玉蓮的人格定位，於是便只好藉彭玉蓮的女性
芳鄰莫明其然的眼來「運鏡」，讓讀者自由詮釋，不必勞動作者現身表態
了。

　　比起其他擅長處理女性經驗的作家（隨意數來，如張愛玲、李昂、蕭
颯、朱天文等），陳若曦前述作品分量頗重的女性敘事者，頂多只能算是浮
光掠影，因為像任秀蘭、彭玉蓮這種相當凸出的女性，作者本該著力描寫
她們的內心世界或行為動機才是，卻以避重就輕的方法展現，既不深刻、
也不多面，更無所謂同情體貼，顯得十分單薄。

　　然而陳若曦終究在不斷求新求變中有了自我突破，我們發現在《老
人》一書中的女性意識的分量逐漸加重了，雖然仍有客觀「運鏡」的手
法，如〈女友艾芬〉、〈丁雲〉、〈十三號單元〉，但已稍能較為細密地體察女
性自身在困境中掙扎圖存的困惑或抉擇。只是這三篇寫得並不成功。至於
像〈老人〉、〈春遲〉、〈地道〉這幾篇裡的女性，雖然居於陪襯地位，卻已

[2]鄭永孝，〈陳若曦的回憶──論〈尹縣長〉的情節與結構〉，《陳若曦的世界》（臺北：書林出版公
　司，1985 年 5 月），頁 43。又〈陳若曦的夜世界〉，《陳若曦的世界》，頁 56。

很能掌握女性獨有的特質，且予詩意化的呈現，使全篇主題的展現具有畫龍點睛的效果。

〈老人〉中的妻子，由於前夫是國民黨員，在「反臺」時被殺，於是拖著十歲不到的兒子，再嫁給老病而乏人照料的臺灣籍的老共產黨員。這位老人在「清理階級隊伍」和「整黨」時期，一次也沒過關，被打成「漏網的右派」、「鑽進革命隊伍的投機分子」、「叛徒」等，將近一打之多的罪名，受「隔離審查」。老人個性極為執拗，對於共產黨將那些為它出生入死下過獄的老黨員打成叛徒的「兔死狗烹」作風想不通，便「絕不服氣」眼看一些臺灣同胞自誣而承認了一些「莫有的罪名」，更是認為「他絕不能為了求得暫時的解放而去掉僅剩的一點硬骨頭精神」。

這種反抗意識醞釀不止一日，也不只他有，便終於藉憑弔周恩來之死蔚成了 4 月 5 日的「天安門事件」。前一天老人已在擠看小字報和祭悼詩詞、花圈的人潮中擠掉了一隻鞋，第二天再去時則因人潮洶湧挨不近廣場，只好上酒樓喝酒宣洩。小說一開始寫的便是事變發生後，當局大肆策動檢舉天安門事件中「一小撮反革命分子」，他當然也在告發名單中，受了一天「圍攻」，然後斥放回來，由居委會主任天天盯他寫「交代」，交代那幾天的「行蹤」。他早已領悟共黨的「大鳴大放對誠實的幹部來說，是一場大騙局」，所謂「坦白從寬，抗拒從嚴」的老調絕不可信，所以拖延不寫，一直到篇尾的限期前一夜，獨坐靜室，面對風聲、鐘聲，他「逐漸體會到一種時日無多的緊湊感覺」，覺得「這種幽靜的夜，不能用來製造無聊的政治廢話」，以至於至終也只寫了「四月五日天氣晴」一行字。

陳若曦以縷述日常瑣事的閒筆，將老人在長久歲月磨難下練就的不屈風骨一展無遺。也凸顯了在惡劣勢力撥弄下，人仍有自我決定命運的尊嚴。而筆者特別注意到的則是其妻在休戚與共的關愛中所反映的可貴的女性氣質；當老人在天安門擠掉一隻鞋子，光著腳回來時，她立刻替他衲起鞋底。那幾天她雖有大禍臨頭的感覺，卻更有隨時準備扛起十字架的堅毅。有時「她拿乞求的眼光瞧著他，可憐巴巴，好像她才是真正挨整的

人。」這些點點滴滴的刻繪，顯示出在險惡環境中，「夫妻本是同林鳥」那種一體同命的相濡之情，適足以讓理想幻滅（「黨」的翻臉無情）、飽受人性無情肆虐（鄰人隨時告發）、在苦難中煎熬的靈魂，「在生平最黑暗、艱苦的日子裡」獲得「啓示和鼓舞」，從而使黯淡的人生現出一絲希望之光。在此，陳若曦巧妙而自然地運用最傳統的衲鞋動作；為一隻失伴的鞋子補衲的動作，鮮活地表現出妻子為老人所作的一切努力——

老太婆看到他光了一隻腳回來……立刻……衲起鞋底來……他建議去買雙現成的，她也不肯……

他（老人）轉過身來朝床上望去，果然，在疊得像方塊豆腐的棉被上撂著尚未完工的鞋底，頂針、尖錐和幾股棉線一古腦兒堆在一起。看到這，他的目光不期而然地移到床底下去。那隻被擠掉了伴兒的棉鞋正孤零零靠床跟挨著。……

老太婆收拾完了家務……手一閒，她立刻坐在床沿衲起鞋底來。……「嘎」一聲，四合院的院門被誰推開。老兩口的目光都朝屋外望過。誰這麼晚還會來呢？腳步聲越來越靠近，上了臺階，接著停在家門口，立刻就是叩門的聲音。一聽見叩門聲，她猛可吃了一驚，針頭幾乎戳進手掌裡。她趕緊起身去開門，心裡七上八下的，甚至來不及和丈夫交換一眼。……（案：原來是小組長來催繳「書面交代」。敷衍送走小組長，妻子以柔情軟化丈夫，使他情願寫「交代」後——）她又坐回床沿，拾起針線衲鞋底。低著頭，她專心一意地鑽洞拉線，眼角卻溜向書房……。

鞋者，諧也，象徵夫妻的偕諧相伴，在唐傳奇的《霍小玉傳》中已然出現過。而此篇則以為鞋補單的動作，平均分配在情節段落間，形成一股襯托老人剛硬不屈的主旋律之外的副旋律，弱者女性，在無可奈何的悲運中，出於對「形單影隻」的恐懼直覺，乃為滿全夫妻「白首偕老」的宿願，默默地竭盡所能，完成那一分卑微卻極篤厚的堅持和努力。

　　至於〈地道〉則是一篇充滿諷刺的悲劇作品。文中對李妹的著墨，是透過洪師傅的眼光加以側寫。李妹的形貌其實很平凡，甚至可以說醜陋：「眼睛很細小」，但興奮時她「她小眼睛像通電的燈泡登時晶亮了。」兩片嘴唇「厚厚的朝外翻看，像熟透的桑椹，紅得泛紫。」但是洪師傅喜歡她，認為是一種「福相」，還覺著她說話的嗓音「像香油般滋潤」，這一切美化實是因為李妹沉默謙和、做事認真。洪師傅更發現她心眼好，是個直腸子。這位遇人不淑被迫離婚為人幫傭養育孩子的李妹，甚至使他「記起從前在鄉下看過的觀世音菩薩像，圓嘟嘟的臉盤，彎垂著眉，帶著受苦受難又甘之若飴的神情。」遇到李妹，使洪師傅不啻枯木逢春，滋潤了他空寂的心靈。因此，儘管本篇是在一場意外中以悲劇結束，但正如他們絕命之前留下的血書「我們相愛，不是自殺」[3]所顯示的：相愛，畢竟使悲苦的生命仍然充滿值得留戀的溫煦。而由於本篇是採第三人稱洪師傅的觀點敘事，更凸顯堅韌樸實女性的可貴可愛。

　　同樣處理老人心理的〈春遲〉則是一篇節奏暢快的小說。事件始於春天，而在夏季結束，其情節配合著季節的推移，有著「如歌的行板」似的詩韻。小說結尾，戚老頭整個人有如蛻去了一層皮似地獲得新生；而這新生命的轉化之契機，則是來自他女兒曉春的護持與照撫，可以說曉春就是他暮年的春神。小說開端，70 歲的戚老頭突發春心，對一個中年婦人公然口出猥褻之語，接著飽受群眾批評聲討，以致畏縮病倒，甚至湧起自絕念頭，最後女兒挺身而出為老父洗卻冤曲，驅除了眾人的凌迫。結果眾人不但慢慢淡忘了對他的不滿，到頭來，戚老頭居然成了「老婆婆堆最受歡迎的聊天伙伴。」

　　一個原來頗難處理的老人異常心理題材，陳若曦以舉重若輕的筆觸加以描繪，整篇小說洋溢著父女之愛的光輝，在那個冷清的社會裡，令人倍覺溫馨。戚老頭之春心大動，肇因於鰥居住在女兒家，隔著薄壁，聽著女

---

[3]作者表示〈地道〉在報上發表後，結尾部分白先勇認為可以略作修改，因此結集出版時，便有了變動，但筆者以為仍以第一次的寫法為佳。

兒女婿「親熱了大半夜」，為了讓白天工作辛苦的女兒多睡一會，一大早起床提籃上街採買，然後在春暖花開的氛圍裡，對人口出穢言。事後，在眾人圍剿下，老頭不氣女婿的不理他，反而傷心女婿連女兒也不搭理……此後故事採雙線進行，一邊是戚老頭的逐漸萎縮，一邊是女兒曉春的行動反應。曉春的最初反應是：「又氣又惱」、「好像是自己做了見不得人的事」、「踩著腳，一疊聲地喊：『要死呀！要死呀！』」，然而她終是於心不忍，到街上老爸被圍剿的地方「含羞忍辱地低了頭陪著」，然後「在眾人探照燈似的注視下」，領著老父回家。此後幾天她雖然沒有責怪或諷刺老父，只是一向的朗暢笑聲消失了。（這些對戚老頭而言可是比大聲責備還難受。）她固然對老父的異常行為十分不解，也為死去的母親不平，更為丈夫委屈（因為很可能影響他的入黨及升遷），然而一聽到眾人批鬥的結論是要將老父押送回鄉（那其實就是死路一條），而且丈夫也表示只好接受別無他途時，身為獨生女的曉春在傷心之餘，乃激起天性深處的不忍。由於她的開導，打消了老父尋死的念頭。也由於她的申辯，瓦解了街委會硬逼老父還鄉的企圖：

> 我爸爸……犯了錯誤，大家鬥爭他，教育他，全是為他好，我們……贊成，也從心裡感激大家。但是他一共就是手搭了一下肩膀……說一句「同我睡覺好嗎？」總不能就定為強姦罪吧？罪大惡極的，毛主席還說要給出路……黨……說是在什麼地方跌倒的就在什麼地方站起來！他的戶口在南京……要遷也要公安局下令……你們自己看，他就躺在那裡，跑不了的。要他走，請街委會去找公安局吧！大不了一條命，橫豎他也不想活啦！

就是這番火藥味十足卻又義正詞嚴的話，使縮在隔室的丈夫嚇得臉色灰白，使街委會的人知難而退，從此不敢上門騷擾，然後春去夏來，一切又歸於正常，而戚老頭的命運也等於有了轉機。

　　相當難能可貴的是，陳若曦寫出較少被人刻畫的父女之愛。女兒爽朗的個性是老父風燭殘年的安慰；戚老頭以為「女兒熱情爽快，很像死去的老伴，尤其是她的笑聲。曉春沒事也會笑兩聲，快樂滿足時更是笑得聲音發顫，像溪水流過岩石，激起忽高忽低又無間無歇的嗚咽，家中沒了她的笑聲，好比沒了魂，變得空蕩蕩的。」把女兒視為亡妻的化身，從而惹起一場「春遲」糾紛，寫得真是含蓄動人。當然這種「情結」或許只有在那種「老年人的喜怒哀樂毫無地位，他的苦衷沒有地方訴說」的社會中，才會產生吧。

　　在共產社會，親人一旦被鬥，父子、夫妻適時劃清界線以求自保的情況時有所聞，曉春對老父犯錯的動機固然不解，但卻一本孝心在精神上、行動上鼓舞老父生的意志。而且這種柔情也使得原本極端不滿岳父行徑的女婿深受感動，更重要的，由於這種女兒對老父的護持之心，溶解了街坊鄰居的冷面無情與鐵石心腸，使他們開始有了同情心，使他們在自慚中不忍再逼人太甚。可以說，透過曉春此女性角色的堅毅精神，我們洞察到了人間天倫原是充滿希望的光彩的。

三、

　　在〈老人〉、〈地道〉、〈春遲〉中，陳若曦僅以陪襯的方式經營她小說中的女性，卻已明顯地給予她們一種價值意識上的肯定。這一類不必強調其知性能力的女子，她們表現出堅毅卻又不失溫柔的女性氣質，幾乎成為她後來長篇中正面女性的共通特性。如〈遠見〉中的廖淑貞，〈二胡〉中的梅玖、綺華，〈紙婚〉中的尤怡平便是。至於〈尼克森的記者團〉中正面與惡勢力衝突的辛老師，則加上了不畏強權、勇於抗辯的剛硬作風。照說〈歸〉中的辛梅是「辛老師」的延伸，應該都屬於陳若曦的自我寫照（《歸》書前〈說明〉稱：「這篇故事雖然很大一部分是根據自己的親身經驗寫成，但主要是小說創作，並非自傳。同樣的，書中很多角色也取材自作者的熟人和朋友……」），然而也許就因格於現實，辛梅反而顯得捉襟見

肘，事事充滿無力感，她似乎頗能省覺共產制度的種種荒謬可笑與不近情理，有時也頗表憤慨，但旋即莫名其妙地隱忍下去，唯丈夫的意見馬首是瞻。她在認知、評價及實際行動上因而表現出互相抵消、自我否定的現象，令人十分不耐。比起〈歸〉中的柳亞男實在不可同日而語。亞男因愛子情切，爲了他們的前途，一腔熱火「回歸」，待設身處地體驗共產社會真象，悟及兒女的未來絕無幸福可言時，便毅然帶同女子離開大陸回奔自由世界，這股母性訴求的心聲極令人感動。而辛梅正連這點母愛的警覺都沒有，當亞男問她怎能忍受那種無形無影卻又無時不在的政治恐怖時，辛梅反而苦口婆心勸她：「政治壓力是有，但習慣了也就好了……只要把它當作日常生活的一部分，就容易接受下來。」全是一副逆來順受、既上賊船便任憑擺布的心態，就連自己兒子們的命運也一併交付發落，如此行徑，令人不解。她直到心愛的丈夫「挨整」，被迫爲「自我檢討」時才心痛不已，驚呼我們「非走不可！」但一當其夫陶新生表示「無顏見江東父老」不願離開時，她也就不再堅持。等到丈夫因公落水死去，辛梅心中揣測善泳的丈夫爲何溺死時，竟還想著：「意外的事件？還是自己的選擇？不管是哪一種，新生的死爲妻兒留下了好名聲。他不但爲自己解除了國民黨遺孽的枷鎖，也爲孩子的未來鋪平了道路──這道路他們母子勢必走到底，再難以回轉。」而對這個充滿無理的政治迫害、毫無自由可言、丈夫甚至因此而死的傷心地，辛梅也不是出於主觀的戀棧，只是覺得「非走到底」不可，難道她一向對其夫柔順的慣性，一直貫徹生死，竟連他生前不肯走、無顏走的意志也將一直主宰她的行爲取向嗎？真的令人莫名甚妙了。

　　此外，全篇一再出現的男性聲音及其支配意識也頗令人嫌厭。由於男主角陶新生一己之剛愎，哄騙妻子回到這個絕地，其理由固然堂皇也很荒唐──回國是爲了加速中國的統一，是爲了及早同留在臺灣養他長大的姨媽「團圓」？但等到他徹底灰心絕望、甚至疑似自戕，卻又未能給妻小安排後路不說，死後還拖扯妻小自甘終老在這一個他一手營造的虛幻幸福之地。（也許他的妻小由他的因公殉職，在社會上的地位得以有所躍升，不再

以臭老九的身分受歧視壓迫，但是在周遭仍是充滿黑暗的世界裡，他們真能安享一己的幸福嗎？）這種男性自以爲是的剛愎表現，是掩卷之餘僅得的感想，如果作者的目的便即在此的話，真是成功了。至於李永忠邀辛梅留下來一起奮鬥，以表示其夫沒有白死的說法，由於前後缺乏有力的呼應線索，反而只成爲一個較軟弱的藉詞，一個虛晃無力的手勢。

　　總之，筆者以爲陳若曦在告別大陸題材之際所創造的辛梅，是個性寫得最搖擺不定的知識女性，一方面很有獨立思考能力，對丈夫無理的話語卻又奉命唯謹，正像一個身處時代改變青黃不接時期的人物，新舊的價值在她身上處於對立而尚未統一的狀態，以致所行所思便顯得尷尬可怪了。（陳若曦是否暗示唯有這種不夠成熟的個性才會步入歧途，一誤再誤呢？）

四、

　　《歸》之後，陳若曦似乎開始大步邁向一個嶄新的領域，各種政治、社會等文化背景各異的人物紛紛進入她的視域，她在女性形象的展現上也越發直接明朗，對女性人格特質的掌握也越能體貼入微並趨多元複雜，真可謂繁花異卉、美不勝收了。

　　其中〈城裡城外〉裡的「杜百合」，是〈尼克森的記者團〉中的女性形象的進一步發展，杜百合可以說是與辛老師同類的智慧型女性。臺籍的杜百合由日回歸大陸，在地質科學研究院工作，平常沉默寡言卻又具有「吃軟不吃硬的脾氣」，文革時紅衛兵「破四舊」到處抄家，她敢於雙手叉腰站在門口攔擋。然而她在大事上卻也能小心謹慎，善自安排；文革時，臺灣人飽受歧視，爲了使兒女有機會自邊疆上調北京，她寧願忍受與丈夫分離之苦，不爲丈夫請調，以免兩頭落空。直到男婚女嫁，再無後顧之憂時，她便破釜沉舟，以退爲進，提出離婚申請，果然激將有了實效，遠放東北多年的丈夫終於調回。這種擅於暫時克制感情，能放能收的智慧，就比〈查戶口〉中的彭玉蓮以出賣肉體換回丈夫的手段要高明百倍了。

　　陳若曦筆下，固然不乏智慧能力等同男性的女子，但她絕無意讚許一個「不讓鬚眉」凌駕男人的女性，即使有，也都是以反面的形象出現。如前述〈尼克森的記者團〉中辛老師，雖有頂撞當權的勇敢表現，但作者也不忘描繪她在事發當時與事後惴惴不安的心境。至如〈二胡〉中由大陸移居美國伶牙俐齒四處演講座談的端木凱，書中說她是學習美國女權運動青出於藍的典型人物，她和丈夫鬧離婚，使無法自立的丈夫被逼得上吊身亡。作者如此安排，顯然是對這種極端擴張女權而無視夫妻之情的現象，不予苟同。

　　〈突圍〉中的芳妮，講求實際、幹練獨立，卻也有一套御夫之術，把頗有缺憾的夫妻生活安排得相當妥貼，刻意給人一種婚姻美滿的印象。同書中的美月雖然因丈夫的外遇，怒而離家出走，最後仍拗不過其夫的懇求，藉機下臺回家。凡此，都顯示陳若曦筆下的女性，仍是很傳統地必須在婚姻生活中求其安身立命的憑藉。因此選擇婚姻對象，自然成為重要的事件，然而所謂選擇，絕非單純地只考慮到情感相與的問題。在共產社會下，她們常為實際生活需要而抉擇婚姻對象，先是對幹部趨之若鶩，老病不計，繼則又對留學生排隊報名，無視愛情之有無。小說舞臺轉到美國後，來自大陸的女子仍以婚姻做為謀取綠卡的手段。至於來自臺灣的女子，則有較為寬廣的選擇空間，她們可以就海峽兩岸男子不同的氣質風度或政治立場等等因素進行擇偶的行動，有如「良禽擇木而棲」一般。如〈路口〉中的余文秀，從臺灣遠赴美國與她搞臺獨無法回國的丈夫團聚，及待「發現他已拋棄了理想，改做地產生意，發了一點小財便沾沾自喜時，自己那種錯愕是幾經努力也壓抑不了的」，她把這種情況比為「英雄失去本色」，「叫人不免大失所望」。憤而離婚後，與大學教授方豪之間感情的漸上軌道，是因他對政治的熱情；「平常方豪是個貌不驚人，甚至略顯早衰的中年男子。然而一旦談到政治，談到中國的前途，他整個人就變了。變得神色亢奮，高大昂揚；變成一塊磁鐵似的，把她牢牢吸引住。」當方豪為臺灣陳映真的案子熱誠地奔走時，她深受感動，而開始墜入情網。然而

當方豪因向大陸靠攏以便回去講學，而對魏京生被捕事件反應冷淡時，她結束了這一段愛情，最後選擇回到臺灣母親身邊接掌魚塭事業，因爲「親情和鄉思有如春蠶吐絲，縷縷不絕，她從不曾像這一刻這麼想念家鄉，這麼渴望奔回東港。於是，在黑暗中，她竟眼睜睜地盼望到天亮。」而〈遠見〉中的淑貞離臺在美多年，雖然一直忠於其夫吳道遠，但是她與來自大陸的交換教授應見湘之間也有一段純真的感情。在作者的設計下，應見湘風度翩翩，數理天分人文素養俱佳，琴藝、書藝兼通，知情達理、愛國愛民、溫柔體貼，看透淑貞的優點，視若至寶，卻又能發乎情止乎禮。留在臺灣的外省籍的吳道遠則官僚自大，抱持牙刷主義，他要求妻女出國的目的是爲他鋪路以獲得綠卡。妻子在美與人幫佣謀生苦不堪言向他訴苦，他還諄諄勸其忍耐，不知憐惜，自己卻早已悄悄在臺金屋藏嬌養下兒子，甚至把淑貞的嫁妝房子自作主張送給對方。淑貞得到綠卡回臺灣發現真相要求離婚時，他先是無恥地以她竟不顧念他的求子心切相責，繼而又奇怪地寧可棄子保住婚姻，至此淑貞終於敏銳地抓住問題的核心，一針見血地反問：「你是說，你選擇了綠卡？」，他居然還能大言不慚地回答：「選擇綠卡又有什麼不對！」「遠」、「貞」二人之優劣判然分明，當然是作者有意安排，而臺灣女子廖淑貞也就是在這安排中逐漸看清人生的真相，從而開始成長。當友人詢以是否還要離婚時，她答以「離婚、綠卡……這是吳道遠的事。回加州才是我的事。……現在事情已過了，我應該感激吳道遠。他使我領悟，我不能依附別人，首先應該獨立生活。只要想通了這一點，再也沒有什麼可煩惱了。」這樣的結局安排，除了它一定的政治象徵意圖外，更重要的則是表示：女性唯有通過不斷提升其自我意識與批判意識，並且爭取到獨立的機會與能力，她才能獲得真正的自由，尤其是婚姻的自由。缺少這種獨立的精神與能力，女性的處境便永遠無法改善了。這就是爲什麼〈突圍〉裡的美月，發現丈夫翔之有了外遇後，竟連離家出走的考慮都得打消的主要原因，因爲她沒有獨立謀生的能力。大陸女子李欣有綠卡、沒有經濟能力，便連真誠的愛情都被人懷疑是別有企圖。〈紙婚〉中的

尤怡平，雖然也是以與同性戀者有名無實的婚姻換取綠卡，因而無虞在美居留的身分問題，但直到她靠自己的藝術才能賺到第一筆錢時，她才悟出「只要我有一枝筆和一把刷，我將不愁吃穿。原來，這才是真正的自由。」也就因為這種自由的意識，她有了給予的能力，也開始恢復愛的信心，從前被未婚夫拋棄所產生的對兩性關係的畏懼疑惑，也有了徹底的改善，她終於能由衷地主動關愛她那有名無實而且業已瀕臨死亡的丈夫。

以陳若曦的觀點看，這紅塵世界若是一張網，這網應是由兩種重要的經緯所織成，一種是以現實的政治、經濟、社會等種種現象織就的背景世界，漫天蓋地罩下，無人可以逃遁。另一種則是散布其間的男男女女在婚姻、慾望、現實的考慮下相互碰撞、吸引、利用，所繡出的種種圖案。這兩種經緯交織而成的網路，塑造出她小說世界的特殊光影。她喜歡以愛情小說的方式來處理她對政治文化的種種理念。她筆下來自不同地區的中國人、美國人、猶太人，有如棋盤上的棋子，隨她的喜好，各自找到了它們的定位，然後廝殺於焉展開。看來是在寫多角的愛情競賽，事實上勝負早已取決於作者心中對這些代表不同地區的價值評斷。在〈突圍〉、〈遠見〉、〈二胡〉中她樂此不疲地玩著這樣的遊戲，直到〈紙婚〉中才真正對男女兩性個別本質認真而深入地剖析。

「揭露男性文化的淺薄，將社會的支配意識形態加以變形、批判」是女性主義學者在女作家身上所看到的特徵[4]，陳若曦自也不免。除了〈歸〉中陶新生的顢頇已如前述外，〈突圍〉裡的駱翔之一生以追求愛情為務，59歲愛上比他小 30 歲的大陸女子李欣。李欣是為他留在大陸的母親代筆家書的女孩，「翔翔吾兒」是對他慣有的稱呼，他也深深依戀其間，自覺有如再生。可是一當妻子美月抗議離家出走，他便立刻手足無措，狼狽哀求她回心轉意，因為他根本連料理自己生活的簡單能力都不具備，此外離婚所產生的現實考慮——贍養費的負擔以及自閉症女兒的撫養問題等——更是使

---

[4]見廖炳惠，〈女性主義與文學批評〉，《當代》第 5 期（1986 年 9 月），頁 35。

他窘態畢露。〈二胡〉裡的胡老也有同樣的癖好；年輕時拋棄父母爲他娶得的媳婦遠赴異國，49 年匆匆過去，父母的孝養全由離異的元配侍奉，元配還變賣一切家產寄往美國供他揮霍，明知已有兒子他也不加聞問，母子二人何以爲生，更不在意中。在美國他一而再、再而三，轟轟烈烈地談戀愛，還頗知養生之道，每日晨跑練身。回大陸探親之前，還打算在大陸再度續弦，以度餘生。及至躬返大陸，親見垂死的元配爲他守得一樹成蔭，使他坐享滿屋的天倫之情，才天良萌現。〈遠見〉裡的吳道遠與他可謂伯仲之間，甚至等而下之，連那一點天良都無法撥雲見日，自然流露。這種在傳統父權社會中陶鑄而成的男性特質，使他們一方面妄自尊大，自以爲是，慣以追求異性、滿足情慾做爲證明男性氣概的手段，一副唯我獨尊的架勢；但另方面，在生活上他們卻又退縮到「兒子」的地位，極需「母親」的撫慰照顧，否則即失去生活的能力。

在男性負面形象的烘托下（陳若曦長篇小說中的男主角多爲負面人物，女主角則多屬正面角色），陳若曦近期長篇裡的女性意識便更形凸出了。雖然吳爾芙（Virginia Woolf）曾說：「要成爲女性主義者，她得先爭獨立，將女性靈魂深處的『家庭天使』意象消滅。」[5]可是陳若曦似乎並不作此想，她的正面女性大都能相當稱職地扮演「家庭天使」的角色。藉著〈遠見〉中淑貞爲人幫傭的情節，作者寫她周旋在主人與自己家的繁忙工作之中，居然亂中有序，游刃有餘地表現出勤快、犧牲、同情、關懷等等賢妻良母的氣質，以致深深吸引了來自三個世界的中國男人（來自新加坡的主人李大偉、住在臺灣的丈夫吳道遠以及來自大陸的摯友應見湘）。作者甚至津津樂道她在主人家宴客時，既能有條不紊地準備、上菜、贏得客人稱許，還在百忙之中抽空把自己打扮得光鮮整潔。這種手法在〈城裡城外〉的文惠身上也曾表現過，她在那場迎接大陸訪問學者的家宴中，除了表現出烹調的才華外，並在安排各路賓客方面煞費苦心，使他們能夠各得

---

[5]同前註，頁 36。

其所暢所欲言，極盡溫柔體貼、善解人意之能事。也許就是因為這種「天使形象」，給了當晚唯一負責監視的幹部老侯無限的信心，竟使他偷偷將老家地址塞到她手裡，將她當做可以幫助兒子來美的救星。尤怡平在〈紙婚〉中也是一樣，由於對丈夫項漸生的愛意，使她為病中的項，花去很多時間處理三餐，不以為苦，並自覺：「活到 35 歲才發現，我可以做個好主婦，而且喜歡做主婦。以前很不屑於這種婆婆媽媽之事，如今在廚房一站三小時，彷彿彈指間而已，絲毫不覺疲勞。」

此外，「守貞」也是陳若曦十分在意的女性意識。淑貞裸身受到主人李大偉醫生藉體檢之便「突襲」之時，即使在去國萬里，離家兩年，孤男寡女獨處一室的情況下，仍能靜定峻拒。雖然愛慕應見湘，卻只止於與他握手，而且是在對方主動之下。〈二胡〉裡的梅玖和綺華雖都是守活寡 3、40 年的不幸女子，她們後來也都因此贏得丈夫的敬佩；前者使當年薄倖而去的胡老為之抱愧，自慚形穢。後者使丈夫胡景漢寧可放棄在臺灣為人尊重的事業、學術地位，以及十幾年相戀的情人，回大陸與她相聚。這種情形不禁使人疑惑：難道這些孤寂女人的一生，全無情慾的困擾？水一向是女性的象徵，它既柔弱，卻又頗具韌性，可以載舟，也可覆舟，但陳若曦卻只取其載舟的正面意義，她的作品中，幾乎找不到「禍水」的女性（只有端木凱勉強可算一個），禍水的男性卻不少，闖禍之餘需得依靠身邊的女子收拾殘局，這些女子，有如天生包容力特強的母性，甚至身為女兒的角色，也由於這種母性的發揮，成為拯救父親的力量。

除了家庭天使、守貞、母性、韌性諸氣質外，在〈紙婚〉中還賦予尤怡平以「生活藝術家」的巧手慧心，足以化腐朽為神奇。譬如可以將平板陰暗的牆壁塗繪成斑斕的彩色世界，或為垂死的項，攀爬高樹，鋸開遮空的枝椏，形成一幅長方形的畫框，使他可以臥在病榻，透過這個框框遠眺童年習見的美景，重溫舊夢。這椿為項譽為「樹雕」的傑作，無疑為餘日無多的幽黯生命帶來無比輝煌的人間晚晴，十分令人感動。

尤怡平是個 35 歲才由大陸赴美學習藝術的女子，陳若曦以日記體的敘

事方式娓娓敘出她的內心世界，纖毫畢現。尤與她只有紙婚關係的丈夫項，原先只以房東房客的心情相約對待，但在互尊互諒的共處下，反而自然地建立了感情及信心。後來項由於是同性戀者，不幸染上愛滋病，尤不但不予避棄，相反地卻義不反顧地守候在他身旁，以至臨終。在這部長篇中，陳若曦拋卻了以往眷戀的政治意識，其中的男性更以同性戀者的姿態出現，對女性不存慾念，將男女兩性擺在純淨的情誼道義基礎上，讓這個個性十分保守的害羞女子，逐漸擺脫往日坎坷歲月與情感的創傷，從而在生活中發現了自己的女性氣質，並在對方真誠的鼓勵下，表現出她潛藏的藝術才華，將過去在困境中所體驗吸收的人生經驗，轉化成純淨感人具有獨特風格的藝術作品──她被輿論譽為「生活的藝術家」──也因而換回了獨立自生的能力，充分省覺到一己的自由。更由於項的病重，激發出她蟄伏的母性，使她走出原先自憐自閉的暗隅，在自我意志的抉擇中，無懼於人人避之唯恐不及的愛滋病，陪他至終。

　　走筆至此，陳若曦所塑造的理想女性典型已可理出一個大致輪廓：女性誠然具有如大地之母般，強大而綿綿不絕的愛的能力；心甘情願地守貞，扮演家庭天使的角色，賢淑、能幹、克勤克儉。在滋潤豐實人我的生命中，妙手回春改善男性闖禍擾亂的世界，復能自求多福，培養自身的獨立與自主，甚至能以堅強的韌性，轉化生活中的挫折困頓，成為藝術創作的泉源，美化人生，擁有更自由更開闊的天地。而覺察今天女性具有更大改善世界的機會及潛能，足以超越狹隘的屬於男性意識的政治成見，以愛包容一切，應該就是陳若曦筆下女性意識逐漸加強的主要原因吧！

　　但是我們仍然得承認陳若曦筆下「家庭天使」的女性模式事實上是在不斷改變中。由辛梅、百合、淑貞順理成章自然和煦的母性形象，到〈二胡〉中發展為兩種極端的類型。一為苦守活寡三十餘年，為盡母道，犧牲自我，十分古老傳統化的梅玖；一為達到留洋目的後，「翻臉不認人」，一心只求個人發展，置婚姻情義於不顧，「除了送生活費和看兒子」外，亟求離婚，最後迫使在美國社會無能自立的丈夫上吊自殺的端木凱。然後到了

〈紙婚〉，更透過尤怡平對女性成爲人母後飽受牽絆，無法發展自我的觀察，乃提出婚後不願生育，拒養小孩的觀念等，則更能印證陳若曦小說中的女性自我意識已然逐漸高昂。就社會寫實性極濃的小說而言，這種反映，是否透露了今日女性意識的發展方向，而其對社會結構、倫理價值的影響，是頗值得進一步深思的。

──原載《文星》第 116 期，1988 年 2 月

──選自林瑞明、陳萬益編《臺灣作家全集：陳若曦集》
臺北：前衛出版社，1993 年 12 月

從「不幸的夏娃」
到「自覺的信女」

論臺灣女作家陳若曦小說中的女性形象

◎錢虹*

　　在一般人的心目中，中國臺灣女作家陳若曦無疑是一位「社會意識強烈」的作家。她雖然很早就開始寫小說，如 20 世紀 50 年代末至 60 年代初發表於臺灣《文學雜誌》和《現代文學》上的〈欽之舅舅〉、〈灰眼黑貓〉、〈巴里的旅程〉、〈辛莊〉、〈最後夜戲〉、〈婦人桃花〉等等，但當時並未引起文壇與評論界的很大反響[1]。真正使她聲名鵲起、享譽文壇的是在 20 世紀 70 年代中期首次小說的形式向外界披露「文革」內幕的〈尹縣長〉、〈耿爾在北京〉等作品。此後，陳若曦一改她「年青時最推崇寫作技巧」的小說寫法，「但求言之有物，用樸實的文字敘述樸實的人物，爲他們的遭遇和苦悶作些披露和抗議。」[2]人們無論是推崇她、讚揚她，或是研究她，批評她，甚至圍剿她，往往都基於同一個理由：社會意識強烈和觸及現實政治。因而，人們看陳若曦的小說，往往自覺或不自覺地「忽略」作者是一位女性作家，而將「〈尹縣長〉、〈耿爾在北京〉、〈地道〉等男性或中性觀點的處理」[3]來評價其整個小說創作。

　　這無疑是一種誤解。筆者以爲，雖然作家的性別不應該也無必要成爲

---

*同濟大學人文學院中文系教授、婦女研究中心研究員。

[1]後來這些早期小說，是在《尹縣長》、《耿爾在北京》等「文革」小說引起轟動之後，於 1976 年才結集出版的，見《陳若曦自選集》（臺北：聯經出版公司，1976 年）。

[2]陳若曦，〈後記〉，《陳若曦自選集》，頁 235。

[3]吳達芸，〈自主與成全──論陳若曦小說中的女性意識〉，《陳若曦集》（臺北：前衛出版社，1993年），頁 258。

判斷其作品優劣的標準,尤其是在當今這個成功女性比比皆是層出不窮的社會中。然而,心理學所揭示的男人與女人在觀察世界、反映事物的用腦方式、心理特點方面的某些差異,註定了男女作家在描述現實、刻畫人物以及觀察角度和寫作方法諸方面的某些差異,儘管這種差異有時顯得十分細微、似有若無,實際上還是一種客觀存在。就這一點而言,人們僅僅把陳若曦當成是一位政治意識強烈的作家,而並未意識到她同時也是一位關注女性命運、生存現狀和生活方式的女作家,實在是一種誤會。雖然她的小說並不像 20 世紀 40 年代的張愛玲、蘇青那樣專注於男人與女人之間的情感糾葛;也不像 20 世紀 80 年代的李昂、呂秀蓮等那樣高揚起「新女性主義」的獵獵旗幟。其實,從陳若曦的一些以描寫婦女生活、探討女性命運及其生存現狀為主的數十篇小說中,亦不難看出她的「女性意識」。

平心而論,陳若曦描寫婦女生活、探討女性命運的數十篇小說,無論在寫作技巧,還是在思想深度等方面,其藝術水準方面的參差不齊都是顯而易見的。但這並不影響我們對她筆下的人物形象的認識。其最早的舊作〈灰眼黑貓〉,發表於 1959 年 3 月出版的臺灣《文學雜誌》;而最近的長篇〈慧心蓮〉,則於 2001 年 2 月出版。從 1959 年至 2001 年,時間跨度長達 42 年。42 年自然並非彈指一揮間,其間不僅作者的經驗、閱歷和世界觀、人生觀發生了變化,其筆下的女性人物形象也有了明顯的變化。概括而言,從 20 世紀 50 年代末的〈灰眼黑貓〉到 21 世紀初的〈慧心蓮〉,陳若曦筆下的女性形象,大體上經歷了從「不幸的夏娃」到「落難的尤物」再到「自立的主婦」和「自覺的信女」這樣幾個既是社會歷史的也是女性心理的變化階段。

悲劇命運:「不幸的夏娃」

第一階段「不幸的夏娃」,是指作者 20 世紀 50 年代末至 60 年代初創作的〈灰眼黑貓〉、〈最後夜戲〉、〈婦人桃花〉、〈邀晤〉、〈喬琪〉等短篇小說中的女性人物形象。這些女性形象,按其身分、受教育程度而言,大致

上可分為兩類：一類是都市中的知識女性，如〈喬琪〉中的喬琪及其母親、〈邀晤〉中的仰慈；另一類則是社會下層的各種婦女，如〈灰眼黑貓〉中的文姐、〈最後夜戲〉中的金喜仔、〈婦人桃花〉中的桃花等。實際上，後來陳若曦筆下的女性形象也一直未超出這兩類人物的範疇，只不過後一類婦女大都成了自食其力的勞動婦女而已。從這些小說所塑造的女性形象而言，雖然她們的身分、性格、地位以及文化程度各個不宜，但有一點卻是不約而同：即命運的不幸。無論是被父母之命誤嫁朱家而受盡折磨以致發瘋夭折的文姐（〈灰眼黑貓〉），還是隨著歌仔戲的沒落而不得不骨肉分離的金喜仔（〈最後夜戲〉）；無論是始亂終棄、陰陽隔絕以致被死鬼纏身的桃花（〈婦人桃花〉），還是大學剛畢業，就隨母親和媒人一次次相親，為的是「好好地結個婚」的仰慈（〈邀晤〉），可以說，在主宰自己的婚姻、命運和前途方面，這些女子無一例外都是不幸者。

　　社會、歷史、環境、封建習俗和婚姻制度所造成的女子的悲劇，正如作者借〈灰眼黑貓〉中文姐的好友阿蒂之口所說：「想到她的悲劇，我不禁深深懷疑我們現在的風俗與制度。在大都市裡的人一定不會想到封建的殘餘在這窮鄉僻壤仍有這麼大的勢力吧！」小說中被視為「不祥之物」的文姐死了，屍體連婆家的大門都不讓進去，令人想起林海音的小說《金鯉魚的百褶裙》中那個身分卑微的收房丫頭死後的遭遇。然而，陳若曦筆下的「灰眼黑貓」顯然不僅僅是一種迷信，而是同時具有一種象徵意味。小說一開頭就有一句讖語：「在我們鄉下有一個古老的傳說：灰眼的黑貓是厄運的化身，常與死亡同時降臨」。因而，當童年時代的文姐偶然把風箏線套上小貓頭頸之時，她的厄運就已被註定，成為一個無法扭解的「死結」。這篇小說的真正意義，並不在於那種令人不可捉摸的神祕感，而在於對造成文姐之不幸命運的「主宰」的詛咒，於是我們聽到了作者借阿蒂之口發出的強烈呼問：「我不覺深深詛咒所謂的命運，我奇怪難道真沒有人逃出命運的安排？果真有命運，誰是主宰呢？」

　　曾經有過女人想跟命運抗衡，例如〈最後夜戲〉中的金喜仔。對於自

己的親生兒子阿寶，算命的說這孩子天生的「過繼命」，不送給別人恐怕養不大，她竟搖頭說：「我不信！」然而，在歌仔戲日趨沒落、觀眾日益遞減的殘酷的生存現實面前，她實在無法兩合：

> 為了生活，她要不斷地上臺。在這個歌仔戲沒落的時候，戲旦已經遠非昔比了。十年前，旦角由她挑，唱一臺戲的收入可以吃喝一個月；現在老闆只要不滿意，可以隨時解雇她。她早已看出這個連環鎖：生存，吸毒，生存……它緊緊鎖住了瘻，再也逃不掉[4]。

所以，等待金喜仔的最後命運，還是骨肉分離，把親生兒子送人，否則她就無法在這個世界上生存下去。如果說，文姐、金喜仔的不幸命運，基本上是時代、習俗、環境和社會現實給生活於鄉村的下層婦女帶來不幸的命運的話，那麼，喬琪的不幸命運，則來自其母親在婚姻破裂後對前夫的仇視、憎恨的報復心理的後遺症。表面看來，喬琪是那個時代的幸運兒，與文姐、金喜仔截然不同，她生活在吃穿不愁的富裕之家，經常受到母親噓寒問暖、無微不至的關愛，又有陸成一這樣死心塌地的異性追求者，不像仰慈那樣大學剛畢業就一次次「邀晤」，只為了「好好地結個婚」[5]。她大學剛畢業便準備飛向新大陸留學深造，實在是人人羨慕的幸運兒。然而，隨著小說對其內心世界的層層披露，我們逐漸明白了這個患有自戀症與「世紀病」的年輕女孩的不幸。原來，15 年前父母離異、母親再嫁的陰影一直籠罩著她，使她無論在家中還是在人群中都倍感孤獨與寂寞。就在她翌日飛赴新大陸前夜，她也「絲毫感覺不到喜歡」，「有的只是困惑和莫名的躊躇」。小說中幾次浮現出她兒時「孤獨得仿佛被遺棄在曠野裡」，「最難捱的寂寞，斬之不盡，驅之不去，像埋伏的奇兵，隨時都可來襲」的記憶畫面。正是這樣一種揮之不去、召之即來的痛苦不堪的兒時記憶，

---

[4]陳若曦，〈最後夜戲〉，《陳若曦自選集》，頁 149～150。
[5]陳若曦，〈邀晤〉，《陳若曦自選集》，頁 32。

造成了喬琪日後許多非理性的衝動與神經質的任性。爲了急於「擺脫這個家，擺脫臺北這個小地方」，甚至不惜嫁給一個她「當然不愛」的 40 歲男人。當其婚禮被迫取消之後，她的「神經質，帶著悲劇性」的「瘋狂」發洩到了極點。

　　事實上，小說中有著「神經質，悲著悲劇性」的女性又何止喬琪一人呢？她的母親，其內心實在比女兒更加痛苦不堪，只是平日不像女兒那樣容易隨時發作罷了。小說的真正高潮是在女兒接到生父的電報，希望她赴美「經東京祈下機一晤至祈至盼」之後，平日溫柔體貼、百依百順的母親竟一反常態，蠻不講理地要求女兒「不要下飛機」，「不要去看他」，女兒哀求道：「我們只是見一面，十五年只見一面呀！」不料母親竟然捏緊拳頭，面容扭曲，眼中冒火，渾身顫抖：

> 「——你們合力對付我！你們……安琪、安琪，你這沒良心的孩子，他會對你多好？十五年前，他根本不要我們！你那天殺的父親……毀滅了我的愛情……現在又來搶我的孩子……呵，我憎恨你！我永遠憎恨你！別永遠得意，我不相信我會永遠失敗！聽著，我決不放棄，我寧肯，呵，我寧肯……寧肯殺了你，也不願意讓他搶去！」[6]

　　正是在這個充滿緊張感的戲劇性場景中，作者寫出了一個女人在婚姻破裂之後對男人產生的極端仇視、憎恨甚至不無歇斯底里的報復心理。這裡雖未豎起女性主義的旗幟，卻埋伏著日後「殺夫」的心理動機。因此，在陳若曦迄今爲止的所有小說中，〈喬琪〉是女性主義意識表現得最爲明顯也最爲強烈的一篇。它不僅反映了父母離異對於一個九歲女孩的心靈戕害及其後的惡劣後果，而且揭示了婚姻破裂帶給母女兩代人的幻滅感以及由此而造成的自我毀滅的命運悲劇。

---

[6]陳若曦，〈喬琪〉，《陳若曦自選集》，頁 135～136。

這是一個相當深刻的悲劇命運，至少在 20 世紀 60 年代初期的臺灣女性文學作品中，是十分罕見的。可惜陳若曦很快就自動放棄了這種對人生弱點的拷問與女性心理的透視的藝術追求，這是十分令人遺憾的。筆者以為，她後來的許多小說，包括享譽文壇的〈尹縣長〉、〈耿爾在北京〉等等，就其對人物心理的探究和分析之深度而言，沒有一篇能超過〈喬琪〉。

諧劇人物：「苦難的尤物」

1962 年秋，陳若曦在赴美留學之後，就中止了中文小說的創作（誰知這一中止，竟長達 12 年）。1965 年在獲得美國霍普金斯大學的碩士學位之後，1966 年便偕其丈夫經由歐洲赴中國大陸。然而，恰逢「文革」爆發。在北京、南京蹉跎了 7 年之後，她於 1973 年拖著兩個年幼的兒子一家四口移居香港。這段非常時期的非常經歷，對於一心想「報效祖國」的陳若曦及其家人來說是不幸的；然而對於小說家陳若曦而言，卻又不能不說是一種歷史機遇。她在「文革」中經歷的那些人和事，在她離開大陸之後仍在腦海中縈回不已。收進《尹縣長》集裡的作品，均是以「文革」為題材的小說。除〈尹縣長〉之外，包括〈晶晶的生日〉、〈值夜〉、〈任秀蘭〉、〈耿爾在北京〉以及稍晚些時發表的〈尼克森的記者團〉、〈老人〉、〈地道〉、〈春遲〉等。

陳若曦重新執筆寫小說，並不意味著 12 年前「最後夜戲」的重新粉墨登場，而是意味著對「最推崇寫作技巧」的小說寫法的改弦易轍。於是，《尹縣長》等作品便成為她「力求客觀、真實」的代表之作。確實，「文革」中所發生的許多匪夷所思的荒唐事，似乎不需考慮什麼「虛構」情節，便可構成一部寫實主義小說。因而陳若曦 20 世紀 70 年代中期以後的作品，比之 20 世紀 60 年代初期的小說，就人物心理的深度以及對女性地位、命運及其生存現狀的關注而言，不能不說是一種退步。然而，這些「堅持寫實主義」的作品，畢竟確立了作者在文壇上的地位和影響力，因而對它們的小說技巧之成敗得失的考慮便在其次了。

在這些作品中，作者首先是從人的尊嚴被踐踏、人的本性被扼殺、人的存在被忽視的道主義立場，而不是從女性的地位、命運及其與男性的關係來提出問題、思考問題的。因此，這個時期作品中出現的女性形象，往往扮演著非女性即中性甚至「雄性化」的角色。最有代表性的是那位親自上門動員辛老師家拆毀曬衣架的居委會主任高嫂（〈尼克森的記者團〉）。不僅辛老師的丈夫、堂堂七尺鬚眉聞其聲而色變，承認「這個女的我最怕看到」，唯恐避之不及；就連嘴巴不軟的辛老師本人，也覺得這是個難纏的角色。在這個除了生育六個孩子外徹頭徹尾雄性化的「母大蟲」身上，折射出極其豐富的政治、社會和時代的內蘊。也只有「文革」，才會使這個「書倒沒念多少」的婆娘，成為男男女女誰見了都害怕的政治動物。

不過，生活中畢竟並不全都是高嫂那種畸型的政治動物，即便是在「文革」那種非人道、非人性的非正常時期，也還是有做為「男人的一半」的女人存在。於是，在 1976 年「四五」期間去天安門廣場憑弔周恩來、聲討「四人幫」而後遭到告發、被迫寫「交待」的老人之妻，她親手為光了一隻腳回來的老伴納鞋底的行動，無聲卻是有力地表達了對丈夫的精神支持（《老人》）；雖然難過婚且相貌平平，但為人謙和、心地善良的李妹，正是她的出現，使心灰意冷的洪師傅真正感受到了女人的愛，以致最後他倆被誤關在地道中雙雙斃命，仍然留下了以血書寫的「我們相愛，不是自殺」的愛情宣言[7]（〈地道〉）。

在陳若曦那些以「文革」為題材的小說中，實在極少寫得生動傳神而又富於女性魅力的人物形象。那幾位以作者自身經歷、感受為原型的知識女性，如〈晶晶的生日〉中的文老師、〈任秀蘭〉中的陳老師、〈尼克森的記者團〉中的辛老師等，都算不上是血肉豐滿、形神兼備的女性形象。唯一的例外倒是〈查戶口〉中那個苦難的尤物——因偷漢而被周遭的人們罵為「妖精」的「潘金蓮」——彭玉蓮。這個女性氣息十足的人物的出現，

---

[7] 〈地道〉最初發表於 1977 年 11 月臺灣《聯合報・副刊》，結尾如此。後作者聽從白先勇先生的意見，在結集時對結尾做了修改，刪去此「血書」。本文仍取最初的版本之結尾。——作者注。

給陳若曦那些硬梆梆而又色彩灰黯的「文革」小說添加了一抹揉亮而又繽紛斑斕的油彩。

這是個絕不與周圍人們相混淆的搶眼的女人。在這篇題目顯得相當政治化的小說中,作者恰恰顯示了對一個女人的形體、神情、穿著等觀察的細緻入微:

> 說來彭玉蓮並非什麼美人,個子生得很矮小,不過她善於保養,注重穿著,身材總顯得很勻稱;特別是胸部,高低起伏,曲線突出,越發引人注目了。她的頭髮一向找鼓樓的一家大理髮店修剪吹風,一樣的短髮齊耳,但她的總是蓬鬆有致,顯得與眾不同,女孩子們都管那叫海派頭。皮膚黑黑的鼻子微塌,一張大臉像圓盤,與她矮小的身材頗不相稱;然而一雙眼睛卻生得又大又亮,且富於表情,顧盼之間,似有種種風情,男人瞧著,覺得撲朔迷離,很多女人自然是又嫉又恨了[8]。

然而,這位被她周圍的常主任、施奶奶們視為眼中釘的「妖精」,不僅身處「文革」期間敢在穿著打扮上標新立異地顯示女性特徵;更難得的是,做為「老右派」、「老運動員」冷子宣的妻子,一方面,她在男女關係上敢作敢為,以至成為常主任、施奶奶們虎視眈眈的「捉姦」對象;另一方面,她也不與常年在五七幹校當「勞動常委」、未老先衰的丈夫「劃清界限」,向他提出離婚要求;甚至「偷漢」的原因,似乎還與想幫丈夫的忙有關。例如,她當初與馬書記來往,「是為了給冷子宣摘掉右派的帽子」;而人們「捉姦」未遂之後,其丈夫果真脫離了「五七農場」而回校教書。因此,這個苦難的尤物身上所呈現的相當複雜的、既是人性的也是女性的內涵,使人想起沈從文的湘西小說中那些既讓丈夫戴上綠帽子又讓丈夫把銀錢帶回家的船上女人(如〈丈夫〉等)。

---

[8]陳若曦,〈查戶口〉,《尹縣長》(臺北:遠景出版社,1976 年),頁 61～62。此篇收入《陳若曦集》時,文字略有改動。

對於彭玉蓮這樣的女人，作者並未在小說中對其作出簡單的道德評判和道義譴責，而是從女性的立場出發，對她「與眾不同」乃至與人通姦都給予了與周圍那些喊喊喳喳、專等著看她當眾出醜的婆婆媽媽們截然不同的寬容與諒解。這些那位原不得不奉命「監視」彭玉蓮的敘事者的態度上便可一目了然：「我除非吃飽飯沒事幹，才管這種閒事！」可以說，正是由於刻畫了彭玉蓮這樣一位「與眾不同」的女性形象，使得《查戶口》在作者所有的「文革」小說中顯得別具一格。

值得注意的是，此篇在寫她與丈夫冷子宣的夫妻關係時，也並未出現司空見慣的反目爭吵、甚至大打出手的戲劇性場面。冷子宣在得知妻子對己不忠的實情之後，只是淡然地說：「如果彭玉蓮要離婚，我隨時答應，我自己絕不提出。」這句話中顯然含有對自己長年在外當「勞動常委」而使妻子獨守空房的歉疚與諒解。正因為這樣，當他回到家那天，「彭玉蓮滿面春風地拎了一隻老母雞回家，拔雞毛時嘴裡還哼著曲子。鄰居們豎長了耳朵聽，可是到天亮也沒聽見一句吵嘴的聲音」。這裡似乎蘊含著作者對夫妻關係的一種新的理解，即婚姻並不僅僅是一種兩性關係的契約，更不應該只是對女人的貞操產生約束。儘管是在「文革」那樣一種非人性的非常環境之下，「苦難的尤物」也在兩性關係中表現出了某種自在的心態，雖然她不敢明目張膽地違抗半夜三更穿堂入室的「查戶口」。

活劇紀實：「自立的主婦」

1979 年，陳若曦應美國加州大學柏克萊分校中國研究中心之聘，全家由加拿大移居美國。此時，中國大陸歷時十年之久的「文革」已經結束，進入了改革開放的新時期。此後，陳若曦做為海內外著名的作家，其影響力已遠遠超出了文學領域。她經常應邀回中國大陸或臺灣訪問、演講，活動的範圍不斷擴展，生活的內容逐漸豐富。於是，我們在她 20 世紀 80 年代以後的小說中所見到的畫面便顯得駁雜斑斕起來。撇開她 20 世紀 80 年代以後的幾部長篇小說，如〈突圍〉、〈遠見〉、〈二胡〉、〈紙婚〉不談，即

便在她的短篇小說中，人物的生活空間及其經歷的事件，也顯然比她早期小說與「文革」小說要廣闊和豐富許多。

值得注意的是，陳若曦 20 世紀 80 年代以後的中、短篇小說，差不多都圍繞著女主人公或在美國、或在中國的臺灣、香港遇到的不順心的麻煩事來鋪陳情節，展開對話。她的小說，從來也沒有像 20 世紀 80 年代以後的作品那樣重視華人婦女在異國他鄉所面臨的種種困擾。如〈素月的除夕〉，寫中年婦女素月，爲了送兩個兒子到美國念中學，本來計畫是，「等孩子們習慣安定下來，她便返臺」，以便夫妻團聚。可人到了美國，才發現完全不通，「把個十三和十五歲的小孩丟在美國，沒有大人在旁督促，她怎麼也放心不下」，因而只得滯留在美國，一方面掛念家鄉的多病丈夫，同時又整日提心吊膽，唯恐自己簽證期滿成爲非法居留的「黑戶口」。儘管美國的「藍天如洗」，她卻「只感到混亂和空虛」[9]。再如〈不認輸兩萬元的話〉中的老年婦女柯太太，當初爲了來美和兒子團聚，傾家蕩產才買下柏克萊的一棟公寓。不料抵美後兒子死於車禍，媳婦帶著孫子改了嫁。於是她想賣掉公寓籌一筆養老金返回家鄉安度晚年；誰知臺幣升值而美元貶值，當初買下的公寓，十年後連本錢都不值。但如果不出賣的話，柯太太又面臨著房客「合法」卻不合理的荒唐要求和添人增丁的種種麻煩。所以她除了忍痛割愛賣掉公寓外，別無選擇[10]。這兩篇小說，十分細膩地表明了赴美後的中、老年華人婦女在現實中的困境。

然而，嚴格說來，像上述的《素月的除夕》、《不認輸兩萬元的話》以及寫大陸赴美女留學生被騙而慘遭殺害的《到底錯在哪裡？》[11]等作品，實際上並未表現出多少「女性意識」，因此，這幾篇小說雖然都以女性人物作爲其主人公，但反映的只不過是臺灣的或中國大陸的居民赴美後具有一定普遍性的遭遇與不幸罷了，即使將其中的性別角色轉換一下，這些問題

---

[9]陳若曦，〈素月的除夕〉，《貴州女人》（臺北：遠流出版公司，1989 年 6 月版），頁 88。
[10]陳若曦，〈不認輸兩萬元的話〉，《王左的悲哀》（臺北：遠流出版公司，1995 年），頁 119～128。
[11]陳若曦，〈到底錯在哪裡？〉，《貴州女人》，頁 123～139。

（經濟的或是種族的）也依然存在。

真正顯示出當今華人婦女的價值觀、人生觀及其在兩性關係中的變化的，是陳若曦描寫各類女性人物對於婚姻、戀愛由被動到主動的態度的作品，如〈我們上雷諾去〉、〈貴州女人〉、〈演戲〉、〈走出細雨濛濛〉、〈圓通寺〉、〈丈夫自己的空間〉等小說。這些小說中的女性形象仍然是兩類：受過高等教育的知識女性和文化程度相對較低的勞動婦女。就傳統的婚姻觀、家庭觀對她們的約束力而言，這兩類女性人物都表現出了前所未有的自在自爲的輕鬆。如〈我們上雷諾去〉中那個「身無分文便一個人從揚州跑到美國來」的原中學教師戚芳遠，爲了「想長留美國」而不惜以重婚做賭注，與一個 75 歲的洛喬老頭「上雷諾去」註冊結婚。理由雖是「因爲她辦離婚手續難」（她在國內有丈夫、兒子），但卻很難從倫理道德或社會學意義上來指責她的重婚行爲，因爲她坦率地向女友承認：「如果有更好更快的辦法，我今天也不會到雷諾來。你有一天會明白，我不是自私的女人。」當女友提醒她，她嫁的老頭「也許還能活上十年也說不定——十年啊！」她竟回答：「文化大革命整整十年，我都熬過來了。再熬十年……那也只是一眨眼的事。」[12]這句話的潛臺詞很清楚：只要老頭一歸西，她就立馬把丈夫、兒子接來美國。這裡絕沒有父母之命的強制性拜堂，而完全是自覺自願的交易性註冊：不存在悲劇，只是一幕既荒誕又現實的鬧劇。

再如〈貴州女人〉中那個從貴州的偏僻山區嫁到美國唐人街來做餐館老闆續弦的原小學教師水月，也並不諱言她嫁給年齡與之相差近 40 歲的老頭，目的「是爲個人出路。在窮鄉僻壤，她看不到前途，戀愛遭過挫折，家裡又欠債，無奈中才把希望寄託在這場婚姻上」[13]。但對於水月而言，聯姻絕不等於禁欲，這是她與嫁雞隨雞、嫁狗隨狗的傳統婦女的根本區別。所以，當年老體衰的丈夫不能與她過正常的夫婦生活，而那個在餐館內打工、經老闆主動請求才勉強答應每週一次來老闆家代行丈夫之責的阿炳又

---

[12]陳若曦，〈我們上雷諾去〉，《走出細雨濛濛》（香港：勤十緣出版社，1993 年），頁 66。
[13]陳若曦，〈貴州女人〉，《貴州女人》，頁 156。

要結婚的情況下，水月的出走便成了偶然中的必然。因爲她無法忍受與丈夫之間沒有夫妻之實的生活。無論是戚芳遠也好，還是水月也罷，傳統的婚姻道德觀念對她們都失去了往日威風凜凜的制約力，她們在婚姻的選擇上已經成爲自在的女人。作者對這些在傳統的封建衛道士眼裡看來是道德敗壞的女人身上，寄予了充分的寬容與諒解。因爲在她看來，在當今世界，人人都有權選擇自己的生活方式。女人做爲一個人，當然有這樣的權利，別人無從干涉，更不必橫加指責。正如那位本想勸阻芳遠與其姑丈結婚的女留學生小楊所說：「結婚是兩廂情願的事，局外人說好說歹又有何用？」[14]

當今華人女性不僅在婚姻選擇上持越來越自由自在的態度，而且在對待家庭關係、甚至對自己所嫁非人，往往也抱著不慍不惱、和平共處的宗旨，這在婦女沒有取得經濟獨立之前是根本無法想像的。〈圓通寺〉中有兩位對比強烈的女性，雖然身分、地位和所受的教育程度差別很大，但都是經歷婚姻不幸的女人：在美國執教的「我」，離過三次婚，結果連對唯一的兒子也不得不放棄撫養權；而她去國二十多年後再回臺灣，卻發現嫁了一個吃喝嫖賭無所不爲的丈夫的表姐，「哪兒像親戚說的『遇人不淑』、『獨自拉拔三個孩子長大』的可憐人形象呢？」當「我」爲她「一副樂天知命的神情」而怨其不爭時，她這樣回答：

「凡事退後一步想嘛。我常說自己像牛，能吃能睡，還會反復地咀嚼美好的回憶。日常事情總做不完，不愉快的事還能不忘？孩子大了也不能閒，小女兒上的是清晨五點的早班，我夜裡三點就起床給她和其他孩子做早飯和便當。女孩子嘛，我不放心，非得送她到工廠門口。趕回家吃了早飯，又一頭栽進計件工。難得有空我便趕去看戲和跳舞……」[15]

---

[14] 陳若曦，〈我們上雷諾去〉，《走出細雨濛濛》，頁58。
[15] 陳若曦，〈圓通寺〉，《走出細雨濛濛》，頁48。

　　表姐生活得充實而又忙碌，難怪她把那個「不負責任的丈夫」視爲可有可無之人了。

　　這裡，仍然是婚姻的不幸，但卻不再有喬琪母親那種離異夫妻之間魚死網破的仇視、憎恨與報復，原因其實很簡單：20 世紀 80 年代的臺灣婦女大都自食其力，有了獨立的經濟能力，因而婚姻幸與不幸，丈夫好與不好，已經不再是妻子全部的生活內容和唯一指望，那種因所嫁非人而鬱鬱寡歡、以淚洗面的苦命婦人、可憐女子的時代，成爲了過去。正如作者在《女性意識》一文中所說：「始亂終棄、家庭暴力、婚外情和離婚後生活無依的恐懼。這些已不僅是男女平權之爭，更重要的是婦女自己的心理建設了。」[16]

　　正因爲當今女性生活空間的擴大和經濟能力的獨立，所以在對待「第三者」介入或是丈夫變心、婚姻破裂方面，也變得比以往要冷靜、客觀得多。〈演戲〉中的麗儀，五年前就與丈夫辦了離婚手續，只爲避免傷害女兒的幼小心靈而未搬出丈夫的家，彼此分房而居。這裡再也看不到夫妻之間戰爭的硝煙，小說以十分平和、寬鬆的氛圍，反映了這對貌合神離的離異夫婦之間理智而又自在的生活方式。當然，對於麗儀而言，無論在法律上還是在精神上她都是一個自由的女人。和前夫一樣，她既有離婚的自由，也有再嫁的權利。所以，當她小心翼翼地向女兒解釋「離婚並不可怕」而得到女兒的贊同時，她覺得如釋重負，因爲「同住一個屋簷，還是另起爐灶，對她已無區別。重要的是，她獲得心靈的自由，今後不必演戲了」[17]。

　　同樣，在〈丈夫自己的空間〉裡，辛辛苦苦拖兒帶女在溫哥華爲丈夫「圓移民夢」的楊太太，發現丈夫在香港有了外遇，便趕回來想挽救自己 20 年的婚姻。誰知丈夫卻振振有詞地說：「你在溫哥華有自己的事業和兒子，我在香港也享受一點……自己的空間。」於是，楊太太明白了她和丈夫之間的婚姻無可挽回。這裡，再沒有妻子尋死覓活的哭鬧吵罵，也沒有

---

[16]陳若曦，〈女性意識〉，載香港《星期天周刊》，1995 年 3 月 19 日出版。
[17]陳若曦，〈演戲〉，《走出細雨濛濛》，頁 112。

沒完沒了的糾纏不清：

> 哭鬧和譴責是沒用的，丈夫說了，一切都是移民惹的禍。
> 自哀自憐也無補於事，她強力攔住奪眶欲出的淚水，輕輕地放下了茶杯。
> 「等我明天回了溫哥華再說。」
> 楊太太相信，她能在異國建立起自己的事業，她也能做出最好的選擇。」[18]

是的，正如作者所言，「如今婚姻不必是『終身大事』了，可以是一種生活方式。越來越多的人了解到，能夠獨立和自我滿足才能使自己立於不敗之地；做『人』比做『女人』重要多了」[19]。

也有女人在愛情與婚姻的權衡中，自覺或不自覺地充當了「第三者」，如〈走出細雨濛濛〉中那個曾自覺自願地甘當有婦之夫的情婦並歷時達八年之久的「她」，在明白自己所愛的男人只不過是一個既怕離婚影響其仕途，又想繼續占有其感情的偽君子時，不禁躬身自省：「她問自己，怎麼會有今天呢？是他還是自己的錯？」於是，結局不言自明：「她有信心，自己會走出這片濛濛細雨」[20]。

「走出濛濛細雨」，這無疑是自覺或不自覺地充當「第三者」的女性自我醒悟的象徵。遺憾的是，陳若曦 1994 年赴港後所寫的幾個短篇，如反映香港日益嚴重的「包二奶」問題的〈重振雄風〉[21]、反映女性「雄化」與男性性無能的〈我的惡夢〉[22]等，都不能算是成功之作。這恐怕與作者抵港後比較注意沸沸揚揚的社會問題的「熱點」，未能就此進行深入的探究與周密

[18]陳若曦，〈丈夫自己的空間〉，《王左的悲哀》，頁 137。
[19]陳若曦，〈女性意識〉，載香港《星期天周刊》，1995 年 3 月 19 日出版。
[20]陳若曦，〈走出細雨濛濛〉，《走出細雨濛濛》，頁 8、10。
[21]陳若曦，〈重振雄風〉，載香港《星期天周刊》，1995 年 1 月 15 日出版。
[22]陳若曦，〈我的惡夢〉，載臺灣《皇冠》雜誌，1995 年 1 月號。

的藝術構思所致。因而，這幾篇作品與其說是小說，倒不如說是某些社會問題的形象圖解。

歌劇上演：「自覺的信女」

〈走出濛濛細雨〉之後的女性，該走向何方呢？作者直到 20 世紀末對此都沒有提供新的答案。但有一點毋庸置疑，即她們不會再回到〈灰眼黑貓〉的時代去，聽任不幸的婚姻和命運的宰割；雖然她們中的一些人或許會自覺或不自覺地充當「第三者」，但她們不會讓自己永久地背著不光彩的十字架。因為，她們作為自在的女人，即可以「上雷諾去」，也可以到「蕭邦的故鄉」[23]去。

果然，1995 年以後定居臺灣的陳若曦，在 21 世紀初奉獻出了一部長篇小說〈慧心蓮〉，並在其中對於婚姻不幸、命運多舛的臺灣女人重新尋找人生道路及其生命意義作出了新的抉擇與詮釋。

〈慧心蓮〉寫的是一家三代女人命運多舛的曲折故事，幾位主角都是女性。母親杜阿春是一個典型的委曲求全、逆來順受的家庭主婦。她年輕時未婚先孕生下了兩個女兒美慧和美心，不料女兒的生父暴病身亡，沒有任何名分的母女三人不僅連親人最後一面都未見到就被趕出家門，而且連一點撫養費都得不到。女兒的身分證上註明「父不詳」。為了生存，她經人介紹嫁給了外省來的「羅漢腳」———一位當年從大陸到臺灣的軍人李忠正，又生下了兒子繼光，正如她所說，「『嫁漢嫁漢，穿衣吃飯』，我們這一代，十個女人有九個半是為了飯碗。」[24]不過此後，因夫妻性格不和終至「家破人走」，兩地分居，一家人分成了一半「女兒國」和一半「男兒國」。為了尋找精神寄託，她在老姐妹林姐的感召下成了樂善好施的信教者，「已經把佛經當作自己的家了。」而兩個身分證上註明「父不詳」的女兒美慧和美心，在婚姻愛情上繼續上演著母親的不幸悲劇。

---

[23] 陳若曦，〈啊，蕭邦的故鄉〉，《王左的悲哀》，頁 157～166。
[24] 陳若曦，《慧心蓮》（臺北：九歌出版社，2001 年），頁 72。

　　美慧高中甫畢業就匆匆嫁給了王金土，兒女雙全卻常常莫名其妙飽受丈夫的老拳相向與虐待，以致不得不拋下兒女逃出婆家寄居別處，丈夫則藉口她不履行同居義務而向法院申請離婚，在她未收到法院通知書的情形下，離婚成了自動判決生效的既成事實。她萬念俱灰，甚至一度割腕自殺，終至一心出家，削髮剃度，成了法號「承依」的僧尼。念經拜佛，似乎成了她唯一的精神解脫，「因爲好多部經裡都提到念經的功德，其中之一是來世不生爲女人。」[25]而妹妹美心天生麗質，活潑可愛，成了臺灣名聞遐邇的電影明星，追求者甚眾。但一心追逐愛情的她與母親當年一樣，愛上了一個姓吳的有婦之夫，並生下了兒子阿弟，雖然姓吳的按時支付兒子的撫養費，但兒子身分證上與自己一樣，仍是「父不詳」。天有不測風雲，年幼的阿弟竟在一場突如其來的車禍中不幸夭亡。悲痛無比的美心終於看破紅塵，在捐出亡兒的 30 萬新臺幣喪葬費後也一心遁入佛門。

　　時代終究不同了，如今的臺灣，皈依佛門已不再是青燈古刹、苦度餘生，而成了一種人生的選擇，甚至成了一種把握或是改變自己命運的「時尚」。正如美慧的女兒慧蓮所說：「現在的年輕人想出家的多著哪！我自己就覺得是很好的生涯規劃和選擇」。[26]她大學畢業後也繼承了母親的衣缽，不僅自覺成爲法號「勤禮」的佛門弟子，還被派往中國大陸的浙江天臺寺取經遊學，而她的男友則選擇成爲天主教的修士。

　　在杜家三代女人身上，再也看不到當年因爲家庭破碎而心靈扭曲的喬琪母女那種歇斯底里的自暴自棄和瘋狂發洩，也見不到上世紀 80 年代爲了「想長留美國」而不惜以重婚做賭注的戚芳遠那般孤注一擲和法理難容，而是以一種平靜、寬容的人生態度安之若素，閑庭信步。最重要的是，她們有了一種情感寄託與人生信仰。因此，承依（美慧）皈依佛門後被派往美國留學，返家後成了海光寺的「上人」（住持），連她母親都引以爲豪：「當年那個柔弱、悲慟到不想活的少女，如今已修成一位富有慈悲和智慧

---

[25]同前註，第 47 頁。
[26]陳若曦，《慧心蓮》，頁 223。

的尼師了。」[27]妹妹美心在經歷了兒子亡故之後一心嚮往遁入佛門清淨之地，卻不料竟遭遇道貌岸然的「金身活佛」的性騷擾，她在百口莫辯之下像當年她姐姐那樣割腕自殺，生還之後通過訴諸法律，終於爲自己討回了公道。最後，杜家三代信女，齊齊出現在臺灣「九二一」大地震的救援現場，她們成了萬衆敬仰、慈悲爲懷的救星。

　　所以，在陳若曦筆下，21 世紀的女性之路，其實有許多條；「條條大路通羅馬」，就看她們怎麼往前走了。

　　——1995 年 5 月初稿於香港，2010 年 6 月增改於上海，2010 年 8 月13 日收稿。

　　　　　　　　　　　　　——選自《南開學報》，2010 年第 6 期，2010 年 11 月

---

[27]陳若曦，《慧心蓮》，頁 105。

陳若曦的回歸與再回歸

◎陳芳明[*]

一、

　　陳若曦在 1960 年與《現代文學》成員同時出發時，從未預見到自己日後將投入漂泊的天涯。臺大畢業之後，她立即跟隨那個年代的留學風潮，遠離家鄉到異國深造。海外知識分子常懷家國之思，但憧憬的目標並不盡相同。有的懷念文化的中國，有的信仰政治的中國。出身臺北的陳若曦，嚮往的則是社會主義的中國。政治理念在她的內心滋生時，似乎也決定她往後漫長流亡的方向。她的流亡精神是多面的，而這也構成了她在 1970 年代重新寫作時的重要主題。

　　在臺灣受教育時，陳若曦並沒有機會認識臺灣，她與同時期的讀書人一樣，在各自的思考中虛構不同的中國圖像，而且也在靈魂深處營造不同的西方想像。唯一被遺忘的，反而是她所賴以生存的臺灣社會。1960 年代崛起的現代文學中，如果有所謂流亡精神的話，那麼臺灣的教育體制誠然提供了最好的孕育溫床。如果現代主義思潮在臺灣可以視為一種運動的話，陳若曦的投身介入顯然是由整個大環境所造成。她與自己的土地發生疏離，並非是主動追求而獲致的。她到海外讀書期間，終於釀造了強烈的回歸心情。對於現代主義運動而言，這無疑是一種告別與割捨；但是，對於臺灣這個原鄉來說，她無疑是走上了更為流亡的道路。

　　從西方的文化環境回歸到東方世界，在 1960 年代可以說是逆向的行

發表文章時為政治大學中國文學系教授，現為政治大學講座教授。

動，其中自然富有果敢的意志。但是，從一個反共爲國策的資本主義國度
投向社會主義的國家，就不能不具備非凡的膽識與過人的勇氣。1966 年，
陳若曦與夫婿到達北京時，中國文化大革命適時爆發。她面對的並非只是
在思考上從右傾調整爲左傾，而是更要面對一個動亂的中國。這種中國的
現實，與她長期所構築的中國想像幾乎是截然迴異。來自反共社會的臺
灣，陳若曦迎接了生命中前所未有的風暴。

　　因此，觀察陳若曦的文學生涯，似乎不能以抽離的方式來討論她的作
品，而必須放在當時的政治、歷史的脈絡中來檢驗。一個現代主義者變成
社會主義者，在審美觀念上起了怎樣劇烈的變化，顯然是討論陳若曦作品
時不能迴避的課題。

二、

　　從 1958 年發表第一篇小說，到 1962 年出國爲止，是陳若曦參加《現
代文學》陣營的時期。她在這段時期的小說，最大的特色乃是以現代主義
的創作技巧來描述神祕而陳舊的社會。現代主義受到最多的誤解，便是被
指控這種文學思潮全然使臺灣知識分子淪爲西方文化的殖民地。如果仔細
考察《現代文學》的作品，就可發現陳若曦那一個世代已經開始在改造現
代主義的風貌了。將她的小說拿來與同時期的白先勇、陳映真、王禎和等
人來比較的話，當可清楚看見一個特色，那就是他們一方面接受現代主義
的洗禮，一方面卻把小說主題集中在舊社會的轉型與崩解。白先勇的〈玉
卿嫂〉如此，陳映真的〈鄉村的教師〉如此，王禎和的〈寂寞紅〉亦復如
此。以同樣的眼光來看待陳若曦，自然也能夠辨識她的創作方向。不斷受
到討論的〈灰眼黑貓〉，正是現代技巧與傳統社會相互結合之後的一個產
物。

　　「在我們鄉下有一個古老的傳說：灰眼的黑貓是厄運的化身，常與死
亡同時降臨。」這是〈灰眼黑貓〉起首的第一句，也是主導整篇故事發展
的重要隱喻。在陳若曦的早期小說中，大多充滿了晦暗的色彩。在作品

裡，使人看不到救贖的力量，只有一種無法挽救的命運在流動。如此悲觀而下降的世界，事實上是青春時期陳若曦內心的一種反射。死亡、幻滅與噩夢構成了她早期文學的主調，而這樣的主調與當時苦悶的政治環境確實有相互呼應之處。

　　在 1960 年代成長起來的作家，顯然在自己的土地上尋找不到思想的出路。雖然在作品中可以看到陳若曦表現了對中下階層人物的同情，並且也流露對社會與土地的關切，卻不必然意味著她獲得了精神的解放。她在周遭人們的身上，探索到的則只是淡漠與失望。〈婦人桃花〉表面上好像是一則救贖的故事，其實背後卻暗藏了悲哀與亡逝。從現在的觀點來看，她所寫的現代小說並不盡然是成功的；不過，收入《陳若曦自選集》的早期作品，非常飽滿地描繪了當時內心的荒涼與空虛。以意識流動的方式與象徵的技巧來描寫臺灣現實，既屬現代主義，也屬寫實主義。把她的作品排列起來，能夠窺見她當時的用心良苦。如果只訴諸寫實主義的技巧，她可能會落入「暴露社會黑暗面」窠臼，而這不是反共年代的政治環境所能容許。恰恰就是因為注入了現代主義的技巧，才使她能夠直書內心的焦慮與苦悶，從而又呈現了社會的真實面貌。這種文學上的改造工程，似乎不能以輕忽的譴責予以貶抑。

三、

　　現代小說中的死亡與幻滅，毋寧是對社會感到失落的一種象徵。陳若曦的失落感，自然是無法認同存在於臺灣的政治環境。因此，死亡的隱喻，幾乎等於是指向她內心的自我放逐。然而，她的自我放逐並不是在小說中完成的，而竟是以具體的行動與臺灣社會徹底決裂。從 1966 年到 1973 年，她親身經歷了中國文化革命的造反年代。在現代小說作家中，敢於選擇這種高度流亡生涯的，唯陳若曦而已。不過，對她自己而言，流亡的反面則是回歸。她向西方文化告別，也同時向作為西方文化的下游臺灣告別，回歸到她夢寐以求的烏托邦。

　　事實上，陳若曦營造的烏托邦，無非就是臺灣的中國教育之延伸，只是，她未曾預料所謂理想的彼岸，從來都沒有存在過。整整七年的回歸中國的經驗，只不過在於證明那是另外一種災難式的流亡。1976 年她在北美洲完成的《尹縣長》等系列小說，相當雄辯地告訴臺灣讀者中國社會主義的虛偽與欺罔。

　　《尹縣長》以降的政治小說，已再也不能使用現代主義與寫實主義等簡單的名詞來概括。因為，那是以生命與鮮血換取的文學作品，其中人格的扭曲與人性的變形，較諸支離破碎的現代主義美學還更使人感到驚心動魄，也比起嘶聲吶喊的寫實主義美學還更使人感到痛心疾首。陳若曦捨棄了虛無想像與文化雕鑿，使用乾淨俐落的素描手法，直接呈現她的中國經驗。

　　為什麼離開中國之後的陳若曦，選擇平鋪直敘的方式來取代過去那種暗喻、象徵的技巧？這是值得注意的問題。在她的回歸時期，親眼見證的社會到處所浮現的故事，比起一般小說家所能構思的世界還要精采。〈晶晶的生日〉、〈值夜〉、〈任秀蘭〉等等短篇小說，其實不再是小說，而是活生生的事實，她只是讓事實呈現出來，就變成繁複且充滿暗示的小說了。對小說（fiction）而言，這種書寫本身誠然帶有強烈反諷與顛覆的性格。如果德希達宣稱「一切的書寫都是虛構」可以接受的話，那麼這句話放到文革時期的中國，正好產生相反的意義，亦即一切的虛構都是事實。

　　〈值夜〉中的老傳，是典型的中國知識分子。被下放到農場後，他有這樣的告白：「文革初起，破四舊，我燒毀了全部的舊版書。後來新作家也一個個倒下來，我清理都來不及，乾脆借了一部拖板車來，自己把它們拉去破爛收購站，當廢紙賣了，每斤四分錢。從那以後，除了《毛選》，我沒買過書。」陳若曦擅長使用簡潔的口語，其熟練的程度幾乎可以用精省來形容。在這段陳述裡，沒有任何贅字，也沒有過剩的喟歎，卻把一位知識分子的沒落與屈服生動勾勒出來。反智的社會主義體制，背叛革命、背叛人民、背叛理想。然而，這種威權體制竟把所有不符黨的意志的無辜百

姓,以「革命」罪名予以下放、改造、羞辱,而終至剝奪了生命與人格的尊嚴。

從《尹縣長》(1976 年),到《老人》(1978 年)、《歸》(1978 年)爲止,是陳若曦復出文壇後,創作臻於顛峰狀態的作品。每一短篇小說,都造成相當巨大的震撼。但是,她並不是爲了反共而從事文學創作。相反的,她只是要證明社會主義的理想國是未曾誕生的。人的生命被損害了,意志被折斷了,烏托邦的追逐終究歸於徒然。陳若曦一度被當做反共作家,顯然是很大的誤會。那種被誤解的滋味,在 1950 年代的張愛玲也是品嘗過的。

陳若曦的小說發表時,已相當早熟地向臺灣的知識分子宣告,政治上的意識形態已經到達黃昏的時分。她的作品受到熱烈議論之際,也正是臺灣發生鄉土文學論戰的高峰時期。是不是由於她的作品衝擊之下,而使得許多臺灣作家不再對中國存有幻想,這個問題值得深入探索。不過,她的中國經驗使自己的政治認同產生動搖,則是不可否認的事實。毫無疑問的,意識形態對她可能越來越不重要。怎樣回歸到具有人性自由的世界,成爲她文學思考的重要關切。臺灣圖像在她對中國社會主義幻滅之後,又重新浮現在心中。

四、

在她的創作旅程中,如果第一階段的現代主義時期,能夠以流亡精神來概括的話,則第二階段的政治小說,毋寧是再流亡的詮釋。這兩個階段,全然找不到任何的認同,而是連續不斷的幻滅與死亡。如果要尋索她的身分認同,可能必須等到 1980 年代她發表短篇小說〈路口〉與〈向著太平洋的彼岸〉之後。

陳若曦對社會主義失望,並不意味她放棄對中國的認同,只是跨越1980 年代之後,她的作品才開始出現臺灣人的形象,同時也表現了對臺灣民主運動的關心,就在這段時期,她以負面的文字描繪海外的臺獨運動,

從而在有意無意之間，塑造中國女性優於臺灣女性的形象。陳若曦以文學家的角色介入臺灣的政治運動中，正好凸顯了知識分子的尷尬處境。她非常熟悉中國歷史，卻對臺灣政治的歷史發展感到陌生異常。每當提到分離主義者時，一個親日的大男人形象就活躍於小說之中。每當臺灣女性遇到中國女性時，姿態與身段就顯得格局失常。她會有這樣的書寫策略，似乎說明了回歸臺灣之前，還未曾理解這塊島嶼曾經受到損害與欺侮的歷史經驗。

　　直到 1995 年返臺之前，陳若曦的注意焦點停留在海外華人的生活之上。她的創作較諸 1970 年代的政治小說，稍呈頹勢。她的認同在中國與臺灣之間來回擺盪，這可能對她不是重要的問題，否則在〈路口〉之後，她應該還可以寫出更為傑出的作品。國族議題漸漸在文學思考中淡化，是否意味在她內心得到了合理的解決，這仍然有待觀察。

　　回到臺灣以後，她的文學創作並未像過去那樣蓬勃生動。走過了半生，繞過了半個地球，漂泊的浪子終於回到故鄉。她的旅程，彷彿在為臺灣的戰後史做詮釋。天地無論如何廣漠，能夠接納她的，畢竟是臺灣這塊土地。穿越了舊大陸與新大陸，陳若曦的再回歸恐怕是日後文學生涯的再出發吧。

——選自陳芳明《深山夜讀》

臺北：聯合文學出版社，2008 年 9 月

小說家的素描集
我看陳若曦的《草原行》

◎楚戈[*]

　　如果說單色線畫，是畫家的素描，一如廚師大宴外的小點，則小說家的素描應當就是她的散文了。不過素描——做為創作的「暖身運動」——它也應當包含有形和無形的各方面，有些畫家不作素描，或很少作素描，並不意味著他畫不出好的創作。任何藝術家，都可通過他自己的方式去豐富他的創作生涯。如關心社會、體驗生活、思考文化、研究造型……種種問題，也同樣都可增益作品的特色。

　　以陳若曦來說，我們讀她的散文，就像讀許多小說，所不同的是，她散文中的主軸都是「我」，小說就不一定，無論是第一人稱或第三人稱，那主軸多半都是別人。在「我」的記述中，讀者可以清晰的看到這位作家真面目，她熱心、直爽、愛開玩笑、語多嘲諷，隨時都可使人開心。

　　讀陳若曦的散文，你才知道這些記述，其實就是小說的素描，她總是用小說的眼光來看世界，看她的週遭。我想詩人也是長於用詩的感性來寫散文的，思想家和純散文家、畫家也都有各自不同的思考方法，這使我相信，一個人的個性就是他的命運，他的命運也就是他的人生態度。

　　耿直、熱心的陳若曦，她的小說、散文也都是直話直說，讀者們皆可共同的體會到那真實的情境，就像身臨其境一般。

　　比如在她學生時代的小說中，常可讀到一位男生冷不防的一把將她抱住不管三七二十一就猛吻得她透不過氣來的情節，由於寫得太真實，就成

---

[*]楚戈（1932～2011），本名袁德星。詩人、畫家、評論家、散文家。湖南汨羅人。發表文章時為藝術評論家。

為當年友輩們酒後最愛談論的話題了，通常的結論之所以皆認為「可能是親身體驗」，這都是她作品給人真實的印象帶來的「麻煩」。

關於這一點只要看一看陳若曦的素描集《草原行》第 63 頁關於〈突圍的麻煩〉，就知道所言非虛了。

《突圍》在報上連載時，臺北早就盛傳男主角是寫夏志清，不過夏志清本人看了是「覺得似我非我」？還是認真「根本沒那回子事」我們並不知道，但「麻煩」也出在她寫小說在反映社會這方面太過真實，才使所有的人都會產生「她像是在寫誰的樣子」這種揣測。這篇文章就是把她近年因為寫作所惹來的「麻煩」匯集在一起，我抽出做一簡單的介紹：

一天若曦在加大圖書館偶然碰到了好久不見了的華太太阿珍，被拉去喝咖啡聊天，那時《突圍》正在世界日報連載，那時她膽結石開刀出院未久。阿珍找若曦聊天最大的興趣有二：其一是——

「陳若曦呀，我交你這朋友真是又怕又喜」怕什麼呢？——

「怕你把我寫進小說裡去啊！」（當然她也並不是真怕）、「不過你若寫了，千萬告訴我一聲，免得人家議論紛紛，我還蒙在鼓裡。」（阿珍的目的在那裡呢？）、「你這長篇是寫舊金山（華人）的故事吧？」、「怪不得呢！大家都猜哪個角色寫的是誰，據說那個男主角寫得很逼真，呼之即出。」（有了臺北對夏志清的傳言，若曦當然不好說什麼，她——我慚愧的笑笑，把眼睛移到窗外廣場，不敢看阿珍——（那知阿珍另有所指）。「你快出單行本吧！我等著看你怎樣寫許芥昱？」這新的謠言太過突兀，把若曦嚇了一跳——怪事年年有，這可是今年頭一樁。大家的理由是這位主角喜「穿紅襯衫、打紅領帶，又是一頭白髮」和許芥昱是一模一樣，若曦只好辯白說——不，他染髮——但灣區大夥兒的邏輯是「白了當然要染嘛」，並沒有另作他想，比如頭髮灰了是不是也有染髮之可能呢。

夏志清的謠言以後，許芥昱也被無端的拉了進來，許兄地下有知，不知是喜是憂。

在〈麻煩〉這篇文章中，若曦忍不住也告訴了阿珍另一位「自我麻

煩」的人物——動完膽切除手術後的一週內,我臥床不起,怕連載小說中
斷,委請老段代為抄稿寄出,他本來不看我的小說,這下強迫閱讀且抄了
一整章,一邊抄一邊問:「你這男主角不是寫我吧?」——阿珍笑得前仰後
俯,「老段怎麼有這種聯想呢?」小牛杯咖啡推到一邊,險些灑到桌上了,
臉上皺紋密如蛛網,顯然是愛笑的結果。不過我不敢告訴她,怕她以後不
笑了,損失更大——。她覺得老段荒謬,可是其他的「議論紛紛」豈不也
是五十步笑六十步嗎?

其次是:阿珍真正關心《突圍》中的情節,倒不完全是許芥昱或別的
什麼人,她渴望套問而又不敢問的是另一位被灣區社會敬畏的人物。素描
中的阿珍知道若曦手術後,傷口還痛,就——眼睛一亮,似乎有什麼疑
團,忽然得到了證實,連嘴角都笑開了——才開始投石問路的說,「你開始
寫(這篇)小說不久,忽然就肚子痛起來了,是不是?」如此欲言又止,
直到若曦向她作正式澄清的說:

——除林雲外,所有角色,都沒有模特兒,我向你保證,阿珍——此
時阿珍才終於吐露了她的心聲:

> 「哈!你終於如實招供了。你敢寫林雲,真是膽大包天,怪不得你要割
> 膽了,前天包太太還說:陳若曦怎麼好端端的會害上膽結石啊?莫不是
> 寫小說寫到了林雲,嘿嘿,膽就作怪啦!」

這下子輪到直性子的陳若曦哈哈大笑了——你是說,林雲會給我剪紙
人?她白了一眼說——「喂,可不是我說的」。看她嚇成這樣子。若曦為了
安慰她乃做了一點表白,這在中式白描繪畫當中叫做輕輕著了一點墨,在
西式的素描中也許就是略施淡彩吧。她說:

> 我所知道的林雲,是不幹這種事的,他讀了我的小說,更不會作法;否
> 則名不正言不順,作法也不會靈……。阿珍,這可能是我的一點信念,

即小說人物可以虛構，但故事背景要真實。讀者可以對《突圍》故事，
將信將疑，但絕對可以信任它是反映了 1982 年的秋天，舊金山灣區華人
社會之真相。要了解這一代華人的心態，林雲的存在和發達不是一個客
觀的現象嗎？他就像是舞臺布景，布景當然要越真實越好。

　　這自始就是若曦寫小說的「信念」，打從她學生時代起，她就一直在描
寫她所處的社會之各種真相。不論這社會的角度是大是小，是大學的校
園，還是文革狀況，她都盡到了觀察、反映、批評的責任。像灣區的社
會，都是高級知識分子，竟把林雲想成會唸咒的江湖術士，如果我是林雲
早就不要做林雲了。在灣區又有幾人像若曦這樣，「我所知道的林雲，是不
幹這種事的」呢？若曦恐怕是林雲少數的知音。灣區如此，臺北又何嘗不
是如此呢？我們這一代的中國人對自己大概連那一點點信念都喪失殆盡
了。才有那麼多人要扶乩看相，迷信鬼神。

　　若曦這本素描集，共收錄了 22 篇散文，只要你讀了第一篇，保證你會
忍不住想要一口氣把每一篇都看完為止，她的幽默、機鋒、對社會謔而不
虐的批評，有時會引起你會心的一笑、有時則令你深思不已。

　　有一段期，政府對若曦往返大陸頗有煩言，其實像直性子的陳若曦，
絕對是直話直說的人，不會因任何外在的因素而偏袒某一方的。在這本散
文集中，有好幾篇都是寫她往返大陸的記事，比方〈徵婚廣告〉，本是寫路
過上海和老朋友唐方見面的經過，唐方知道若曦是一位熱心腸的人，又有
「天生愛做媒」的毛病，就央「老陳」為女兒做媒，他不知道陳若曦「半
生戎馬」，其實「戰績不彰」：「廿年來，做媒這個嗜好，只能用『屢敗屢
戰』來安慰自己，以表示士氣尚存。」

　　做媒事件倒是無關宏旨，問題在於唐家小姐圓圓嫁不出去並非分開這
幾年小圓圓變醜了，而是那主義下的社會因素造成的，其一，「上海限制戶
口，外地人想和上海居民結婚，戶口遷不進來」，走後門是可以，那裡去找
省委級的關係呢？當然也可考慮把上海小姐嫁到外省去，但嫁到外省還不

如國外，十年也難得返家省親一次。

在這篇輕描淡寫的文章中，透露了在共產體制下人生無奈的那一面，老唐說：「唉，假使我有兩間房，哪怕是鴿子籠那麼小的兩間，圓圓早就結婚了！」原來他們一家四口（兒子女兒）共住 16 平方米一間房子，從結婚搬進去，三十年如一日，就是再過十年、八年乃至三十年似乎一時之間誰也不敢保證會有所改變。一家四口住一間小房擠是擠一點，可是請看若曦的記述「老唐笑笑，打開窗子，讓我朝樓上看去」，只見「樓上那家人在窗口附近，另開了一個洞，用木板和塑膠布罩住」。「不會是冷氣機吧？」，老唐搖搖腦袋說：「冷氣機啥樣子，我這輩子還沒見過呢？……他們三代五口也是一間房，祖孫兩位頂著頭睡上層，長度不夠，就在牆上開個洞，讓孩子的腳可以伸出去。」若曦說：「自那以後，再也不敢嫌誰家住得擠了」。我看了這篇文章，也感到卑微的我，出門就坐計程車，生活得實在有點奢侈。

類似這種有什麼說什麼的素描還有好幾篇，都是談有關大陸的事，像〈清污與制衡〉敘述和大陸畫家吳作人等談話，反映了大陸「反精神污染」運動的一些實際情況……最後陳若曦說，在臺灣我一向支持黨外，以求制衡執政政黨的民主理想。「如果在大陸，我一定參加國民黨，以制衡共產黨」，此外如〈作客釣魚臺〉、〈天堂裡的司機〉、〈新疆吃拜拜〉、〈驚魂記〉、〈民航，顢頇〉、〈延邊四日〉、〈草原行〉都是直率的報導了大陸社會各種狀況，值得返鄉探親的人士參考。

——1988 年 4 月 29 日於臺北外雙溪

——原載《中國時報》，1988 年 7 月 13 日

——選自陳若曦《草原行》

臺北：時報文化出版公司，1988 年 7 月

海外華人的悲歡紀事

評陳若曦《走出細雨濛濛》

◎王德威[*]

　　陳若曦早於 1960 年代即以〈最後夜戲〉等作引起注意，但真正使她名噪一時的，是 1970 年代中期的〈尹縣長〉等系列小說。大陸文革初期，陳曾以臺籍留美學生的身分，回歸「共襄盛舉」。但文革風暴終使她的革命熱情幻滅，黯然離開新中國。痛定思痛，乃有像〈尹縣長〉、〈晶晶的生日〉等佳作問世。這些作品白描共產社會中的激情與背叛，農工天堂裡的不義與不公。陳不以血淚控訴為目標，反而更能清醒觀照一段中國歷史悲劇。相較於毛死後的「傷痕文學」，陳若曦的成就顯然更勝一籌。

　　然而文革經驗漸去漸遠，輾轉回美定居的陳若曦必將為自己的創作重新定位。那片廣大的中國土地仍是她念茲在茲的對象，但既已落籍異鄉，她也需正視新家園的種種面貌。旅美華人生活點滴，成為陳取材的新資源。尤其近十餘年來，大批華人自臺灣、香港及大陸移民美國，他們為海外僑社所帶來的劇烈變化，已不是早年的留學生小說或移民小說所能想像。洋人與華人、新僑與老僑、臺灣人與香港人與大陸人，在陳的小說世界裡你來我往，合縱連橫。生活的現實逼得這些來自不同地區、不同時期的中國人在海外「提早統一」了。而陳最值得注意處，是審視這海外中國圈裡，形形色色的怪現狀。

　　在《走出細雨濛濛》裡，我們看到為求綠卡，賭下一生幸福的大陸女移民（〈我們上雷諾去〉）；為了九七出走，造成丈夫感情出走的香港怨婦

---

[*]發表文章時為美國哥倫比亞大學東亞語言文化系教授，現為美國哈佛大學東亞語言及文明系 Edward C. Henderson 講座教授。

（〈丈夫自己的空間〉）；為情犧牲，虛度青春的臺灣苦情花（〈走出細雨濛濛〉）。我們也看到臺灣商人與大陸妹的「天安門」姻緣（〈阿蘭的捐獻〉），大陸新移民與滯港父母的金錢戰爭（〈啊，蕭邦的故鄉〉），還有臺灣老爸與香港老小姐的生死婚外戀情（〈玫瑰與菖蒲〉）。為了政治、經濟或感情問題，這些人飄洋過海，在海外另起爐灶。他們何嘗預知，許多不該發生的事，不應見到的人，均因此紛至沓來。美國（或加拿大）或許仍是不少人心目中的樂園。但陳若曦筆下的角色們，卻是樂園中不快樂的居民。

　　我們應當如何來看待陳若曦的角色及故事呢？從最現實的觀點而言，我們可說這群中國人儘管羈旅異鄉，他們的喜怒哀樂並不因發生在「外國」，就更值得我們同情或驚異。尤其對本土意識日益堅實的臺灣讀者，異國經驗所喚生的誘惑，不論是好是壞，早已失去往昔的神祕力量。於梨華《又見棕櫚、又見棕櫚》，或張系國《昨日之怒》所描寫的那種憂國懷鄉的情愁，可真是過去了。新移民的故事需要新的說故事者；而如何把故事說得不卑不亢，是對陳若曦及同輩旅美華文作家的一大考驗。

　　從另一個角度而言，我們也可說陳若曦延續她〈尹縣長〉時期實事求是的風格，敘述她生活周遭的現狀，並藉此思考應對進退的方式。猶記〈尹縣長〉、〈任秀蘭〉、〈耿爾在北京〉那些文革經驗作品，是如何震撼了一代讀者。陳若曦的政治信仰也許從未曾動搖，但在信仰與信仰的實踐間，她看到了裂縫與矛盾；她有話要說。1990 年代的陳若曦其實一本初衷。她的筆調平鋪直述，她的人物有可能就在你我之間。不同的是，陳若曦那樣的寫文革，可說是前無來者，但她的美國經驗故事，則必須與太多類似先例相比較。更何況就題材論題材，地獄裡的血淚本來就比天堂裡的挫折更「容易」下手吧？

　　對這兩種寫作上的挑戰，陳若曦應是有自知之明的。《走出細雨濛濛》中的故事，鮮少誇張遊子情淚、天涯逆旅的老套情境。有的是新移民對安家落戶結婚生子離婚偷情地產餐館投資換籍的憧憬與不安。回顧半個多世紀以來海外文學裡感時憂國的傳統，陳若曦的姿態毋寧是健康的。與此同

時，她也留意挖掘美加生活中，各種未盡人意的現象。民主國家的良法美意，可能成爲徇私枉法者的漏洞麼（〈長春谷〉）？自由社會中的婚姻愛情，可能成爲偷情離棄的前奏麼（〈演戲〉）？只有在問完這些問題之後，陳若曦的角色們行有餘力，才想到他們在香港在臺灣在大陸的故鄉，他們的祖國。

　　然而讀完全書，我仍要說這是本「不過癮」的小說集。比起她前此作品所設立的標準，陳若曦顯然還得更努力些。如上所述，陳在創作的環境以及題材上並不能占到便宜，而她在創作的風格上又不能精益求精，所產生的作品自然要打折扣。幾乎所有選錄在此的故事都嫌太短促，情節、人物鋪展也過於簡略。好的作品不一定非得長篇大論，但正因短篇故事篇幅有限，它在格式的要求上反而更需精練。比方說〈不認輸兩萬元的話〉，寫一個投資加州地產的老婦，因爲受制於房租管制法，經營多年非但不能賺錢，反倒蝕了老本。這個故事擺明了暴露美國房地產經營的漏洞，有新聞性，卻未必有文學性。小說以老婦決定變賣一切，返臺定居，則又有變相「勵志小說」之嫌。又如〈王左的悲哀〉寫昔日左傾分子，回大陸家鄉辦圖書館振興教育，終以書本被偷光草草了事；莫非大陸人心每下愈況，此又一例？

　　這些故事切身而瑣碎，但也許正是陳若曦所要強調的當代海外華人經驗。所不足的是，陳看到了問題，卻未能以更多的細心，剖析故事中的癥結。陳自己是當年「無產階級革命」的從者，現在處理中產階級社會的房地產、婚姻、家庭問題，是很可以多加發揮的。相對於〈尹縣長〉故事系列中的大風大浪，瀰漫本書的是股小心翼翼，求安定、怕變化的情緒。我無意說陳若曦因此就不足觀了。恰相反的，我以爲審視自我今昔的差異，正應是陳若曦最有利的創作觀點。尹縣長熱愛共產黨，卻屈死在紅衛兵的槍下。臺灣移民熱愛美利堅，卻被種種「惡」法（？）弄得動彈不堪。陳若曦對大陸及美國經驗，都看出千萬罅隙，但如何從前者過渡到後者，她還需要更多的詮釋空間。

　　相形之下，〈圓通寺〉就是一篇佳作。故事處理一對表姊妹久別之後，在臺北近郊圓通寺重逢。二十多年不見，兩人一在臺一在美，各有坎坷遭遇。不勝唏噓之餘，兩人卻在對方發現不為己知的韌性與豁達。故事乃由沉重轉輕鬆，果然印證了一段靈光一現的宗教感受。

　　做為一個長居海外的中文小說讀者，我贊同陳若曦的寫作方向，也對她的潛力仍具信心。在 1970 年代〈尹縣長〉那樣的故事中，我們不只見證一齣深具反諷意義的政治悲劇，也見識到一位專志作家，如何以誠意慧心，將這齣悲劇做最完整的呈現。陳若曦不必再寫那些夢魘也般的故事，說起來是她的、也是我們這輩讀者的福氣。但面對她將選擇永居的環境，她似乎還有待琢磨出更寬的視野、更好的技法。這幾年臺灣、香港、大陸要分要合，是個熱門話題。在美加的中國人因緣際會，卻先住到一塊兒了。以陳若曦對政治的敏感度，不應只對異鄉情變或地產買賣的表層結果有興趣。海外中、港、臺華人合中有分、分中有合的種種政治「雜碎」活動，值得她以高度警覺，細細觀察細錄。

——1993 年

——選自王德威《眾聲喧嘩之後——點評當代中文小說》
臺北：麥田出版公司，2001 年 10 月

漫談陳若曦的〈春遲〉

◎歐陽子[*]

　　前些時候，在 9 月 23 日的聯副讀到陳若曦的近作〈春遲〉，覺得很有意思。這個短篇，在好幾方面，特別在小說語調的運用上，與〈查戶口〉相近。兩篇當然都不能說是喜劇，卻有相當程度的誇張和詼諧意味，使人讀後，在嚴肅的認知與無奈的慨歎外，另又有種啼笑皆非的輕鬆感。我寫信對陳若曦說，〈春遲〉一篇，如同《尹縣長》集子裡各篇一樣，提出了值得思考的社會問題，而故事的表達技巧又好，真是難得。我還說，就寫作技巧而論，我特別欣賞她許多故事的結尾，比如〈晶晶的生日〉，還有這篇〈春遲〉，結尾部分蘊含著絕佳的反諷，妙不可言，令人回味不已。

　　陳若曦在回信中卻對我說：「〈春遲〉被一些人罵，說那老頭子一定是『神經病』，絕不會有這種事。其實，真有這事。我當時也是不了解（老人女兒是我好朋友），如今年紀大了，閱歷多，才相信，因此加以小說化。結尾卻是我的發明──那老人受這打擊，形同殭屍，只差還呼吸而已。」

　　如果〈春遲〉真的被一些人罵，我並不覺得奇怪。據我料想，〈春遲〉可能遭受非議的理由有二：

　　1.這篇小說，題材牽涉到老年人的「性」問題，可謂十分大膽。我們中國社會，一向十分尊敬老年長輩，也一定認為人的性慾是齷齪可恥的。現在，居然有個才三十多歲的作家（還是個女人哩！）探討起男性長者的性慾問題，難免引起尷尬，甚至使有些長者感到「受辱」。

　　2.這篇小說的社會批判，一方面是指責中共社會不懂得老年人的需要

[*]本名洪智惠。旅美作家。

（比如禁止下棋），但主要是批評，並大大諷刺，中共社會把最基本的人性弱點——性慾——也當做政治問題來「批鬥」追究，荒謬可笑地為此浪費時間和人力，最糟的是，在這種毫無意義的冷酷批鬥下，人的身心往往慘遭毀滅。

這樣的主題，當然很可發揮，國內讀者也一定會說是「主題正確」。問題是主角戚老頭，竟敢在一時性慾衝動下，對陌生女人說「你同我睡覺好嗎」這樣一句非禮的話，這樣的話，恐怕也難得到衛道之士的諒解。如此，陳若曦採用這樣的人做主角，而寄予同情，很可能就被某些人指責為「是非混淆」。〈查戶口〉一篇，也引起過類似的困難。讀者從〈查戶口〉文字中，感覺出作者對女主角彭玉蓮的同情，但彭玉蓮是偷漢子的女人，因此許多讀者困惑不解，為什麼要同情她？有人為了解除這一困惑，便認定她偷漢子，必有崇高的動機，是為了救回丈夫，而犧牲自己。記得還有一個評者，在某報副刊上討論〈查戶口〉，甚至說，像彭玉蓮犯的這種色情罪惡，正是共產黨所暗中鼓勵，以腐化人心的。這和〈查戶口〉內容主旨，全不相干，扯離太遠。這類的誤解，是因國內許多人固持「明辨是非」的道德觀點來了解文學，而引起的。

我沒有問過陳若曦，可是根據我的看法，〈查戶口〉一篇的主旨，與「偷漢子」行為本身的道德問題，並沒什麼關係。這篇的社會批評，在我看來，主要是指責中共社會之不容許「個性」（"individuality"）存在，要求人人一式一樣，在食衣住行和言談舉止各方面，都遵循一定的模式，否則便會遭受社會團體的批鬥與報復。這樣的批判指責，國內一些保守人士可能也不大同意，因為我們中國的傳統社會，一向也是趨向於壓抑個性的。值得強調的一點，即陳若曦對彭玉蓮之越軌行為，未下明確的道德判斷，絕對不意味著她贊同，或輕易寬宥彭玉蓮的不道德的行為。事實上，我們固然感覺到作者對彭玉蓮的同情，甚至對她那種叛逆勇氣的暗羨，卻也同時感覺得到作者對她的些微嘲弄。然而作者的主要嘲諷對象，當然還是那一群絞盡腦汁，想盡辦法，企圖「捉姦」以逞一時之快的「居委會」女太

太們。常主任等這些女人，忌惡彭玉蓮的偷漢行動，動機大概相當複雜。她們口頭說的關心社會風氣等等，大概是真的，也是應當的。比如彭玉蓮有個十歲的女兒，而她在家裡偷人，問題確實嚴重。可是我們從那些女太太們的相互談話，以及她們不擇手段策謀捉姦的那份病態執著，可以揣知她們的動機之中，含有多量的妒嫉因素與幸災樂禍的心理。值得注意的是，「居委會」中責罵彭玉蓮的人，多是早已喪失青春的年長女性。郭奶奶和施奶奶，一個已 70 高齡，另一個從年輕時候就守寡。這二老婦，罵彭玉蓮罵得最凶，心理原因是值得追究的。

然而陳若曦對「居委會」中的個人，並無指責之意，嘲諷也是溫和而諒解的。她的批判主要是針對社會制度。在共產社會的嚴密組織網罟中，人人被迫捨棄自我的個性，毫無個人自由可言，更不必提「隱私權」。至於過分推崇個人自由而必然引起的不良後果，當然也是一大問題，可是不在這篇小說的社會批判範圍內。

現在轉回來談〈春遲〉。

剛才我已舉出，〈春遲〉可能遭到非議的兩個原因。但這都是對於作者題材選擇的批評，起因是讀者在欣賞小說時，心裡早存某個固定的成見或偏見，不肯客觀冷靜地接受或容納作者對事情的獨特看法。然而，關於〈春遲〉情節是否可信的評議，並不一定起源於我舉出的那兩種主觀成見。我認為，我們可以持客觀冷靜態度，由兩方面，來探究這篇小說的「可信度」：

1.從人類一般的客觀事實來印證或否定。

2.從〈春遲〉小說的藝術形式來追究推論。

先說第一點，我們從〈春遲〉文中，得知戚老頭已經 70 歲。70 歲的老頭子，還會有那樣的性慾嗎？似乎令人難信。於是我找出一些有關的資料，做為參考。根據有名的「金賽報名」，60 歲的男人，每 100 人中，失去性慾者六人。到 70 歲，每 100 人中也僅 30 人失去性交的能力與興趣。金賽之後，到 1960 年代，另有幾位醫生（Dr. Newman, Dr. Nichols, Dr.

Freeman, Dr. Destrem）也分別對老年人的性生活做過實際調查，結果亦是大同小異。當然，這些醫生學者的調查對象，全是白人與黑人，未必能正確反映黃種人的實際情況。但大概不會差得太遠吧。如此，從人類一般的客觀事實來印證，戚老頭的性衝動是完全可信的。（但有一點也該一提。金賽等人的調查報告，卻也都指出，老年男人在失去老伴之後，性慾通常消滅得比較快。戚老頭當了七年鰥夫的事實，似乎可以略加考慮。）

　　然而寫小說，異於寫科學報告，對這等事，並不需要「精確」，何況每人體質不同，「例外」極多。如此，欲探討〈春遲〉情節是否可信，主要還是從作品本身的藝術形式來看。也就是說，我們應暫且擱置所有的成見，而單單憑著〈春遲〉小說世界的邏輯，來審視與評斷這篇小說的可信度究竟如何。

　　讓我們首先從小說文字中追究，戚老頭那天早晨在街上對陌生女人說那句非禮的話，當時之心理背景。

　　戚老頭的女婿出差三個月，前一天晚上剛回到家。女兒和女婿，小別勝新婚，「倆口親熱了大半夜」，陳若曦在此，相當含蓄，沒有明言（這是她的高明處），但她在小說後半部，敘述故事其他發展時，就明白指出他們住的樓房，「材料單薄，隔音設備差，老頭子和女兒的房間只隔著薄薄的一層粉壁，這頭講話，那頭聽清清楚楚；除非咬耳朵或者比手勢，否則隔壁房裡藏不得祕密」。由此我們可以推斷，老頭子夜裡「感到悶熱，煩躁得幾次翻騰，睡不好」，除了因為兩個孫女占據了他大半床位，也和隔壁房間裡「倆口子親熱了大半夜」有直接的關係。

　　天一亮，老頭子起床，上街去買菜，這是一個遲來的春天的早晨。兩段關於春色的描寫，充滿象徵意義與隱約預示，作者筆法高妙，值得我們細細賞讀。老頭子呼吸著「比源膏還滋潤」的新鮮溫暖空氣，「就像久廢的機器注上了油，所有關節都活動起來」，他的感官——嗅覺、觸覺等——變得特別靈敏，路旁盛開著一叢「迎春花」——比喻老人「心花」之開放——而其花枝，「赤條條的伸到路上來」。作者還說，這兩日大好晴天，「像是

要補償夭折的早春」。這些描述，以及〈春遲〉這個篇名，都暗中預示著戚老頭在「久廢」之後，又將體驗一次「春情發動」。

戚老頭由迎春花而想起已故的妻子，接著就開始注意同路上茶場的婦女們。不久，他注意到他前面走著一個體型與他亡妻相似的女人，被她左右搖晃的豐滿臀部所吸引，當場發作起來，趕上一步，伸出顫抖的手，搭在她肩上，聲音沙啞地問：「你同我睡覺好嗎？」

從小說開始，到戚老頭說出這句幾乎要掉他性命的話，篇幅不及全文五分之一。然而這篇小說可能有的「問題」，可以說全部集中在這一節段。從這以後，故事便轉到中共社會對戚老頭的「批鬥」和折磨，是逼真的社會寫實，大概極少人會覺得不可信。

根據戚老頭當時的心理狀態（先是夜裡聽到男女交歡，繼而深受春晨氣候的感染），這個 70 歲的老人，突然對一陌生婦女的臀部發生綺想，而產生生理反應，我認為是完全可信的。換句話說，作者對於戚老頭在這一片刻的異於平日的身體反應，提供了合理的解釋。所以問題不在於老頭子的性衝動。問題在於：他真會採取行動嗎？真會把手搭在女人肩上，說那句非禮的話嗎？

從小說下文的敘述，我們得知戚老頭平日最大的消遣，是「私下喜歡看年輕的女人」。這，一方面是因為中共社會沒什麼娛樂活動（文革時期連下棋都禁止），另方面大概也因為他心裡一向有點好色。然而他是一個性情溫厚善良的人，趨於內向，他心裡好色的這個「人性缺點」，連他女兒都不知道，曉春反而認為他喪偶七年來，「連女人都不正眼瞧一下」。（這也沒錯，因他總是偷看，從不「正眼看」。）戚老頭自卑於自己是「海安來的鄉巴佬」，不大敢和鄰人交往，也顯示出他羞怯，退隱的脾向。

這樣一個人，而且又是年上 70 的人，對於偶發的性衝動，真會那樣毫無辦法自抑嗎？在沒受對方任何鼓勵的情形下，對一個陌生女人，真會一時糊塗得說出那樣的話嗎？

當然有此可能，但可能性似乎不大，也就有點難叫人信服。

　　當我認出了這便是〈春遲〉小說的問題所在，我左思右想，從作者的立場，欲找出「補救」的方法。我想：是不是應該製造某種機緣，讓那肥臀的女人和戚老頭攀談起來，戚老頭以為──或誤以為──她有騷意，覺得「有希望」，才提議一同睡覺？這樣會不會較為可信？

　　可是繼而一想，如此修改，是根本行不通的。不但變得更不可信，最嚴重的是，這篇小說的社會批評與社會諷刺，將因此而失去意義。

　　為什麼更不可信？以戚老頭的溫厚退隱性格，而犯這一非禮之罪，只可能是出於一時的衝動，片刻之糊塗。如果是交談一陣之後，察言觀色之後，才提議一同睡覺，就變成了厚臉皮的卑鄙行為，不但與他的性格不相配，也值不得我們的同情。

　　但更重要的一點，即這篇小說的社會批判及諷刺，完全是建立在戚老頭「全無預謀」的基點上。中共社會把他片刻間的性衝動──一種最原始的動物本能──解釋成有意故犯的政治陰謀，而狠狠批鬥，其荒謬可笑與殘酷，便是作者要呈現的主題。如此，戚老頭的非禮言語，若是在一番斟酌之後才發出，則小說的社會批判意義，就變得不夠明確，社會諷刺的力量也會大為減少。

　　這樣說來，剛才說的這篇小說的「問題」，如果真的是一個問題的話，也是無可解決的。〈春遲〉畢竟是一篇以社會諷刺為主的小說，而不是專門研究人物性格的小說。

　　〈春遲〉裡，有趣的反諷真是到處可見。戚老頭只因一時抵不住性慾，說了一句非禮的話，便被責罵為「明目張膽的抗拒中央文件」，「他的行動不是偶然的，不是一時一事，而是早有預謀，有計畫的。」作者描寫中共社會那批「娘子軍」的囂張叫罵，比美國最激進的女權主義者還更氣勢凶凶，令人發噱，是一幕精彩鬧劇。戚老頭被指控為「有預謀」，其實，比較起來，有預謀的反而是那肥臀的女人。在聽到戚老頭那句非禮話後，她一時也沒發作，卻「趕上前面另外一個買菜的，同她碰著頭耳語了一陣，兩個人都回頭瞅了老頭一眼。然後，這女的才尖起嗓門叫出來：『來人

呀！強姦呀！快來呀！』」如此，她大喊強姦，是一番商量斟酌以後的決定。從此刻起，老頭子慘遭一連串的批鬥折磨，求生不能，求死不得。他那裡是「仗勢欺壓」、「凌辱婦女」剛好相反：他是「被婦女凌辱」，「被人仗勢欺壓」！

小說結尾，卻來了一個形勢大扭轉，十分耐人尋味。戚老頭被折磨得病在床上，奄奄一息，女兒在絕望中與氣頭上，和「街委會」的人大鬧一場，原以爲必遭大殃，全家一同完蛋，萬沒料到事情就此不了了之。老頭子「覺得像憑空撿回了一條性命，說不出一種驚訝和迷惑」。不久，「家屬開會和學習又來招呼他去參加。男人像沒事一般招呼他，女人裝作迴避，但不時拿眼角瞟他。老婆婆們在院子裡抱孫子聊天時，哪怕他坐得再遠，眼波也在他身上溜轉。過了一年，戚老頭就成了老婆婆堆裡最受歡迎的聊天伙伴。」

這個結尾，含蓄著令人莞爾的絕佳反諷。頗有「塞翁失馬」的微妙含義。（〈查戶口〉的結尾，彭玉蓮得回丈夫，也有類似含義。）戚老頭在惹禍以前，孤獨無聊，沒有談天的伴侶，總覺得自己是鄉下人，被冷落，不受歡迎。而感到生活無趣。誰料得到，經歷了這場要命的大難，頭髮全白了，卻因而拾得了生活的情趣。（難道是「大難不死，必有後福」？）以前是以偷眼看女人，現在輪到女人「不時得拿眼角瞟他」。以前他覺得受到老婆婆們的排斥，現在卻變成她們堆裡「最受歡迎的聊天伙伴」。

這種「安知禍福」的微妙含義，是以輕鬆的方式，比喻在中共政權下，個人的命運完全不可預測。當然更可以擴大而影射一般世事之無常。而此結尾的溫柔反諷意味，與全文近乎誇張詼諧的基本語調，相配得恰到好處，讀來使人覺得渾然一體，餘味無窮。

陳若曦在信中對我說，這個結尾是她所創造，實生活中的那個老人，「受這打擊，形同殭屍，只差還呼吸而已」。假如陳若曦在〈春遲〉中，照實說出老人的悲慘結局，做爲小說的結尾，則雖能加強作品的反共意識，卻會引致語調氣氛的不調和，而破壞小說的藝術形式，陳若曦在此，以

「虛構」取代「真實」，正是她的難得處，證明了她對小說寫作技巧的敏感
與重視。

——原載《聯合報》副刊，1977 年 12 月 11 日

——選自陳若曦《老人》

臺北：聯經出版公司，1987 年 4 月

風雨中的鴿聲
評陳若曦的〈向著太平洋彼岸〉

◎張恆豪[*]

一、

〈向著太平洋彼岸〉是陳若曦女士繼〈路口〉後又一重要力作，完稿於 1980 年 7 月，一經港地披露，即廣受海內外有志人士的矚目。

這 14 萬多字的中篇，作者的企圖不可不謂龐大，枝節也不能不說繁瑣，單單內容的所涉及的人、事、物就甚為複雜，已超過一般典型的中篇體制，略具有長篇的規模；但作者的意圖並不為小說的形式所囿限，她的苦心孤詣，顯然是在「文章合為時而著，歌詩合為事而作」，意圖透過這些複雜的人、事、物，統攝臺灣、大陸、海外之中國人的悲劇經驗，進而表呈一些觀點和一份關懷。

自〈城裡城外〉、〈路口〉後，陳若曦的小說皆具有濃厚的現實政治色彩，本篇亦不例外，小說緊扣住近年來臺北與北平兩地政治發展的環結，幾乎把一些敏感的事件，如高雄事件、林家祖孫命案及文革後四人幫的倒閣、鄧小平的四化、「全國學美國」……都包括進去了，場景卻選擇海外中國人最多的地方——美國，以山外的視點來觀看廬山，自別有一番寄意。基本上，它透過在美國飄零的這一代中國人的苦悶和矛盾，他們在精神上既無法認同於異邦，在生活上又和洋人格格不入，但又懷鄉思國，望斷天涯路……，來觀照 1970 年代最後幾年海峽兩岸的政經運作狀況，意圖呈顯

---

[*]專事文學研究。

多種不同的文化價值和生活習俗的衝突，嘗試傾訴這一代飄泊異地的中國人對於國家和平統一的渴盼。

臺大外文系出身的陳若曦向來反對文學為政治服務，而觀其近年來的作品卻不乏強烈的政治意識，面對國家的多事之秋，這以她的才情、經歷、體驗看來，感時憂民，自可說是情勢使然，心不由己也。

其實，政治小說與政治宣傳小說有很大的區別。前者關心政治，作者本身完全是自主的，對於小說思想的表陳具有獨立思考的判斷，不受外在強勢的壓迫或左右，能超越政治利害，從政治運作的表象，去發掘衝突和不幸的潛因，進而隱示自己的思想和希望，如法國杜嘉德的《尚・保華的生涯》，乃是揭露德雷弗斯事件對法國智識分子所造成的衝擊；南斯拉夫安德里奇的《德里納河之橋》，則是描寫費南德大公被刺殞命，對那些年輕的波斯尼亞學生所發生的影響；或者像張系國的《昨日之怒》，純以反映海外保釣運動的演變為主；陳若曦的另一小說〈路口〉，則大膽地攝取了「陳映真事件」與「魏京生入獄」的背景，來揭露海外中國人在回歸上的盤桓失據……，這些都是很出色的政治小說，而政治宣傳小說則純粹隸屬於某一政權，服膺於某一政黨，為宣揚政黨的信仰，鞏固政權的利益，不惜以文學為工具，驅使文學效忠於一時一地的政治，如撒莫比特尼克・馬林霍夫的那些歌頌社會主義為天堂的小說，或像日據末期，為配合太平洋戰爭體制，日本總督所發動的那些決戰小說……，自都可算是政治宣傳小說。

古往今來，多少偉篇鉅構若以廣義言之，不也都是政治小說？20 世紀小說大師之一的康拉德不也在晚年寫了一些像「諾斯屈洛莫」、「密使」、「在西方眼光下」之類的政治小說？陳若曦作品的好壞與否，自有歷史給予公允的評價，又何必疑慮於「一向反對文學為政治服務的我，竟不知不覺中身體力行起來」「牽涉到政治而招惹是非自不在話下，偏偏有一篇即興寫成的小說，原無『居心叵測』的企圖，結果闖的禍最大」（見〈「城裡城外」的糾紛〉一文）？

二、

1895 年的馬關條約，使得臺灣首次脫離中國，淪爲日帝的殖民地；1927 年的清黨，促使辛亥革命後國共的絕裂；1947 年春的衝激，伏下了光復後島內省籍問題的陰影；1949 年冬的震盪，演成山河變色，引出了一水之隔的不同的政經體制及其生活方式。臺灣所信仰的三民主義、混合經濟，和大陸所標榜的馬列主義、指揮式的計畫經濟，主宰了海峽兩岸千千萬萬的中國人。

陳若曦掌握了此一世局變幻的近代背景。將小說的時間擺在 1970 年代將殘、1980 年代頻催的前後，立意真是深遠，而以蘇家的飄泊聚散爲經緯，也大致涵蓋了這一代中國人的經驗，林以貞是蘇家的二媳婦，事件的發展即以她爲主幹，亦以她爲開端。

林以貞是個具有獨立性格的女子，臺南人，生於日據時期，11 歲時，隨著父母赴日本經商，爾後到北京求學，在那裡結婚生子，度過了青春歲月，文革的浩劫迫使這一家人逃亡美國，成爲這一代流浪在外，有家歸不得的中國人。她的丈夫蘇德清，是蘇家的老二，具有強烈的民族意識，一直以生爲中國人爲傲，曾至英國學醫，1950 年代受到感召，奔返大陸參加新中國的建設，但曾幾何時，文革十年的倒行逆施，傷透其心，乃攜家帶眷，遠走他鄉，然天不假年，竟客死異地，淪爲這一代的，心嚮「祖國」而飲恨海外的中國人。

他們生有二子，老大蘇台、老二蘇中，雖都已在美國念書，但因他們一家是被迫離開大陸的，所以一直念念不忘大陸的習俗，如「包餃子，北京的傳統嘛」；「蒸籠結實道地的山東大饅頭」……，並且總會拿美國與大陸作比較而興歎，如林以貞看到蘇家老大他們的廚房，那電氣化的設備、酒吧式的櫃檯，每每要想起北京那間四尺見方的小廚房，而歎息「中國的貧窮落後」，也歎息「美國的奢侈浪費」。換句話說，林以貞「家尙根深柢固地存留著中國人的意識，生活在美國的大都會裡，她曾被她的房客吳先

生視爲「左派」。

　　再說蘇家的老大蘇德明，由於經商之故，舉家四口已移居美國，他擁護臺灣政府，常爲國民黨的施政講話，所以被吳先生視爲「右派」。其妻昭娥，典型的臺灣婦女，雖偶發牢騷，尙百依百順，他們的兩個女兒，大女兒已嫁給美國人，二女兒莉娜也步其後塵，爭著要自力更生，違拗家人，索性住進美國男友的住處，算是全盤洋化，完全認同了美國的新生一代。

　　此外，蘇家的房客吳先生是個一心一意主張臺灣唯有獨立，才能永遠擺脫被壓迫命運的人，在他眼中，左派的臺灣比右派的臺灣人更無可救藥，是海外政治態度較偏激的另一類型。

　　林以貞的兄弟，也是發人深省的例子。大哥林以偉在臺灣競選市議員失敗，後因言語「涉嫌叛亂」而入獄八年，出獄後不久即病逝；弟弟林以烈因受高雄事件的風聲鶴唳，憤而赴美，參加了「臺灣建國聯盟」，成爲老喬口裡「固執得悲壯的臺灣人」。

　　尤值得一提的，是老喬——喬健光，他是林以貞一家最好的朋友，在金門大學教法律，業餘擔任德明進出口公司的法律顧問，1970 年代初，曾到中國觀光，代德明去查訪德清一家的下落。以後，又協助林以貞一家離開中國，抵美後，設法幫他們申請移民身分，德清去世後，他對兩個孩子關懷備至。老喬早年曾與一位土生土長的華僑結婚，離異後一直守著單身，是林以貞及蘇台、蘇中的精神支柱。

　　另有兩個角色，亦不可忽略，一是姚萍，林以貞昔時在大陸農業大學的同事，以貞來美後，姚萍一直與她保持通訊，告訴她北京的消息，是以貞和中國唯一的聯繫。

　　另一是巫春發，蘇家的遠房表親，來自臺灣的留學生，取得碩士後，放棄供讀博士的獎學金，一心要回臺灣去參加建設，是個樂觀、正直、熱愛鄉土的青年。

　　臺灣自從外逢中美斷交，內遭高雄事件後，一度陷於低迷，經濟犯罪，時有所聞，但待社會趨於安定、經濟趨於穩固之際，仍步步爲營，朝

向民主的崎嶇道路挺進，既不敢掉以輕心，也未曾稍有遲疑，民主與法治之能否貫徹到底，是當政者誠意與決心的一大考驗；而大陸自四人幫下臺、公審十惡後，一方面高喊四個現代化，研究「羅南模式」，向西方學習科技管理，奈何人力培養不易，資源利用亦成問題，一方面發動和平攻勢，喊出了「三通」、「五保證」的口號，但臺灣始終不爲所惑……，可見的未來，兩岸的中國人仍有相當對峙和競爭的時日，這些黎明前漫長的企待，都將一個分裂的中國推向史無前例的陣痛期，爲一個民主的、和平的、統一的、強大的新中國的誕生而不得不承受更多的、更大的災難。

　　前面所述的政治上多重價值觀的相互對立、相互糾葛、相互激盪，正是陳若曦的用心之處，它使得小說對時代的觀照，對史事的評估，由單純而趨向於複雜，由多元的分歧而浮顯出統一的整合，錦本是一篇偉大作品的必備條件之一。作者以極大的包容性，提供了她的小說舞臺，冷靜客觀地呈顯出這些林林總總，百家爭鳴的異見，透過他們對高雄事件、林家祖孫命案及中共四化……的反映，強化了小說主題的廣度和深度。此外，個人尚以爲其用意有二：其一有助於臺灣，大陸和海外的中國人，心平氣和地反省、檢討這些年來海峽兩岸的政經狀況；另一也使得小說主人翁——林以貞，在逃出大陸，又無法認同美國，而魂縈夢繫於太平洋彼岸時，能有一個最大的心靈空間供以抉擇。

三、

　　政治運作只是個表象，文化取向才是它的本質，而文化取向落實於生活層面，則莫過於人們的生活方式及其風俗習慣，生活習俗的差異，也是造成林以貞內心衝突和抉擇的另一要素。林以貞的婆婆是個老式的臺灣婦女，懷念臺灣的鄉土人情，固守臺灣的風俗習慣，具有很強的落葉歸根的觀念，希望子孫能回臺灣去；而林以貞自己，由於結婚生子均在北京，故不忘情於大陸的習俗，雖客居異鄉，老有寄人籬下之感，而她的下一代，像莉娜已完全洋化；而蘇台、蘇中可預見的未來，受雇於大企業公司，成

為第一代華僑；以後華洋通婚，產生不中不西的第二代；最後是失去認同感的第三代……。

她是一個自覺的人，深感到文化認同的危機。

另一造成林以貞內心衝突和抉擇的因素，則是感情的失落。人不僅是政治的動物，也是感情的動物。蘇台、蘇中長大了，為了求學，不得不離開自己的身邊，跑得遠遠的，而接下來的便是無邊的寂寥、昭娥式的恐慌；喬健光在德清死後，一直很照顧她們母子，對她懷有深情，但老喬長留異國，到頭來精神備受煎熬，因此他決定在有生之年，要回大陸去教書，以響應四化運動，這些突如其來的變化，將以貞逼得茫然，矛盾和悵然若失，一如〈路口〉裡的文秀徘徊於十字路口。

王粲〈登樓賦〉的「人情同於懷土兮，豈窮達而異心」，成了夜闌人靜，以貞輾轉咀嚼的文句。最後，她送走了老喬，並出乎意外地允諾儘快回來看他。在歸途上，德明問她何以作此決定？她卻輕描淡寫地說了一句「我都會去的，早晚而已。」一時之間，離愁漫漫，都化做了陣陣的溫暖和期待。

從以貞最後的抉擇，作者的意向已全盤托出。陳若曦的愛和關懷，顯然已超越過海峽兩岸的政權，而著眼於更長遠的文化層面，更落實的情感歸向，去親炙兩岸那些無辜的，卻勤勞可敬的人民，去擁抱兩岸無私的，卻芬芳怡人的土地。

四、

從早期〈辛莊〉、〈最後夜戲〉、〈婦人桃花〉的鄉土情懷，到〈尹縣長〉、〈歸〉、〈老人〉的一連串暴露中共文革的腐弊，到近期的〈城裡城外〉、〈路口〉、〈向著太平洋彼岸〉的牽懷海峽兩岸，陳若曦的心一直是屬於兩岸的人民和土地，永遠與被壓迫、受欺凌，患苦於離亂、塗炭於兵燹，而渴盼和平統一的中國人站在一起。她的政治小說，永遠最淳樸、最純摯、最撼動人心的文學作品，永遠屬於文學，不屬於政治。在她的小說

裡，從不刻意去批判一個政治意見與己不同的人，當描寫政治觀點互有出入的角色時，她的筆觸總是寬容的、溫暖的、同情的；她不像那些雄才大略的政治家去肯定一個政權、或是去指出一個動亂時代的方向，也不像那些鑑往知來的歷史家，去挖掘一件事相、或是去覓尋一個苦難歷史的重心。她最感興趣的、也最著力的，恆是人的本身——受到衝激後人性的千變萬化和情感的錯綜複雜。過去，她曾道出了那些恐怖歲月的悲悽形象，現在她又寫出了分裂年代中那許許多多徬徨的心靈。

　　總之，本篇的特點，乃在於語言的凝練，結構的細密有致，作者的視域廣闊，主題至爲深遠，呈顯出兩岸多種價值體系的衝突和海外徬徨心靈的抉擇。但也由於太服膺於作者一己意念的表陳，有些角色諸如吳先生、姚萍，只是曇花一現，即不見下文，成爲舊式戲劇中的道具人物；而巫春發一角，又冒出得太遲了，似乎是爲平衡喬健光之回歸大陸，而不得不做此安插，均失之自然，缺乏說服力，誠爲白璧微瑕。

——選自《自立晚報》，1982 年 3 月 28 日，第 10 版

陳若曦的小蛻變

評最新三篇老人小說

◎范銘如[*]

　　自從「留學生文學」在 1960 年代崛起，繼而斐然成派以來，留學生文學幾乎是海外文學的代名詞。隨著海峽兩岸局勢的丕變及新移民的多元化，海外文學不斷地擴展廣度及深度。由早期的個人經歷延伸至整體中國人的悲歡，甚至對民族文化的展望作了深沉的省思。海外文學的觸角逐漸探索到各階層，不再以留學生為唯一的寵兒。然而海外文學凡幾變，不離青壯年的遭遇。這些社會中堅，不管依恃才學或勞力，對他們的未來都還有所作為，有所期待，畢竟，年輕就是本錢。但是在素有「老人墳墓」的美國社會中，中國老人是如何自處呢？這個早該重視的課題，卻長期以來為海外文學所忽視。陳若曦近年來的幾篇作品，正足以彌補這個缺憾。

　　老人，一直是陳若曦小說中重要角色之一。從早期以文革為背景的《老人》，到後期以海外為背景的《突圍》、《二胡》等，陳若曦對老人都有著特別的關心。但由於這些老人的特殊身分（共黨幹部或學人），讀者及批評家往往企圖由「一粒沙看世界」，著重於他們身分與政治、文化的衝突，甚於老人本身的探討[1]。例如〈老人〉一篇中的無名老人，代表忠貞幹部與共黨機器的對立，《突圍》中的駱翔之表現出的是對青春與母國的雙重渴望。之所以產生此一現象，並非批評諸公穿鑿附會，而在於陳若曦本身的

---

[*]發表文章時為美國威斯康辛大學東亞文學研究所博士生，現為政治大學臺灣文學研究所教授兼所長。

[1]在榮之穎教授手稿，"Timeliness and Timelessness in Ch'en Jo-hsi's fiction"中，對知識分子與老人在陳若曦文革作品中的地位，有精闢的創見。此篇論文收錄在《海外中國女作家評論》一書，即將由紐約州立大學出版。

「寫作之意不在翁。」雖然老人們表面上貴爲主角，實質上不過配角而已。直到近年來，海峽兩岸逐步民主化（六四事件例外），政治氣氛日趨和緩，陳若曦也慢慢將焦距由「大我」調至「小我」。屈居多年，老人問題終於在陳若曦小說中扶正。〈遇見陌生女子的那天上午〉、〈貴州女人〉和〈謀殺爸爸〉，代表她近年來創作上的新轉變。[2]

　　〈遇見陌生女子的那天上午〉發表於 1988 年 3 月，爲這一系列老人小說揭開序幕。與陳若曦以往作品明顯不同的是，故事的時間、地點非常模糊，主角背景單純。只知道在某一星期天的早晨，在某一美國公園，某一中國老婦與某一中國女留學生萍水相逢。這種筆法顯示出陳若曦不是企圖「爲歷史做見證」[3]，而是有意涵蓋大多數老人，整篇故事便是藉由老婦人與陌生女子的交談中倒敘出來。說是交談，毋寧說是老婦人的獨白。從幾句寒暄之後，老婦人也不管別人興趣與否，便將家務事一股腦傾出。這種近乎流水帳式的獨白，雖然使小說結構趨於鬆散，卻跟小說主題十分吻合。一方面模擬老年人嘮叨的傾向，一方面暗示出老人的寂寞和焦慮，以至於一遇見「聽得懂中國話」的人便關不上話匣子。

　　老婦人家境寬裕，含飴弄孫，按理說可以安享晚年，但是她唯一的煩惱出在兒子的婚事上。雖然移民十年了，老婦人的觀念並未入境隨俗，正如同她的湖南口音並未因居住臺灣二十幾年而改變。她不但學不來「兒孫自有兒孫福」，更沒學會給孩子選擇的「權利」。對於媳婦的要求，她只有一個基本條件。像許多在美國的中國父母一樣，她堅決反對異族通婚。當然，別人沒關係，可是自己的孩子怎麼可以？！

　　在老婦人的眼中，兒子——卜志明，條件優異。不但有碩士學位，現在還是家餐館老闆。「個子不算矮，五官端正，煙酒不沾……性情和風度，標準的溫和謙讓。」（頁 116）偏偏志明感情多舛，先後三段異國戀都被母

---

[2]三篇小說皆收錄在陳若曦最新小說選集，《貴州女人》（臺北：遠流出版公司，1989 年）。本文中標明頁數皆按此書。
[3]見榮之穎教授手稿。

親拆散，而獲得母親讚許的兩個中國女人卻相繼拋棄他。第一個中國女人——志明的未婚妻，在兩人一同由臺灣赴美留學後，因為等不及志明拿到碩士，變心嫁給一個電機博士。感情受挫的志明，終於在畢業後博得一個美國同事的撫慰，進而論及婚嫁，最後因他寡母的三道現代金牌——電報——黯然分手。老婦人有三項充分的理由，第一，「志明條件不差，怎能自暴自棄，就因為一個女人變了心，便草草找個洋人來結婚！」（頁 116）其次為了列祖列宗，「卜家一脈單薄，到了志明這一代，出了混血兒，實在說不過去。」最後才考慮到自己，「我就這麼一個兒子，總是要住在一起的，娶了美國媳婦，言語不通，生活習慣不同，大家怎麼過日子呀！」（頁 116）

為了怕志明「再出事」，老婦人在臺灣提前退休，趕來照顧兒子。一抵美，就發現轉業經營餐館的兒子，居然跟餐館中一個 17、8 歲的美國姑娘打得火熱。老婦人當然「寧死也不能認這門媳婦」。志明的戀情又告結束。

情愛弄人。新來的美國女侍，梅兒，不但遞補前任職務上的空缺，也替代她在志明心中的地位。梅兒是個離婚婦人，獨力撫養一個七歲小孩。或許是因為經濟負擔，或許是不乏歷練，梅兒工作勤奮，進退有度，頗得人緣。對於梅兒的過去，志明不以為意，甚至對梅兒的兒子視若己出。基於前兩次慘痛教訓，志明這次非常審慎保密，謀而後動。他偷偷教梅兒說國語、吃中國菜、穿旗袍。以拉近梅兒跟母親的距離。可惜，志明和梅兒的努力並沒有打動母親大人。老婦人除了種族因素，還覺得「離婚也沒關係，偏又拖個湯姆，我沒法想像，一家子有白的、黃的，還有混血的……這不成了聯合國嗎？」（頁 120）

為了彌補兒子，老婦人發誓一定給他找到滿意的妻子。左挑右選，終於相中了師範學院畢業的安麗，又會說話，又懂老人心理，才第二次見面就要認老婦人當乾媽。介紹給志明，志明也是一見就喜歡，「說她嘴甜」、「還沒結婚就衝著老婦人叫媽。」（頁 107）眼見婆媳融洽，志明蹉跎多年的終身大事終於塵埃落定。

　　婚後甜蜜的日子，在安麗懷孕後起了變化。事業心重的安麗，認為懷孕影響她的學業而希望墮胎。熬不過丈夫和婆婆的央求，安麗生下一子。盡了傳宗接代的職責後，安麗便以老夫少妻，性情不合為由提出離婚。除了孩子以外，房子、車子、銀子，安麗一樣也沒少要。懷抱著破鏡重圓的希望，志明不但把財產折合現金，贍養費一次付清，甚至還等到安麗拿到綠卡後才辦理離婚手續，以免影響居留權。結果一辦完手續，安麗遠走高飛，連兒子也不願回顧。

　　離婚的打擊使志明意志消沉。三年多來，他絕口不談婚姻。不但將異性摒棄在心門外，連最親近的母親和兒子都不例外。志明用他的沉默，向母親做最沉痛的抗議吧。

　　剛看完這篇小說時，讀者或許會有一種似曾相識的親切。猛一想，原來是以美國為背景的典型中國倫理大悲劇。孝順的兒子為頑固的母親犧牲所愛，母親中意的媳婦卻反而斷送兒子的幸福。只不過傳統小說中，父母斤斤計較的條件——門第，在〈遇〉文中換成種族而已。

　　為了凸顯種族之分只是偏見，陳若曦將文中角色的種族與行為對調，來個「化夷為夏」、「化夏為夷」，中國女人（老婦人除外）一律「洋化」，而志明最認真的美國女人，梅兒，反而中國化。志明的未婚妻，是功利主義者，為了電機博士悔婚。志明的老婆安麗，更十足追求物質享受和個人自由，不願太早懷孕、喜好名車華服，連兒子都依凱第拉克車名命為凱第，離婚時要求的平分財產那一套更道地「美國化」。相形之下，梅兒幾乎集合各種傳統中國婦女的美德。連獨力扶養幼兒，都類似老婦人當年的翻版。這個反諷效果無疑相當成功。然而同一策略沿用到文中的「陌生女子」身上，卻不無商榷的餘地。

　　為了解釋陌生女子的耐性，陳若曦賦予她一個合理的身分——一個社會學學生，因此有興趣聽老婦人的滿腹牢騷。作者為了再強化反諷效果，及凸顯老婦人的孤獨，陌生女子居然在結尾時建議老婦人去看心理醫生。這個結尾有些突兀，至少對筆者而言。不僅僅因為中國人沒有看心理醫生

的習慣，更因為老婦人的心結對一般中國人而言不難理解。何況是一個學有專精的社會學學生。

比起〈遇〉文，〈貴州女人〉（1988 年 10 月）不但結構較嚴謹，題材也新穎有趣。故事背景是一個不舉的老夫，為滿足少妻的生理需要，請了一個有同性戀傾向的槍手。如此代勞三年，槍手請辭，老夫和少妻的表面婚姻勢必面臨挑戰。故事便是由這個轉捩點開始。

老夫——翁德和，一個富有的老移民，在鰥居多年，子女又各自成家後，興起再婚的念頭。恰巧貧窮的貴州女人——水月，為了到她憧憬中的美國，不惜委身。「她並不隱瞞，她到美國是為了個人出路。在窮鄉僻壤，她看不到前途，戀愛遭過挫折，家裡又欠債，無奈中才把希望寄託在這場婚姻上。」（頁 156）

從大陸登陸新大陸的水月，全力投入她理想中的美國生活。上館子、看電影、瘋狂採購、打扮得花枝招展。起初翁德和也樂於奉陪，得意地帶著年輕妻子四處炫耀。漸漸地，不但羞赧於人們詫異的眼光，翁德和也不再有力氣陪伴水月。而水月，也很快地厭倦天堂的生活。她的買賣婚姻，雖然沒帶來快樂，卻帶給她履行契約的義務，她仍須照顧老人的起居。她唯一的寄託，變成了寫信和等信，依靠著那來自「人無三兩銀」家鄉的親情，給她一絲安慰。

美國夢，如同她的名字，只是一場鏡花水月。希望的幻滅，使水月的婚姻更顯得荒謬。因此當老人不舉後半年，水月毅然提出離婚，準備返鄉。老人雖不訝於離婚的要求，但是返鄉的決定令他無法接受。「回貴州，回那個地無三里平的窮地方，未免太丟他的面子了。」（頁 160）最後，翁德和動之以情，脅之以死，軟化了水月的態度。為一勞永逸，老人想出了李代桃僵的妙計。阿柄，一個欠老人人情的同性戀者，正是老人心目中最理想的對象。一來可收實效，二來又不怕假戲真作，對翁德和的婚姻形成威脅。此後三年，老人每週末去女兒家當保姆，阿炳則來留宿。由於故事是以老人為第三人稱敘述，水月和阿炳之間如何進展，無從得知。只猜出

水月頗感滿意，再也不提返鄉一事。直到阿炳忽然要娶一名寡婦，向老人請辭，並代轉告水月。老人和水月的婚姻再度亮起紅燈。

陳若曦放棄用一度引起討論〈路口〉，而選擇這篇〈貴州女人〉當作最新小說集的標題，顯然相當滿意此作。的確，雖然沒有針砭時事或文化的大企圖，這篇小說卻是整本《貴州女人》中最有血有肉的佳作。但是它最成功的描寫卻不在標題人物——貴州女人身上，而在於老人。嚴格說來，水月只是個平板人物。她的性情溫柔善良，只在最後知道阿炳離去後勃然大怒。但是卻看不出她的大怒是因為自尊受損還是失戀。讀者也難以判斷她接受三角關係且不提返鄉，是為了老人的恩？還是阿炳的愛？抑或是為了性？老人對水月的描述，都只在強調她衣著和身材的變化。「去年還是柳條似的腰肢，如今渾圓如球，隨著胸脯的猛烈起伏。」（頁 148）「胸脯卻是緊張地起伏著，滾圓的雙峰隨時要撐破衣裳。」（頁 146）「新做的髮捲在耳垂和臉頰間盪鞦韆，豐腴雪白的大腿在裙下晃動。」（頁 143）至於水月的五官，只用了一個在陳若曦小說中使用頻率奇高的形容詞——「面如滿月」。或許在翁德和眼中，水月只是個面目模糊的血肉之軀。她的肉體和活力，滿足了老人生理和生活上的需要。老人第二春的開始，注定了水月青春的消逝。

就角色分量而論，〈貴州女人〉改名為〈美國老人〉更恰當。陳若曦對翁德和的描寫靈活而深刻，是她小說中非常成功的一個塑造。文章開始，短短幾段描述老人心中擔憂，卻一下子為人潮和店舖分心，點出老人健忘和樂觀的個性。等到妻子大怒時，他除了心中遷怒阿炳、遷怒兒女外，對妻子措手無策。當初他用錢買到水月的人，現在他也只想到用錢買水月的心。他計畫帶她衣錦還鄉，並遺留給她所有的財產。作者在刻畫老人心態時出現了令人激賞的神來之筆，「把遺囑裝進西服口袋後，他滿意地在房間內跳了兩步華爾滋舞，他覺得自己慷慨大方，深深為自己的作為而感動了。」（頁 164）最後他發現水月離家出走，「他喃喃自語著，我等她回來。」（頁 167）老人的樂觀其實與無能相表裡，令人心酸。

王禎和〈嫁妝一牛車〉中的男主角，因為貧窮默許妻子外遇，使人同情。翁德和富有，且一手導演妻子外遇，同樣叫人可憐。前者雖然沒錢，其實並不貧窮，他有妻子、有牛車、有力氣——有希望。後者雖然有錢，但是並不富有，妻離子散（散居各地），沒有精力，更沒有希望。所以翁德和雖然自私、好施小惠，卻不令人厭惡。畢竟，他只是一個不凡的，老人。他並無意傷害任何人，他只是希望自己有限之年過得好些。而這個希望，卻只能寄託在別人身上。

〈謀殺爸爸〉（1989 年 5 月）取材新穎而嚴肅，是一篇探討老人安樂死的小說。安樂死此一爭議，雖曾在報章上喧騰一時，小說中卻還鮮少觸及。陳若曦不愧為寫作名家，對題材的嗅覺十分敏銳。可惜這個原應大可發揮的主題，被作者創作上的若干特點限制住，使得預期效果大打折扣。

陳若曦創作技巧中有一個特色，就是把人物背景複雜化。早期的例子如臺灣的留美學生回歸大陸[4]，或前國民黨員歸化共產黨員[5]。後期的如大陸來美的移民娶了臺灣老婆[6]，還是臺灣女子的前夫是臺獨分子，現任情人是左派學人[7]……。例子之多，不勝枚舉。由於人物背景互相對立衝突，戲劇張力可在瞬間凝聚，一觸即發。這個因「人地不宜」產生的矛盾與衝突，不但順理成章，而且更具悲劇性。尤其在早期的回歸作品中，令人喟歎不已。

此一技巧套用在〈謀殺爸爸〉中，卻嚴重地打擾作品原有的節奏。小說大綱是幾個在美國的兄弟姐妹，為了要不要讓垂危的父親安樂死而爭執。幾段兄弟間的針鋒相對，親情與人道定義的辯論，精采有力，扣人心弦。如果作者加強這條主線，對老人安樂死的取捨，當有更深入而多面的發掘。奈何作者故技重施，短短 20 頁小說中，交代老人有過三次婚姻，妻兒遍布大陸、臺灣和美國。元配留在大陸，後來在文革中飽受折磨，其他

[4]例如〈歸〉，收錄於同名小說集《歸》（臺北：聯經出版公司，1978 年）。
[5]見〈尹縣長〉，收錄於同名小說集中《尹縣長》（臺北：遠景出版公司，1976 年）。
[6]見《突圍》（臺北，聯經出版公司，1983 年）。
[7]〈路口〉，收錄在《貴州女人》一書。

兩任妻子因爲國民政府遷臺的因素分據臺灣南北。一個兒子大學時爲黨外人士助選，後來娶了不會說中文的華僑。另一個兒子的女兒與美國人訂婚……。讀者不禁要訝異，怎麼近代中國人可能遭遇到的狀況，這家子幾乎都包辦了。讀者在用心釐清這複雜的家庭背景時，已經忘記〈謀殺爸爸〉這個主題了。更重要的是，當一個老人垂危之際，他過去的豐功偉業或者悲歡離合，對決定他未來的生死，又有什麼絕對的關聯呢？

如果作者花這麼多工夫介紹家庭背景，以便塑造某種政治或文化上的象徵，甚至將〈謀殺爸爸〉中的爸爸影射成中國父權體系，而希望讓它安樂死，讀者恐怕更難理解了。

這三篇老人小說各有訴求，〈遇見陌生女子的那天上午〉側重老人對異族通婚的成見，〈貴州女人〉點出老人生活上的乏人照顧，〈謀殺爸爸〉則關注老人安樂死的爭議。但是三篇小說中共有一個副題，即老人與親子間的關係。

三個故事中的老人，雖然背景、遭遇迥異，但卻都失偶。因爲失偶，使得他們與兒女的關係更加重要，無形中也增加對子女的依賴。〈遇〉中的老婦人，因爲擔心無法與異族媳婦相處，幾度阻撓獨子的婚事。〈貴〉中的老人，雖有子孫，卻並不同住。兒子視他如負擔，老人再婚的意義只是「免去他年年飛來西岸看望老人的責任。」（頁 155）女兒則視他爲週末免費的保姆。沒有兒孫的關懷與照顧，老人對水月的仰賴更形迫切。而〈謀〉中的老人，從故事開頭，便已奄奄一息，對自己的生命無從置喙，只能任由兒女替他決定死生存亡。和老人同住的兒子透露，老人在最後一任妻子去世後，已無生趣。這卻也顯現，同堂的子孫並沒有帶給老人心靈上的安慰，以致老人對生命再也無所眷戀。

親子關係是現代化社會中一個棘手的問題，對新移民來說更是。海外文學在處理此一關係時，焦點大都放在下一代的轉變，而忽略上一代的困境。事實上，青少年雖有他們的難題，但是語言和年紀，使他們較能適應並融入當地社會。而老移民由於思想觀念、生活型態早已定型，加上語言

障礙，常使他們與當地社會格格不入。何況許多老人移民的主因就是依親，親人，往往是他們與外界唯一的橋樑，也是生活唯一的重心。但在生存競爭激烈的新社會中，子女或已自顧不暇，甚至疲於奔命，能注意到下一代，已經算行有餘力了，對於父母，有時難免疏忽，忘記那一向照顧子女的人，已經需要子女照顧了。在這種情形下，老人們的孤獨與寂寞可想而知。

老人、親子關係，這種近乎「軟性」的小說並非陳若曦的專擅。但是這三篇作品，由三面出擊，呈現出幾個老人困境，用心及技巧皆值得取法。雖然小說中有某些小缺失，畢竟瑕不掩瑜。在自序中，陳若曦說，她曾痛下決心，不再為任何政治事件寫作。我們也誠懇地希望，不會再有任何政治事件需要她伸張正義了。讓這三篇嶄新的嘗試，再創陳若曦寫作生涯的新里程。也能為海外文學注入新血、啓發更廣闊的視野。

——選自《九州學刊》，第 5 卷第 1 期，1992 年 7 月

幸福的彼岸
陳若曦小說的延續與轉變

◎潘秀宜*

壹、前言

換算「理想」的標準尺度該是多少？是俯首稱是的眾生人數？還是容許質疑的異言空間？然而，這個見仁見智的應用公式，總是忙壞了向來憂國憂民的知識分子。責無旁貸的自我要求，讓一批批時代菁英有如化身 16 世紀的海上冒險家，以大好前程爲注，幾番遠度重洋甚至不惜更改航道，就爲了到達心中完美的理想淨土。

在這一列浩浩蕩蕩的隊伍裡有個鮮活的身影，執筆如持劍的陳若曦當年以銘記文革傷痕的政治系列小說而轟動全球華人。其實早於她大學時期的創作中，就已流露高度的人文關懷以及深刻細微的觀察力[1]，使能洞察潛藏於事物表面下，趨近問題核心的深層思考。並以客觀精要的筆調呈現不同的文學探勘工程，像是後來成功刻畫僑民生活的移民小說，便是另一系列極其成功的文學作品。劍及履及「爲真理不顧一切地勇往邁進」的熱情[2]，讓陳若曦能在文學的版圖上直指社會的盲點，劈斬眼前狀似美景的迷障。然而，這一位始終堅持以高標準爲社會品質把關的女作家，在洞悉極

---

*發表文章時爲暨南國際大學中國語文學研究所碩士生，現爲淡江中學國文科教師。

[1]夏志清曾表示陳若曦大學時期的作品，有繼承五四、1930 年代標榜「人的文學」的創作傳統。參見夏志清，〈陳若曦的小說〉，收錄於《陳若曦自選集》（臺北：聯經出版公司，1976 年），頁 10～11。

[2]石濤言稱：「如此起而付之實踐、不顧一切勇往直前的氣質是陳若曦的註冊商標。」參見葉石濤，〈從憧憬、幻滅到徬徨——談陳若曦文學的三個階段〉，《自立晚報》，1984 年 6 月 11～12 日。

權立黨建國的人性壓抑以及民主法治的平權假面之後,將追尋的腳程移回臺灣。今非昔比的福爾摩沙,看在這位歸國女兒的眼下,除了感恩之外,對於兩性的權力落差仍有她不容隱忍的缺憾。既使將理想寄託於標榜「眾生平等」的宗教團體,在求體現無私大愛於俗世的背後,仍難避免人事制度下魔高一丈的權力質變。經過世事歷練、多國文化衝擊洗禮,陳若曦在近十年的創作中以更質樸卻不失力道的溫厚眼光,再一次質疑道德理想與社會秩序的平衡關係。

一路走來,陳若曦對於藉由理想之名以操弄霸權的批判堅持,在返臺至今的創作裡有深入性別關係,甚至宗教政治等更高範疇的審視姿態。可惜前輩學者如葉維廉、葉石濤、吳達芸、鄭永孝等人的相關評論研究,至多僅達移民系列小說,而未及陳若曦 1995 年返臺後的相關創作。因此本論文嘗試以陳若曦返臺後的創作為主要分析文本再輔以先前作品為佐證,來整理出陳若曦作品中對於權力政治的討論軸脈。

因此本文擬從兩方向進行討論:首先就婚姻與家庭結構中的兩性意識,陳若曦如何串連以往對階級的批判,再次揭發搖著幸福旗幟其實犧牲弱勢於無形的權力真相。接著則探討陳若曦在宗教題材中,如何藉由性別角度來檢視修行天地裡的權力機制,探看世人是否真能在佛祖應允的寶地上享受到「眾生平等」的幸福。

貳、追隨「黨主席」?

向來善於在文學中探討社會機制與權力關係的陳若曦,返臺後的創作裡看似調整論述焦距,放棄黨國、法律制度等「大我」的範疇,改而關注起切身「小我」的兩性關係,其實是探討更普遍的權力現象。尤其是當權力體系以各種形式、名義散布在各個社會場域,堆疊在這些制度金字塔下的邊緣聲音,總是微弱而乏人注意。本著知識分子的良知與熱情,陳若曦在追尋理想烏托邦的過程中,身體力行的實際參與讓她了解弱勢群眾無處投訴的處境,進而不顧輿論壓力一再揭穿完美遠景背後的權力假面。

　　回顧陳若曦的創作旅程，其實就是一場尋索沒有權力壓迫、幸福樂土的漫漫紀錄。1966 年她與夫婿前進中國[3]，響應以社會主義改造神州的空前壯舉，歷時七載的「文革」經驗，到頭來卻是由〈尹縣長〉（1974 年）、〈任秀蘭〉（1976 年），代替自己宣告對「毛主席」倡導共產建國的失望與失敗[4]。接著為了呼吸民主空氣，1973 年陳若曦舉家遷移香港，後來更旅居加拿大、美國等地。多年的僑民生活讓陳若曦體認到看似處處機會、人人平等的西方法治社會，底下潛藏的種族隔閡是一張堪稱資本主義入場券的「綠卡」所難以消除的差異。面對處境尷尬的去留問題，〈綠卡〉（1980 年）[5]、〈雖然是你的房子，卻是我的家〉（1985 年）[6]中的臺灣移民說出了二等公民看不到希望卻也不忍失望的徘徊心情。一連串令人失望的生活實驗，讓陳若曦放棄海外看似別致難得，其實權力問題大同小異的社會環境，而將尋覓理想的腳步轉回到臺灣本土上。

　　陳若曦這些作品裡看似對共產建國、法律制度的不滿意，其實皆可化約為挑剔社會機制中標榜公平合理的權力體系。對於當中交纏繚繞的複雜關係，深得「權力」箇中三昧的傅柯指出：

> 權力既不是指在確定的一個國家裡保證公民服從的一系列機構與機器，即「政權」，也不是指某種非暴力的、表現在規章制度的約束方式；也不是指由某一分子或團體對另一分子或團體實行的一般統治體系，其作用透過不斷地分流穿透整個社會機體。用權力的概念研究權力不應該將國家主權、法律形式或統治的同一性設為原始論據；確切地說，它們不過是權力的最終形式。[7]

---

[3] 以下關於陳若曦的相關年表引自〈陳若曦簡歷〉，收入於《重返桃花源》（臺北：草根出版公司，2002 年），頁 271～273。

[4] 此二篇作品皆收錄在陳若曦著名的文革小說《尹縣長》（臺北：遠景出版公司，1976 年）。

[5] 收錄於陳若曦，《城裡城外》（臺北：時報文化出版公司，1971 年），頁 85～146。

[6] 收錄於陳若曦，《王左的悲哀》（臺北：遠流出版公司，1995 年），頁 105～118。

[7] 引自〈性意識的機制〉，米歇爾・傅科著；尚衡譯，《性意識史》（臺北：桂冠圖書公司，1998 年），頁 76。

　　可見無孔不入的權力體系會透過不斷增值、演化以更無瑕的社會制度使人信服，並透過意識形態之無形滲透以鞏固這樣的價值觀。像是政黨、國家、法律都是權力體系為求衍續所巧立的名目。然而，包含於國家機器各層範疇中的性別政治，獨尊父權的現象更是歷史悠久且難溯其源的最佳實例。

　　回到臺灣，陳若曦再一次將批判權力生態的鋒筆，對準以家庭結構為基礎的性別關係。1995 年當往昔一同留美的友人多牛決定落戶異邦之際，陳若曦選擇返臺定居。環顧印象中落後封閉宛如海上孤島的臺灣，如今早已處處進步開放，但堅守家庭、重視婚姻約定的傳統女性卻仍多是飽受權力宰制的犧牲品。因此陳若曦在接下來以《女兒的家》（1998 年）為代表的系列創作裡，嘗試探討在聯結基本社會網絡的婚姻形式中，女性的處境以及兩性政治在資源分配上的差異，如何迫使她們於權力場域裡一再喪失追求主體自由的能力。其實在先前移民系列小說裡，那些移居海角「為愛走天涯」的臺灣女子，既常流露身不由己的無奈感慨，像是〈路口〉（1980 年）中徘徊於愛情與親情的失婚女性，其實是再次深陷父權理想與女性自覺的對峙角力；《突圍》（1983 年）裡置身外遇風暴的教授太太，面對婚姻的殘局在維持家庭完整與照顧幼兒的「天職」使命下，僅能被動地靠丈夫選擇離婚來解決問題。然而擅長寫實風格，向來偏愛採女性角色的觀點來鋪陳社會問題的陳若曦[8]，在〈莽夫的告白〉中卻安排以男性觀點來陳述在社會機體扎根甚深的婚姻關係[9]，其實是藉此凸顯靠婚嫁以維持之最小社會單位──「家庭」中的權力問題。

　　傳統性別認知讓多數為愛走進婚姻的女子成了家庭結構中無聲的幽

---

[8] 在吳達芸〈自主與成全──論陳若曦小說中的女性意識〉中曾有以下統計「在三篇短篇《尹縣長》、《老人》、《城裡城外》所收 19 個故事中，共有七篇以女性第一人稱『我』的角度，三篇以女性第三人稱『她』的視野作為敘事觀點，而五部長篇，除《二胡》外，《歸》、《遠見》、《紙婚》的全部以及《突圍》的三分之二都採用有限全知觀點，深入女主角的內心來敘事，這種現象可能意味著陳若曦對女性思維意識的重視。」這樣的敘事觀點仍延續至返臺後的創作裡。收錄於《陳若曦集》，頁 257～258。

[9] 此篇作品收錄於陳若曦，《女兒的家》（臺北：探索文化公司，1999 年），頁 131～139。

靈。文本裡名叫「楊煒」因有家庭暴力傾向而需接受心理治療的男子，面對香港籍的男醫生，說著結褵以來與妻子之間的愛恨情仇。故事裡藉著男主角滔滔不絕的自我表白，讀者得以了解這個閒賦在家多年卻堅稱「在哪裡都是當家作主」的專橫男子，對於觀念中「需要指導」的另一半欲求自主獨立的堅決頗多怨言。原來這位隱逸於文本後的女主角在幾次返臺經驗中，見證臺灣的轉變、參與本土團體的成長學習，從中激起認同自我的主體意識進而有了歸巢返鄉的意念，可是男子早已捨不得離開美國這塊安樂地。面對妻子於經濟上、行動上的自主要求，身為「一家之主」的權力仲裁者在祭出傳統「嫁雞隨雞」的觀念卻不見成效的同時，便逕自以暴力相脅。並強調「『人生而平等』是美好的理想，但也僅止是理想而已」[10]，且搬出美國黑人「次等民族」所以「翻不了身」的種族現象來印證自我的性別權益。最後魯莽的丈夫為保住房子不被變賣平分，更再次「失手」將妻子打成重傷。如同男子姓名諧音所喻意之男性頹勢，陳若曦暗示這般理直氣壯的男子早已過了時代，漸漸對有自我意識的女子起不了作用。但畢竟「雅梅」——文中從未出現、發聲的女主角，是在傳統父權觀念下為家庭無私奉獻，甚至犧牲自我的一代。這個「溫婉和順，丈夫和女兒就是她全部的天地；罵她幾句，只會背著人默默流淚」（〈女兒的家〉，頁 135）的女性形象，可在陳若曦作品的角色譜系中看到為數不少的熟悉身影。那些為了丈夫口中的幸福，不惜千里迢迢，攜兒帶女遠赴他地生活的「淑貞」、「素月」甚至「辛梅」，在認同家庭職責的觀念裡其實都有遵循著相同的父權意識[11]。向來以男女情愛為招牌的婚嫁關係，是父權向家庭結構裡扎根最深的社會制度。然而，早在婚姻契約之前，自幼由家庭生活所認知的性別角色，常使女性在認同父權結構所規劃的生活遠景時，便以漸流失掌握自我權益的權力。

---

[10]參見陳若曦，〈莽夫的告白〉，收入於《女兒的家》，頁 135。以下引用，僅引頁碼不再贅加註釋。
[11]此三位女子分別是以下三篇小說中的女主角：《遠見》（臺北：遠景出版公司，1984 年）；〈素月的除夕〉，收入於《貴州女人》（臺北：遠流出版公司，1989 年）；《歸》，（臺北：聯經出版公司，1978 年）。

　　如前所述，善於僞裝的權力體系會透過國家機器，將意識形態滲透於人際關係於無形，尤其是性別政治——這個牽涉範疇最爲普遍的權力關係裡。在以父系主導爲優先的傳統社會中，女子的權力多被局限在屈從、附屬於男性利益的條件裡。其中權力關係的展現，從經濟活動到道德規範，甚至是視爲「天生」特質的性別差異，自然左右了女性在權力場域中的自我期待而拱手獻出份內資源。這樣的反省在陳若曦與書同名的小說〈女兒的家〉中[12]，正以尋常無奇的臺灣家庭爲故事背景，催促人們重新正視在日新月異的進步社會裡，那些固守家庭的傳統女性缺乏社會資源的晚年處境。

　　欠缺制度背書、意識形態認同的弱勢群眾，在面對強權壓迫而難維護自我利益的無助情況其實是大同小異。相較於移民女兒在海外舉目無親的無奈與無助，同樣是「MADE IN TAIWAN」卻從未出過國的臺灣女子，在「父兄令重如山」的價值觀裡又有怎樣的遭遇？〈女兒的家〉裡年過花甲，名爲「惠馨」的女主角是一般傳統好女人的完美典型。不但是「賢妻良母」之外，更是一個無可挑剔的好女兒。如此順服的形象正如文中所述「她秉性溫馴，從小就是父母眼中的乖女兒，對父親尤其言聽計從。」（〈女兒的家〉，頁 148）然而，終年倚床的病父，仰賴女兒如老妻般的細心照顧而借住女婿家，竟然長達 20 年之久！老人的私心罔顧了女兒的處境，也間接影響了女兒的婚姻。在爲自己找到最後安身之處的同時，也變相拘禁女兒於狹室之中。隨著歲月的流逝，父親往日和藹卻不失威嚴的容顏卻日漸頹敗枯槁，從前熟悉的安全感似乎僅能從他早年的畫像上尋覓。彷彿女兒是倚仗著對牆上父親的信任與景仰，才有足夠的耐性照顧這個看似陌生的病漢。直到老人病危，面對各個親人冷淡的反應，女子也對自己既在眼前的晚景發出了無所依靠的感歎。然而，當父親享盡清福顧自歸天，這個犧牲多時卻是兄弟認定「以非賴家人」的孝順女兒，除了不在分

---

[12]收入陳若曦，《女兒的家》，頁 141～160。

配遺產的名單裡，自己的姓名也沒能出現在父親的墓碑上；就連那幅畫像還是自己一反往常柔順態度，不惜衝突而爭取來的。到了最後，女子更將畫像高掛案堂上，仍不放棄仰望父親庇佑自己未來的信仰。雖然文中因畫像而引爆兄妹鬩牆稍嫌矯情，卻也凸顯擁有強大社會奧援的父權體系，背後喫人於無形的意識形態是多麼堅固、可怕。

有趣的是，這一幅貫穿全文始終不老的男子畫像，隱隱然成了意識權威的象徵符碼。特別是此父權形象所代表能提供溫暖、幸福以及生活物質的各項保障，更是超脫個人現實經驗，成為根植子女心底，深信不疑的完美偶像：

> 驕陽占領了大半個牆壁，照亮了父親的一幅半身油畫像。畫中的父親，頭部沐浴在晨曦裡，映得一頭銀髮熠熠生輝，眉眼含威，笑不露齒，神情既莊嚴又親切。
>
> ──《女兒的家》，頁 142

對於這幅充滿號召力的圖象是否感到相當熟悉呢？讓我們試著回想，不正似以往風靡全中國的毛主席畫像的翻版，或是移民者的護身符──「綠卡」。這些一個個代表著不同權力系統的理想表徵，靠著一組組配對成套的意識形態滲透進每一個追隨者思想，難以除魅的瘋狂程度，就屬中國文革時透過國家機器以貫徹對中央領導的崇拜來顯示黨員忠貞，為最佳範例：

> 能說孩子不愛「毛主席」？在襁褓中，一見到「主席」像，便條件反射地眉開眼笑，手舞足蹈了。……除了廚房和廁所，家裡所有走道和每一面牆都貼上了「毛主席」的畫像、詩詞、字畫等，一直到江青發覺有

「庸俗化」的傾向後，下令取締，才奉令取下來。[13]

　　就像女兒掛在牆上「實不如畫」的父親一樣，頂著理想與權力光環的
權力既得者，在接受黨員兒女虔誠膜拜的同時卻無能（或是無意？）解決
理想與現實之間的偏差。一路追隨中央，到頭來卻仍得不到理想待遇的女
兒、黨員、二等公民，面對幸福幻滅的失落，或許藉由《遠見》中的女主
角對著美國公民證所發出的質疑最能說明：

> 把卡片捧在掌中，仔細審視著，暗自奇怪它怎麼叫綠卡。藍卡也許更貼
> 切，因為最醒目的頭排大字「外國居民」是深藍色，底下發證單位也是
> 藍底白字。……熬了兩年，得來的竟是名實不稱的一張卡片。[14]

　　一如「綠卡」、主席照片、父親遺像，這些供在人民心裡宛如幸福保證
的完美旗幟，在呼著理想招攬人們加入權威底下的勢力結盟時，卻不保障
追隨者不受因制度而產生的階級壓迫。而且為了未來而犧牲自我當下利益
的人們卻在意識形態的價值內化下，對於眼前可口誘人的「紅蘿蔔」始終
深信不疑。因此，即使老人會死，主席的畫像可取下，甚至綠卡的顏色能
更改，可是霸踞心中的觀念與自我角色定位卻難移異。

　　對於靠家庭結構以固化的性別政治，陳若曦再次批判父權透過思想，
滲入制度而施展的階級壓迫。可見從家庭到法庭，從結婚到移民，無論是
日常生活中的倫理規範，或是建黨立國的法律制度，在意識形態的成功操
盤裡都成了為部分團體、階級效力的掠奪機器。尤其是涵蓋範疇最為普遍
的性別關係，更是讓女性成為層層權威壓迫下的邊緣犧牲品。所以一路尋
求平等、自由、沒有人權迫害——理想烏托邦的陳若曦[15]，或許只能轉向

---

[13]參見陳若曦，〈晶晶的生日〉，收入於《尹縣長》，頁11～12。
[14]參見陳若曦，《遠見》，頁279。
[15]參見白先勇，〈烏托邦的追尋與幻滅〉文中白先勇比喻陳若曦的創作其實是記錄對理想烏托邦的
　　追尋。收錄於《驀然回首》（臺北：爾雅出版社，1978年），頁105。

「宗教」這塊普照大愛、眾生平等世間修行地。

參、幸福的方向？

　　隨著對俗世社會機制所標榜的幸福感到失望，陳若曦轉而將沒有權力壓迫的人間理想寄予於「宗教」修行團體之上。這個存在於現世卻凌駕一般體制並且充滿救贖概念的特殊機構，在標榜超脫私欲以離苦難的號召中，理應免除政黨、國族甚至性別等等階級藩籬，給世人一塊難得平等的人間淨土。如此美景，對陳若曦而言無非又是一道耀眼的曙光，特別是放眼臺灣現正蓬勃發展的宗教盛況，在神明的召示下果真是生意盎然的綠洲？還是又一次壯觀卻飄渺的海市蜃樓？為了避免人們再度陷入權力謊言而最終徒勞而返，女作家再次以「不平則鳴」的創作理念檢視宗教團體的修行制度，其實是延續以往對權力問題的關注。

　　新世紀開端，陳若曦在《慧心蓮》[16]（2001 年）與《重返桃花源》[17]（2002 年）兩部小說作品裡嘗試了少人觸碰的宗教題材。對於強調捨我利益、以度眾人的宗教事業是否真能擺脫尾隨體制而來的階級壓迫？陳若曦安排以女子剃度出家的求道過程，來了解摒除婚嫁制度於修行門外的佛教僧團，是否真能避免俗世眼光裡的性別歧視，擁有公正公平的權力機制。向來兼具歷史視野與時勢眼光的陳若曦，在新作中不但以跨越世代的角色布局來呈現宗教縱向傳承的情形，並且皆以具有留學背景的女主角來橫向比較不同宗教的入世現象。在敘事手法上，《慧心蓮》偏重速寫近半世紀臺灣佛教發展的情形；而在《重返桃花源》中作者則嘗試橫覽目前「百家爭鳴、百花齊放」的宗教現象。兩書藉九二一大地震作串連，並以同為主角故鄉亦是宗教盛地的埔里為中心，對臺灣的信仰生態作一介紹、討論。

　　在這兩部著作中，陳若曦透過繁複的情節背景交叉討論佛教僧尼團體

---

[16]陳若曦，《慧心蓮》（臺北：九歌出版社，2001 年）。
[17]2000 年陳若曦擔任南投縣駐縣作家，駐縣期間為民國 89 年 7 月至 90 年 6 月，此部小說作品為駐縣時完成。陳若曦，《重返桃花源》（臺北：草根出版公司，2002 年）。

中的制度問題。故事安排都是以出國深造回國服務的女尼為主角；一個是俗名杜美慧，早年曾受到家庭暴力而皈依空門的「釋承依」；另一個是俗名米瑞麗，有原住民血統生性樂觀的「釋元真」。書裡皆藉著三代祖孫女的角色安排，扣緊信仰問題來談世代交替、傳承的情形。並且在探尋宗教改革可能之時，也帶出臺灣其他弱勢團體如：原住民文化、婦女保護等邊緣聲音。前者的母親、妹妹、女兒皆因情感不順遂而早早傾心佛法；後者的原住民奶奶、阿姨也都熱情投入於各項宗教活動中。但不同的是早年出家的釋承依，後來從老師父手裡接下使命成了「海光寺」住持。這位被授與制度權力的出家女尼，除了努力修繕佛教不合時宜的戒律，更積極建立「婦女救援中心」給弱勢團體一個棲身避禍、「以佛法療傷止痛」的居所。但歸屬傳統修行僧團的釋元真卻有不同的境遇，一個固守舊律，視諫言為「質疑佛法」的封閉團體，終叫年輕有理想的女尼灰心。這看似極為相近的故事背後，陳若曦小心翼翼的嘗試撥解宗教體制下的權力真相。

　　訴諸於個人修為以得超脫罪惡的宗教信仰，在彷若「無為而治」的自律要求下，其實有高於一般法律更為嚴密完整的操控體系。尤其當人們視宗教典律為善惡終極標準、做人處事的最高指導原則時，「修行看個人」的救贖判裁讓信徒自動臣服於意識形態之下。特別當宗教以「博愛無私」、「公正和平」為號召而宣稱杜絕征戰、禁止封建、鄙棄私欲，藉此鞏固修行制度或救世團體的權力效能卻缺乏檢視的對抗機制時，其中若有形成階級壓迫，則會較一般體制更為嚴苛而且難以查察。例如兩個文本中，同為僧團成員的女主角，皆曾感歎長存於佛教制度中的階級差異與性別歧視：

> 佛教道場長年歧視女性，兩千多年前就制定了三、四百條戒律來規範女眾。後來概括出「八敬法」，要求比丘尼從比丘受戒，每半月向比丘請教、懺悔，不得呵罵或是批評比丘，比丘地位總是高於比丘尼，戒臘再高的比丘尼也須向比丘行跪拜禮。

——《重返桃花源》，頁 14

　　不只是千年前留下的修行律則，如此的觀念甚至是深化到一般修行制度裡，認為女子不能成佛所以出家後「不叫『師姐』而改叫『師兄』，這樣才有修行成佛的希望」，就連整日恭頌的佛律經典在強調「佛土純一清淨，無諸欲染」的同時，也嚴酷杜絕女子於「極樂世界」之外。面對宗教中故陋的陳規，以臺灣出家眾有近八成是尼僧的宗教現況，自然有許多要求改革的聲浪。但無奈現今宗教體制多半由男僧所操控，故事裡獨掌權勢的男上人，面對女弟子對於古老制度的質疑，老上人搬出「佛法是真理，真理哪需要改變？」這樣的說法。面對權力上層種種不平等的安排，多年的戒律生涯讓她選擇服從，更是絕對相信上人「宛如父令」的所有觀點。直到同修好友因勸諫上人而被驅逐師門，女尼轉而得知，原來自己尊崇景仰的「豐悅大師」，竟然以權責之便放任自己沉溺「風月」，長期侵害年輕女弟子。對於精神領袖竟敵不過私欲考驗的事實，女尼為自己的未來感到無奈而徬徨，最後更是放棄修行一途，改而還俗返家。如此以「大愛」之名行專制之實的欺世態度，同樣也出現於《慧心蓮》的情節中，可見在佛祖慈愛光輝的掩蔽下，狀似祥和的宗教機制一不小心，就成了少數分子獨享其權的皇宮殿堂。

　　這些獨占權力的既得利益分子，自是人們應該群起討伐的對象，但此現象背後更值得我們思索的是，靠著集團制度以染指宗教意識而更顯牢固、壯大的權力體系，如何再次讓階級壓迫合理化：

> 權力的成功與它是否能夠成功地掩蓋自己的手段成正比，一個厚顏無恥的權力難道還能為人們所接受？保密對於權力來說並不過分，相反地；對它的運轉來說必不可少的。[18]

　　可見若要反轉權力體系中不公平的資源分配，再次揭穿掩護權力的意

---

[18]引自〈性意識的機制〉，米歇爾・傅科著；尚衡譯，《性意識史》，頁75。

識形態會是最快的方法。然而，國家器機的複雜與龐大實非數人微薄之力
所能操控。因此，投身體系制度中，透過爭取權力以求改革是退而求次的
最後希望。

　　「知識就是力量」，憑藉知識所爭取的階級優勢讓弱勢群眾能移至更有
力的權力位置。所以《慧心蓮》裡留學歸國的女尼對於權力不均的現況，
能靠知識所帶來的資源與優勢，對現行機制進行改革。引領母親、妹妹於
正信、甚至引渡女兒出家的承依女上人，可說是代表著在臺灣這塊土地上
努力改革的清新力量。一如以往作者在長篇小說中對男女形象，正負面鮮
明的角色安排[19]，書中男子多半選擇移居海外，反倒是一群感情路坎坷的老
中青女子相繼返國，在女上人的引領下於佛門中尋獲生命意義，從此根留
臺灣。一項項順應社會變化的佛教改革，這位投身公益活動，注重環保概
念並留心社會脈動的女上人，將佛教的大愛實踐於臺灣這塊土地上。尤其
因自身經驗而了解社會對弱勢團體的忽視，所以努力在宗教園地裡爲她們
建造一座得以容身的避難所。這樣的努力看在下一代——王慧蓮眼裡有了
這樣的感動：

> 我覺得自己有很多、很深的愛，很想和人分享，越多人越好。我嚮往一
> 種歡暢、快樂的生活，人人彼此扶持，各盡所能，各取所需，像是分享
> 一種生命共同體那樣。我一直不清楚這是什麼生活，直到我去了海光
> 寺，看到比丘尼歡歡喜喜在念經、灑掃、洗碗⋯⋯我才知道原來這就是
> 我嚮往的生活方式了。
>
> 　　　　　　　　　　　　　　　　　　　　——《慧心蓮》，頁 163

　　彷若「女性烏托邦」的畫面，如果要解釋成高傲跋扈的性別獨裁，還
不如感歎人類平等共處的世界難得。順著書名，我們不難想到先前那位孤

---

[19]參見陳若曦，〈生命的軌跡〉，收入於《歸去來》（臺北：探索文化公司，1999 年），序言部分。

立無援的老年女子——「惠馨」，在這故事裡陳若曦刻畫女出家人的憑著信仰努力給弱勢群眾一個無恐無懼，安身立命的地方

　　老天爺無私的大愛應該是為渡人過苦海而行使「權力」的合格標準，可惜宗教團契仍僅是祂的代言「人」。所以當這把兩面鋒利的刃劍，握在世間執行者的手裡，總常忘了爭取他人權益而只顧維護自己貪婪的欲望。面對臺灣越來越多的宗教團體以慈悲積極的入世姿態，藉由傳播媒體、教育機構，甚至政經活動以親近俗眾民家宣傳彼岸福音。對權力向來具有高敏感度的陳若曦，自然不難發現寄生於宗教信仰裡的權力魔掌，可是生性樂觀的她還是在文本裡許了大家一個可以自築幸福的園地。似乎，藉由宗教的力量可以讓人暫時放下眾生差異，一起為「平等」努力。但這畢竟是物欲橫流的此岸，若真能憑「人」力成就當下，又何苦入籍佛門隨著菩薩改姓「釋」？

肆、結語

　　一向在創作中揭發階級迫害、批判社會制度「為追求理想而漂泊一甲子」[20]的陳若曦在返臺後的創作裡，繼續記錄社會機制下權力階級的諸多不公平。多年海外尋求的失落雖未實現女作家的理想，但卻練就她攻訐權勢的戰鬥火力。回到當年出發的所在，陳若曦以婚姻、家庭為據，抖落社會機體以父權意識為女性安排的唯美歸宿，其實是為了促成男性的終身幸福。藉此可得知，善於化身各種合理機制、觀念以迫人服從的權力體系，其實經常淪為部分階級的獲利工具，無論是政黨、法治、種族或是涵蓋範圍最為廣闊的性別場域，都是權力廝殺的貪婪地。尤有甚者，對信仰始終保有高度興趣的陳若曦[21]，在最新的宗教小說裡，更是藉著性別角度來檢視宗教團契裡的權力機制，發現無所不在的階級壓迫仍舊逞著人性貪欲進駐

---

[20]參見吳達芸，〈自主與成全——論陳若曦小說中的女性意識〉，收入於《陳若曦集》，頁 275。
[21]在《慧心蓮》的序言裡，女作家說明自己一路由基督教到佛教的信仰轉折，參見陳若曦，《慧心蓮》前言部分，頁 3。

到救世團體裡。雖然陳若曦仍不放棄這最後的希望，但可惜權力無遠弗屆！需要人爲制度的團體自然就難泯滅階級迫害的情形，既使是渡人向善的宗教門地。

　　人人都要幸福！對熱血熱情的陳若曦而言，「幸福」的定義是一個沒有任何形式壓迫的自由生活。如同背負當年島上，飽受階級之苦的「文姐」、「辛莊」和「金喜」的託付[22]，陳若曦踏出臺灣尋尋覓覓可能實現理想的地方。從共產大夢到民主美景，或是回國後的寄予厚望的溫暖家庭，甚至是摒利除欲的宗教領域。作者都以書寫，一步一步留下自己追尋的足跡。然而，幸福畢竟難尋，尤其是在難戒貪嗔的人世中，看來若要感受這般喜樂真只有期盼到彼岸世界裡。

參考文獻

陳若曦作品

散文：

・《文革雜憶》（臺北：洪範書店，1979 年）。

・《生活隨筆》（臺北：時報文化出版公司，1981 年）。

・《草原行》（臺北：時報文化出版公司，1988 年）。

・《青藏高原的誘惑》（臺北：聯經出版公司，1989 年）。

・《我們那一代臺大人》（臺北：臺北縣立文化中心，1996 年）。

・《慈濟人間味》（臺北：遠流出版公司，1996 年）。

・《打造桃花源》（臺北：臺明出版社，1998 年）。

・《歸去來》（臺北：探索出版社，1999 年）。

小說：

（1）短篇作品

・《尹縣長》（臺北：遠景出版社，1976 年）。

---

[22] 此分別爲陳若曦大學時期的作品〈灰眼黑貓〉、〈辛莊〉、〈最後夜戲〉中的主角，皆收錄於陳若曦，《陳若曦自選集》（臺北：聯經出版公司，1976 年）。

• 《陳若曦自選集》（臺北：聯經出版公司，1976 年）。

• 《老人》（臺北：聯經出版公司，1978 年）。

• 《城裡城外》（臺北：時報文化出版公司，1981 年）。

• 《貴州女人》（臺北：遠流出版社，1989 年）。

• 《走出細雨濛濛》（香港：勤+緣公司，1993 年）。

• 《陳若曦集》（臺北：前衛出版社，1993 年）。

• 《王左的悲哀》（臺北：遠流出版社，1995 年）。

• 《女兒的家》（臺北：探索文化公司，1998 年）。

• 《青水嬸回家》（臺北：駱駝出版社，1999 年）。

• 《完美丈夫的祕密》（臺北：九歌出版社，2000 年）。

（2）長篇作品

• 《歸》（臺北：聯經出版公司，1978 年）。

• 《突圍》（臺北：聯經出版公司，1983 年）。

• 《遠見》（臺北：遠景出版社，1984 年）。

• 《二胡》（高雄：敦理出版社，1985 年）。

• 《紙婚》（臺北：自立晚報社，1986 年）。

• 《慧心蓮》（臺北：九歌出版社，2001 年）。

• 《重返桃花源》（南投：南投縣政府文化局，2001 年）。

研究專書

• 鄭永孝，《陳若曦的世界》（臺北：書林出版公司，1985 年）。

• 夏志清，《人的文學》（臺北：純文學出版社，1988 年）。

• 葉石濤，《臺灣文學史綱》，高雄：文學界雜誌，1988 年。

• 米歇爾・傅柯（Michel Foucault）著；尚衡譯《性意識史》（臺北：桂冠圖書公司，1998 年）。

報刊專文

• 夏志清，〈陳若曦的小說〉，《聯合報》，1976 年 4 月 14 日。

• 白先勇，〈烏托邦的追尋與幻滅〉，《中國時報》，1977 年 11 月 1 日。

・葉維廉，〈陳若曦的旅程〉，《聯合報》，1977 年 11 月 7 日。

・葉石濤，〈從憧憬、幻滅到徬徨——談陳若曦文學的三個階段〉，《自立晚報》，1984
年 6 月 11～12 日。

——選自《第七屆青年文學會議論文集》

臺北：文訊雜誌社，2003 年 11 月

傳統性與假定性
佛化小說的人間理想（節錄）

◎周芬伶[*]

深情大愛──陳若曦佛教小說的桃花源《慧心蓮》與《重返桃花源》

　　早期的陳若曦以政治小說著名，她的人生歷程可謂曲折，小說的議題也隨著生活的境遇而有不同，在臺灣讀大學時，她創作鄉土小說，回歸大陸後她寫文革、政治批判小說；再度回美之後她寫華人的婚姻家庭故事；晚年定居臺灣，遭逢九二一大地震，在駐南投作家期間，她與佛教團體有了較緊密的接觸，觀察到臺灣比丘尼眾多，她們的心理與處境少有人關懷，在世紀末一片情慾身體書寫中，她另闢蹊徑，書寫宗教女性的困境，是更為邊緣的書寫。

　　自言從未曾有過書寫佛教小說念頭的陳若曦，1980 年代開始對佛教產生莫大興趣，1990 年代才開始接觸臺灣有關「人間佛教」的理念，肯定其出家入世精神，認為是東亞佛教中興的希望。

　　作者自敘，1995 年 8 月，她返臺定居，結識佛教學者江燦騰教授，鼓勵她以臺灣宗教大興的題材寫小說，她自己親眼目睹臺灣比丘尼在賑災與救難的成就，深心佩服，認為值得一寫；同時，她觀察到許多學佛人士，盲目地穿梭於眾多新興佛教道場之間；更有被附佛外道的神棍騙財騙色，盼能揭露真相。起初她對於將這些宗教現象做為小說題材仍有保留，然一

---

[*]發表文章時為東海大學中國文學系副教授，現為東海大學中國文學系教授。

場翻天覆地的九二一大地震改變了她的想法，令她覺得生命無常，能寫當寫，終於動筆寫生平第一部有關女性佛教的小說《慧心蓮》[1]。

　　作品敘述杜美慧及女兒王慧蓮兩代出家爲尼的故事，以 1970 年代與 1990 年代做爲對照，顯現小說家的對比手法。1970 年代，26 歲的杜美慧在淡水海光寺剃度出家，美慧的母親杜阿春和妹妹美心遠從埔里趕來觀禮，美慧的髮絲甫落，耳邊就響起媽媽傷心的呼號：「我對不起你阿姊啊！媽媽害了她一生……」。美慧代表女性在臺灣社會父權體制下的「被動者」與「受害者」，她因遭受虐待至被遺棄，採取的是消極與自我否定，她的「遁入空門」也是「被動地逃避」，美慧反映了當時社會中尼師被建構成「被動的逃避者」的角色。相對的，在 1990 年代，王慧蓮由母親承依法師爲她剃度，在海光寺隨母出家，法號勤禮。1990 年代大學生出家現象成爲相當普遍的現象，許多女性出家是爲了追求個人生命的理想而主動出家，並非因情場失意或婚姻破碎才遁入空門。在這裡反映新舊兩代比丘尼心理與角色的轉變，也可看出佛教思想如何普及人心。

　　這本講述女性／愛情（婚姻）／佛教的小說，故事中的老中青三代四位女性，在愛情或婚姻中都是失意者，在男女關係中，她們的男人扮演缺席者或是負面的角色。愛情／婚姻／男人在這四位女人的生命中，逐漸成爲可有可無且可棄絕；而書名《慧心蓮》是作者把三個女主角（杜美慧、杜美心、王慧蓮）的名字各取尾後一個字串連而成，其寓意爲蓮花爲佛之花，象徵轉煩惱爲菩提的智慧，也是作者刻畫四位女主角的心路歷程。她們三位加上外婆杜阿春四人互相扶持，在人生路上各自走過坎坷破碎的愛情、婚姻之路，而終在佛教的修行路上，共同開出慧心蓮。這本小說表現作者對宗教女性的關懷，然也難以逃脫宗教小說人物缺乏血肉的弊病，從另一方面來說，它反映了臺灣從 1970 年代到世紀末的政治與宗教怪現象，如金身活佛對杜美心的性侵犯，清海法師、宋七力等怪力亂神、女性在佛

---

[1] 陳若曦，〈前言〉，《慧心蓮》（臺北：九歌出版社，2001 年），頁 3～4。

門中的地位、與及佛教的轉變皆有詳細描寫，結尾以九二一大地震爲結，更寫出世紀浩劫，是體現同體大悲的宗教情懷。

佛教在 1970 年代，正如書中所說，基督徒批評「佛教僧團不事生產，也不造福社會，迄今沒蓋過像樣的醫院或學校。」令承依反駁「這些基督徒仗著蔣總統和蔣夫人信仰基督教，30 年來公然打壓佛教，太過分了！」當她找資料時發現，當時的佛教界在社會公益上果然建樹不多，然到 1990 年代道場遍布，醫院、佛教學校紛紛設立，更是國際賑災的生力軍。其中女尼的貢獻尤大，書中的杜美心最是曲折，她原是注重外貌與打扮的小明星，愛慕虛榮，沒完成明星夢，倒成了薄倖男子的小老婆，甘心爲他生子。美心第一次出現在承依出家的海光寺，打扮得豔光四照，與蒼白嚴肅的承依恰成對比，引來寺裡上下的注目禮。浮華的美心經過喪子之痛，深入喜馬拉雅山求道，追隨名師，並遊走於各道場尋求精神解脫，歷經清海無上師的「印心」、金身活佛對她的侵犯，她提起訴訟，後來才了解正信的重要，當她在結尾投身於賑災中，已然轉變：

> 唯一高出大體的是姨媽，她一身白大褂已染成花長袍，刻正跪在一具滿臉血污的大體前，用布揩拭他的眉眼，神情那麼專注，手觸那麼溫柔，彷彿在安撫死者，同時作無言的對話。
>
> 一路走進災區，勤禮都在含悲忍淚，但眼前這一幕卻叫她感動得眼眶濕潤起來。姨媽愛美成性，現在推己及人，也爲往生者整容，盡量讓他們走得有尊嚴。勤禮問自己，多大的愛心才能克服對死亡的恐懼，這麼安然地擁抱它呢？

——頁 278

杜美心是小說中最戲劇性的人物，可說爲小說帶進一些血肉，並與臺灣現實有了接合點，姜貴、東年等小說大家，涉入宗教書寫，難免順服宗教，少了一點批判力道，《慧心蓮》與《花落蓮成》、《我是如此說的》不同的即

爲不放過對宗教的批評，因此顯得「老辣」，其中特別強調佛教的現代化與本土化，如「燒戒」與「戒牒」的廢除，比丘尼之間改稱師姊，而不必裝男人互稱師兄（頁 221）；也對女性在宗教的地位提出質疑，如出家男眾比女眾受重視，地位也較高（頁 47）；連承依都說：「女人比較苦。我們一定是前生造了孽。」更引經文「若聞我名，至心稱念，即於現身，轉成男子，具丈夫相，乃至菩提」，並鼓勵女人多唸此經，來世變作男身（頁47），作者書寫以女性爲主的佛化小說，正有提升比丘尼地位之意。相對的，她又提出天主教的修女地位不如比丘尼，透過怡保與慧蓮的對話做了一番比較：

> 「天主教和佛教都是古老又保守的宗教。不過你別灰心，保守是擇善而固執，並不等於絕望。希望就在我們年輕一代身上，是不是？」
>
> 她同意：「我就是在我媽媽身上看到改革的希望才決定出家的。」
>
> 他表示佩服：「令堂真有膽識和毅力，她是臺灣佛教現代化的實踐者，這方面，你們佛教又比天主教進步了！」
>
> 他說，臺灣和全球一樣，修女數目遠遠多過神父，但是神父再怎麼缺乏，教廷就是不考慮晉升女性當神權人員，對眾多修女來說很不公平。
>
> ——頁 221～222

作者透過比丘尼角色的變化，說明傳統佛教與現代佛教的不同，更說明她對「人間佛教」的認同，以及宗教應超越政治的理念。與姜貴、東年、蕭麗紅相比，本書更貼近現實，它談的不是佛理，而是佛教與人間的連結，使人從亂世中找到方向，並追尋到無限的深情大愛。書中不斷穿插政局的演變，尤其是兩岸的緊張對立，令人心惶惶，1995 年閏八月的戰爭預言雖未真正發生，然中共不斷放話，並頻頻軍事演習，逢此外憂內患存亡之秋，臺灣人的宗教熱也達到高點。作者曾創作眾多政治議題小說，然在新世紀初，她體認政治無法救人，還是恐懼的來源，尤其當世紀浩劫來臨，

只有宗教才能拯救苦難，給予人們深切的反省，這也是臺灣人們在世紀初
的新希望，正如結尾所描述：

> 正逢太陽沒入觀音山，西方的天空一片紅彤彤。霞光透過樹梢，絢爛化
> 為柔和，織出的是一幅溫馨的中秋暮色。這暮靄開始化解一路的喧鬧和
> 呻吟，安撫著受傷的大地，給五味雜陳的空氣帶來淨化的希望。
>
> 經過埔里高中的門口，姨媽駐足仰望一眼天色，忽然輕輕點起頭來。
>
> 「姊姊師父說得對，這場災難讓我們都有反省的機會。」
>
> 上人溫柔地拉起她的手，彼此微笑對視，深情大愛盡在無言中。
>
> ——頁 282

《重返桃花源》是陳若曦第二本有關佛教與女性的小說。這本小說是陳若
曦在民國 89 年 7 月至 90 年 6 月擔任第一屆南投縣駐縣作家期間寫成，與
《慧心蓮》相比較，後者的文學技巧較高，人物刻畫較為生動；然前者的
企圖與批判意義更大。小說安排出家的泰雅女子釋元真在佛門中歷經上人
與元滿性醜聞而對出家幻滅的故事，最後還俗嫁給曾醫師，如果說《慧心
蓮》是宣揚人間佛教之書；《重返桃花源》蘊含改革佛教的理念。裡面不僅
對「八敬法」與大陸佛教有所批評，對密教的男女雙修與奧修「性力派」
亦有質疑，對基督教、日本創價學會皆相互比較對照，說它是一本討論佛
教改革或比較宗教的書亦不為過。作者委婉的手法揭開佛教男女雙修、男
尊女卑的弊病，如元義發現豐悅大師與元滿的私情，因此逃出日月山，當
元真知情時如「經歷一場七級強震，仰之彌高的山岳轉眼間坍塌，讓她痛
苦得閉上眼」，情節的張力由一連串的對照展開，如南投的大地震與元真對
上師信念的崩塌；修行高深坐化圓寂的元瑛，與好色威權的豐悅形成強烈
的對比，阿嬌與蓮花生的性侵害醜聞則與豐悅與元滿的性醜聞成對照與呼
應；信奉上帝獻身病患的曾醫師又與豐悅成對比，作者對人間佛教的信念
始終如一，然對佛教的改革亦提出她的看法，藉由元真與元義（後改為守

義）的討論，可以發現她是反對個人崇拜與權威主義的：

> 「臺灣佛教太凸顯個人魅力，許多大師都被『神化』了，很容易迷掉本
> 性，」守義言下不勝感歎，「這一點我們應該像日本的創價學會學習。池
> 田大作在接任會長，公開反對個人崇拜和權威主義，實在難能可貴。」
> 創價學會屬佛教日蓮正宗，在臺灣有「日本教」之稱。元真在大學接觸
> 過一兩個會員，印象裡他們天天唱誦《南無妙法蓮華經》七字經句，經
> 常開畫展、音樂會和座談會等，成員幾乎全是年輕人。
> 「這個學會十年前和僧侶階級脫勾了，」守義說，「變成以在家居士為主
> 的組織，不必以僧侶為最高指導原則，如此平民化反而使它躍為日本最
> 大的新興宗教，號稱全球有兩千多萬會員。」
> 「嗯，真要發展佛教，」元真突有感悟地，「也不必廣建寺廟，或鼓勵信
> 徒出家……也許居士團體更能發揮作用呢！」
>
> ——《重返桃花源》，頁 228～229

這也是元真最後選擇出家的原因，作者對佛教的「八敬法」與形式化、偶
像化頗不以為然，認為在家修行更能發揮作用，她的宗教觀是「極樂世界
其實存在我們心中」、「桃花源就在我們腳下」、「宗教不能一成不變，只有
經過改革，宗教才會越來越人性化；這正是文明和進步的表現。」相對於
已非淨土的日月山，元真的故鄉才是真正的桃花源，裡面描寫的清水部落
就像世外桃源「但見收割的稻田露出齊整的稻茌，一畦畦的草地綠油油
的，村口的小公園花木扶疏，美麗的農村景象和三年前殊無差異。這麼可
愛的田園風光，元真想，難怪外婆一住就不肯離開。」作者並寫到泰雅族
的「嘎嘎」傳統，那是懂得愛與分享，鄰里相互照顧，使得獨居的元真外
婆露碧過得安樂無憂，露碧最後把祖居留給元真，這使得元真得以返祖歸
源，作者將宗教追求的極樂世界，回歸到自己故鄉的腳下，可說是已超脫
宗教的束縛。

　　然陳若曦的宗教小說可說是她鄉土小說與回歸小說的延長，反映現實記錄時代的意圖更強一些，她思索的除了佛教的改革，還是人性的不可捉摸，也許是意圖過於鮮明，文學的質素少了一些，《慧心蓮》最起碼寫活了杜美心；《重返桃花源》中的人物面目較爲模糊，人事物更爲紛繁。把焦點轉移到泰雅族人身上，固然開拓佛教小說的新視野，然把佛教的改革寄託在原民身上，是否過於沉重。

　　書中批判奧修與密教的重點都在男女雙修與性上，尤其是奧修的「邪說」，奧修原名拉杰尼希，原是印度的大學教授，自稱悟道之後，雲遊各地傳教，1974 年在孟買成立第一所靜修會，1980 年全球已有 250 所靜修中心。奧修以叛逆與自由、反傳統獲得年輕人的跟隨，西方人更爲風靡，他自稱是「唯一真理」，認爲「真理是不能言傳的」，故他從不著書立說，只有講道的紀錄書，僅在 1970 年代四年中，就印行近三百多種，造成廣大的影響。他鼓吹「性愛自由」，開創一百多種修行方法，除了打坐、念經、唱歌、跳舞、音樂……，最受爭議的是「男女雙修」與批評窮人「窮人是頭腦有障礙的人……世界上的窮人應該爲自己的貧窮負責……窮人不該生孩子，應該去賺錢」，陳若曦把奧修視爲邪教，並揭露他的「罪惡」：

> 這個「富人的教主」一直過著奢侈的生活，曾經擁有四億美元，四架飛機，一架直升機，以及九十一部豪華汽車。
>
> 拉氏反傳統、反社會的作法激起印度政府和宗教界的反感，1980 年指控他逃稅，把他和信徒驅離印度。次年移師美國，買下西海岸的一個小鎮，仗著財大人多，不但操縱地方選舉，也控制議會，通過設立裸體公園方案，並危言聳聽說 1993 年將有世界核子大戰云云。1983 年聯邦調查局認作邪教加以調查，果然發現了大量武器、謀殺者反對者的名單，毒品製造室和被毒死者屍體等等罪證。拉杰尼希（奧修）遂被逮捕，不久驅逐出境。他輾轉各國都不受歡迎，最後只好回到印度。

——《重返桃花源》，頁 35

陳若曦毫不留情地批評邪教及佛教中不合人性的戒律，又如密教中的以「男女雙修」爲表象的「無上瑜伽」，最終還是爲了保護女性，這兩本以女性爲中心的佛教小說，肯定比丘尼在臺灣的貢獻，也肯定「人間佛教」的理念，也表達作者對臺灣這塊土地的關懷。作者較爲肯定行「十方叢林」的守義，與主張「萬教同宗」的曾醫師，「十方叢林」與「子孫廟」是古來寺廟兩種傳承方式，前者傳給有德者，發揮「處處無家處處家」的精神；後者由師父傳給徒弟，出家的定義等於由一個家到另一個家，私有制與排他性較明顯，容易產生弊病，不如廢去一切形式，在家修行即可。因此特舉日本的「創價學會」，他們廢除僧侶制度，以在家居士爲主，如此反而成爲日本最大的新興宗教，全球有兩千多萬會員。作者在此做出結論「真要發展佛教，不必廣建寺廟，或鼓勵信徒出家，也許居士團體更能發揮作用」，這也是爲什麼作者安排元真還俗與曾醫師結識相戀的原因，這結局雖不能讓人完全滿意，但也說明作者的人間性是超過宗教性的。

從出家到在家，從皈依到還俗，陳若曦做了宗教比較學，而得出廢去一切形式的宗教，然她跟奧修雖唱反調，卻有異曲同工之妙，他們最後肯定的只有「愛」與「自由」。

傳統性與假定性

佛化小說跟聖徒小說一樣，在美學上有其保守性，它排除個人的獨創精神，然它又著重某些迷狂行爲的描寫，「迷狂」是個性化的行爲，包含著憤世嫉俗的因子。如蕭麗紅小說中那些爲情迷狂的癡男癡女；東年小說中的李立是神與魔的混合體；陳若曦小說中觸犯戒律的信徒與法師，作者描寫他們由執迷而醒悟的過程。佛化小說受佛經故事的影響頗深，樂於接受現成的表現方法，如東年講述重解《阿含經》，重現佛陀的一生與最原始的經義；蕭麗紅喜以佛經或禪語入題：「千江有水千江月」即是禪詩，「白水湖春夢」也有鏡花水月的象徵意義，作者喜以「水」作人世的象徵，以月作超脫的象徵；陳若曦的小說手法較接近社會寫實小說，以宗教爲題材，

卻充滿人間習氣與世俗性。這說明佛化小說是以人間爲基礎，以超脫爲務，然超脫不等於遁入空門，有時反其道而行。

　　西方的聖徒小說通常以傳記或神祕劇爲之，如莫瑞亞訶的《恨與愛》，描寫一個妒恨妻子的丈夫至死前才發現對妻子的愛，更遠一點如但丁《神曲》、歌德《浮士德》等作品都帶有神祕劇的色彩，神通／通神與上天入地是不可免的。而臺灣的佛化小說不講神通／通神，只講感悟，寫實的手法還是主要的，這說明不管是聖徒小說或佛化小說，皆在古典主義與寫實主義之間徘徊不去。

　　跟聖徒小說相比，佛化小說更富於世俗性，不管是蕭麗紅的現世尊者，還是東年的雕佛人，陳若曦的比丘尼，都是一腳跨在現世，一腳修行的人，小說的寫法也相當保守，所以在小說藝術上容易被忽視。但它反映社會的宗教迷狂與心靈渴求，尤其是在解嚴後，人心紛亂，潛在的心靈能量發散時，作家紛紛逃禪，這說明舊信仰瓦解，人們厭惡政治與現實，尋求新的信仰標的，連優秀的小說家也不禁爲宗教著魔。

——選自周芬伶《聖與魔——臺灣戰後小說的心靈圖像（1945～2006）》

臺北：印刻出版公司，2007 年 3 月

輯五◎
研究評論資料目錄

專書

1. 鄭永孝　　陳若曦的世界　臺北　書林出版公司　1985 年 5 月　176 頁

本書分別從人物與背景等不同觀點切入探討陳若曦的作品。全書共 7 篇：〈迷信與命運——論陳若曦早期小說的主題〉；〈陳若曦的回憶——論〈尹縣長〉的情節與結構〉、〈陳若曦的夜世界〉、〈評陳若曦的《老人》〉、〈《文革雜憶》的政治與文學〉、〈抉擇在異鄉——論陳若曦太平洋彼岸的小說〉、〈《赤地之戀》與《歸》的結局——論長篇小說的敘述藝術〉。正文後附錄〈陳若曦作品與評論目錄〉。

2. 梁若梅　　陳若曦創作論　北京　中國華僑出版社　1992 年 1 月　400 頁

本書針對陳若曦從少年到成人之世界觀形成，依時間的進程探討陳若曦的創作概況，將其作品視爲一個藝術整體進行歷史比照，研究其各時期作品的風格與思想特點。全書共 8 章：1.陳若曦早期世界觀形成及其特點；2.早期的鄉土文學；3.60 年代的思想激盪；4.70 年代的「傷痕文學」；5.「奮力奔騰逐大波」——80 年代爲祖國的統一大業努力不懈；6.80 年代的美華文學；7.陳若曦的散文創作；8.總結——就陳若曦創作中的幾個問題與陳若曦對話。正文後附錄〈陳若曦中文著作年表〉。

3. 湯淑敏　　陳若曦——自願背十字架的人　北京　作家出版社　2006 年 7 月　　　　255 頁

本書分爲上篇與下篇，上篇主要敘述陳若曦生平，側重其之美國留學的經過、兩岸三地漂泊不定的過程以及到美國居住的心路歷程；下篇分析評論陳若曦作品，她豐富的人生經驗與歷練，以及海外知識分子隻身在外的生活經驗，皆成爲她創作的題材。全書共上下兩篇：上篇：1.在淡水河邊（1938—1961）；2.去美國留學（1962—1966）；3.投奔祖國大陸（1966—1973）；4.經香港移民加拿大（1973—1979）；5.定居柏克萊（1979—1995）；6.中南海的客人；7.返臺定居（1995—）；下篇：1.多元方法多種風格的探索；2.痛苦的結晶；3.海外華人知識分子的生活和命運；4.天然生出的花枝；5.零距離地直面對社會人生；6.陳若曦的創作與中國文化。正文後附錄〈陳若曦中文著作簡表〉。

4. 陳若曦　　堅持・無悔：陳若曦七十自述　臺北　九歌出版社　2008 年 10 月　　　　340 頁

本書爲陳若曦自傳，敘述其七十年來充滿現實政治色彩與感時憂民情懷的人生。全

書共 6 章：1.採菊東籬的童年；2.來來來，來臺大；3.去去去，去美國；4.文革與革文；5.美加二十載；6.婚姻終結者。正文後附錄〈陳若曦中文著作簡表〉。

5. 陳若曦　　堅持・無悔——陳若曦七十自述　臺北　九歌出版社　2011 年 10 月　358 頁

本書為增訂版，內容與 2008 年九歌版相同。正文後新增陳若曦〈再版感言〉、歐銀釧〈陳若曦向歷史作證〉、丁文玲〈赤足站在土地上的文學家——《堅持・無悔——陳若曦七十自述》專訪〉。

6. 陳若曦著；澤田隆人譯；吉田重信監譯　　陳若曦自伝：堅持して悔いなし　東京　西田書局　2012 年 3 月　243 頁

本書為《堅持・無悔：陳若曦七十自述》之日譯本。全書共 6 章：1.統治下の少女時代；2.文学への目覚め；3.アメリカ留学と結婚；4.『文革』の中国へ；5.作家と政治活動——太平洋を跨いで帰郷；6.再び台湾へ。正文前有陳若曦〈日本の読者に寄せて——桃源郷を尋求めて〉，正文後附錄〈監読者あとがき〉。

學位論文

7. 朱玉芳　　論陳若曦小說中的文化認同　東海大學中國文學系　碩士論文　陳芳明教授指導　2000 年 6 月　227 頁

本論文以「文化認同」為主軸，透過陳若曦的生平背景與思想轉變，探討其文本中「國族」、「身份」與「女性」的認同問題。全文共 6 章：1.序論：打造桃花源的女人；2.初綻香氳的桃花（1938—1966）；3.遙想家鄉的豔陽天（1966—1973）；4.生命另一個路口（1973—1995）；5.四處尋覓的女兒家（1995 返臺迄今）；6.結論。正文後附錄〈陳若曦作品集〉、〈用心傾聽她的聲音——陳若曦的訪談整理〉、〈《尹縣長》的出版文獻〉。

8. 呂雅清　　性別角色的文化反思——陳若曦的婚戀小說簡論　華僑大學中國現當代文學研究所　碩士論文　阮溫凌教授指導　2002 年 4 月　33 頁

本論文主要從社會性別的視角，運用女性學的方法，系統考察陳若曦的系列婚戀小說創作。全文共 3 章：1.女性問題的初步探討；2.困惑與理想的主觀性矛盾；3.性別問題的深入反思。

9. 楊　菲　　論陳若曦的佛教小說　廣西師範大學中國現當代文學所　碩士論文　姚代亮教授指導　2003 年 3 月　46 頁

本論文論述陳若曦《慧心蓮》和《重返桃花源》2 本小說，著重分析女性關懷與臺灣

佛教現象之關系。全文共 3 章：1.比丘尼現象成因之探析；2.比丘尼的佛門生涯與歸宿；3.佛教與人性。

10. 楊育嫻　　女兒家的原生與依歸──陳若曦小說析論　彰化師範大學國文學系　碩士論文　蔣美華教授指導　2003 年 6 月　155 頁

本論文以陳若曦小說中所呈現女性的處境及面臨的問題為研究方法，由小說主角呈現的心理狀態與面臨的問題，參酌社會科學與後現代女性主義，來加以分析歸納女性的因應之道。全文共 5 章：1.緒論；2.陳若曦小說中非佛門女兒家的原生與宿命；3.陳若曦小說中非佛門女兒家的失落與依歸；4.陳若曦小說中佛門女兒家的原生與依歸；5.結論。正文後附錄〈陳若曦中文著作簡表〉。

11. 林原君　　陳若曦移民小說研究：1979─1995　東海大學中國文學系　碩士論文　李金星教授指導　2003 年　186 頁

本論文研究陳若曦移民小說創作主題及其文化研究的意義與價值。全文共 5 章：1.緒論；2.陳若曦與移民小說；3.移民小說文化意蘊；4.蛻變中的美國華人；5.結論。正文後附錄〈陳若曦小說研究論文篇目彙編〉、〈陳若曦移民小說華人離散型態簡表〉。

12. 王　靜　　陳若曦小說研究　南京師範大學比較文學與世界文學所　碩士論文　李志教授指導　2004 年 5 月　43 頁

本論文研究陳若曦的小說，注重其小說的文本解讀及人物形象的塑造。全文共 4 章：1.陳若曦早期的現代主義小說與鄉土小說；2.傷痕小說──烏托邦的幻滅；3.移民小說中的女性關懷；4.佛教：女性的歸宿。

13. 寧　敏　　多重視角觀照下的「文革」記憶──從陳若曦、嚴歌苓、李碧華看海外女作家的「文革」書寫　鄭州大學中國現當代文學研究所　碩士論文　樊洛平教授指導　2006 年 5 月　41 頁

本文以陳若曦、嚴歌苓、李碧華的「文革」小說為對象，從三位女作家的創作背景入手，結合中國大陸的「書寫」狀態，對海外女作家的「文革」記憶以及與中國大陸「文革」記憶的關系進行了研究和討論。全文共 3 章：1.來自海外女作家的個體記憶；2.承載多樣人生的集體書寫；3.海外／中國：關於「文革」記憶的再思考。

14. 周靜宜　　陳若曦佛教題材小說研究──以《慧心蓮》、《重返桃花源》為核心　屏東教育大學中國語文學系　碩士論文　余昭玟教授指導

2006 年 7 月　156 頁

本論文首先探討《重返桃花源》及《慧心蓮》2 本佛教小說中臺灣佛教的特色與影響，分析其貢獻與負面現象。其次分析小說中談論到的女性參與宗教的方式以及女性獨有的修行場域，再深入討論在家女性與出家女性的特點。全文共 6 章：1.緒論；2.陳若曦的創作分期與特色；3.陳若曦佛教題材小說的宗教書寫；4.陳若曦佛教題材小說的女性書寫；5.陳若曦佛教題材小說的藝術表現；6.結論。正文後附錄〈陳若曦訪談記錄〉。

15. **翁淑慧　　依違在「現代」與「傳統」之間：臺灣六〇年代本省籍現代派小說家的「鄉土」想像　清華大學中國文學系　碩士論文　呂正惠，李貞慧教授指導　2007 年 4 月　145 頁**

本論文討論了陳若曦、七等生、王禎和、陳映真、黃春明、施叔青、李昂七位本省籍作家的小說文本。作者從「城鄉交流」、「傳統信念與現代理性、自由觀」以及「新舊世代的婚戀性愛」這三大主題架構出「傳統」與「現代」的轇轕，藉由細緻的文本分析閱讀出不同作家對「鄉土」的不同態度。在這七位作家的「鄉土想像」中，看見第三世界國家與知識分子，在「傳統」的生活情境中追求「現代化」，而產生出來的「過渡性」與「交混」（hybridity）狀態。全文共 5 章：1.緒論；2.城鄉交流與衝突；3.傳統信念與現代理性、自由觀的交鋒；4.變形扭曲與騷動不安的青春夢；5.結論。

16. **紀姿菁　　論現代主義旅美女性小說家──以歐陽子、叢甦、陳若曦、李渝為研究對象　東華大學中國語文學系　碩士論文　郝譽翔教授指導　2007 年 7 月　148 頁**

本論文討論現代主義旅美的女性小說家，以歐陽子、叢甦、陳若曦與李渝為研究對象，對現代主義在臺灣的發展作概述，討論《現代文學》對現代主義小說的影響和現代主義小說的成就。全文共 8 章：1.緒論；2.《現代文學》與現代主義在臺灣；3.從文學的移植到留學、移民之路；4.歐陽子黑暗之心的探索；5.叢甦小說中的「二度流放」；6.陳若曦的女性關懷；7.李渝的詩化歷史敘述；8.總結論。

17. **何怡萱　　陳若曦小說研究　高雄師範大學國文學系回流中文碩士班　碩士論文　林雅玲教授指導　2008 年 7 月　201 頁**

本論文按作家創作歷程劃分為三個時期：反映文化大革命時期的中國社會、書寫八〇至九〇年代在美華人社群，以及歸返臺灣原鄉的關懷與紀錄三期；最後歸結其作品的藝術特點與風格特色。全文共 6 章：1.緒論；2.作品內涵；3.藝術表現

（上）；4.藝術表現（下）；5.風格特色；6.結論。

18. 徐敏倬　陳若曦後期小說的女性人物探究　臺南大學國語文學系教學碩士班　碩士論文　李漢偉教授指導　2009 年　121 頁

本論文以陳若曦後期小說的女性人物為探究重心，除了將作者本身經歷、性格與創作作品做一連接外，也將小說中的女性人物，依形象塑造做一分類。全文共 6 章：1.緒論；2.陳若曦及其創作；3.《女兒的家》、《完美丈夫的秘密》之女性人物探究；4.陳若曦後期小說之女性角色扮演探究；5.佛教小說《慧心蓮》、《重返桃花源》之女性人物探究；6.結論。

19. 許君如　一九六○年代臺灣學院派本省籍女作家成長小說研究——以陳若曦、歐陽子、施叔青、李昂為例　臺灣師範大學國文學系在職進修碩士班　碩士論文　石曉楓教授指導　2010 年 6 月　198 頁

本論文以陳若曦、歐陽子、施叔青、李昂為主要研究對象，從家庭社會、情感性慾、自我價值三方面，由外在環境到內在心境，逐步切入青少年的成長歷程，以呈現一九六○年代女作家筆下的成長風貌。全文共 7 章：1.緒論；2.成長小說的概念及其流變；3.一九六○年代創作背景；4.家庭社會的反思；5.情慾世界的掙扎；6.自我價值的構築；7.結論。

20. 葉玲君　多重觀照下的人生旅次——陳若曦研究　成功大學中國文學系在職專班　碩士論文　蘇偉貞教授指導　2010 年 7 月　119 頁

本論文以「多重觀照下的人生旅次」聚焦陳若曦人生／文學共生關係，以陳若曦的作品為經、其人生行旅為緯，爬梳陳若曦於人生各階段的文學創作及其生命歷程相生相依的緊密關聯，勾勒陳若曦的創作觀照與面向，體現其人生旅次的社會觀察與生命情態。全文共 5 章：1.緒論；2.家—生命／文學共生關係之原點（1938—1962年）；3.離開與回歸——烏托邦的憧憬、追尋與幻滅（1962—1973 年）；4.返家——從「何處是女兒家」到「處處是女兒家」（1973 年迄今）；5.結論。

作家生平資料篇目

自述

21. 陳若曦　寫在《尹縣長》出版後　聯合報　1976 年 3 月 30 日　12 版
22. 陳若曦　寫在《尹縣長》出版後　尹縣長　臺北　九歌出版社　2005 年 4 月　頁 207—212

23. 陳若曦　自序——有感　尹縣長　臺北　遠景出版社　1976 年 4 月　頁 1—2

24. 陳若曦　有感——《尹縣長》初版自序　尹縣長　臺北　九歌出版社　2005 年 4 月　頁 31—32

25. 陳若曦　覆葉慶炳　中國時報　1976 年 5 月 1 日　12 版

26. 陳若曦　一個里程碑　現代文學小說選集（一）　臺北　爾雅出版社　1977 年 6 月　頁 23—24

27. 陳若曦　一個里程碑　現代文學　復刊第 1 期　1979 年 8 月　頁 37—38

28. 陳若曦　一個里程碑　現文因緣　臺北　現文出版社　1991 年 12 月　頁 228—230

29. 陳若曦　一個里程碑　白先勇外集·現文因緣　臺北　天下遠見出版公司　2008 年 9 月　頁 302—304

30. 陳若曦　海關——陳若曦雜憶　中國時報　1978 年 3 月 18 日　12 版

31. 陳若曦　說明（代序）　歸　臺北　聯合報社　1978 年 8 月　頁 1—2

32. 陳若曦　序　歸　香港　明報月刊社　1979 年 5 月　頁 1—2

33. 陳若曦　陳若曦雜憶——寫自傳「向黨交心」（1—4）　中國時報　1978 年 11 月 11—14 日　12 版

34. 陳若曦　交代（代序）　老人　臺北　聯經出版公司　1980 年 3 月　頁 1—3

35. 陳若曦　後記　陳若曦自選集　臺北　聯經出版公司　1980 年 3 月　頁 233—235

36. 陳若曦　《城裡城外》的糾紛——後記　城裡城外　臺北　時報文化出版公司　1981 年 9 月　頁 223—226

37. 陳若曦　自序　遠見　香港　博益出版公司　1984 年 1 月　〔2〕頁

38. 陳若曦　自序　遠見　北京　中國友誼出版公司　1985 年 4 月　頁 1—2

39. 陳若曦　《遠見》自序　文教資料簡報　1986 年第 1 期　1986 年 1 月　頁 124

40. 陳若曦　　　海外作家的困境　文學界　第 14 期　1985 年 5 月　頁 2—5

41. 陳若曦　　　《突圍》的麻煩　無聊才讀書　香港　天地圖書公司　1985 年 6 月　頁 253—262

42. 陳若曦　　　談談《遠見》的男主角　鍾山　1985 年第 6 期　1985 年 12 月　頁 71

43. 陳若曦　　　又見路口（代序）　貴州女人　臺北　遠流出版公司　1989 年 6 月　頁 5—7

44. 陳若曦　　　前言　青藏高原的誘惑　臺北　聯經出版公司　1989 年 11 月　頁 1—2

45. 陳若曦　　　前言　青藏高原的誘惑　香港　博益出版公司　1990 年 1 月　〔2〕頁

46. 陳若曦　　　二十八年一彈指——回憶《現代文學》那段自討苦吃的日子　現文因緣　臺北　現文出版社　1991 年 12 月　頁 97—102

47. 陳若曦　　　二十八年一彈指——回憶《現代文學》那段自討苦吃的日子　白先勇外集・現文因緣　臺北　天下遠見出版公司　2008 年 9 月　頁 134—139

48. 陳若曦　　　序　柏克萊傳真　香港　勤十緣出版社　1992 年 12 月　〔2〕頁

49. 陳若曦　　　序——小說沒用？　王左的悲哀　臺北　遠流出版公司　1995 年 1 月　頁 5—6

50. 陳若曦　　　自序——告別千字文　域外傳真　北京　人民文學出版社　1996 年 4 月　〔2〕頁

51. 陳若曦　　　我們那一代臺大人（代序）　我們那一代臺大人　臺北　臺北縣立文化中心　1996 年 7 月　〔5〕頁

52. 陳若曦　　　嚼青果的日子　聯合文學　第 141 期　1996 年 7 月　頁 30—31

53. 陳若曦　　　自序——女人依靠什麼　女兒的家　臺北　探索文化公司　1999 年 2 月　〔3〕頁

54. 陳若曦　　　〈自序〉生命的軌迹　歸去來　臺北　探索文化公司　1999 年 5 月

〔1〕頁

55. 陳若曦　作者序　打造桃花源　臺北　臺明文化公司　1999 年 6 月　頁 1—2

56. 陳若曦　走過二十世紀婚姻（代序）　完美丈夫的秘密　臺北　九歌出版社　2000 年 5 月　頁 5—18

57. 陳若曦　走過二十世紀婚姻——寫《完美丈夫的秘密》希望下一個世紀我們會更好　九歌雜誌　第 230 期　2000 年 5 月　2 版

58. 陳若曦　自序　生命的軌跡：陳若曦散文選　成都　四川人民出版社　2000 年 8 月　頁 1—2

59. 陳若曦　家書寫的永遠是原鄉　文訊雜誌　第 178 期　2000 年 8 月　頁 56—58

60. 陳若曦　前言　慧心蓮　臺北　九歌出版社　2001 年 2 月　頁 3—4

61. 陳若曦　作者序——南投要更上層樓　重返桃花源　南投　南投縣文化局　2001 年 10 月　頁 11—13

62. 陳若曦　南投更上層樓（序）　重返桃花源　臺北　草根出版公司　2002 年 9 月　頁 3—5

63. 陳若曦　我的海外文學生涯　文訊雜誌　第 172 期　2002 年 2 月　頁 46—47

64. 陳若曦　文學是苦悶的象徵　臺灣日報　2004 年 1 月 17 日　25 版

65. 陳若曦　青春果真活力無窮　文訊雜誌　第 225 期　2004 年 7 月　頁 110

66. 陳若曦　青春的翅膀——陳若曦——青春果真活力無窮　臺灣文學館通訊　第 12 期　2006 年 9 月　頁 26

67. 陳若曦　青春果真活力無窮　當我們青春年少——作家影像故事展展覽專輯　臺南　國家臺灣文學館　2007 年 2 月　頁 70—71

68. 陳若曦　《尹縣長》新版自序　尹縣長　臺北　九歌出版社　2005 年 4 月　頁 31—32

69. 陳若曦　可憐的孩子　文訊雜誌　第 235 期　2005 年 5 月　頁 63

70. 陳若曦　　　寫長篇如同炒一盤菜　文訊雜誌　第 246 期　2006 年 4 月　頁 66
　　　　　　　　—68

71. 陳若曦　　　嫁雞隨雞幾時休——對自己家變的探索　陳若曦：自願背十字架的
　　　　　　　　人　北京　作家出版社　2006 年 7 月　頁 217—225

72. 陳若曦　　　說起那段心靈禁錮的歲月　聯合文學　第 261 期　2006 年 7 月　頁
　　　　　　　　50—69

73. 陳若曦　　　三見蔣經國的印象　鹽分地帶文學　第 15 期　2008 年 4 月　頁 4
　　　　　　　　—12

74. 陳若曦　　　懷念外文系的師長　臺大八十，我的青春夢　臺北　臺灣大學出版
　　　　　　　　中心　2008 年 11 月　頁 130—140

75. 陳若曦　　　《陳若曦小說精選集》序　新地文學　第 10、11 期合刊　2010 年
　　　　　　　　3 月　頁 81—82

76. 陳若曦　　　序　陳若曦小說精選集　臺北　新地文化藝術公司　2010 年 4 月
　　　　　　　　頁 1—2

77. 陳若曦　　　得獎感言　第十五屆國家文藝獎頒獎典禮專刊　臺北　財團法人國
　　　　　　　　家文化藝術基金會　2011 年 9 月　頁 45

78. 陳若曦　　　再版感言　堅持・無悔——陳若曦七十自述　臺北　九歌出版社
　　　　　　　　2011 年 10 月　頁 341—342

79. 陳若曦　　　誰要辦《現代文學》？　聯合報　2011 年 11 月 12 日　D3 版

80. 陳若曦　　　小說家的社會義務與責任　文學百年饗宴——21 世紀世界華文文學
　　　　　　　　高峰會議論文集　臺北　新地文化藝術公司　2011 年 11 月　頁
　　　　　　　　323—324

81. 陳若曦講　　生活與寫作　臺灣大學新百家學堂文學講座 1：臺灣文學在臺大
　　　　　　　　臺北　臺灣大學出版中心　2012 年 5 月　頁 138—169

他述

82.〔鍾肇政編〕　　陳若曦　本省籍作家作品選集 7　臺北　文壇社　1965 年 10
　　　　　　　　月　頁 2

83. 劉紹銘　　潑殘生　中國時報　1975 年 7 月 17 日　12 版

84.〔聯合報〕　　陳若曦和她的來信　聯合報　1976 年 2 月 12 日　12 版

85. 逯耀東　　陳若曦與老段——望月樓手記之十六　聯合報　1976 年 2 月 29 日　12 版

86. 逯耀東　　陳若曦與老段　劍梅筆談　臺北　時報文化出版公司　1983 年 3 月　頁 89—94

87. 黃　忍　　陳若曦為歷史作證——日沉長江千村暮，月落黃河萬里寒　中國時報　1976 年 3 月 10 日　12 版

88. 葉慶炳　　給陳若曦——晚鳴軒書簡　中國時報　1976 年 5 月 1 日　12 版

89. 陳　琅　　由陳若曦那一串葡萄談到吾友老孟　中國時報　1976 年 5 月 5 日　12 版

90. 黃天豪　　訪夏志清談陳若曦　古今談　第 134 期　1976 年 7 月　頁 6—9

91. 劉紹銘　　陳若曦的故事（上、下）　中國時報　1976 年 8 月 5—6 日　12 版

92. 劉紹銘　　陳若曦的故事　小說與戲劇　臺北　洪範書店　1977 年 2 月　頁 83—88

93. 葉慶炳　　再給陳若曦——晚鳴軒書簡　中國時報　1976 年 8 月 7 日　12 版

94. 逯耀東　　陳若曦一段流水的點滴——從賣屋到買屋（上、下）　中華日報　1977 年 8 月 25—26 日　11 版

95. 逯耀東　　從賣屋到買屋——陳若曦一段流水的點滴　劍梅筆談　臺北　時報文化出版公司　1983 年 3 月　頁 48—64

96. 西蒙·列斯著；汪琪譯　　誰是陳若曦？　聯合報　1978 年 7 月 1 日　12 版

97. 西蒙·列斯著；汪琪譯　　誰是陳若曦？　文學思潮　第 2 期　1978 年 9 月　頁 53—62

98. 西蒙·列斯著；劉紹銘譯　　陳若曦震撼——誰是陳若曦　涕淚交零的現代中國文學　臺北　遠景出版公司　1979 年 11 月　頁 179—192

99.〔自立晚報〕　　迷途知返的反共作家——陳若曦用筆揭發共匪暴政　自立晚報　1978 年 11 月 6 日　10 版

100.　莊　　因　　記陳若曦在史丹福的一次演講　聯合報　1978 年 12 月 2 日　12
　　　　　　　　版

101.　楊厚祥　　寫南京新村——兼寄陳若曦　聯合報　1979 年 5 月 12 日　12 版

102.　懿　　菁　　段克文與陳若曦　中央日報　1979 年 6 月 1 日　10 版

103.　白先勇　　《現代文學》的回顧與前瞻〔陳若曦部分〕　現代文學　復刊第 1
　　　　　　　　期　1979 年 8 月　頁 17

104.　古　　丁　　你為我們做了什麼？——致陳若曦的一封公開信　秋水詩刊　第
　　　　　　　　25 期　1980 年 1 月　頁 11—15

105.　古　　丁　　你為我們做了什麼？——致陳若曦的一封公開信　暢流　第 61 卷
　　　　　　　　第 11 期　1980 年 7 月 16 日　頁 4—6

106.〔臺灣日報〕　　旅美反共女作家，陳若曦今晚返國　臺灣日報　1980 年 1
　　　　　　　　月 7 日　3 版

107.　王台珠　　七年「回歸」夢醒憑添鄉愁‧十八年後得重見自由天地——陳若
　　　　　　　　曦要用文藝筆法‧刻劃出大陸同胞慘況　臺灣日報　1980 年 1 月
　　　　　　　　8 日　3 版

108.〔臺灣日報〕　　陳若曦「反對暴力」——對王拓等人被捕表關切，盼下次
　　　　　　　　能回國任教　臺灣日報　1980 年 1 月 9 日　2 版

109.　王台珠　　陳若曦回國第一天談觀感　臺灣日報　1980 年 1 月 9 日　2 版

110.　李　　昂　　永遠的陳若曦　中國時報　1980 年 1 月 10 日　8 版

111.　陳怡真　　俐落‧率性‧真誠　中國時報　1980 年 1 月 10 日　8 版

112.　段昌國　　陳若曦的憂患意識　中國時報　1980 年 1 月 10 日　8 版

113.　談錫永　　無根的悲哀　中國時報　1980 年 1 月 10 日　8 版

114.〔臺灣日報〕　　臺灣文藝蓬勃發展，反觀大陸一片死寂——陳若曦盼向大
　　　　　　　　陸輸出文化　臺灣日報　1980 年 1 月 10 日　2 版

115.〔臺灣日報〕　　臺灣藝術家有創作自由，大陸畫家望塵莫及——陳若曦與
　　　　　　　　國內作家座談，認中共「文革」摧殘藝術　臺灣日報　1980 年 1
　　　　　　　　月 12 日　3 版

116. 〔臺灣日報〕 　陳若曦含笑返美——回國十天行・欣見繁榮景象・故鄉多溫暖・但願今夏重來　臺灣日報　1980 年 1 月 17 日　3 版

117. 賴金男　陳若曦旋風　自由談　第 31 卷第 2 期　1980 年 2 月　頁 40—41

118. 古　丁　吹氣泡學鳥叫的詩人作家〔陳若曦部分〕　秋水詩刊　第 26 期　1980 年 4 月　頁 5—7

119. 李義德　談陳若曦　藝文誌　第 175 期　1980 年 4 月　頁 30

120. 張質相　鑽石與鐵銹——致陳若曦　秋水詩刊　第 27 期　1980 年 7 月　頁 3—5

121. 林清玄　陳若曦素描　難遺人間未了情　臺北　時報文化出版公司　1980 年 9 月　頁 271—279

122. 林清玄　陳若曦素描　林清玄人物集　臺北　光復書局　1987 年 12 月　頁 87—95

123. 彭　歌　海峽兩岸　永恆之謎　臺北　聯合報社　1980 年 12 月　頁 60—62

124. 顏元叔　歡迎陳若曦　飄失的翠羽　臺北　皇冠出版社　1981 年 5 月　頁 57—64

125. 小　民　給若曦　紫色的書簡　臺北　道聲出版社　1981 年 12 月　頁 28—34

126. 耕雨〔姜穆〕 　陳若曦和李喬的自由標準　文壇　第 263 期　1982 年 5 月　頁 28—35

127. 姜　穆　陳若曦和李喬的自由標準　解析文學　臺北　黎明文化公司　1987 年 10 月　頁 131—140

128. 杜文靖　陳若曦歸去來兮　人物特寫　臺南　鳳凰城圖書公司　1982 年 12 月　頁 37—41

129. 黃　凡　與瓊瑤談陳若曦　黃凡專欄　臺北　蘭亭書店　1983 年 1 月　頁 109—111

130. 逯耀東　早茶　劍梅筆談　臺北　時報文化出版公司　1983 年 3 月　頁 41

—47

131. 尹慧眠　　兩位作家和文化大革命——老舍和陳若曦　文學研究動態　1983
　　　年第 4 期　1983 年 4 月　頁 38

132. 王晉民，鄺白曼　　陳若曦　臺灣與海外華人作家小傳　福州　福建人民出
　　　版社　1983 年 9 月　頁 231—232

133. 賴芳伶　　陳若曦　中國現代短篇小說選析 1　臺北　長安出版社　1984 年 2
　　　月　頁 401—402

134. 周　青　　我頭腦中的兩個陳若曦形象　文藝情況　1984 年第 6 期　1984 年
　　　3 月　頁 22

135. 陳慧瑛　　陳若曦印象　五月　1985 年第 3 期　1985 年 3 月　頁 72

136. 陳慧瑛　　相逢在鷺鳥，旅美臺灣女作家陳若曦印象　廈門日報　1985 年 4
　　　月 26 日　4 版

137. 黃樹根　　陳若曦印象記　文學界　第 14 期　1985 年 5 月　頁 120—122

138. 黃樹根　　陳若曦印象記　傷痕　高雄　高雄縣立文化中心　1993 年 6 月
　　　頁 223—226

139. 李碩儒　　我覺得，我認識了她——華裔女作家陳若曦印象　博覽群書
　　　1985 年第 8 期　1985 年 8 月　頁 12

140. 秀　麗　　陳若曦隨行記　臺聲　1985 年第 4 期　1985 年 8 月　頁 33

141. 方仁念　　一個真誠的愛國作家——陳若曦印象　文匯月刊　1985 年第 10 期
　　　1985 年 10 月　頁 45

142. 曹　禺　　天然生出花枝　收穫　1985 年第 5 期　1985 年 10 月　頁 140

143. 曹　禺　　天然生出的花枝（代序）　天然生出的花枝　天津　百花文藝出
　　　版社　1987 年 1 月　頁 1—12

144. 曹　禺　　天然生出花枝　陳若曦：自願背十字架的人　北京　作家出版社
　　　2006 年 7 月　頁 226—232

145. 夢花〔湯淑敏〕　　陳若曦小傳　鍾山　1985 年第 6 期　1985 年 12 月　頁
　　　80

146. 夢　花　　陳若曦其人其文　天池　1987 年第 1 期　1987 年 1 月　頁 78

147. 夢　花　　談吃穿與陳若曦風度　臺港文學選刊　1987 年第 2 期　1987 年 2 月　頁 95—96

148. 湯淑敏　　談吃穿與陳若曦風度　陳若曦：自願背十字架的人　北京　作家出版社　2006 年 7 月　頁 233—237

149. 〔蔡嘉蘋主編〕　陳若曦小傳　紙婚　香港　三聯書店　1987 年 6 月　頁 251

150. 潘亞暾　　華人是龍還是貓？——記陳若曦及其講演　文匯報　1987 年 7 月 19 日　21 版

151. 姜　穆　　陳若曦的底牌　解析文學　臺北　黎明文化公司　1987 年 10 月　頁 141—159

152. 鄭瑞林　　文壇才女陳若曦　華聲報　1988 年 1 月 12 日　3 版

153. 潘亞暾　　「我們走在一起！」——陪同加華著名作家陳若曦旅遊講學散記　臺港與海外華文文學評論和研究　1988 年第 1 期　1988 年 1 月　頁 73

154. 呂潤璧　　誰開啓了陳若曦的眼睛——進步的實際是最好的政治溝通　華曼漫談　臺北　黎明文化公司　1988 年 2 月　頁 21—24

155. 夢　花　　陳若曦與衣食住行——旅行雜記　人物　1988 年第 2 期　1988 年 3 月　頁 80—93

156. 湯淑敏　　陳若曦與衣食住行——旅行雜記　陳若曦：自願背十字架的人　北京　作家出版社　2006 年 7 月　頁 238—250

157. 盧　璐　　機緣——陳若曦印象　芙蓉　1988 年第 6 期　1988 年 11 月　頁 76

158. 諸葛也亮　　明心見佛——陳若曦爲什麼不加入國民黨　夜話八陣　屏東　睿煜出版社　1990 年 9 月　頁 168—170

159. 黃重添，莊明萱，闕豐齡　　對家國「多愁善感」的陳若曦　臺灣新文學概觀（上）　廈門　鷺江出版社　1991 年 6 月　頁 171—184

160. 佟志革　　陳若曦　臺港小說鑑賞辭典　北京　中央民族學院出版社　1994
　　　年 1 月　頁 437—438

161. 陳　燁　　豐饒的旅程——陳若曦紀事　自由時報　1994 年 9 月 5 日　29 版

162. 趙紅英，張秀明編著　　加拿大籍作家陳若曦　海外華人婦女名人風采錄
　　　　　　北京　中國華僑出版社　1995 年 6 月　頁 203—205

163. 沈　怡　　女性主題顯學？——曹又方、陳若曦、戴小華、李黎她們各有關
　　　懷角度　聯合報　1995 年 11 月 27 日　35 版

164. 〔彭沁陽，李昕合編〕　　陳若曦文學小傳　域外傳真　北京　人民文學出
　　　版社　1996 年 4 月　頁 333—335

165. 陳文芬　　文革距今三十年了，想起當年陳若曦感觸多　中國時報　1996 年
　　　5 月 16 日　24 版

166. 蘇惠昭　　文革見證者陳若曦，不堪回首憶當年　臺灣時報　1996 年 5 月 20
　　　日　24 版

167. 　萱　　陳若曦一切隨緣　文訊雜誌　第 139 期　1997 年 5 月　頁 84

168. 周邦貞　　理察·麥卡錫（Richard Mccarlhy）談三個朋友——張愛玲、聶華
　　　苓和陳若曦（上、下）　臺灣新生報　1999 年 4 月 7—8 日　17
　　　版

169. 〔編輯部〕　　陳若曦簡歷　歸去來　臺北　探索文化公司　1999 年 5 月
　　　頁 231—237

170. 董　橋　　陳若曦論方言寫作　鍛句鍊字是禮貌　臺北　遠流出版公司
　　　2000 年 4 月　頁 213—215

171. 〔九歌雜誌〕　　書緣·書香〔陳若曦部分〕　九歌雜誌　第 230 期　2000
　　　年 5 月　3 版

172. 廖螢光　　慷慨陳言獨到見解——陳若曦打造心靈桃花源　中華日報　2000
　　　年 6 月 20 日　19 版

173. 耕　雨　　陳若曦昨是今非　臺灣新聞報　2000 年 9 月 16 日　B8 版

174. 〔九歌雜誌〕　　書緣·書香〔陳若曦部分〕　九歌雜誌　第 239 期　2001

年 2 月　4 版

175. 吳　為　　陳若曦追尋桃源樂土　中央日報　2001 年 11 月 9 日　20 版

176. 許正平　　桃花源的所在──陳若曦和她的書房　中央日報　2001 年 12 月 5
　　　　　　　日　18 版

177. 蔡佳芳　　陳若曦──重返桃花源　2000 臺灣文學年鑑　臺北　行政院文建
　　　　　　　會　2002 年 4 月　頁 210─212

178. 王景山　　陳若曦　臺港澳暨海外華文作家辭典　北京　人民文學出版社
　　　　　　　2003 年 7 月　頁 65─67

179. 許惠文　　陳若曦重返桃花源　2002 臺灣文學年鑑　臺北　行政院文建會
　　　　　　　2003 年 9 月　頁 152─153

180. 陳　曦　　陳若曦　區域語境中的「女性」及其意識──論當代臺灣女作家
　　　　　　　小說創作　福建師範大學中國現當代文學研究所　碩士論文　席
　　　　　　　揚教授指導　2004 年 4 月　頁 54

181.〔彭瑞金選編〕　　〈路口〉作者　國民文選・小說卷 3　臺北　玉山社出版
　　　　　　　公司　2004 年 7 月　頁 162─163

182. 陳建仲　　文學心鏡──陳若曦　聯合文學　第 249 期　2005 年 7 月　頁 23
　　　　　　　─25

183. 陳建仲　　陳若曦　文學心鏡　臺北　聯合文學出版社　2008 年 5 月　頁
　　　　　　　100─101

184.〔九彎十八拐〕　　陳若曦簡介　九彎十八拐　第 12 期　2007 年 3 月　頁 9

185.〔鹽分地帶文學〕　　前輩作家寫真簿──陳若曦：女人真正能依靠的就是
　　　　　　　自己。　鹽分地帶文學　第 14 期　2008 年 2 月　頁 14

186. 許俊雅　　新店溪流域的文化與文學──中和市──現代文學──陳若曦
　　　　　　　（一九三八年─）　續修臺北縣志・藝文志第三篇・文學（上）
　　　　　　　臺北　臺北縣政府　2008 年 3 月　頁 197

187.〔封德屏主編〕　　陳若曦　2007 臺灣作家作品目錄　臺南　國立臺灣文學
　　　　　　　館　2008 年 7 月　頁 891

188. 林欣誼　近年關注環保、佛教議題　中國時報　2008 年 9 月 27 日　A14 版

189. 林欣誼　回首 70，陳若曦《堅持・無悔》　中國時報　2008 年 9 月 27 日　A14 版

190. 郭士榛　作家陳若曦，七十寫自傳　人間福報　2008 年 10 月 1 日　7 版

191. 趙靜瑜　陳若曦自傳出版，見證文革與臺灣歷史　自由時報　2008 年 10 月 1 日　D10 版

192. 郭士榛　陳若曦回首 70──《堅持・無悔》　人間福報　2008 年 10 月 4 日　12 版

193. 季　季　一來生機動──「當代中國小說大展」與「人間雅集」之懷想〔陳若曦部分〕　中國時報　2009 年 8 月 11 日　E4 版

194. 石麗東　陳若曦　全球華文女作家小傳及作品目錄　臺北　海外華文女作家協會　2010 年 11 月　頁 78─80

195. 符立中　喜晤張心漪──談白先勇、陳若曦與王文興　白先勇與符立中對談：從《臺北人》到《紐約客》　臺北　九歌出版社　2010 年 11 月　頁 74─78

196. 符立中　《現代文學》群英會──陳若曦：一九三八年生，原名陳秀美，永和縣人，本省籍作家　白先勇與符立中對談：從《臺北人》到《紐約客》　臺北　九歌出版社　2010 年 11 月　頁 82─83

197. 蘇昭惠　陳若曦，堅持與無悔　臺灣光華雜誌　第 36 卷第 1 期　2011 年 1 月　頁 86─93

198. 詹閔旭　暴雨七〇〔陳若曦部分〕　人間福報　2011 年 5 月 6 日　15 版

199. 梁綺雲　陳若曦遙指桃花源　中華日報　2011 年 5 月 24 日　B7 版

200. 詹閔旭　陳若曦：以行動、創作參與社會議題　文訊雜誌　第 307 期　2011 年 5 月　頁 62

201. 周慧珠　悅聽文學・把文學欣賞的感動・還給大眾──陳若曦・讀說當年理想　人間福報　2011 年 6 月 5 日　B4 版

202. 周慧珠　眼睛借一下，耳朵借一下──朗讀，感動，解凍──陳若曦，讀

說當年理想　人間福報　2011 年 6 月 5 日　B5 版

203. 何定照　不把話帶到棺材！陳若曦獲國藝獎　聯合報　2011 年 6 月 28 日　A12 版

204. 林欣誼　陳若曦：有良心的話要表達出來　中國時報　2011 年 6 月 28 日　A10 版

205. 〔中國時報〕　陳若曦的良心　中國時報　2011 年 6 月 29 日　A15 版

206. 丘秀芷　衝闖一生——陳若曦　誰領風騷一百年：女作家　臺北　天下遠見出版公司　2011 年 9 月　頁 195—200

207. 陳素芳　因為堅持，所以無悔——第 15 屆國家文藝獎得主陳若曦　人間福報　2011 年 10 月 9 日　B4—B5 版

208. 歐銀釧　陳若曦向歷史作證　堅持‧無悔——陳若曦七十自述　臺北　九歌出版社　2011 年 10 月　頁 343—350

209. 李青霖　陳若曦交大演講「尋找桃花源」　文訊雜誌　第 320 期　2012 年 6 月　頁 147—148

210. 佐渡守　陳若曦：回眸我的時代、我的書寫　中國時報　2012 年 8 月 25 日　20 版

211. 〔新地文學季刊社〕　2012 第二屆世界華文文學高峰會與會作家、學者簡介——陳若曦　第二屆 21 世紀世界華文文學高峰會會議手冊　臺北　新地文化藝術公司　2012 年 11 月　頁 7

212. 邱阿塗　我們一起在蘭陽種下文學之樹〔陳若曦部分〕　悠悠南門河　宜蘭　宜蘭縣政府文化局　2012 年 12 月　頁 88—95

213. 〔新地文學社〕　第二屆 21 世紀世界華文文學高峰會與會作家、學者簡介——資深代作家、學者——陳若曦　文學世紀風華：21 世紀世界華文文學高峰會議論文集　臺北　新地文化藝術公司　2013 年 2 月　頁 384

214. 〔文學人〕　五四文藝獎得獎名錄——榮譽文藝獎章‧文學類——陳若曦女士　文學人　第 24 期　2013 年 5 月　頁 5

訪談、對談

215. 司馬桑敦　　訪陳若曦　聯合報　1976 年 12 月 16 日　12 版

216. 司馬桑敦　　訪陳若曦　愛荷華秋深了　臺北　爾雅出版社　1978 年 7 月　頁 113—121

217. 司馬桑敦　　訪陳若曦　人生行腳　臺北　聯經出版公司　1988 年 8 月　頁 153—159

218. 劉紹銘　　與陳若曦聊天　中國時報　1977 年 6 月 28 日　12 版

219. 劉紹銘　　與陳若曦聊天　現代文學　復刊第 1 期　1977 年 7 月　頁 143—153

220. 劉紹銘　　與陳若曦聊天　傳香火　臺北　大地出版社　1979 年 5 月　頁 64—72

221. 連　甫　　訪陳若曦縱談社會文學和生活　聯合報　1977 年 11 月 4 日　3 版

222. 林清玄，李瑞　　與陳若曦會面　中國時報　1980 年 1 月 10 日　8 版

223. 何思偉　　試與陳若曦和丁大衛對話　中國語文　第 46 卷第 3 期　1980 年 2 月　頁 9—15

224. 李錄詩　　文學來去——陳若曦訪問記　自立晚報　1982 年 3 月 27 日　10 版

225. 葉石濤等[1]　　臺灣文學往哪裡走？　臺灣時報　1982 年 3 月 28 日　12 版

226. 徐　曙　　陳若曦的文學聲音　暖流　第 4 期　1982 年 4 月　頁 45—48

227. 山風輯　　你爲何寫作答案錄〔陳若曦部分〕　臺港文學選刊　1985 年第 4 期　1985 年 4 月　頁 73

228. 〔文學報〕　　旅美臺灣作家陳若曦答本報記者問，中國文學大有可爲　文學報　1985 年 9 月 26 日　1 版

229. 王　蘭　　「祖國的變化太大了！」訪旅美作家陳若曦　中國建設　1985 年第 9 期　1985 年 9 月　頁 37—39

---

[1]與會者：葉石濤、彭瑞金、鍾肇政、高天生、鍾鐵民、洪銘水、林素芬、廖仁義、陳坤崙、鄭泰安、楊文彬、鄭炯明、宋澤萊、吳福成、潘榮禮、黃春明、潘立夫、陳映真；列席：吳基福、陳陽德、陳若曦、陌上桑、吳錦發；紀錄整理：林清強、蔡翠英。

230. 吳　越　　陳若曦訪問記　文教資料簡報　1986 年第 1 期　1986 年 1 月　頁 88

231. 夢　花　　「我是爲中國人民寫作的！」——訪加籍華人女作家陳若曦　文教資料簡報　1986 年第 1 期　1986 年 1 月　頁 92—95

232. 戈　雲　　文學「下海」及其他——與陳若曦筆談　學術研究　1994 年第 2 期　1994 年 2 月　頁 112—119

233. 陳雅玲　　從主流到邊緣——陳若曦談海外華文文學　臺灣光華雜誌　第 20 卷第 2 期　1995 年 2 月　頁 86—89

234. 陳　謙　　離家「若曦」風——尋根東方[2]　時報週刊　第 906 期　1995 年 7 月 9 日　頁 189—192

235. 陳　謙　　尋根東方，追尋若曦風——訪陳若曦　詩的真實——臺灣現代詩與文學散論　臺北　秀威資訊科技公司　2010 年 6 月　頁 131—135

236. 李文冰　　當一切雲淡風輕——作家陳若曦專訪　幼獅文藝　第 533 期　1998 年 5 月　頁 14—19

237. 成英姝，王妙如　　成英姝專訪陳若曦——人生採訪——當代作家映像（1—8）　中國時報　1999 年 5 月 19—26 日　37 版

238. 陳芳明　　陳若曦的回歸與再回歸——人生採訪——當代作家映像（上、下）　中國時報　1999 年 5 月 18—19 日　37 版

239. 黃　硯　　陳若曦——打造文學桃花源　卓越雜誌　第 185 期　2000 年 1 月　頁 154—158

240. 陳若曦等[3]　　性情中見真情——「文學與性格的臺灣人」紀錄　中華日報　2000 年 5 月 7 日　19 版

241. 莊智文　　倦鳥歸巢，再探原鄉——專訪陳若曦　臺灣光華雜誌　第 26 卷第 5 期　2001 年 5 月　頁 80—83

---

[2] 本文後改篇名爲〈尋根東方，追尋若曦風——訪陳若曦〉。
[3] 主講者：陳若曦、李潼；主持者：鄭麒麟；紀錄：王瑞。

242. 林麗如　以行動證明對理想的始終如一——專訪陳若曦女士[4]　文訊雜誌
　　　第 209 期　2003 年 3 月　頁 66—70

243. 林麗如　始終如一——爲理想飛蛾撲火的陳若曦　走訪文學僧：資深作家
　　　訪問錄　臺北　文訊雜誌社　2004 年 10 月　頁 407—415

244. 陳儀深訪問；潘彥蓉記錄　陳若曦女士訪問紀錄　口述歷史　第 12 期
　　　2004 年 4 月　頁 372—386

245. 陳文芬　文學原鄉——陳若曦在臺北　印刻文學生活誌　第 11 期　2004 年
　　　7 月　頁 192—207

246. 陳若曦等[5]　文學記憶 1——少年十五二十時　豐美的饗宴：第三屆桃園全
　　　國書展專題演講集　桃園　桃園縣文化局　2004 年 10 月　頁 20
　　　—27

247. 陳若曦等[6]　《現代文學》要角說從頭——陳若曦騎單車釀構想・王文興神
　　　童逼稿人　聯合報　2005 年 9 月 6 日　A10 版

248. 陳若曦，王文興講；蘇偉貞，何定照記　政治禁忌・王用想的・陳用做的
　　　聯合報　2005 年 9 月 6 日　A10 版

249. 陳若曦，王文興講；楊錦郁記　40 年來，兩人沒講過這麼多話　聯合報
　　　2005 年 9 月 6 日　A10 版

250. 黃　怡　中國文革四十年後——專訪陳若曦　聯合文學　第 261 期　2006
　　　年 7 月　頁 70—79

251. 周靜宜　陳若曦訪談記錄　陳若曦佛教題材小說研究——以《慧心蓮》、
　　　《重返桃花源》爲核心　屏東教育大學中國語文學系　碩士論文
　　　余昭玟教授指導　2006 年　頁 149—156

252. 陳怡先　一個理想主義者的故事——訪陳若曦　九彎十八拐　第 12 期
　　　2007 年 3 月　頁 16—18

253. 張葆蘿　走過大時代・陳若曦心中有愛　書香遠傳　第 48 期　2007 年 5 月

---

[4] 本文後改篇名爲〈始終如一——爲理想飛蛾撲火的陳若曦〉。
[5] 與會者 ：張曼娟、李瑞騰、陳若曦；紀錄：邱怡瑄。
[6] 與會者：陳若曦、王文興；紀錄：蘇偉貞、何定照。

頁 48—51

254. 陳若曦，江寶釵講；廖淑儀記　　回歸，到那裡去？——存在、自我與政治　　　　　想像的壯遊／十場臺灣當代小說的心靈饗宴 2：國立臺灣文學館・　　　　　第四季週末文學對談　臺南　國立臺灣文學館　2007 年 12 月　頁　　　　　174—201

255. 陳若曦等[7]　　座談：驀然回首——現代文學　「白先勇的藝文世界」系列講　　　　　座　臺北　臺灣大學，國家圖書館主辦　2008 年 9 月 20—21 日

256. 郭石城，高有智　　陳若曦：臺灣人愈包容・愈受尊重　中國時報　2009 年　　　　　9 月 2 日　A10 版

257. 陳若曦等[8]　　文學高峰會議・臺灣大學——第一場「作家學者講話」　新地　　　　　文學　第 12 期　2010 年 6 月　頁 22—40

258. 陳若曦等[9]　　我的小說創作原鄉——小說家對話（一）　文訊雜誌　第 309　　　　　期　2011 年 7 月　頁 96—100

259. 陳若曦等　　我的小說創作原鄉——小說家對話（一）　百年小說研討會論　　　　　文集　臺北　文訊雜誌社　2012 年 10 月　頁 325—332

260. 姚嘉爲　　兩岸三地歸去來——陳若曦書寫民族聲音　在寫作中還鄉——北　　　　　美的天空下　臺北　允晨文化公司　2011 年 10 月　頁 199—223

261. 丁文玲　　赤足站在土地上的文學家——《堅持・無悔——陳若曦七十自　　　　　述》專訪　堅持・無悔——陳若曦七十自述　臺北　九歌出版社　　　　　2011 年 10 月　頁 351—358

年表

262. 〔公孫嬿主編〕　　陳若曦寫作年表　海內外青年女作家選集（七）　臺北　　　　　黎明文化公司　1983 年 7 月　頁 83—84

263. 〔林承璜〕　　陳若曦作品出版年表　陳若曦中短篇小說選　福州　海峽出　　　　　版社　1985 年 4 月　頁 235—236

---

[7] 與會者：白先勇、王文興、陳若曦、葉維廉、李歐梵、鄭恆雄。
[8] 主持人：郭楓；與會者：王蒙、高行健、劉再復、鄭培凱、瘂弦、李歐梵、陳若曦。
[9] 主持人：蘇偉貞；與會者：王拓、陳若曦、阿來、林文義；紀錄整理：高鈺昌。

264. 林俊宏　　陳若曦生平作品年表　文學界　第 14 期　1985 年 5 月　頁 50—65

265. 夢花著；中島利郎譯　　陳若曦経歴及び創作年表　咿啞　第 24、25 合併號　1989 年 7 月　頁 92—97

266. 洪米貞編；方美芬增訂　　陳若曦生平寫作年表　陳若曦集（臺灣作家全集）　臺北　前衛出版社　1993 年 12 月　頁 297—308

267. 〔編輯部〕　　陳若曦中文著作年表　慈濟人間味　臺北　遠流出版公司　1996 年 11 月　頁 231—234

268. 福本瘦　　陳若曦大事年表（上、下）　中國時報　1999 年 5 月 17—18 日　37 版

269. 〔編輯部〕　　陳若曦簡歷　重返桃花源　臺北　草根出版公司　2002 年 9 月　頁 271—273

270. 〔編輯部〕　　陳若曦中文著作簡表　堅持・無悔：陳若曦七十自述　臺北　九歌出版社　2008 年 10 月　頁 337—340

271. 〔編輯部〕　　寫作年表　陳若曦小說精選集　臺北　新地文學出版社　2010 年 4 月　頁 313—315

272. 〔藍恭旭編〕　　紀事　第十六屆國家文藝獎頒獎典禮專刊　臺北　財團法人國家文化藝術基金會　2011 年 9 月　頁 56

273. 〔藍恭旭編〕　　中文著作　第十六屆國家文藝獎頒獎典禮專刊　臺北　財團法人國家文化藝術基金會　2011 年 9 月　頁 57

其他

274. 〔臺灣新生報〕　　姜貴、陳若曦、吳隆榮獲首屆吳三連文藝獎　臺灣新生報　1978 年 11 月 6 日　6 版

275. 丘彥明　　記陳若曦的得獎——她，戴上了文學的榮冠　聯合報　1978 年 11 月 6 日　12 版

276. 司馬中原等[10]　　聯合報第三屆小說獎總評會議紀實〔陳若曦部分〕　突破與

---

[10]作者：司馬中原、何欣、侯建、殷張蘭熙、鍾肇政；紀錄：桂文亞、丘彥明。

驚喜——聯合報一至四屆小說獎簡介　臺北　聯合報編輯部
1979 年 12 月　頁 104—106

277. 司馬中原等　　聯合報第三屆小說獎總評會議紀實〔陳若曦部分〕　聯合報
六六年度小說獎作品集　臺北　聯合報編輯部　1980 年 7 月　頁
28—30

278. 顏元叔　　陳若曦的成就　中國時報　1980 年 1 月 10 日　8 版

279. 〔臺灣時報〕　　第一屆南投縣駐縣作家、藝術家評選——陳若曦、陳代銳
奪得桂冠　臺灣時報　2000 年 6 月 23 日　16 版

280. 〔民眾日報〕　　飛躍美麗新南投——第一屆駐縣作家、藝術家徵選——陳
若曦及陳代銳脫穎而出　民眾日報　2000 年 7 月 3 日　17 版

281. 王蘭芬　　陳若曦再得獎還想續攤　民生報　2001 年 1 月 10 日　A13 版

282. 賴廷恆　　中山文藝獎名單揭曉〔陳若曦部分〕　中國時報　2001 年 11 月 6
日　14 版

283. 李令儀　　中山學術文化獎揭曉〔陳若曦部分〕　聯合報　2001 年 11 月 6 日
14 版

284. 〔人間福報〕　　因為堅持，所以無悔——第 15 屆國家文藝獎得主‧陳若曦
人間福報　2011 年 10 月 9 日　B4，B5 版

285. 郭士榛　　百萬國藝獎‧陳若曦等 5 人獲得　人間福報　2011 年 6 月 28 日
7 版

作品評論篇目

綜論

286. 梅　新　　陳若曦作品讀後　聯合報　1976 年 2 月 22 日　12 版

287. 林適存　　我讀陳若曦的小說　聯合報　1976 年 2 月 29 日　12 版

288. 林適存　　陳若曦的小說　文藝的履痕　臺北　中華日報社　1980 年 3 月
頁 137—140

289. 楊漢之　　血肉凝鍊的匕首——論陳若曦的小說　中國時報　1976 年 3 月 4

日　12 版

290. 韓良露　　陳若曦作品迴響——體認的道路　中國時報　1976 年 3 月 4 日　
　　　　　　　12 版

291. 嶽　峯　　讀「陳若曦作品專輯之一」——一葉知秋　中國時報　1976 年 3
　　　　　　　月 4 日　12 版

292. 老　郎　　人性尊嚴的摧殘〔陳若曦部分〕　中國時報　1976 年 3 月 6 日
　　　　　　　12 版

293. 程榕寧　　陳若曦化沉哀為震雷　大華晚報　1976 年 3 月 10 日　3 版

294. 魏子雲　　血淚證言——讀陳若曦作品專輯　中國時報　1976 年 3 月 17 日
　　　　　　　12 版

295. 周漢堂　　陳若曦的「中國」　中國時報　1976 年 3 月 17 日　12 版

296. 胡美琦　　讀陳若曦專輯感言　中國時報　1976 年 3 月 18 日　12 版

297. 譚慧生　　陳若曦和她的作品　臺灣新聞報　1976 年 3 月 24 日　12 版

298. 寒　爵　　陳若曦作品平議　中國時報　1976 年 3 月 27 日　12 版

299. 劉紹銘　　虎口餘生話劫灰——陳若曦近作讀後感　海外文摘　第 303 期
　　　　　　　1976 年 3 月　頁 19—22

300. 陳忠義　　陳若曦和她的作品〈晶晶的生日〉等　新聞天地　第 1465 期
　　　　　　　1976 年 3 月　頁 21

301. 祝基瀅　　從陳若曦作品談大陸報導　臺灣新生報　1976 年 4 月 10 日　10
　　　　　　　版

302. 夏志清　　陳若曦的小說（上、中、下）[11]　聯合報　1976 年 4 月 14—16 日
　　　　　　　12 版

303. 夏志清　　陳若曦的小說　新文學的傳統　臺北　時報文化出版公司　1979
　　　　　　　年 10 月　頁 209—233

304. 夏志清　　陳若曦的小說　陳若曦自選集　臺北　聯經出版公司　1980 年 3
　　　　　　　月　頁 1—31

---

[11]本文記述與陳若曦認識的過程，以及離開大陸之後的文學創作。

305. 夏志清　　陳若曦的小說　現代文學論　臺北　聯經出版公司　1981 年 12 月　頁 217—242

306. 羅　青　　談反共文學的創作〔陳若曦部分〕　中央日報　1976 年 4 月 30 日　10 版

307. 羅　青　　談反共文學的創作〔陳若曦部分〕　中副選集（十五）　臺北　中央日報社　1979 年 12 月　頁 303—311

308. 心　吾　　讀陳若曦　明道文藝　第 2 期　1976 年 5 月　頁 153—157

309. 吳雪雪　　夏志清談大陸文學，讚陳若曦文章最爲真實　中華日報　1976 年 6 月 7 日　6 版

310. 葉經柱　　談陳若曦的書（上、下）　中央日報　1976 年 6 月 17—18 日　10 版

311. 朱西甯　　陳若曦小說價值和作用　幼獅文藝　第 270 期　1976 年 6 月　頁 4—8

312. 劉紹銘　　談臺灣土生土長的作家——《臺灣本土作家短篇小說選集》〔陳若曦部分〕　聯合報　1976 年 8 月 11 日　12 版

313. 周伯乃　　從陳若曦的「覺醒」看我國文藝動向　國魂　第 373 期　1976 年 12 月　頁 20—22

314. 鄭永孝　　陳若曦的夜世界[12]　中外文學　第 5 卷第 12 期　1977 年 5 月　頁 58—78

315. 鄭永孝　　陳若曦的夜世界　陳若曦的世界　臺北　書林出版公司　1985 年 5 月　頁 49—70

316. 戴　天等[13]　　散論陳若曦小說　明報月刊　第 138 期　1977 年 6 月　頁 70—73

317. 逯耀東　　永不熄滅的火種——陳若曦筆下的大陸知識份子（上、下）[14]　中

---

[12] 本文以小說時間背景角度切入，探討陳若曦小說中時間背景的運用，以呈現時間背景對於陳若曦小說的重要性。

[13] 評論者：戴天、談錫永、雪川、劉逍、胡菊人。

[14] 本文先探討陳若曦的人生歷程，再探討其小說所蘊藏的歷史意義。

國時報　1977 年 8 月 27—28 日　12 版

318. 逯耀東　永不熄滅的火種——陳若曦筆下的大陸知識份子　劍梅筆談　臺北　時報文化出版公司　1983 年 3 月　頁 65—88

319. 亞　菁　小說中的反共意識〔陳若曦部分〕　華副文粹（三）　臺北　中華日報社　1977 年 8 月　頁 171—172

320. 顏元叔　我國當前的社會寫實主義小說——評陳若曦、王文興等八位作家的作品　中國時報　1977 年 9 月 6 日　12 版

321. 何　欣　三十年來的小說〔陳若曦部分〕　中華文化復興月刊　第 10 卷第 9 期　1977 年 9 月　頁 23—33

322. 逯耀東　陳若曦和她的「歷史言語」　中華文化復興月刊　第 10 卷第 9 期　1977 年 9 月　頁 59—71

323. 葉維廉　陳若曦的旅程（1—4）[15]　聯合報　1977 年 11 月 7—10 日　12 版

324. 葉維廉　陳若曦的旅程　飲之太和——葉維廉文學論文二集　臺北　時報文化出版公司　1980 年 1 月　頁 313—337

325. 葉維廉　陳若曦的旅程　文學評論集　臺北　天視出版公司　1980 年 2 月　頁 409—426

326. 葉維廉　陳若曦的旅程　現代文學論　臺北　聯經出版公司　1981 年 12 月　頁 243—264

327. 葉維廉　陳若曦的旅程　從現象到表現：葉維廉早期文集　臺北　東大圖書公司　1994 年 6 月　頁 565—586

328. 葉維廉　陳若曦的旅程　尹縣長　臺北　九歌出版社　2005 年 4 月　頁 213—239

329. 葉維廉　陳若曦的旅程　中國現代小說風貌　臺北　臺大出版中心出版　2010 年 3 月　頁 194—219

330. 彭　歌　陳若曦的小說　孤憤　臺北　聯合報社　1978 年 5 月　頁 272—

---

[15]本文首先探討陳若曦早期作品(一九五八到一九六二)，之後再探討其離開大陸的作品，以此了解陳若曦創作歷程。

274

331. 魏子雲　　論藝術題材的情實——兼論陳若曦的反共小說　國魂　第 390 期　1978 年 5 月　頁 121—126

332. 魏子雲　　論藝術題材的情實——兼論陳若曦的小說題材　文學思潮　第 2 期　1978 年 9 月　頁 129—134

333. Mark Elvin　　Tales of New China〔陳若曦部分〕　TLS（泰晤士報文學週刊）　1978 年 6 月 6 日　頁 629

334. 焦雄屏　　陳若曦筆下的大陸　幼獅文藝　第 295 期　1978 年 7 月　頁 38—40

335.〔民生報〕　　陳若曦揭穿赤色謊言　民生報　1978 年 12 月 28 日　7 版

336. 林澤民　　從小說社會學的觀點看——陳若曦的新旅程　大高雄雜誌　第 5 期　1978 年 12 月　頁 104—119

337. 竹內實著；鍾肇政譯　　陳若曦論　書評書目　第 68 期　1978 年 12 月　頁 25—33

338. 鄭永孝　　迷信與命運——論陳若曦早期小說的主題　中外文學　第 7 卷第 9 期　1979 年 2 月　頁 46—68

339. 鄭永孝　　迷信與命運——論陳若曦早期小說的主題　陳若曦的世界　臺北　書林出版公司　1985 年 5 月　頁 5—25

340. 王章陵　　陳若曦　中國大陸反共文藝思潮　臺北　黎明文化公司　1979 年 4 月　頁 301—315

341. 阮日宣　　陳若曦的心路歷程　臺灣新聞報　1980 年 1 月 31 日　12 版

342. 余光中　　斷雁南飛迷指瓜——從張愛玲到紅衛兵帶來的噩運（上、下）〔陳若曦部分〕　聯合報　1980 年 4 月 1—2 日　8 版

343. 余光中　　斷雁南飛迷指爪——從張愛玲到紅衛兵帶來的噩訊〔陳若曦部分〕　分水嶺上　臺北　九歌出版社　2009 年 6 月　頁 180—184

344. 白先勇　　新大陸流放者之歌——美、加中國作家〔陳若曦部分〕　聯合報　1981 年 3 月 15 日　8 版

345. 王集叢　　陳若曦的「生活體驗」　作家・作品・人生　臺北　集荷出版社
　　　　　　　1981 年 4 月　頁 126—130

346. 亞　菁　　姜貴、張愛玲、陳若曦小說的「反共意識」　現代文學評論　臺
　　　　　　　北　東大圖書公司　1983 年 2 月　頁 88—91

347. 彥　火　　陳若曦傳奇　中報　第 38 期　1983 年 3 月　頁 77—81

348. 夢　花　　陳若曦和她的小說　文學研究動態　1983 年第 10 期　1983 年 10
　　　　　　　月　頁 16

349. 夢　花　　陳若曦和她的小說　文教資料簡報　1985 年第 1 期　1985 年 1 月
　　　　　　　頁 106

350. 夢　花　　陳若曦和她的小說　閣西文叢　1985 年第 4 期　1985 年 4 月　頁
　　　　　　　118

351. 葉石濤　　從憧憬、幻滅到彷徨：談陳若曦文學的三個階段（上、下）　自
　　　　　　　立晚報　1984 年 6 月 11—12 日　10 版

352. 葉石濤　　從憧憬、幻滅到彷徨：談陳若曦文學的三個階段　七十三年文學
　　　　　　　批評選　臺北　爾雅出版社　1985 年 3 月　頁 307—326

353. 葉石濤　　從憧憬、幻滅到彷徨：談陳若曦文學的三個階段　文學界　第 14
　　　　　　　期　1985 年 5 月　頁 81- 92

354. 葉石濤　　從憧憬、幻滅到彷徨：談陳若曦文學的三個階段　沒有土地・哪
　　　　　　　有文學　臺北　遠景出版公司　1985 年 6 月　頁 63—76

355. 葉石濤　　從憧憬、幻滅到彷徨——談陳若曦文學的三個階段　陳若曦集
　　　　　　　（臺灣作家全集）　臺北　前衛出版社　1993 年 12 月　頁 241—
　　　　　　　256

356. 葉石濤　　從憧憬、幻滅到徬徨——談陳若曦文學的三個階段　葉石濤全
　　　　　　　集・評論卷三　臺南，高雄　國立臺灣文學館，高雄市文化局
　　　　　　　2008 年 3 月　頁 117 -131

357. 林承璜　　試評陳若曦早期的小說創作　唐山教育學院學報　1985 年第 2 期
　　　　　　　1985 年 2 月　頁 43—47

358. 林承璜　　試評陳若曦早期的小說創作　高等學校文教學報文摘　1985 年第
　　　　　　　4 期　1985 年 7 月　頁 33

359. 齊邦媛　　閨怨之外——以實力論臺灣女作者〔陳若曦部分〕　聯合文學
　　　　　　　第 5 期　1985 年 3 月　頁 9

360. 齊邦媛　　閨怨之外——以實力論臺灣女作者〔陳若曦部分〕　七十四年文
　　　　　　　學批評選　臺北　爾雅出版社　1986 年 4 月 5 日　頁 174—175

361. 齊邦媛　　閨怨之外——以實力論臺灣女作家〔陳若曦部分〕　中華現代文
　　　　　　　學大系（臺灣 1970—1989）評論卷（壹）　臺北　九歌出版社
　　　　　　　1989 年 5 月　頁 521—548

362. 齊邦媛　　閨怨之外——以實力論臺灣女作者〔陳若曦部分〕　千年之淚
　　　　　　　臺北　爾雅出版社　1990 年 7 月　頁 116

363. 林承璜　　試探陳若曦小說創作之得失　陳若曦中短篇小說選　福州　海峽
　　　　　　　出版社　1985 年 4 月　頁 237—249

364. 林承璜　　試探陳若曦小說創作之得失　文學界　第 14 期　1985 年 5 月　頁
　　　　　　　105—115

365. 林承璜　　試探陳若曦小說創作之得失　臺灣香港文學評論集　福州　海峽
　　　　　　　文藝出版社　1994 年 2 月　頁 176—187

366.〔林承璜〕　　編後　陳若曦中短篇小說選　福州　海峽出版社　1985 年 4
　　　　　　　月　頁 250—251

367. 鄭永孝　　抉擇在異鄉——論陳若曦太平洋彼岸的小說[16]　陳若曦的世界　臺
　　　　　　　北　書林出版公司　1985 年 5 月　頁 103—122

368. 葉石濤等[17]　　陳若曦作品討論會之一　文學界　第 14 期　1985 年 5 月　頁
　　　　　　　9— 25

369. 林文義等[18]　　陳若曦作品討論會之二　文學界　第 14 期　1985 年 5 月　頁

[16]本文探討陳若曦到海外後的作品，進而探討旅居海外華人對於祖國與異鄉的抉擇。
[17]與會者：葉石濤、李喬、鍾鐵民、吳錦發、陌上塵、黃樹根、彭瑞金。
[18]與會者：應鳳凰、李金蓮、衛子濁、呂昱、林芳玫、林郁容、陳爲祥、許郁珣、王麗芬、謝裴
　如、陳更生；紀錄：成丹橘。

26—49

370. 葉石濤　臺灣文學史大綱（後篇）──七十年代的臺灣文學：人性乎？鄉
土乎？〔陳若曦部分〕　文學界　第 15 期　1985 年 8 月　頁 192

371. 葉石濤　七〇年代的臺灣文學──鄉土乎？人性乎？〔陳若曦部分〕　臺
灣文學史綱　高雄　春暉出版社　1991 年 9 月　頁 157—159

372. 葉石濤　臺灣文學史綱──七〇年代的臺灣文學──鄉土乎？人性乎？
〔陳若曦部分〕　葉石濤全集・評論卷五　臺南，高雄　國立臺
灣文學館，高雄市文化局　2008 年 3 月　頁 175—176

373. 葉石濤　走過紛爭歲月・邁向多元年代──臺灣文學的回顧與前瞻（上、
中、下）〔陳若曦部分〕　自立晚報　1985 年 10 月 29—31 日
10 版

374. 葉石濤　走過紛爭歲月，邁向多元世代──臺灣文學的回顧與前瞻〔陳若
曦部分〕　葉石濤全集・評論卷三　臺南，高雄　國立臺灣文學
館，高雄市文化局　2008 年 3 月　頁 303

375. 夢　花　探索、痛苦、希望──評陳若曦創作的三個階段　鍾山　1985 年
第 6 期　1985 年 12 月　頁 74

376. 夢　花　陳若曦的散文[19]　當代創作藝術　1986 年第 2 期　1986 年 2 月
頁 129

377. 夢　花　這就是他：初評陳若曦的散文　當代文藝探索　1987 年第 2 期
1987 年 2 月　頁 45—48

378. 夢花著；中島利郎譯　陳若曦その人──陳若曦散文初探　咿啞　第 24、
25 合併號　1989 年 7 月　頁 82—90

379. 桑　曄　寄陳若曦　文匯月刊　1986 年第 3 期　1986 年 3 月　頁 58

380. 夢　花　海外華人生活的投影──陳若曦近作印象　文學報　1986 年 7 月
3 日　3 版

---

[19]本文後改篇名爲〈這就是他：初評陳若曦的散文〉；後由中島利郎翻譯爲〈陳若曦その人──陳
若曦散文初探〉。

381. 夢　花　　陳若曦、瓊瑤、三毛的異同比較　當代創作藝術　1987 年第 1 期　1987 年 1 月　頁 124

382. 夢　花　　陳若曦、瓊瑤、三毛的異同比較　雨花　1987 年第 5 期　1987 年 5 月　頁 77

383. 潘亞暾，汪義生　　陳若曦小說論　臺灣研究集刊　1987 年第 1 期　1987 年 2 月　頁 67—72

384. 殷國民　　情致：穿越在雙重文化氛圍中——陳若曦小說創作二面觀　小說評論　1987 年第 1 期　1987 年 3 月　頁 28—34

385. 林承璜　　論陳若曦的「三通文學」　特區文學　1987 年第 2 期　1987 年 3 月　頁 169—172

386. 林承璜　　陳若曦與「三通文學」　唐山教育學院學報　1987 年第 3 期　1987 年 3 月　頁 40—44

387. 林承璜　　論陳若曦的「三通文學」　臺灣香港暨海外華文文學論文選——第三屆全國臺灣與海外華文文學學術討論會　福州　海峽文藝出版社　1988 年 9 月　頁 281—294

388. 林承璜　　論陳若曦的「三通文學」　臺灣香港文學評論集　福州　海峽文藝出版社　1994 年 2 月　頁 188—201

389. 林承璜　　寫實・開拓・突破——兼談陳若曦的近期創作　文藝報　1987 年 4 月 25 日　8 版

390. 夢　花　　關於陳若曦、瓊瑤、三毛作品的斷想　雨花　1987 年第 5 期　1987 年 5 月　頁 77—80

391. 羅謙怡　　陳若曦　現代臺灣文學史　瀋陽　遼寧大學出版社　1987 年 12 月　頁 440—458

392. 趙　朕　　認同中國文化的結晶——論陳若曦小說的美學風格　海峽　1987 年第 6 期　1987 年 12 月　頁 165

393. 王少榮　　論陳若曦散文的藝術特色　江蘇教育學院學報　1988 年第 1 期　1988 年 1 月　頁 94—100

394. 呂正惠　徬徨回歸線——陳若曦小說中的政治三角關係　文星　第 116 期
　　　　　　　1988 年 2 月　頁 88—94

395. 呂正惠　徘徊回歸線：陳若曦小說中的政治三角關係　小說與社會　臺北
　　　　　　　聯經出版公司　1988 年 5 月　頁 113—132

396. 吳達芸　自主與成全——試論陳若曦小說中的女性意識[20]　文星　第 116 期
　　　　　　　1988 年 2 月　頁 100—108

397. 吳達芸　自主與成全：論陳若曦小說中的女性意識　七十七年文學批評選
　　　　　　　臺北　爾雅出版社　1989 年 3 月　頁 147—177

398. 吳達芸　自主與成全——論陳若曦小說中的女性意識　陳若曦集（臺灣作
　　　　　　　家全集）　臺北　前衛出版社　1993 年 12 月　頁 257—280

399. 吳達芸　自主與成全——試論陳若曦小說中的女性意識　女性閱讀與小說
　　　　　　　評論　臺南　臺南市立文化中心　1996 年 5 月　頁 57—79

400. 鄭永孝　苦難的愛國者[21]　中外文學　第 16 卷第 9 期　1988 年 2 月　頁 55
　　　　　　　—75

401. 〔編輯部〕　對小說的看法和評論——陳若曦　中國當代短篇小說選（第
　　　　　　　一集）　香港　新亞洲出版社　1988 年 4 月　頁 415—416

402. 李元洛　獨立蒼茫自詠詩——臺灣詩人陳若曦詩作欣賞　文藝生活　1988
　　　　　　　年第 8、9 期合刊　1988 年 8 月　頁 104

403. 湯淑敏　論陳若曦、瓊瑤、三毛與東方文化　中國時報　1988 年 8 月 15 日
　　　　　　　18 版

404. 夢　花　論陳若曦、瓊瑤、三毛與中國文化　江海學刊　1989 年第 2 期
　　　　　　　1989 年 3 月　頁 170—176

405. 韓　抗　我讀陳若曦的小說　芙蓉　1988 年第 6 期　1988 年 11 月　頁 79

406. 梁若梅　論陳若曦早期世界觀的形成及其特點　蘭州大學學報　1989 年第
　　　　　　　1 期　1989 年 1 月　頁 80—86

---

[20]本文以「自主」與「成全」為名，分析陳若曦小說中的女性精神，並論述陳若曦從《尹縣長》到
《紙婚》的創作意識與人物描繪手法。
[21]本文記述陳若曦以中國為主題的小說，並論述其「愛國者」的人物形象。

407. 古繼堂　　跨越流派的女作家陳若曦　臺灣小說發展史　臺北　文史哲出版
　　　社　1989 年 7 月　頁 299—316

408. 公仲，汪義生　　五十年代後期及六十年代臺灣文學〔陳若曦部分〕　臺灣
　　　新文學史初編　南昌　江西人民出版社　1989 年 8 月　頁 145—
　　　148

409. 公仲，汪義生　　六十年代後期和七十年代臺灣文學〔陳若曦部分〕　臺灣
　　　新文學史初編　南昌　江西人民出版社　1989 年 8 月　頁 261—
　　　266

410. 張默芸　　論陳若曦　臺灣文學的走向　福州　海峽文藝出版社　1990 年 4
　　　月　頁 126—140

411. 彭瑞金　　埋頭深耕的年代（一九六〇—一九六九）——失根的流浪文學
　　　〔陳若曦部分〕　臺灣新文學運動 40 年　臺北　自立晚報社
　　　1991 年 3 月　頁 136—137

412. 賴伯疆　　美洲華文文學方興未艾——美國華文文學〔陳若曦部分〕　海外
　　　華文文學概觀　廣州　花城出版社　1991 年 7 月　頁 175—176

413. 古繼堂　　激盪的文學潮流——臺灣文藝思潮辨析：現代派文學思潮——臺
　　　灣文學的衝擊波〔陳若曦部分〕　臺灣地區文學透視　西安　陝
　　　西人民教育出版社　1991 年 7 月　頁 10

414. 葉石濤　　六〇年代的臺灣文學〔陳若曦部分〕　臺灣文學史綱　高雄　文
　　　學界雜誌社　1991 年 9 月　頁 157—158

415. 闕豐齡　　王文興、歐陽子等「現代文學」作家群〔陳若曦部分〕　臺灣文
　　　學史（下）　福州　海峽文藝出版社　1993 年 1 月　頁 228—230

416. 林承璜　　陳若曦、趙淑俠、李黎等反映兩岸情節的小說　臺灣文學史
　　　（下）　福州　海峽文藝出版社　1993 年 1 月　頁 820—826

417. 岡崎郁子著；涂翠花譯　　二・二八事件與文學——未經歷二二八事件的作
　　　家筆下的二二八事件——陳若曦　臺灣文藝　第 135 期　1993 年
　　　2 月　頁 25—27

418. 岡崎郁子著；涂翠花譯　　二・二八事件與文學──未經歷二二八事件的作
　　　　　　　　家筆下的二二八事件──陳若曦　臺灣文學研究在日本　臺北
　　　　　　　　前衛出版社　1994 年 12 月　頁 196—198

419. 潘亞暾　　陳若曦的藝術世界　世界華文女作家素描　廣州　暨南大學出版
　　　　　　　　社　1993 年 7 月　頁 291—304

420. 林承璜　　淺議陳若曦的散文隨筆　海峽　1993 年第 5 期　1993 年 10 月
　　　　　　　　頁 168—170

421. 林承璜　　淺議陳若曦散文隨筆　臺灣香港文學評論集　福州　海峽文藝出
　　　　　　　　版社　1994 年 2 月　頁 202—208

422. 陳劍暉　　陳若曦的小說　海外華文文學史初編　廈門　鷺江出版社　1993
　　　　　　　　年 12 月　頁 618—637

423. 張恆豪　　牽懷兩峽兩岸──《陳若曦集》序　陳若曦集（臺灣作家全集）
　　　　　　　　臺北　前衛出版社　1993 年 12 月　頁 9—11

424. 張恆豪　　牽懷兩峽兩岸──《陳若曦集》　短篇小說卷別冊（臺灣作家全
　　　　　　　　集）　臺北　前衛出版社　1994 年 3 月　頁 139—141

425. 夢　花　　我為什麼選擇了她──《陳若曦之路》序　臺港與海外華文文學
　　　　　　　　評論和研究　1994 年第 1 期　1994 年 4 月　頁 15—18

426. 鄭明娳　　從懷鄉道返鄉──臺灣現代散文中的大陸意識〔陳若曦部分〕
　　　　　　　　中華文學的現在和未來──兩岸暨港澳文學交流研討會論文集
　　　　　　　　香港　鑪峰學會　1994 年 6 月　頁 158

427. 王晉民　　美國華文小說概論〔陳若曦部分〕　走向新世紀：第六屆世界文
　　　　　　　　學國際學術研討會論文集　北京　人民文學出版社　1994 年 11 月
　　　　　　　　頁 116—117

428. 金聖華　　會見陳若曦　橋畔閒眺──談翻譯與寫作　臺北　月房子出版社
　　　　　　　　1995 年 1 月　頁 154—155

429. 葉石濤　　代表六〇年代思潮的《現代文學》〔陳若曦部分〕　臺灣新聞報
　　　　　　　　1996 年 4 月 11 日　19 版

430. 林央敏　　用民族的寫作真要得──駁陳若曦女士的中國本位觀（上、中、
　　　　　　　下）　民眾日報　1996 年 6 月 30 日，7 月 1─2 日　27 版

431. 江寶釵　　臺灣現代派女性小說創作特色〔陳若曦部分〕　臺灣文學發展現
　　　　　　　象：五十年來臺灣文學研討會文集（二）　臺北　行政院文建會
　　　　　　　1996 年 6 月　頁 156─161

432. 簡政珍　　陳若曦：回歸與放逐的辯證[22]　中興大學文史學報　第 29 期　1996
　　　　　　　年 6 月　頁 49─72

433. 簡政珍　　陳若曦：回歸與放逐的辯證　放逐詩學：臺灣放逐文學初探　臺
　　　　　　　北　聯合文學出版社　2003 年 11 月　頁 181─214

434. 王昶雄　　縱橫文筆見高情──「北臺灣文學」第四輯導言〔陳若曦部分〕
　　　　　　　海鳴集續集　臺北　臺北縣立文化中心　1996 年 7 月　頁 6─7

435. 李瑞騰　　呼喚天地的英氣與俠情〔陳若曦部分〕　聯合報　1996 年 11 月
　　　　　　　11 日　41 版

436. 皮述民　　從反共小說到現代小說〔陳若曦部分〕　二十世紀中國新文學史
　　　　　　　臺北　駱駝出版社　1997 年 10 月　頁 331

437. 錢　虹　　至情至性的人事風景──評臺灣女作家陳若曦的散文創作　臺灣
　　　　　　　研究集刊　1998 年第 3 期　1998 年 8 月　頁 92─96

438. 鄧全明　　個人化寫作與代言人寫作──陳若曦小說創作的雙重品格　世界
　　　　　　　華文文學論壇　1998 年第 3 期　1998 年 9 月　頁 47─50

439. 計璧瑞，宋剛　　陳若曦　中國文學通典・小說通典　北京　解放軍文藝出
　　　　　　　版社　1999 年 1 月　頁 1101─1102

440. 馬　森　　導讀　清水嬸回家　臺北　駱駝出版社　1999 年 5 月　頁 3─6

441. 方　忠　　百年臺灣文學發展論──小說文體的自覺與更新〔陳若曦部分〕
　　　　　　　百年中華文學史論：1898─1999　上海　華東師範大學出版社
　　　　　　　1999 年 9 月　頁 52─53

---

[22]本文以陳若曦的作品與個人經驗，辯証陳若曦作品中「回歸」與「放逐」的創作意識。全文共分
　5 小節：1.回歸與放逐；2.現實世界；3.敘述與語言；4.再放逐；5.附註。

442. 郝譽翔　　筆，是她的劍——閱讀陳若曦[23]　幼獅文藝　第 550 期　1999 年
　　　　　　　10 月　頁 48—51

443. 郝譽翔　　以筆為劍——論陳若曦　情慾世紀末：當代臺灣女性小說論　臺
　　　　　　　北　聯合文學出版社　2002 年 4 月　頁 204—213

444. 秦慧珠　　論陳若曦文革小說中的人物[24]　中國現代文學理論季刊　第 16 期
　　　　　　　1999 年 12 月　頁 560—591

445. 楊明璋　　迷信與自信——從宗教信仰看陳若曦早期小說的晦暗情調　中國
　　　　　　　現代文學理論季刊　第 17 期　2000 年 3 月　頁 83—90

446. 秦慧珠　　七〇年代之反共小說——陳若曦　臺灣反共小說研究（一九四九
　　　　　　　年至一九八九年）　中國文化大學中國文學系　博士論文　金榮
　　　　　　　華教授指導　2000 年 4 月　頁 217—236

447. 鄭雅文　　鄉俗世界的現代詮釋——陳若曦與施叔青的地域創造　戰後臺灣
　　　　　　　女性成長小說研究——從反共文學到鄉土文學　中央大學中國文
　　　　　　　學系　碩士論文　康來新教授　2000 年 6 月　頁 112—130

448. 方　忠　　陳若曦　二十世紀中國文學史（下）　臺北　文史哲出版社
　　　　　　　2000 年 9 月　頁 870—872

449. 〔江寶釵，范銘如編〕　　姹紫嫣紅開遍〔陳若曦部分〕　島嶼妏聲：臺灣
　　　　　　　女性小說讀本　臺北　巨流圖書公司　2000 年 10 月　頁 3

450. 樊洛平　　陳若曦——家國命運的熱切關注　臺港澳文學教程　上海　漢語
　　　　　　　大辭典出版社　2000 年 10 月　頁 111—113

451. 廖四平　　臺灣現代派小說與西方影響〔陳若曦部分〕　臺灣研究集刊
　　　　　　　2001 年第 1 期　2001 年 2 月　頁 93—102

452. 陳芳明　　陳若曦的回歸與再回歸　深山夜讀　臺北　聯合文學出版社
　　　　　　　2001 年 3 月　頁 210—217

453. 郭　楓　　繆斯鍾愛的女兒　臺灣時報　2001 年 4 月 9 日　20 版

---

[23]本文後改篇名為〈以筆為劍——論陳若曦〉。
[24]本文探討陳若曦離開大陸後小說作品，以呈現此時期創作的特色。

454. 杜邁可（Michael S. Duke）　　陳若曦晚近小說中的自我代言人物　中國婦女與文學論集第二集　臺北　稻鄉出版社　2001 年 6 月　頁 223—248

455. 蔡雅薰　八、九〇年代臺灣重要旅美作家作品析論——陳若曦（1938—）[25]　臺灣旅美作家之留學生小說及移民小說研究（1960—1999）　高雄師範大學國文學系　博士論文　何淑貞教授指導　2001 年 6 月　頁 253—261

456. 蔡雅薰　陳若曦　從留學生到移民：臺灣旅美作家之小說析論 1960—1999　臺北　萬卷樓出版社　2001 年 12 月　頁 293—301

457. 張小弟　美國華文文學——陳若曦的小說創作　五洲華人文學概況　太原　山西教育出版社　2001 年 10 月　頁 221—225

458. 趙遐秋，呂正惠主編　新分離主義引爆的文壇統獨大論戰[26]　臺灣新文學思潮史綱　臺北　人間出版社　2002 年 6 月　頁 377—502

459. 王　敏　臺灣現代派小說群的崛起——聶華苓、於梨華、陳若曦　簡明臺灣文學史　北京　時事出版社　2002 年 6 月　頁 319—324

460. 王　靜　人生的三種書寫——讀陳若曦早期作品　臺灣研究集刊　2003 年第 1 期　2003 年 3 月　頁 101—106

461. 張新穎　論臺灣《文學雜誌》對西方現代主義的介紹——《文學雜誌》與現代小說創作〔陳若曦部分〕　文學的現代記憶　臺北　三民書局　2003 年 6 月　頁 35—37

462. 潘秀宜　幸福的彼岸——陳若曦小說的延續與轉變[27]　第七屆青年文學會議

---

[25] 本文後改篇名為〈陳若曦〉。

[26] 本文記述 60 年代以來有關「臺灣文學」論戰，評價葉石濤、陳映真、張良澤、陳芳明、彭瑞金、陳若曦等人對於「臺灣文學」主體論述。全文共 6 小節：1.「解嚴」前後的臺灣政局和新分離主義的逆流；2.從鄉土向本土轉移拋出了臺灣文學主體論；3.堅持臺灣文學的中國屬性批判自主性謬論；4.勾結日本反動學者美化「皇民文學」自掘墳墓；5.在多語言文學的幌子下扭曲臺語製造分裂；6.在臺灣新文學史的體系建構中為「臺獨」張目。

[27] 本文就藉由陳若曦小說中的「兩性關係」、「信仰議題」之「小我」，進而探討現實深層的黨國、法律的權力體系之「大我」，串聯以往小說中對階級壓迫的批判軸脈。全文分為：1.前言；2.追隨「黨主席」？；3.幸福的方向；4.結語。

　　　　　　　　論文集：臺灣文學的比較研究　臺北　文訊雜誌社　2003 年 11 月
　　　　　　　　頁 95—111

463. 王　靜　　陳若曦的傷痕記憶　沙洋師範高等專科學校學報　2003 年第 6 期
　　　　　　　　2003 年 12 月　頁 42—45

464. 蘇益芳　　五四文學精神的繼承與突破——戰後臺灣的現代文學發展——陳
　　　　　　　　若曦的小說：烏托邦的追尋與幻滅　夏志清與戰後臺灣的現代文
　　　　　　　　學批評　政治大學中國文學系　碩士論文　陳芳明教授指導
　　　　　　　　2004 年 4 月　頁 122—124

465. 王小華　　陳若曦、白先勇：穿行于現實政治與「烏托邦」原鄉之間　放逐
　　　　　　　　與追尋——論「無根一代」作家群的原鄉敘事　浙江師範大學中
　　　　　　　　國現當代文學所　碩士論文　范家進教授指導　2004 年　頁 16—
　　　　　　　　22

466. 樊洛平　　陳若曦——感時憂國的天下情懷　當代臺灣女性小說史論　鄭州
　　　　　　　　河南人民出版社　2005 年 2 月　頁 211—218

467. 樊洛平　　陳若曦——感時憂國的天下情懷　當代臺灣女性小說史論　臺北
　　　　　　　　臺灣商務印書館　2006 年 4 月　頁 236—244

468. 林麗琴　　臺灣女性文學發展概論〔陳若曦部分〕　黑河學刊　2005 年第 3
　　　　　　　　期　2005 年 5 月　頁 59

469. 王　靜　　傳統婦德的認同——陳若曦移民小說中的女性關注　湖南科技學
　　　　　　　　院學報　第 26 卷第 7 期　2005 年 7 月　頁 236—238

470. 古遠清　　極爲前衛的現代派作家——陳若曦　分裂的臺灣文學　臺北　海
　　　　　　　　峽學術出版社　2005 年 7 月　頁 82—83

471. 呂雅清　　性別角色的文化反思——海外華文女作家陳若曦婚戀小說簡述
　　　　　　　　名作欣賞　2005 年第 16 期　2005 年 8 月　頁 70—75

472. 黃萬華　　臺灣文學——小說（中）〔陳若曦部分〕　中國現當代文學‧第 1
　　　　　　　　卷（五四—1960 年代）　濟南　山東文藝出版社　2006 年 3 月
　　　　　　　　頁 471—472

473. 林淑媛　現代作家的朝聖書寫——以陳若曦、施叔青與鍾文音爲例[28]　臺灣
　　　旅遊文學論文集　臺北　五南圖書出版公司　2006 年 6 月　頁
　　　159—174

474. 李奭學　驚醒的中國夢——讀陳若曦的文革小說　聯合文學　第 261 期
　　　2006 年 7 月　頁 46—48

475. 蘇偉貞　第一代張派作家〔陳若曦部分〕　描紅：臺灣張派作家世代論
　　　臺北　三民書局　2006 年 9 月　頁 102—110

476. 寧　敏　政治情結纏繞下的陳若曦　多重視角觀照下的「文革」記憶　鄭
　　　州大學中國現當代文學所　碩士論文　樊洛平教授指導　2006 年
　　　頁 8—12

477. 黃文倩　小我的存在與批判——論陳若曦文革小說的女性書寫　第三屆環
　　　中國海漢學研討會　臺北　環中國海研究學會，淡江大學中國文
　　　學系　2007 年 6 月 29 日

478. 張雪媃　歸：陳若曦遍尋桃花源[29]　臺灣近五十年現代小說論文集　高雄
　　　中山大學文學院，人文社會科學中心　2007 年 8 月　頁 177—198

479. 張雪媃　歸：陳若曦遍尋桃花源　當代華文女作家論　臺北　新銳文創
　　　2013 年 5 月　頁 31—69

480. 朱立立　在中國想像與美國想像之間：臺灣旅美文群認同問題研究——民
　　　族意識與家國政治的辯證：陳若曦、張系國小說分析　身分認同
　　　與華文文學研究　上海　上海三聯書店　2008 年 3 月　頁 89—97

481. 葉石濤　七〇年代臺灣文學的回顧〔陳若曦部分〕　葉石濤全集・隨筆卷
　　　二　臺南，高雄　國立臺灣文學館，高雄市文化局　2008 年 3 月

---

[28] 本文以陳若曦、施叔青與鍾文音三者的作品爲探索對象，分析其旅行動機與體驗。全文共 5 小節：1.嚴肅的旅行：宗教朝聖紀行；2.陳若曦的聖地凝視：與異文化相遇；3.施叔青的祖庭凝視：歸家的路與集體記憶的建構；4.鍾文音的凝視印度：旅行書寫與多重時空的建構；5.結論：略論聖地紀行與書寫的風格。

[29] 本文探討陳若曦從少年陳秀美到作家陳若曦的過程，及其近年來作品所描述的臺灣女性。全文共小節：1.引言；2.陳若曦眼中的臺灣及日本；3.奔赴中國和離開中國；4.陳若曦筆下的臺灣女性；5.結語：遍尋桃花源。

頁 62—64

482. 范銘如　　臺灣現代主義女性小說〔陳若曦部分〕　眾裡尋她：臺灣女性小
　　　　　　　說縱論　臺北　麥田・城邦文化出版　2008 年 9 月　頁 94—97

483. 尤作勇　　「現代文學」的歧路——白先勇、陳若曦比較論　社會科學研究
　　　　　　　2009 年第 3 期　2009 年 5 月　頁 185—188

484. 古遠清　　陳若曦：開傷痕文學之先河　海峽兩岸文學關係史　福州　福建
　　　　　　　人民出版社　2010 年 4 月　頁 78—81

485. 李曉鷗　　直面現實：「無根的一代」的宏大敘事〔陳若曦部分〕　美國華
　　　　　　　文文學文革題材小說研究　廣西師範大學中國現當代文學研究所
　　　　　　　碩士論文　雷銳教授指導　2010 年 4 月　頁 9—16

486. 陳靜宜　　情慾・毀滅・流離：歐陽子、陳若曦、於梨華、孟絲小說的母親
　　　　　　　書寫[30]　逆寫慈母——臺灣戰後女性小說的母親書寫研究　臺中
　　　　　　　白象文化　2010 年 12 月　頁 197—284

487. 錢　虹　　從「不幸的夏娃」到「自覺的信女」——論中國臺灣女作家陳若
　　　　　　　曦小說中的女性形象　南開學報　2010 年第 6 期　2010 年　頁 15
　　　　　　　—23

488. 應鳳凰，傅月庵　　陳若曦——《尹縣長》　冊頁流轉——臺灣文學書入門
　　　　　　　108　臺北　印刻文學生活雜誌出版公司　2011 年 3 月　頁 82—
　　　　　　　83

489. 王　靜　　突圍與回歸——陳若曦小說的創作階段及其主題分析　華北水利
　　　　　　　水電學院學報　第 27 卷第 2 期　2011 年 4 月　頁 76—79

490. 何與懷　　陳若曦：堅持信念，一生無悔——從她的力作《尹縣長》談起[31]
　　　　　　　華文文學　2011 年第 4 期　2011 年 8 月　頁 28—34

---

[30] 本文討論歐陽子、陳若曦、於梨華、孟絲小說中的母親書寫。全文共 4 小節：1.現代主義女性文學的拓荒精神；2.重現母親的情慾之聲；3.惡母，人性的幽暗探索；4.流離的母群。

[31] 本文探討陳若曦人生經驗與創作歷程間的關係。全文共 5 小節：1.《尹縣長》：「傷痕文學」的開山之作；2.煉獄：沒有在中國大陸七年，就沒有後來的陳若曦；3.深邃的思想與高明的藝術表達：選入「二十世紀中文小說一百強」的《尹縣長》；4.作家與社會擔當：作為「政治動物」的陳若曦；5.強烈的政治意識與強烈的女性意識：從《尹縣長》到《慧心蓮》。

491. 何與懷　陳若曦：堅持信念，一生無悔──從她的名著《尹縣長》談起
　　　海這邊，海那邊──世界華文女作家掠影　臺北　秀威資訊科技
　　　公司　2011 年 11 月　頁 1─21

492. 李曉鷗　五四傳統的奇妙上演──當臺灣「無根的一代」作家表述文章
　　　〔陳若曦部分〕　華文文學　2011 年第 4 期　2011 年 8 月　頁 36
　　　─37

493. 陳芳明　80 年代回歸臺灣的海外文學──陳若曦：痛心疾首的面對理想
　　　文訊雜誌　第 310 期　2011 年 8 月　頁 13─14

494. 陳素芳　因為堅持，所以無悔　第十六屆國家文藝獎頒獎典禮專刊　臺北
　　　財團法人國家文化藝術基金會　2011 年 9 月　頁 46─53

495. 陳芳明　眾神喧嘩：臺灣文學的多重奏──一九八〇年代回歸臺灣的海外
　　　文學〔陳若曦部分〕　臺灣新文學史　臺北　聯經出版社　2011
　　　年 10 月　頁 690─692

496. 陳徵毅　才華洋溢‧享譽國際──國家文藝獎得主──陳若曦　全國新書
　　　資訊月刊　第 154 期　2011 年 10 月　頁 84─90

497. 張曉明　陳若曦早期作品中的女性形象　第 26 屆南區中文系碩博士生論文
　　　發表會　嘉義　南華大學文學系主辦　2011 年 11 月 26 日

498. 張曉風編　陳若曦　Contemporary Taiwanese Literature and Art Series──
　　　Short Stories（當代臺灣文學藝術系列──小說卷）　臺北　中華
　　　民國筆會　2011 年 12 月　頁 116

499. 曾巧雲　陳若曦：以筆見證歷史‧直面社會現實，榮獲國家文藝獎　2011
　　　年臺灣文學年鑑　臺南　國立臺灣文學館　2012 年 11 月　頁 162

500. 胡冬智　淺析陳若曦筆下的男性形象　太原大學學報　第 14 卷第 1 期
　　　2013 年 3 月　頁 64─66

分論

◆單行本作品

散文

《文革雜憶》

501. 鄭永孝　　《文革雜憶》的政治與文學　陳若曦的世界　臺北　書林出版公司　1985 年 5 月　頁 79—102

《無聊才讀書》

502. 葉石濤　　《無聊才讀書》——簡介陳若曦的散文集　成功時報　1985 年 2 月 11 日　11 版

503. 葉石濤　　《無聊才讀書》——簡介陳若曦的散文集　葉石濤全集・評論卷三　臺南，高雄　國立臺灣文學館，高雄市文化局　2008 年 3 月　頁 247—250

《青藏高原的誘惑》

504. 〔博益編輯委員會〕　　作者簡介　青藏高原的誘惑　香港　博益出版公司　1990 年 1 月　〔1〕頁

505. 〔博益編輯委員會〕　　博益的話　青藏高原的誘惑　香港　博益出版公司　1990 年 1 月　〔1〕頁

506. 鹿憶鹿　　走看九〇年代的女性旅行文學——他鄉與故國——故國親遊的旅行文學〔《青藏高原的誘惑》部分〕　走看臺灣九〇年代的散文　臺北　學生書局　1998 年 4 月　頁 134

《柏克萊傳真》

507. 〔趙德強主編〕　　編者話　柏克萊傳真　香港　勤十緣出版社　1992 年 12 月　〔2〕頁

《打造桃花源》

508. 小　民　　若曦和她的文章　青年日報　1998 年 10 月 15 日　15 版

509. 小　民　　陳若曦和她的文章　書評雜誌　第 39 期　1999 年 4 月　頁 14—15

510. 小　民　　若曦和她的文章　打造桃花源　臺北　臺明文化公司　1999 年 6 月　頁 3—5

《歸去來》

511. 陳素芳　　陳若曦著作選讀及書影──《歸去來》　第十六屆國家文藝獎頒
　　　　　　　獎典禮專刊　臺北　財團法人國家文化藝術基金會　2011 年 9 月
　　　　　　　頁 54

《堅持・無悔：陳若曦七十自述》

512. 黃詠梅　　一代俠女陳若曦──與她的《堅持・無悔：陳若曦七十自述》
　　　　　　　文訊雜誌　第 300 期　2010 年 10 月　頁 122—123

513. 陳素芳　　陳若曦著作選讀及書影──《堅持無悔：陳若曦七十自述》　第
　　　　　　　十六屆國家文藝獎頒獎典禮專刊　臺北　財團法人國家文化藝術
　　　　　　　基金會　2011 年 9 月　頁 55

小說
《招魂》

514. 仙　枝　　陳若曦的《招魂》　中央日報　1999 年 7 月 26 日　22 版

《尹縣長》

515. 域外人　　批判的文學　中國時報　1975 年 3 月 22 日　12 版

516. 項青〔應鳳凰〕　　恐懼與掙扎──讀陳若曦短篇小說集《尹縣長》　書評
　　　　　　　書目　第 37 期　1976 年 5 月　頁 34—37

517. 王集叢　　「覺醒文藝論」──評《尹縣長》　文壇　第 192 期　1976 年 6
　　　　　　　月　頁 8—13

518. 王集叢　　覺醒文藝論　王集叢自選集　臺北　黎明文化公司　1978 年 5 月
　　　　　　　頁 25—31

519. 弦外音　　研讀《尹縣長》的內涵　臺灣日報　1976 年 10 月 6 日　9 版

520. 楊祖漢　　讀《尹縣長》有感　鵝湖　第 2 卷第 6 期　1976 年 12 月　頁 44
　　　　　　　—45

521. 劉習華　　談陳若曦的《尹縣長》　書評書目　第 45 期　1977 年 1 月　頁
　　　　　　　135—144

522. 尼　洛　　清涼的訪客──評陳若曦的《尹縣長》全集（上、下）　中央日
　　　　　　　報　1977 年 7 月 5—6 日　10 版

523. 鄭永孝　陳若曦的回憶——《尹縣長》的情節與結構（上、下）　中外文學　第 6 卷第 3—4 期　1977 年 8，9 月　頁 124—130，118—130

524. 鄭永孝　陳若曦的回憶——《尹縣長》的情節與結構　陳若曦的世界　臺北　書林出版公司　1985 年 5 月　頁 27—48

525. 白先勇　烏托邦的追尋與幻滅　中國時報　1977 年 11 月 1 日　12 版

526. 白先勇　烏托邦的追尋與幻滅——論《尹縣長》　海外學人　第 65 期　1977 年 12 月　頁 11—16

527. 白先勇　烏托邦的追尋與幻滅　驀然回首　臺北　爾雅出版社　1978 年 9 月　頁 103—118

528. 白先勇　烏托邦的追尋與幻滅　中華現代文學大系（臺灣 1970—1989）評論卷（壹）　臺北　九歌出版社　1989 年 5 月　頁 353—364

529. 白先勇　烏托邦的追尋與幻滅　尹縣長　臺北　九歌出版社　2005 年 4 月　頁 15—29

530. 白先勇　烏托邦的追尋與幻滅　白先勇作品集・樹猶如此　臺北　天下遠見出版公司　2008 年 9 月　頁 180—192

531. 夏　陽　《尹縣長》的教育作用　今日中國　1977 年第 12 期　1977 年 12 月　頁 128—131

532. 思　恆　我讀《尹縣長》　愛書人　第 62 期　1978 年 1 月　3 版

533. 思　恆　我讀《尹縣長》　讀書筆記　臺北　出版家文化公司　1978 年 2 月　頁 203—206

534. 王集叢　陳若曦的影響力　青年戰士報　1978 年 4 月 29 日　11 版

535. 歐陽鳴　《尹縣長》——中國的比利巴德　中國時報　1978 年 7 月 1 日　2 版

536. 邱秀文　《尹縣長》英譯本出版　中國時報　1978 年 7 月 1 日　2 版

537. 黃　驤　陳若曦《尹縣長》及其他　聯合報　1978 年 7 月 1 日　12 版

538. 韋克曼（Wakeman Frederic）著；黃驤譯　中國大陸的真相——評陳若曦《尹縣長》及其他（1—4）　聯合報　1978 年 7 月 5—8 日　12

版

539. Wakeman Frederic 著；朱成譯　　大陸真相：英譯陳若曦《尹縣長》書評　中
　　　國時報　1978 年 7 月 6 日　12 版

540. 韋克曼著；朱成譯　　大陸的真相──英譯《尹縣長》書評　海外學人　第
　　　73 期　1978 年 8 月　頁 52─59

541. Wakeman Frederic 著；黃驤譯　　中國大陸的真相──評《尹縣長》及其他
　　　文學思潮　第 2 期　1978 年 9 月　頁 63─78

542. 韋克曼著；劉紹銘譯　　大陸的真相──英譯《尹縣長》書評　涕淚交零的
　　　現代中國文學　臺北　遠景出版公司　1979 年 11 月　頁 161─
　　　177

543. 尼　洛　　從陳若曦《尹縣長》英譯本發行說起──兼對西蒙列斯的序文表
　　　示些意見（上、中、下）　聯合報　1978 年 7 月 27─29 日　12，
　　　15 版

544. 尼　洛　　從陳若曦《尹縣長》英譯本發行說起──兼對西蒙列斯的序文表
　　　示些意見　文學思潮　第 2 期　1978 年 9 月　頁 115─127

545. 〔海外文摘〕　　大陸真相──英譯《尹縣長》書評　海外文摘　第 360 期
　　　1978 年 7 月　頁 11─15

546. 歐陽鳴　英美書評對陳若曦與夏之炎的評價　中國時報　1978 年 8 月 1 日
　　　12 版

547. 殷張蘭熙講；胡子丹記　　我英譯《尹縣長》之經過　聯合報　1978 年 8 月
　　　28 日　12 版

548. 顏元叔　我國當前的社會寫實主義小說〔《尹縣長》部分〕　社會寫實文
　　　學及其他　臺北　巨流圖書公司　1978 年 8 月　頁 73─78

549. 黃　驤　陳若曦著《尹縣長及其他》英譯本在西方文壇的迴響　幼獅文藝
　　　第 297 期　1978 年 9 月　頁 4─18

550. 文　儀　中共的古拉格群島──《尹縣長》　愛書人　第 104 期　1979 年
　　　3 月 11 日　1 版

551. 祝仲義　這兩個中國人的書——陳若曦《尹縣長》、張旭成《中共的權力與政策》　中國時報　1979 年 5 月 16 日　12 版

552. 方念國　血肉凝鍊的匕首——無辜就死的《尹縣長》　民聲日報　1979 年 5 月 16 日　11 版

553. 方念國　血肉凝鍊的匕首——無辜就死的《尹縣長》　左中青年　第 5 期　1983 年 12 月 25 日　頁 85—88

554. 尼　洛　《尹縣長》的社會背景　中華文藝　第 99 期　1979 年 5 月　頁 27—33

555. 尼　洛　《尹縣長》的社會背景　明道文藝　第 38 期　1979 年 5 月　頁 79—83

556. 彭　歌　譯者的貢獻　作家的童心　臺北　聯合報社　1979 年 11 月　頁 33—35

557. 胡秋原　陳若曦女士的《尹縣長》　文學藝術論集（下）　臺北　學術出版社　1979 年 11 月　頁 1241—1242

558. 李瑞騰　讓人恢復人的尊嚴吧！　披文入情　臺北　蘭亭書局　1984 年 10 月　頁 141—143

559. 郭明福　煉獄速寫　琳瑯書滿目　臺北　爾雅出版社　1985 年 7 月　頁 45—48

560. 夢　花　陳若曦的成名作——《尹縣長》　南京日報　1985 年 8 月 6 日　3 版

561. 金　兆　墨未濃的《尹縣長》　聯合文學　第 15 期　1986 年 1 月　頁 173—175

562. 呂正惠　夏日炎炎書解悶——好書推薦——現代小說書單——陳若曦《尹縣長》　國文天地　第 39 期　1988 年 8 月　頁 26

563. 萬榮華　《尹縣長》　中國時報　1993 年 8 月 7 日　22 版

564. 鄭健立　《尹縣長》　瀚海觀潮　臺北　文建基金會　1997 年 5 月　頁 44—46

565. 黃克全　陳若曦《尹縣長》　永恆意象：經典名作導讀　臺北　爾雅出版社　1998 年 7 月　頁 24

566. 王　韜　尋夢與夢魘——評陳若曦小說集《尹縣長》　世界華文文學論壇　1999 年第 4 期　1999 年 12 月　頁 61—63

567. 許子東　《尹縣長》：海外讀書人的「文革故事」　當代小說與集體記憶：敘述文革　臺北　麥田出版公司　2000 年 7 月　頁 280—286

568. 應鳳凰　陳若曦小說集《尹縣長》　明道文藝　第 305 期　2000 年 8 月　頁 48—53

569. 應鳳凰　陳若曦小說集《尹縣長》　國語日報　2001 年 6 月 16 日　5 版

570. 應鳳凰　陳若曦的《尹縣長》　臺灣文學花園　臺北　玉山社出版公司　2003 年 1 月　頁 83—87

571. 應鳳凰　臺灣文學研究在美國——七〇年代末迄今——第一階段：從七〇年代說起〔《尹縣長》部分〕　臺灣文學評論　第 4 卷第 2 期　2004 年 4 月　頁 151—152

572. 陳雨航　生命經歷，小說完成　尹縣長　臺北　九歌出版社　2005 年 4 月　頁 11—13

573. 陳雨航　生命經歷，小說完成　尹縣長　臺北　九歌出版社　2011 年 9 月　頁 11—13

574. 周靜宜　論陳若曦《尹縣長》中的文革悲歌　臺灣文學評論　第 5 卷第 4 期　2005 年 10 月　頁 49—64

575. 袁良駿　「新移民」作家群的小說創作（二）——陳若曦《尹縣長》及其他「文化大革命」小說　香港小說流派史　福州　福建人民出版社　2008 年 1 月　頁 99—104

576. 陳素芳　陳若曦著作選讀及書影——《尹縣長》　第十六屆國家文藝獎頒獎典禮專刊　臺北　財團法人國家文化藝術基金會　2011 年 9 月　頁 54

《陳若曦自選集》

577. 弦外音　　《陳若曦自選集》雜感　臺灣日報　1977 年 1 月 26 日　9 版

《歸》

578. 朱　炎　　我看一年來的小說〔《歸》部分〕　酒入愁腸總成淚　臺北　大
　　　　　　　地出版社　1981 年 4 月　頁 28—30

579. 鄭永孝　　《赤地之戀》與《歸》的結局——論長篇小說敘述藝術（上、
　　　　　　　中、下）　中華文化復興月刊　第 15 卷第 3—5 期　1982 年 3—5
　　　　　　　月　頁 69—72，67—72，67—72

580. 鄭永孝　　《赤地之戀》與《歸》的結局——論長篇小說的敘述藝術　陳若
　　　　　　　曦的世界　臺北　書林出版公司　1985 年 5 月　頁 123—153

581. 亞　菁　　依長篇小說的觀點檢視陳若曦的《歸》　現代文學評論　臺北
　　　　　　　東大圖書公司　1983 年 2 月　頁 142—147

582.〔左中青年〕　流出鐵幕的一股細流——仰望自由的《歸》　左中青年
　　　　　　　第 5 期　1983 年 12 月　頁 92—94

583. 彭瑞金　　吳濁流・陳若曦・亞細亞的孤兒　文學界　第 14 期　1985 年 5 月
　　　　　　　頁 93—104

584. 彭瑞金　　吳濁流・陳若曦・亞細亞的孤兒　文星　第 116 期　臺北　前衛
　　　　　　　出版社　2003 年 4 月　頁 203—218

585. 吳璧雍　　回歸與鄉愁——試評陳若曦的《歸》　文星　第 116 期　1988 年
　　　　　　　2 月　頁 95—99

586. 王德威　　小說創作與文化生產——聯副中長篇小說二十年〔《歸》部分〕
　　　　　　　聯合報　1996 年 11 月 10 日　37 版

587. 蔡雅薰　　前現代遊記，後現代旅行——從「遊」的觀點看臺灣旅美作家的
　　　　　　　遊記體小說〔《歸》部分〕　世界華文文學新世界　臺北　世界
　　　　　　　華文作家協會　2003 年 3 月　頁 47—65

《老人》

588. 鄭永孝　　評介陳若曦的《老人》　書評書目　第 65 期　1978 年 9 月　頁
　　　　　　　39—45

589. 鄭永孝　　評陳若曦的《老人》　陳若曦的世界　臺北　書林出版公司
　　　1985 年 5 月　頁 71—78

590. 〔左中青年〕　　無情的箝制——滄桑的《老人》　左中青年　第 5 期
　　　1983 年 12 月　頁 89—91

《尹縣長及其他》

591. David Lattimore　　Chinese Samizdat〔《尹縣長及其他》部分〕　N.Y.Times
　　　Book Review（紐約時報書評週刊）　1978 年 6 月 11 日　頁 20—
　　　21

592. Leo Ou-fan Lee　　Dissent Literature from the Cultural Revolution〔《尹縣長及
　　　其他》部分〕　CLEAR　第 1 期　1979 年 1 月　頁 59—79

《城裡城外》

593. 葉石濤　　談《城裡城外》　臺灣時報　1982 年 5 月 22 日　12 版

594. 葉石濤　　談《城裡城外》　小說筆記　臺北　前衛出版社　1983 年 9 月
　　　頁 77—83

595. 葉石濤　　談《城裡城外》　葉石濤全集・評論卷二　臺南，高雄　國立臺
　　　灣文學館，高雄市文化局　2008 年 3 月　頁 233—239

596. 方十三　　看《城裡城外》　臺灣時報　1982 年 11 月 23 日　12 版

597. 吳玉杏　　論陳若曦《城裡城外》中的後殖民情境　木柵高工學報　第 12 期
　　　2008 年 4 月　頁 119—135

《突圍》

598. 夢　花　　一幅畸形社會的真實圖畫——評陳若曦的新作《突圍》　文教資
　　　料簡報　1984 年第 1 期　1984 年 1 月　頁 101

599. 夢　花　　一幅畸形社會的真實圖畫——評陳若曦的新作《突圍》　新文學
　　　論叢　1985 年第 4 期　1985 年 12 月　頁 50—55

600. 蔡雅薰　　旅美學人形貌〔《突圍》部分〕　從留學生到移民：臺灣旅美作
　　　家之小說論析　臺北　萬卷樓圖書公司　2001 年 12 月　頁 119

《遠見》

601. 浩　漢　　陳若曦《遠見》些什麼？　龍旗　第 37 期　1984 年 3 月　頁 44 —46

602. 蕭錦綿　　遠看《遠見》　新書月刊　第 8 期　1984 年 5 月　頁 44—47

603. 李華飛　　「三通」與「三情」的交融：評臺灣女作家陳若曦的長篇小說《遠見》　文史雜誌　1988 年第 5 期　1988 年 10 月　頁 17—19

604. 張立國　　中西文化碰撞傳統現代交融——試論陳若曦《遠見》的文化意蘊　東北師大學報　1995 年第 4 期　1995 年 7 月　頁 74—78，84

605. 馬　珂　　多重生命體驗下的人生遠見——論臺灣旅美作家陳若曦小說《遠見》　南都學壇　第 28 卷第 3 期　2008 年 5 月　頁 48—49

《陳若曦小說選》

606. 夢　花　　評《陳若曦小說選》　文藝報　1984 年第 9 期　1984 年 9 月　頁 27—28

《二胡》

607. 陳信元　　七十四年八月—九月文學出版——陳若曦《二胡》　文訊雜誌　第 20 期　1985 年 10 月　頁 296

608. 潘亞暾，汪義生　　陳若曦的長篇新作《二胡》　當代文壇　1986 年第 5 期　1986 年 5 月　頁 58

609. 莫靈平　　中國的離亂曲《二胡》——談陳若曦的一本長篇小說　自立晚報　1986 年 6 月 29 日　10 版

610. 林承璜　　心靈的光輝的輻射——薦陳若曦長篇小說《二胡》　廈門日報　1986 年 7 月 18 日　4 版

611. 梁若梅　　評陳若曦的長篇小說《二胡》　蘭州大學學報　1987 年第 2 期　1987 年 4 月　頁 94—101

612. 梁若梅　　別有深情一萬重——評陳若曦的《二胡》　四海—— 港臺與海外華文文學　第 6 期　1990 年 12 月　頁 113—119

613. 蔡雅薰　　移民老人〔《二胡》部分〕　從留學生到移民：臺灣旅美作家之小說論析　臺北　萬卷樓圖書公司　2001 年 12 月　頁 136—137

《紙婚》

614. 純人，鐵燹　　人性：回歸與超越——讀陳若曦的《紙婚》　文藝評論
　　　　1988 年第 2 期　1988 年 4 月　頁 87—89，19

615. 王震亞　　天然生出的花枝——陳若曦與《紙婚》　臺灣小說二十家　北京
　　　　北京出版社　1993 年 12 月　頁 324—337

616. 紀大偉　　臺灣小說中男同性戀的性與流放〔《紙婚》部分〕　臺灣當代情
　　　　色文學論：蕾絲與鞭子的交歡　臺北　時報文化出版公司　1997
　　　　年 3 月　頁 139—144

617. 蔡雅薰　　小留學生〔《紙婚》部分〕　從留學生到移民：臺灣旅美作家之
　　　　小說論析　臺北　萬卷樓圖書公司　2001 年 12 月　頁 143

618. 呂雅清　　夾縫間的生存　世界華文文學論壇　2002 年第期　2002 年 3 月
　　　　頁 71—75

619. 朱偉誠　　另類經典——臺灣同志文學（小說）史論〔《紙婚》部分〕　臺
　　　　灣同志小說選　臺北　二魚文化事業公司　2005 年 6 月　頁 19

620. 湯淑敏　　真善美的激情頌歌——評介陳若曦的《紙婚》　紙婚　南京　江
　　　　蘇文藝出版社　2010 年 11 月　頁 253—259

621. 陳素芳　　陳若曦著作選讀及書影——《紙婚》　第十六屆國家文藝獎頒獎
　　　　典禮專刊　臺北　財團法人國家文化藝術基金會　2011 年 9 月
　　　　頁 54

622. 林秀蓉　　汙名與除名：臺灣小說「性病」之敘事意涵——愛滋魅影的流動
　　　　——社會網絡的他者〔《紙婚》部分〕　眾身顯影：臺灣小說疾
　　　　病敘事意涵之探究（1929—2000）　高雄　春暉出版社　2013 年
　　　　2 月　頁 177

《草原行》

623. 楚　戈　　小說家的素描集——我看陳若曦的《草原行》　中國時報　1988
　　　　年 7 月 13 日　18 版

624. 楚　戈　　小說家的素描集——我看陳若曦的《草原行》　草原行　臺北

時報文化出版公司　1988 年 7 月　頁 5—12

《走出細雨濛濛》

625. 王德威　海外華人的悲歡紀事——評陳若曦的《走出細雨濛濛》　眾聲喧
嘩以後：點評當代中文小說　臺北　麥田出版公司　2001 年 10 月
頁 319—323

《王左的悲哀》

626. 甄艷慈　刻劃醜陋人性，希望移風易俗——陳若曦的短篇小說集《王左的
悲哀》　明報月刊　第 357 期　1995 年 9 月　頁 120

《女兒的家》

627. 簡瑛瑛　序——處處是女兒家　女兒的家　臺北　探索文化公司　1999 年
2 月　〔4〕頁

628. 簡瑛瑛　處處是女兒家：陳若曦《女兒的家》代序　飛天之女：跨國影像
藝術與另類女性書寫　臺北　臺灣商務印書館　2008 年 4 月　頁
160—164

629. 葉石濤　陳若曦《女兒的家》　民眾日報　2000 年 1 月 13 日　19 版

630. 葉石濤　陳若曦的《女兒的家》　舊城瑣記　高雄　春暉出版社　2000 年
9 月　頁 119—120

631. 葉石濤　陳若曦的《女兒的家》　葉石濤全集·評論卷六　臺南，高雄
國立臺灣文學館，高雄市文化局　2008 年 3 月　頁 67—68

632. 詹　悟　陳若曦的《女兒的家》真好　明道文藝　第 301 期　2001 年 4 月
頁 124—128

633. 詹　悟　陳若曦的《女兒的家》真好　風簷展書讀　南投　南投縣文化局
2001 年 12 月　頁 140—147

《慧心蓮》

634. 廖螢光　陳若曦《慧心蓮》打造心靈桃花源　九歌雜誌　第 239 期　2001
年 2 月　2 版

635. 曹銘宗　潛研佛教，陳若曦創作《慧心蓮》小說　聯合報　2001 年 2 月 22

日　14 版

636. 夏培文　微妙香洁的寶蓮花——讀陳若曦小說《慧心蓮》　世界華文文學論壇　2002 年第 2 期　2002 年 6 月　頁 40—43

637. 蔣美華　獅子吼——從陳若曦《慧心蓮》考察當代臺灣比丘尼弘法利生志業　彰化師範大學文學院學報　第 1 期　2002 年 11 月　頁 283—311

638. 陳素芳　陳若曦著作選讀及書影——《慧心蓮》　第十六屆國家文藝獎頒獎典禮專刊　臺北　財團法人國家文化藝術基金會　2011 年 9 月　頁 55

◆多部作品

《歸》、〈尹縣長〉、〈老人〉

639. 馬叔禮　話說陳若曦〔《歸》、〈尹縣長〉、〈老人〉〕　七月流火　臺北　皇冠出版社　1978 年 11 月　頁 102—106

640. 馬叔禮　話說陳若曦〔《歸》、〈尹縣長〉、〈老人〉〕　文明之劍　臺北　三三書坊　1980 年 6 月　頁 199—203

《生活隨筆》、《城裡城外》

641. 應鳳凰　忙碌的十月天——出版街十月份出版市場巡禮〔《生活隨筆》、《城裡城外》部分〕　臺灣時報　1981 年 11 月 14 日　12 版

《歸》、《突圍》和《遠見》

642. 民　琪　尋回自己——讀陳若曦的《歸》、《突圍》和《遠見》　文學界　第 14 期　1985 年 5 月　頁 116—119

《向著太平洋彼岸》、《遠見》、《紙婚》

643. 蔡雅薰　八〇年代臺灣旅美作家移民小說內容〔《向著太平洋彼岸》、《遠見》、《紙婚》部分〕　從留學生到移民：臺灣旅美作家之小說論析　臺北　萬卷樓圖書公司　2001 年 12 月　頁 99

《歸》、〈路口〉

644. 蔡雅薰　旅美小說中不同層面的回歸主題〔《歸》、〈路口〉部分〕　從

留學生到移民：臺灣旅美作家之小說論析　臺北　萬卷樓圖書公
司　2001 年 12 月　頁 178—179

《慧心蓮》、《重返桃花源》

645. 丁　敏　　陳若曦佛教小說中女性形象與主體意識——以《慧心蓮》、《重
返桃花源》爲探討[32]　第三屆印順導師思想之理論與實踐學術研討
會　財團法人弘誓文教基金會　2002 年 4 月 20—21 日

646. 丁　敏　　陳若曦佛教小說中女性生命情境之探討——以《慧心蓮》、《重
返桃花源》爲中心　光武通識學報　第 1 期　2004 年 3 月　頁 15
—53

647. 周芬伶　　傳統性與假定性——佛化小說的人間理想——深情大愛——陳若
曦佛教小說的桃花源《慧心蓮》與《重返桃花源》　聖與魔——
臺灣戰後小說的心靈圖像（1945—2006）　臺北　印刻出版公司
2007 年 3 月　頁 186—193

《向著太平洋彼岸》、《二胡》、《突圍》、〈客自故鄉來〉

648. 尹曉煌著；徐穎果譯　　種族‧階級‧性別——論美國華文文學的主題和素
材〔《向著太平洋彼岸》、《二胡》、《突圍》、〈客自故鄉
來〉部分〕　華文文學　2010 年第 3 期　2010 年 6 月　頁 32—44

單篇作品

649. 詹宏志　　原則與利益——評介陳若曦的〈路口〉　書評書目　第 87 期
1980 年 7 月　頁 11—21

650. 詹宏志　　原則與利益——評介陳若曦的作品〈路口〉　兩種文學心靈　臺
北　皇冠出版社　1986 年 1 月　頁 79—100

651. 高天生　　書簡〔〈路口〉〕　書評書目　第 89 期　1980 年 9 月　頁 83—
85

652. 駱　梵　　從〈路口〉引發的討論　書評書目　第 90 期　1980 年 10 月　頁

---

[32]本文探究《慧心蓮》、《重返桃花源》二部小說之女性生命情境。全文共 4 小節：1.前言；2.《慧
心蓮》之探討；3.《重返桃花源》之探討；4.結論。

83—86

653. 高天生　〈路口〉餘塵　書評書目　第 91 期　1980 年 10 月　頁 65—68

654. 葉石濤　論一九八〇年的臺灣小說〔〈路口〉部分〕　民眾日報　1981 年
4 月 12 日　12 版

655. 葉石濤　論一九八〇年的臺灣小說〔〈路口〉部分〕　葉石濤全集・隨筆
卷一　臺南，高雄　國家臺灣文學館，高雄市文化局　2008 年 3
月　頁 269－270

656. 詹宏志　在我們的時代裡——《六十九年短篇小說選》編選序言〔〈路
口〉部分〕　臺灣時報　1981 年 5 月 28 日　12 版

657. 詹宏志　在我們的時代裡——《六十九年短篇小說選》編序〔〈路口〉部
分〕　年度小說選資料篇　臺北　爾雅出版社　1983 年 2 月　頁
98

658. 詹宏志　在我們的時代裡編序〔〈路口〉部分〕　六十九年短篇小說選
臺北　爾雅出版社　1982 年 3 月　頁 6

659. 彭瑞金　走出歷史的迷津〔〈路口〉〕　民眾日報　1981 年 7 月 2 日　12
版

660. 彭瑞金　走出歷史的迷津〔〈路口〉〕　瞄準臺灣作家　高雄　派色文化
出版社　1992 年 7 月　頁 217—224

661. 詹宏志　〈路口〉評介　六十九年短篇小說選　臺北　爾雅出版社　1982
年 3 月　頁 117—121

662. 詹宏志　小說〔〈路口〉部分〕　中華民國文學年鑑 1980　臺北　時報文
化出版公司　1982 年 11 月　頁 18

663. 周慶塘　反映臺灣現實的政治小說〔〈路口〉部分〕　80 年代臺灣政治小
說研究　臺灣大學中國文學系　博士論文　吳宏一教授指導
2003 年 6 月　頁 152—153

664. 〔彭瑞金選編〕　〈路口〉賞析　國民文選・小說卷 3　臺北　玉山社出版
公司　2004 年 7 月　頁 225—226

665. 鍾文榛　臺灣現代小說前階段所透顯得孤獨與疏離——負向型孤獨與正向型孤獨的綜合體現——孤獨於國民政府來臺時期文學中的表現〔〈路口〉部分〕　孤獨與疏離：從臺灣現代小說透視時代心靈的變遷　臺北　秀威資訊科技　2012年12月　頁142—147

666. 寒　爵　〈晶晶的生日〉讀後　中國時報　1976年2月15日　12版

667. 蔡丹治　一齣該受詛咒的悲劇——評陳若曦的〈晶晶的生日〉（上、下）聯合報　1976年5月20—21日　12版

668. 尼　洛　暴政一句詩——評陳若曦的〈晶晶的生日〉（上、中、下）　中國時報　1976年12月25—27日　12版

669. 尼　洛　暴政一句詩——評陳若曦的〈晶晶的生日〉　海外學人　第69期1978年4月　頁9—17

670. 林黛嫚　〈晶晶的生日〉作品賞析　臺灣現代文選小說卷　臺北　三民書局　2005年5月　頁148—147

671. 施俊洲　導讀〈晶晶的生日〉　二十世紀臺灣文學金典・小說卷・戰後時期第一部　臺北　聯合文學出版社　2006年1月　頁280—281

672. 邱貴芬　政治小說：勾勒願景與希望〔〈晶晶的生日〉〕　臺灣政治小說選　臺北　二魚文化公司　2006年8月　頁13—14

673. 寒　爵　〈任秀蘭〉讀後　中國時報　1976年2月20日　12版

674. 尼　洛　就是那樣反覆無常——評介陳若曦的〈任秀蘭〉（上、下）　青年戰士報　1977年7月29—30日　11，12版

675. 立　一　〈任秀蘭〉之死　青年戰士報　1977年8月8日　11版

676. 寒　爵　〈查戶口〉讀後　中國時報　1976年2月22日　12版

677. 楚　軍　孩子眼中雞——讀陳若曦〈查戶口〉有感　聯合報　1976年2月22日　12版

678. 丁肇琴　〈查戶口〉讀後　明道文藝　第2期　1976年5月　頁157—160

679. 尼　洛　那個西門慶政權——評陳若曦的〈查戶口〉（上、中、下）　聯合報　1977年5月11—13日　12版

680. 白　圭　陳若曦筆下的南京蕩婦——評陳若曦《尹縣長》一書中的〈查戶口〉　藝文誌　第 155 期　1978 年 8 月　頁 47—49

681. 林冬燦　我看耿爾在「北京」〔〈耿爾在北京〉〕　中國時報　1976 年 3 月 18 日　12 版

682. 管　管　柳迎春、小金、耿爾——讀〈耿爾在北京〉　中國時報　1976 年 3 月 18 日　12 版

683. 張系國　浪子的變奏——試論「浪子文學」與「鄉土文學」的關係〔〈耿爾在北京〉部分〕　聯合報　1977 年 10 月 26 日　12 版

684. 張系國　浪子的變奏——試論「浪子文學」與「鄉土文學」的關係〔〈耿爾在北京〉部分〕　讓未來等一等吧　臺北　洪範書店　1984 年 1 月　頁 115—116

685. 胡菊人　陳若曦寫意識活動〔〈耿爾在北京〉〕　中國時報　1980 年 1 月 10 日　8 版

686. 古　弓　愛人不可愛〔〈耿爾在北京〉〕　中央日報　1980 年 12 月 26 日　12 版

687. 胡菊人　論心理描寫（〈耿爾在北京〉部分）　小說技巧　臺北　遠景出版社　1981 年 5 月　頁 60—62

688. 賴芳伶　簡析〈耿爾在北京〉　中國現代短篇小說選析 1　臺北　長安出版社　1984 年 2 月　頁 471—472

689. 仲　正　所敘事物要合乎情理〔〈耿爾在北京〉〕　文學史上最大疑案：莎士比亞作品真象　臺北　臺揚出版社　1992 年 5 月　頁 53—55

690. 洪醒夫　陳若曦——〈耿爾在北京〉賞析　洪醒夫全集‧評論卷　彰化　彰化縣文化局　2001 年 6 月　頁 151—153

691. 劉森堯　陳若曦：〈耿爾在北京〉——文學裡的北京圖像　聯合報　2005 年 10 月 23 日　E7 版

692. 莊宜文　重探改編自傷痕文學的反共電影——兼論八〇年代兩岸文學的歷史交錯與攻防對應〔〈耿爾在北京〉部分〕　臺灣文學研究學報

　　　　　　　　第 12 期　2011 年 4 月　頁 76—79

693. 余光夏　　夏志清論臺灣小說〔〈最後夜戲〉部分〕　聯合報　1976 年 6 月
　　　　　　　　11 日　12 版

694. 佟志華　　〈最後夜戲〉作品鑒賞　臺港小說鑒賞辭典　北京　中央民族學
　　　　　　　　院出版社　1994 年 1 月　頁 444—445

695. 呂正惠　　〈最後夜戲〉與陳若曦的小說　文學臺灣　第 37 期　2001 年 1 月
　　　　　　　　頁 69—73

696. 呂正惠　　〈最後夜戲〉導讀　日據以來臺灣女作家小說選讀（上）　臺北
　　　　　　　　女書文化公司　2001 年 7 月　頁 140—144

697. 陳信元　　臺灣女性小說的發展〔〈最後夜戲〉部分〕　兩岸女性文學發展
　　　　　　　　學術研討會　臺北　中華發展基金管理委員會主辦；佛光人文社
　　　　　　　　會學院承辦　2003 年 11 月 1—2 日　頁 4—5

698. 許俊雅　　女藝人的悲運——陳若曦〈最後夜戲〉　見樹又見林：文學看臺
　　　　　　　　灣　臺北　渤海堂文化公司　2005 年 4 月　頁 169—170

699. 許達然　　六〇—七〇年代臺灣社會與文學〔〈最後夜戲〉部分〕　「苦悶
　　　　　　　　與蛻變：60、70 年代臺灣文學與社會」國際學術研討會　臺中
　　　　　　　　東海大學，國家臺灣文學館主辦　2006 年 11 月 11 日　頁 19—22

700. 許俊雅　　淡水河流域的文化與文學——蘆洲市——現代文學中的蘆洲
　　　　　　　　〔〈最後夜戲〉部分〕　續修臺北縣志・藝文志第三篇・文學
　　　　　　　　（上）　臺北　臺北縣政府　2008 年 3 月　頁 95—97

701. 楊　翠　　現代化之下的褪色鄉土——女作家歌仔戲書寫中的時空語境——
　　　　　　　　一個時代的「最後夜戲」——陳若曦的〈最後夜戲〉　東海中文
　　　　　　　　學報　第 20 期　2008 年 7 月　頁 260—265

702. 曾秀萍　　歌仔戲小說的性別政治、母職扮演與鄉土論述——以〈散戲〉、
　　　　　　　　〈最後夜戲〉為中心的探討　第六屆臺灣文化國際學術研討會—
　　　　　　　　—臺灣文學的大河：歷史、土地與新文化　臺北，臺南　臺灣師
　　　　　　　　範大學臺灣文化及語言文學研究所、長榮大學臺灣研究所主辦

2009 年 9 月 4—6 日

703. 林叡姍　析論陳若曦〈最後夜戲〉與洪醒夫〈散戲〉　第 38 屆中區中文研究所碩博士生論文研討會　南投　暨南國際大學中國語文學系主辦　2010 年 5 月 15 日

704. 洪珊慧　傳統的・現代的——向傳統戲曲藝術汲取營養〔〈最後夜戲〉部分〕　新刻的石像——王文興與同世代現代主義作家及作品研究　中央大學中國文學系　博士論文　康來新教授指導　2011 年 6 月　頁 97—105

705. 季　季　陳若曦的〈大青魚〉　書評書目　第 48 期　1977 年 4 月　頁 162—165

706. 季　季　〈大青魚〉評介　六十五年短篇小說選　臺北　爾雅出版社　1981 年 5 月　頁 128—131

707. 歐陽子　陳若曦〈辛莊〉　現代文學小說選集（一）　臺北　爾雅出版社　1977 年 6 月　頁 47

708. 郭玉雯　《現代文學小說選集》的現代主義特色〔〈辛莊〉部分〕　臺灣文學研究集刊　第 6 期　2009 年 8 月　頁 97

709. 尼　洛　同歸幻滅——評陳若曦的〈值夜〉（上、中、下）　中華日報　1977 年 7 月 11—13 日　11 版

710. 譚柱寰　紅色特權階級的玩物——讀陳若曦的〈丁雲〉　中國論壇　第 4 卷第 11 期　1977 年 9 月　頁 40—41

711. 歐陽子　漫談陳若曦的〈春遲〉　聯合報　1977 年 12 月 11 日　12 版

712. 歐陽子　漫談陳若曦的〈春遲〉　老人　臺北　聯經出版公司　1980 年 3 月　頁 195—204

713. 歐陽子　漫談陳若曦的〈春遲〉　現代文學論　臺北　聯經出版公司　1981 年 12 月　頁 265—274

714. 歐陽子　漫談陳若曦的〈春遲〉　歐陽子自選集　臺北　黎明文化公司　1982 年 7 月　頁 345—354

715. 廖淑芳　　互文、改編與讀者的閱讀生產——由陳若曦小說〈春遲〉中的性
　　　　　　　騷擾與阿 Q 的關聯談起[33]　第四屆文學藝術與創意研發學術研討會
　　　　　　　臺南　成功大學中國文學系主辦　2008 年 6 月 21 日

716. 廖淑芳　　互文、改編與讀者的閱讀生產——由陳若曦小說〈春遲〉中的性
　　　　　　　騷擾與阿 Q 的關聯談起　興大人文學報　第 43 期　2009 年 9 月
　　　　　　　頁 171—190

717. 羅　青　　論陳若曦的〈地道〉（1—4）　聯合報　1978 年 2 月 26 日—3 月
　　　　　　　1 日　12 版

718. 張火慶　　〈地道〉評析　文訊雜誌　第 27 期　1986 年 12 月　頁 32—43

719. 夏志清　　陳若曦的第一篇小說——〈週末〉　中國時報　1978 年 8 月 20 日
　　　　　　　12 版

720. 夏志清　　陳若曦的第一篇小說〔〈週末〉〕　新文學的傳統　臺北　時報
　　　　　　　文化出版公司　1979 年 10 月　頁 235—265

721. 朱西甯等[34]　〈城裡城外〉會評（上、中、下）　聯合報　1980 年 1 月 9—
　　　　　　　11 日　8 版

722. 季　季　　站在相同的轉捩點——《六十八年短篇小說選》編選序言〔〈城
　　　　　　　裡城外〉部分〕　書評書目　第 85 期　1980 年 5 月　頁 111—
　　　　　　　114

723. 季　季　　站在相同的轉捩點——《六十八年短篇小說選》編選序言〔〈城
　　　　　　　裡城外〉部分〕　六十八年短篇小說選　臺北　爾雅出版社
　　　　　　　1980 年 6 月　頁 4—5

724. 季　季　　站在相同的轉捩點——《六十八年短篇小說選》編選序言〔〈城
　　　　　　　裡城外〉部分〕　年度小說選資料篇　臺北　爾雅出版社　1983
　　　　　　　年 2 月　頁 80

---

[33]本文討論〈春遲〉中的性騷擾與魯迅〈阿 Q 正傳〉互文與改編的可能。全文共 5 小節：1.前言—
　—對象或主體——什麼是讀者的位置？；2.由陳若曦〈春遲〉與歐陽子對主角可信度的關懷談
　起；3.由〈春遲〉與〈阿 Q 正傳〉的可能關聯重估「缺陷」；4.同學的閱讀與互文性的討論；5.由
　互文、改編到讀者的閱讀生產。

[34]會評者：朱西甯、李昂、殷張蘭熙、侯健、黃慶萱、張曉風、蕭芳生。

725. 季　季　　〈城裡城外〉評介　六十八年短篇小說選　臺北　爾雅出版社
　　　　　　　　1980 年 6 月　頁 89—92

726. 殷張蘭熙　　導言〔〈城裡城外〉部分〕　寒梅　臺北　爾雅出版社　1983
　　　　　　　　年 1 月　頁 11

727. 黃慶萱　　由《圍城》說起——會評陳若曦的〈城裡城外〉　與君細論文
　　　　　　　　臺北　東大圖書公司　1999 年 3 月　頁 85—89

728. 顏元叔　　笑談〈尼克森記者團〉　聯合報　1980 年 1 月 10 日　8 版

729. 顏元叔　　評陳若曦的〈老人〉　中華日報　1980 年 3 月 17 日　10 版

730. 顏元叔　　評陳若曦的〈老人〉　飄失的翠羽　臺北　皇冠出版社　1981 年
　　　　　　　　5 月　頁 65—72

731. 馬叔禮　　匯民族之長志，揚大漢之士節——致陳若曦女士書〔〈尹縣
　　　　　　　　長〉〕　新生報　1980 年 2 月 25 日　3 版

732. 馬叔禮　　致陳若曦女士書〔〈尹縣長〉〕　文明之劍　臺北　三三書坊
　　　　　　　　1980 年 6 月　頁 1—12

733. 林明德　　君自故鄉來——論陳若曦的〈尹縣長〉　愛書人　第 150 期
　　　　　　　　1980 年 8 月 1 日　3 版

734. 呂　昱　　在分裂的年代裡——試論臺灣文學的自主性〔〈尹縣長〉部分〕
　　　　　　　　臺灣文藝　第 79 期　1982 年 12 月　頁 197

735. 賴芳伶　　簡析〈尹縣長〉　中國現代短篇小說選析 1　臺北　長安出版社
　　　　　　　　1984 年 2 月　頁 427—428

736. 游淑珺整理　　陳若曦〈尹縣長〉　中國女性文學研究室學刊　第 1 期
　　　　　　　　2000 年 3 月　頁 35—36

737. 王宗法　　陳若曦的〈尹縣長〉　20 世紀中國文學通史　上海　東方出版中
　　　　　　　　心　2003 年 9 月　頁 613—614

738. 王秀峰　　海峽兩岸文革題材文學辨析〔〈尹縣長〉部分〕〕　世界華文文
　　　　　　　　學論壇　2007 年第 3 期　2007 年 9 月　頁 76

739. 上官予　　中國文學的反共性——反共小說的成就〔〈長夜〉部分〕　文學

天地人　臺北　黎明文化公司　1981 年 5 月　頁 180—185

740. 張恆豪　風雨中的鴿聲──評陳若曦的〈向著太平洋彼岸〉　自立晚報　1982 年 3 月 28 日　10 版

741. 梁若梅　芳林新葉催陳葉──讀〈向著太平洋彼岸〉　金城　1984 年第 4 期　1984 年 4 月　頁 122

742. 林承璜　陳若曦和她的〈欽之舅舅〉　臺港文學選刊　1985 年第 3 期　1985 年 3 月　頁 15

743. 劉紅林　現代化轉型：新的文學傾向的追求──彼岸的鑒照〔〈欽之舅舅〉部分〕　百年中華文學史論：1898—2022　上海　華東師範大學出版社　1999 年 9 月　頁 218

744. 封祖盛　〈灰眼黑貓〉評析　臺灣現代派小說評析　福州　海峽文藝出版社　1986 年 5 月　頁 168—173

745. 施淑珺　宰制女人的制度──從陳若曦的〈灰眼黑貓〉來窺視傳統女性的命運　臺灣風物　第 51 卷第 3 期　2001 年 9 月　頁 165—180

746. 莫靈平　畸人畸事讀〈紙婚〉　自立晚報　1986 年 11 月 24 日　10 版

747. 姜　穆　老唐說了些甚麼？──評陳若曦的〈老唐的話〉　解析文學　臺北　黎明文化公司　1987 年 10 月　頁 115—130

748. 夢　花　〈失戀者〉從小說到電影　文藝報　1988 年 4 月 2 日　7 版

749. 高　耘　愛神的受難──影片〈失戀者〉觀後　文藝報　1988 年 9 月 3 日　7 版

750. 劉福勤　〈我爲楚戈描山水〉賞析　臺灣散文鑑賞辭典　太原　北岳文藝出版社　1991 年 12 月　頁 752—753

751. 阮溫凌　詩心‧畫魂‧鄉情──讀陳若曦散文〈我爲楚戈描山水〉　世界華文文學論壇　1999 年第 2 期　1999 年 6 月　頁 53—55

752. 佟志革　陳若曦──作品鑑賞〔〈最後夜戰〉〕　臺港小說鑑賞辭典　北京　中央民族學院出版社　1994 年 1 月　頁 444—445

753. 沈靜嵐　〈婦人桃花〉陳若曦 V.S〈移植的櫻花〉歐陽子　當西風走過──

六十年代《現代文學》派的論述與考察　成功大學歷史語言研究所　碩士論文　林瑞明教授指導　1994 年 6 月　頁 41—49

754. 陳美美　現代主義文學作品——現代主義小說：陳若曦〈婦人桃花〉　臺灣現代主義文學的萌芽與再起　佛光人文社會學院文學研究所　碩士論文　馬森教授指導　2004 年 6 月　頁 102—103

755. 林錫嘉　悠悠歷史流〔〈柳綠鵑紅的年代〉部分〕　八十六年散文選　臺北　九歌出版社　1998 年 4 月　頁 9

756. 阮溫凌　寡婦的教授之威——陳若曦散文名篇〈啊，臺大！〉「小說素描」藝術探賞之二　名作欣賞　1998 年第 5 期　1998 年 9 月　頁 52—55

757. 阮溫凌　小姐的初戀之情——陳若曦散文名篇〈啊，臺大〉「小說素描」藝術探賞之一　名作欣賞　1998 年第 4 期　1998 年 7 月　頁 72—75

758. 邵　僴　人生，心靈別走——請多留佇一些時日〔〈女兒的家〉部分〕　八十七年短篇小說選　臺北　爾雅出版社　1999 年 1 月　頁 12

759. 邵　僴　〈女兒的家〉附註　八十七年短篇小說選　臺北　爾雅出版社　1999 年 1 月　頁 211—212

760. 陳慕真　走向臺灣的文學革命——論八、九〇年代的臺語文學論爭〔〈臺語寫作要不得〉部分〕　臺灣文學評論　第 6 卷第 1 期　2006 年 1 月　頁 149—151

761.〔丘秀芷主編〕　〈學好國語文，行遍天下〉賞析　給自己一個機會　臺北　幼獅文化公司　2007 年 5 月　頁 105—107

762. 林黛嫚　〈重返桃花源〉作品賞析　閱讀文學地景・小說卷（上）　臺北　行政院文建會　2008 年 4 月　頁 69—70

763. 陳瑞琳　長袖善舞縛蒼龍——當代海外華文女作家散文管窺〔〈曼荷蓮的女生〉部分〕　香港文學　第 284 期　2008 年 8 月　頁 36

多篇作品

764. 魏子雲　〈喬琪〉與〈巴里的旅程〉——評介陳若曦兩個短篇　偏愛與偏見　臺北　皇冠出版社　1965 年 8 月　頁 145—151

765. 鞭　藤　一個對比——〈多兒的世界〉與〈晶晶的生日〉讀後　中國時報　1976 年 3 月 10 日　12 版

766. 林承璜　陳若曦和她早期的三篇小說〔〈灰眼黑貓〉、〈收魂〉、〈最後夜戰〉〕　文學知識　1985 年第 9 期　1985 年 9 月　頁 15—17

767. 梁若梅　在徬徨中探索：評陳若曦早期創作的兩篇小說〔〈欽之舅舅〉、〈巴里的旅程〉〕　廣東社會科學　1988 年第 3 期　1988 年 8 月　頁 137—143

768. 范銘如　陳若曦的小蛻變——評最新三篇老人小說〔〈遇見陌生女子的那天上午〉、〈貴州女人〉、〈謀殺爸爸〉〕　九州學刊　第 17 期　1992 年 7 月　頁 137—143

769. 錢　虹　從〈灰眼黑貓〉到〈第三者〉——論陳若曦短篇小說中的女性形象　現代中文文學評論　第 4 期　1995 年 12 月　頁 57—71

770. 施英美　現代派小說家的人性實驗〔〈邀晤〉、〈百元〉部分〕　《聯合報》副刊時期（1953—1963）的林海音研究　靜宜大學中國文學系　碩士論文　陳芳明，胡森永教授指導　2003 年 6 月　頁 133—135

771. 李家欣　各創作類型之表現：小說的表現——現代主義小說重要推手〔〈欽之舅舅〉、〈灰眼黑貓〉部分〕　夏濟安與《文學雜誌》研究　中央大學中國文學系　碩士論文　李瑞騰教授指導　2007 年 7 月　頁 72—73

作品評論目錄、索引

772. 賴芳伶　重要評論　中國現代短篇小說選析 1　臺北　長安出版社　1984 年 2 月　頁 428

773. 鄭永孝　陳若曦作品與批評目錄　陳若曦的世界　臺北　書林出版公司

　　　　　　　1985 年 5 月　頁 155—176

774. 陳素蘭編；陳若曦增訂　　陳若曦小說評論引得　陳若曦集（臺灣作家全
　　　　　　　集）　臺北　前衛出版社　1993 年 12 月　頁 281—295

775. 林原君　　陳若曦小說研究論文篇目彙編　陳若曦移民小說研究：1979—
　　　　　　　1995　東海大學中國文學系　碩士論文　李金星教授指導　2003
　　　　　　　年　頁 173—181

776. 〔編輯部〕　　《尹縣長》相關評論索引　尹縣長　臺北　九歌出版社
　　　　　　　2005 年 4 月　頁 241—245

777. 〔封德屏主編〕　　陳若曦　臺灣現當代作家評論資料目錄（五）　臺南
　　　　　　　國立臺灣文學館　2010 年 11 月　頁 3088—3122

其他

778. 應鳳凰　　陳若曦——《奇妙的雲》〔莎岡原著〕　人間福報　2012 年 8 月
　　　　　　　6 日　15 版

國家圖書館出版品預行編目資料

陳若曦 / 陳信元編選. -- 初版. -- 臺南市：臺灣文學
館, 2013.12
　　面；　　公分. -- (臺灣現當代作家研究資料彙編；45)
ISBN 978-986-03-9155-8 (平裝)

1.陳若曦　2.作家　3.文學評論

783.3886　　　　　　　　　　　　　　　102024139

【臺灣現當代作家研究資料彙編】45

陳若曦

發 行 人／　李瑞騰
指導單位／　文化部
出版單位／　國立台灣文學館
　　　　　　地址／70041 台南市中西區中正路 1 號
　　　　　　電話／06-2217201　　　　傳真／06-2218952
　　　　　　網址／www.nmtl.gov.tw　電子信箱／pba@nmtl.gov.tw

總 策 畫／　封德屏
顧　　問／　林淇瀁　張恆豪　許俊雅　陳信元　陳義芝　須文蔚　應鳳凰
工作小組／　王雅嫺　杜秀卿　汪黛妏　張純昌　張傳欣　莊雅晴　陳欣怡
　　　　　　黃寁婷　練麗敏　蘇琬鈞
編　　選／　陳信元
責任編輯／　王雅嫺
校　　對／　王雅嫺　汪黛妏　林英勳　張傳欣　陳恬逸　黃敏琪　趙慶華
　　　　　　潘佳君　蘇琬鈞
計畫團隊／　財團法人台灣文學發展基金會
美術設計／　翁國鈞‧不倒翁視覺創意
印　　刷／　松霖彩色印刷事業有限公司

著作財產權人／國立台灣文學館
本書保留所有權利。欲利用本書全部或部分內容者，須徵求著作財產權人同意或書面授
權。請洽國立台灣文學館研典組（電話：06-2217201）

經銷展售／　國家書店松江門市（02-25180207）
　　　　　　國立台灣文學館－雪芙瑞文學咖啡坊（06-2214632）
　　　　　　南天書局（02-23620190）　　　唐山出版社（02-23633072）
　　　　　　府城舊冊店（06-2763093）　　　台灣的店（02-23625799）
　　　　　　啓發文化（02-29586713）　　　三民書局（02-23617511）
　　　　　　草祭二手書店（06-2216872）　　五南文化廣場（04-22260330）
網路書店／　國家書店網路書店 www.govbooks.com.tw
　　　　　　五南文化廣場網路書店 www.wunanbooks.com.tw
　　　　　　三民書局網路書店 www.sanmin.com.tw

初版一刷／2013 年 12 月
定　　價／新臺幣 380 元整
　　　　　　第一階段 15 冊新臺幣 5500 元整　　第二階段 12 冊新臺幣 4500 元整
　　　　　　第三階段 23 冊新臺幣 8500 元整　全套 50 冊新臺幣 18500 元整
　　　　　　全套 50 冊合購特惠新臺幣 16500 元整

GPN／1010202820（單本）　　ISBN／978-986-03-9155-8（單本）
　　　1010000407（套）　　　　　978-986-02-7266-6（套）

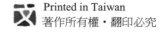